U0564341

唐蘭全集

六

殷虛文字記
天壤閣甲骨文存並考釋
中國文字學

上海古籍出版社

殷虛文字記

秀水唐蘭

目録

序

攷據之術，不貴貪多務異，而貴於真確。所得苟真確，雖極微碎，積久自必貫通。不真不確而但求新異，雖多奚以爲。余治古文字學，始民國八年，最服膺孫君仲容之術。凡釋一字，必析其偏旁，稽其歷史，務得其真，不敢恣爲新奇謬悠之説。十數年來，略能通貫其條例，所釋漸多，然猶兢兢不敢驟以示人也。蓋古文字之難釋也，其偏旁或與小篆迥殊，非真積力久，忽得神悟，不能識也。即識其偏旁矣，而其字無傳於今世，或字形雖同，而音義與後世頗異，是又非習熟諸古代刻辭，諳其詞例，而兼明訓詁聲音之學者，不能通也。即通其音義矣，其本義猶多不可知，雖考之地下遺物，歷史傳説，證之異族社會文化，亦不能盡明也。蓋習之愈久而愈知其難，此余所以不敢不慎也。學者之弊，往往貪多務異，以炫耀於庸耳俗目，朝樹一義，夕已傳布，流傳既廣，異説滋出，各相是非，訾謷，使承學眩瞀，莫知所主，余頗懲焉。

余所識殷虛文字，較之昔人，幾已倍之，而遲久未出，或又尤之。假日稍閒，因先寫定如干字，以爲此記。非自信真確者，不筆於書，庶來者無惑。昔歲，余嘗問奇字於王先生静安，自其淹逝，亦已八載。援筆序此，輒霣然而涕，恨不得復請益也。民國廿三年秋唐蘭

殷虛文字記

秀水唐蘭

釋屯旾

卜辭段借為旾

鐵一五一、二片前一、四六、四片續三、三六、一片　丙戌卜，今屯方其大出。五月。

鐵一八四三片　戊寅卜，今屯方其出。

右屯字，卜辭習見。上二辭外，如：

口丑卜，于屯耏𣪘。　鐵一八一、二片

甲寅卜，今屯……　遺七、二片

屯　桒　遺十二、六片

节[illegible]　于屯　羊十　遺十二十片

丁巳卜，今屯方其大出。四月　後上二九十片

口亥卜，今屯方其大出。　福三片

戊午……来屯……甲……　絜七〇六片

字形均畧同。孫詒讓釋禾，契文舉例下十二非是。卜辭禾字作[illegible]若[illegible]，與此迥異。葉玉森釋春，殷契鉤沈董作賓承其說，卜辭中所見之殷曆按葉氏釋字，往往馮肊妄測，此釋雖近似，亦不甚碻也。此作[illegible]形者，實即屯字，金文屯字多作[illegible]，或變作[illegible]；考文字增繁之例，於垂筆恆增一點，點恆引為畫，如丨變為[illegible]，再變為十；詳余古文字學導論下四六則屯之一字，其演變當如下圖：

[illegible]—[illegible]—[illegible]—[illegible]

魏石經春字古文作[illegible]，其所從屯旁，亦正相近也。說文：「屯，難也。象艸木之初生，屯然而難，从屮貫一；一，地也，尾曲。易曰：屯，剛柔始交而難生。」按許說多誤。屮既為艸，詎能生於地下，況

更尾曲？蓋許氏不知𠂹之上畫，僅為增繁，曲尾僅為篆勢耳。且屯字本非從屮，卜辭或作𠂹形，尤可證。余謂屯本作𠃦若𠂹者，實象杶形。說文杶古文作杻，小徐以為從丑，皆儒紛紛議之，不知作杻仍是從屯也。𠂹字變為杻，正由𠂹字變為彔耳。說文杶或為櫄，顏注急就篇椿字或作櫄，蓋說文無椿字，杶即椿字也。中山經成侯之山，其上多櫄木，注似樗，材中車轅，按樗乃今之臭椿，椿本作杶者，當即今之香椿也。𠃦字正象椿木枝條虬曲之狀，作𠂹則並象其根矣。然則屯字本象杶形，後世誤析為屯杶二字，屯字遂浸失其本義矣。

以卜辭之詞例致之，曰今屯，曰來屯，皆紀時之辭。蓋叚借為旾若萅也。卜辭紀辭時，以𠂹與𦯬為最繁，余既考知𦯬為龜字，假為秋，則𠂹之當讀屯，假為旾，更得一重要之旁證矣。薛氏款識卷一有所謂商鐘者四，其三同銘，容庚考為越王器是也。有萅字，作𦮲。而第四銘之萅吉，則作𠃦字，蓋亦假屯為旾也。春夏秋冬，本俱叚借，故「屯」後世增以日旁，故屯字爲旾，從日屯聲也。更進而爲萅字，從艸旾聲也。爲春字，即春，從艸旾聲也。葉氏謂「屯本非聲」，董氏謂「春字所從之木，實即叒木，也就是桑木」，胥失之矣。

卜辭叚屯爲春，雖是紀時，然非後世四時之春。其云「今屯」「來屯」，正猶「今年」「來年」，與「今茲」「來茲」耳。後文之「今龜」秋「來龜」秋亦同。今世猶以「千春」「千秋」代千年，猶上古之遺意也。四時之分後起，取春秋二名，而又益以夏冬，於是春秋之古誼晦。近人以四時説殷制，宜其扞格而不能通也。

餘一三、二片 續二、九、八片 續三、三六、三片

丁亥卜，出，貞來旾王其𥙊丁。口新……

鐵二四九、二片

丙戌卜，争，貞今旾王从望乘伐下旨。我受㞢又。

右𢀛字，除上二辭外，如：

𢀛王　乍馬　鐵八三、二片

貞今𢀛𢦏从𥄎乘伐囗，弗囗受㞢又。　鐵二四五、二片

今𢀛𢦏伐吕方。　前四、三九、四片

貞今𢀛王勿𦬸从𥄎乘伐下囗。　前五、二五、三片

于𢀛酉彡。　前六、五六、三片

己卯卜，爭，貞今𢀛令𣪘田从𢦏，至于𤕈，隻羌。　前七、二、四片

貞今𢀛王从𥄎乘。　前七、六、二片

貞今𢀛王伐𠀠方。　前七、十五、四片

丁酉卜，㱿，貞今𢀛王𠬞人五千正土方，受㞢又。三月　後上、三一、六片

丁酉卜，爭，貞今𢀛王囗人五千囗囗方。　後下、一、三片

貞今𢀛王𦬸从……　菁十九片

……𡆥王口从㠯口伐下旨。口若，不我口口口。　林一、二四、十五片

庚申卜，㱿，貞今𡆥王𢓊伐土方。　林一、二七、一一片

貞今𡆥伐𢀛方，受㞢又。　林二、八、一三片

……㱿，貞今𡆥王伐土方。……　林二、九、一片

……貞今𡆥王甫下旨。……　同上

庚申卜，㱿，貞今𡆥王𢓊口土方。……出口。　林二、九、二片

口口卜，㱿，貞……于𡆥求十……　林二、九、九片

貞今𡆥王勿从望乘伐下旨，弗其受㞢又。　戩十三、三片　續三、十二、二片

貞今𡆥王勿伐下旨，弗其……　戩十三、四片續三、十一、二片

……㱿，貞今𡆥王伐土方，受㞢口。　簠征三五片續三、九、一片

貞今舌王甫下旨伐，受……　簠征二四片續三、九、一片

壬辰卜，㱿，貞今舌王循土方，受出□。　簠遊三片續三、十、一片

癸巳卜，㱿，貞今舌王循土方，受出□。同上

丙申卜，㱿，貞今舌王弓伐下旨，弗其受出又。　簠征二八片續三、十一、四片

□□卜，爭，貞今舌王从旲乘伐下旨，受出又。　簠征二六片續三、十一、五片佚九七七片

辛巳卜，爭，貞今舌王弓从旲乘伐下旨，弗其受出又。同上

□申卜，㱿，貞今舌王从旲乘伐下旨，[illegible]若。　簠征二五片續三、一六、一片

……爭，貞今舌王伐中方，受……　簠征三七片續三、一二、四片

□午卜，㱿，貞今舌王循方，帝受我……　簠游一片續五、一四、四片

𢀛　明五三六片

𢀛王　旲　明一五八四片

⋯⋯卜，㱿，貞今𢀛王⋯⋯　續二、二一、五片

⋯⋯𢀛甫王从旲乘伐下旨，受㞢又。　續二、三一二片佚二〇片

辛巳卜，宂，貞今𢀛王从旲乘伐旨，受㞢又十一月　續三、八、九片　⋯⋯卜宂，貞今𢀛𠬞正土方。　同上

庚申卜，爭，貞今𢀛王从旲乘伐下旨，受㞢又。　續三、十一、三片

貞今𢀛王勻𠬞人正⋯⋯　續六、一七、六片

貞今𢀛王弜从旲乘伐旨。　佚五三三片

口口口，出，貞來𢀛王其祼丁。　絜二九片

貞今𢀛王伐⋯⋯　絜八二片

⋯⋯今𢀛王⋯⋯受㞢⋯⋯　契八三片

壬戌卜，……今𠷎……　栔七〇四片

今𠷎　新二〇七片

乙丑卜，㝴，貞今𠷎商稃。　大龜四版之二

貞今𠷎不稃。　同上

字形均畧同。孫詒讓釋和，非是。葉玉森釋春，謂曰即日，謬甚。卜辭之曰，可釋為口，如鳴、名等字所從是也。又可釋為凵，盧凵等字所從是也。又可釋為凵，𠕋、魯等字所從是也。此二字相混，此所從當是凵盧之曰，而[illegible]為聲也。𠷎字字書所無，其本義不可詳。卜辭云，今𠷎，來𠷎，與[illegible]字同，蓋亦叚借為春字也。

釋蘁[illegible]

卜辭叚借為秋

[illegible]．前五、二五、一片　庚戌[illegible]．後下四二、三片　戊午[illegible]．

卜，貞[illegible]出蘁，隹帝令。　卜，我，貞今蘁我入商。

林二、一八、三片　庚戌卜，· 林二、一五、九片，·
貞㞢𦉪龜告口丁。四月（注　……龜……爯至……丙。六月
前二、五、三片　· 拾七、三片　· 前四五、五片林二、一八、三
今龜其𩏂。　龜　隹　來　片　……卜……龜……𡈼……四
月　· 前五、二二、三片　……龜　· 林二、一八、二片　丁巳……
……受又。……才十月又二。　口龜……于西……口　七月
· 明一五五二片　口　· 北大藏龜拓本佚一三九
酉卜口……燮……龜……　片　龜　不　爯　口
· 拾七、四片　· 後下一二、一四片　口　· 絜五九
龜多　口口完，貞甫今龜……　二片
戊申卜貞　· 佚九九一片　戊戌　· 明一四　鐵
……龜……　卜，㱿，貞彡祀六來龜。　一四片　一
五三、二片　· 前六、五一、三片　· 林二、二六、一　三片
其龜　壬子……貞……龜……　今龜其㞢降𢻎。

絜五九二片　貞[illegible]．
帝⿱艹龜于[illegible]于[illegible]
佚五二五片　甲申
卜，完，貞告⿱艹龜于河。

注一　此辭本殘缺，此為余以二斷片復合者。辭契合編。

右⿱艹龜字，卜辭亦習見。舊不識，葉玉森謂「狀緌首翼足，與蟬逼肖。疑卜辭段蟬為夏，蟬乃最著之夏蟲，聞其聲而知為夏矣。」殷契鉤沈按葉說謬妄，董作賓乃和之，謂「甲骨文中夏之形，象蟬之側面，」過矣。董說見卜辭中所見之殷歷葡亞角鍪內蟬形作[illegible]，敬吾心室款識下南亞角殷虛白陶片上的蟬紋作[illegible]，董氏文中所引，其所摹繪，祇上二足。與此⿱艹龜字頭戴二角者判然有異，謂⿱艹龜是蟬，一妄也。夏蟲不足以語冰，夏蟲多矣，何以不舉蟊蠅，謂段蟬為夏，再妄也。文字之學不修，故葉氏得售其妄，今辨正之，庶來者無惑。然操觚之士，率爾者眾，自檜以下，我不欲觀，亦不能悉論及也。

以字形言之，此⿱艹龜字者本象龜形而具兩角，試以卜辭所見⿱艹龜字對校之，如：[illegible]與[illegible]，[illegible]與[illegible]，[illegible]與[illegible]，自頸以下，背腹足尾，纖悉畢同，固不待繁言而見也。其或作[illegible]與[illegible]者，未詳所狀。似多一足形。（注一）其或作𪚾者，似口尚有鬚也。

注二 爾雅：「鼈三足，能；龜三足，賁。」注：「山海經曰：『從山多三足鼈，大苦山多三足龜。』今吳興郡陽羨縣君山上有池，池中出三足鼈，又有六眼龜。」然則龜屬固多異形也。

⿱艹龜字說文遺漏。廣雅釋魚：「有角曰⿱艹龜龍。」⿱艹龜正當作⿱艹龜，蓋⿱艹龜龜易亂。虯：⿱艹龜或為䖘，或為⿱艹龜，或為螭。萬象名義廿五龜部有⿱艹龜字，奇樛反，虯也，龍無角也。天治本新撰字鏡同。（注三）蓋原本玉篇當有此字，今本龜部則已為俗人刪之矣。龍龕手鑑誤入艸部，然其字作⿱艹龜，則猶未誤也。

注三 天治本印本難得，頃託友人借到一帙，昔時景照未及檢查。僅憶其龜部⿱艹龜字凡兩出。

⿱艹龜讀為虯者，段借義也。其本義當為龜屬而具兩角者，其物今不可知。然余頗疑其即說文之䵶也。說文：「䵶，䵶屬，頭有兩角，出遼東。」又：「䲹，水蟲也，薉貉之民食之。」按所謂水蟲者，如䵷是也，其非䵷龜䵶䵷之屬可知。䵶字從句聲，句從ㄐ聲，而䲹段為蚪，蚪字亦從斗聲。⿰虫龜頭有兩角，而⿱艹龜字之首亦具兩角。兩者間關係似頗密切也。

從⿱艹龜之字，今可考者凡四。其間見於卜辭者二。一⿱艹龜字，見後下四一、一片，及菁一、二、四片。未詳。一⿱⿱艹龜火字，見後，即說文之⿱⿱艹龜火字也。見於字書者二。原本玉篇九龠部有⿰龠龜字〔注四〕思條反，蒼頡篇：「⿰龠龜，龤九成也。」「字書或蕭字也。」今本玉篇譌為⿰龠⿱艹龜。漢楊著碑云：「畏如⿱艹⿰禾龜畏」，秋作⿰禾⿱龜灬，隸韻引燕然銘作⿱⿱艹龜灬，萬象名義作⿰禾⿱龜火，並從⿱⿱艹龜火。今說文則譌為⿰禾⿱龜火。然則凡從⿱艹龜之字，後世多誤為⿱艹龜，故⿱艹龜字遂湮晦矣。

注四　本誤作⿰龠⿱艹龜，依萬象名義正。

卜辭曰：「今⿱艹龜。」「來⿱艹龜。」又曰：「今⿱⿱艹龜火。」「⿱艹龜」及「⿱⿱艹龜火」並當讀為⿰禾⿱龜火，即「今秋」與「來秋」也。蓋⿱艹龜聲本有聚斂之義，故假以為收斂五穀之稱。盤庚言：「若農服田力穡，乃亦有秋。」是秋本收穫之義，引申之乃為收穫之時矣。因有收斂五穀之義，故後世注以禾旁，而為形聲字之⿰禾⿳艹龜火，其後又省⿱艹龜，遂為秋字矣。說文：「秋，禾穀孰也。从禾⿳艹龜火省聲。⿰禾⿳艹龜火，籀文不省。」雖誤⿱艹龜為龜，其說固猶有本也。六國文字作⿰禾⿱日火，則當是從日秋聲。其演變如下圖：

⿱艹龜—⿱艹龜
└⿳艹龜火 ⿳艹龜火—⿰禾⿳艹龜火 ⿰禾⿳艹龜火—秋—⿰禾⿱日火

秋本收穫之時，百穀各以其孰熟為秋，本無定時也。惟穀多一年一熟，故秋之義畧當於年，詩「如三秋兮」是也。卜辭云：「今秋」，「來秋」，當亦如此，惟未必如歷術中稱年之精確耳。若四時之秋，則後起之名矣。

［甲骨文］ 後下三三、一片 ［甲骨文］ 佚七八〇片

今⿳艹龜火王其从。 亞于⿳艹龜火

右⿳艹龜火字，舊不釋。今按當是從火⿱艹龜，象以火熟⿱艹龜，據余所定象意字聲化例，（古文字學導論上四五）則⿱艹龜乃聲也。故卜辭以⿱艹龜⿳艹龜火同段

竝龜爵作𪚴，一器作𪚴，舊釋蠽形，亦誤。

為秋。說文：「𪛁灼龜不兆也。從火，從龜。春秋傳曰：『龜𪛁不兆。』讀若焦。」𪛁即𪚴字之誤。疑傳文本作「龜𪚴」，𪛁、焦音近，得相通叚，而讀者誤認𪚴為龜焦之專字，遂改從龜耳。董作賓乃謂𪛁字不見于說文，何其疏也。

龜字孫詒讓釋𪛁，（契文舉例下四二）亦誤。新撰字鏡九卷龜部，出𪚴字云：「奇樛反，虬字，無角龍。」又出𪚴字云：「奇樛反，字書亦虬字也。虬，龍之無角者也，在部。」（當云在虫部。）後條似出原本玉篇。

釋羽翊昱翌

羽翊卜辭每段為昱

佚二七〇片

續三、三八、三 片 羽丁丑

佚二片 羽辛巳

佚一九九片 羽丁巳

鐵七、二片

鐵五二、四片 羽甲□

鐵六六、二 片 羽丁

卯

鐵三、二片　羽甲□

片

戬四七、五　羽丁

片

後下四一、九　羽庚

鐵六九、一片　羽乙卯

鈇一六、三片　羽庚寅

前四、一三、一片

鈇一五、三片

鈇一五六、二片　羽丁亥

鈇一三五、二片

前五、二九、一片　羽甲午

鈇一六、四片　羽壬午

鈇二三五、二片　羽丁□

林一、一六一三片

前四、三、二片　羽庚戌

後上一九、三片　羽乙亥

佚二六六片　羽甲午

後下三三、一片　羽日癸卯

前四、一二、七片　羽丁卯

續一、十八、五片

鐵三、四片　羽辛卯

鐵二二、三片　羽丁亥

前三、一八、四片　羽乙丑

林一、一七、一六片　羽辛□

新二一一二片

前五、四、七片

續四、二四、四片　羽丁亥

佚一五四片　羽乙未

後下二、十片　羽乙巳

前一、一、二片　羽日

後上四、四片

絜二十片　壬午羽示壬

同片

前一、十五、四片　羽日

佚四二八片　羽日大甲

同片背　羽日小甲

前一、三七、四片　羽日

前一、三、七片

後上一、七片　羽日

前四、二、七片　羽辛巳

續一、二七、二片　羽日

續一、四、三片　羽日上甲

前一、九、一片　羽日

後上二十、七片　羽日

後下二、八片　羽日戠甲

續二、十、三片　羽日

續二、六、二片　羽日

同片

新七八片　羽日

巤作𡿺，與此迴異。

右羽字，卜辭見者千餘，今擇其殊形著於編，不能盡錄也。此字孫詒讓誤釋為巤，因以為田獵之事。契文舉例上十三。又劉鶚釋角，亦誤。王國維以小盂鼎□字為證，讀為翌或昱，甚是。然猶承孫說，謂是巤之初字，古音巤立同聲，故借巤為昱，則大誤矣。殷虛文字攷釋。葉玉森謂象蟲翼，上有網膜，當即古象形翼字，說契。雖較釋巤為勝，亦未確。蓋蟲翼之象，本無佐證，且何以不象鳥翼乎？按字形，卜辭之□，即後世之翊，則其所從之□，即應是羽字，本皦然無可疑，然昔人卒未悟此。故知文字之學，不自分析偏旁入手，終是歧路也。

羽字所象，則鳥羽之形也。作□作□，猶可見其髣髴。余嚮者謬謂羽象羽翼之形，乃翼之本字，殷契卜辭釋文二葉。今乃悟其非是。蓋毛羽皮革，咸共日用，而其形可象，故原始文字已可有之。若翼字則用既不繁，形復難象，古初殆借異字以為之，蓋異象人舉兩手，有類夫翼也。形聲字興，乃製𩙪翼兩字。則翼不

當有象形字也。

羽之為字，取象鳥羽，然小篆作羽，與古文不類，此又何故？按商人書彗為羽，或誤以為象羽形，是未見鳥羽者也。其實小篆之作羽者，文字變譌使然，猶羽之為彗彗，丂之為厂，斤去原始象形，亦已遠矣。象形文字，每多奇詭。方其始作之時，文字與圖畫為一，即物取象，事若甚易。及歷史世曠邈，圖書分途，書者務趨簡約，苟衆所共喻，即不妨蝤變，蝤變既繁，則與原形往往乖背。卜辭羽字，變化至多，如羽羽羽羽等形，雖俱由羽形所蛻化，派衍支分，遂不可究詰。蓋彼時學者已不以象物為工，但以書法為主，崇尚新體，以成風氣矣。甲骨中常見學書者所刻羽字，皆其時新體也。銅器中之宰椃角云：「隹王廿祀羽又五。」羽亦羽字，與卜辭羽字相類，亦同時之作風也。小盂鼎云：「雩若昱乙酉，」昱字從羽，猶與卜辭相近。毛白昱父敦之昱，毛公厝鼎云：「金昱金雁之昱，」皆當釋翊注一。其所從之羽與羽，俱已小變。秦雍邑刻石云「䧹朝避其用衛」，明字所從則變為𦐇矣。然無論作𦐇，作𦐇，作𦐇，仍不離羽形，未嘗譌也。逮戰國初之楚王畬章鐘，則其翌字已作𦐇，所從羽形，與甲骨之羽混。疑春秋後人不識羽之為彗，觀𦐇𦐇等字，類似從羽，臆謂羽為羽，遂以應作甲形者改作羽，遂致傳譌耳。至小篆作翗，則又羽形之變也。

注一 明當即翊字。毛公𪔂鼎「金明」，明當讀為「金羽」，蓋用以飾馬者，徐同柏釋喻，讀䨏，孫詒讓釋嘼，讀鬣，並誤。

羽字見于卜辭者，凡有二義，皆叚借也。曰「羽丁丑」，「羽辛巳」云者，紀時之稱，猶言「來」也。尚書作翼字，羽翼聲相近，故得通用也。注二 曰「羽日大甲」，「羽亦壬」，者，祭名，殆即彡日，羽彡聲亦相近也。

注二 卜辭稱羽者，不限於明日，與後世用翼日為明日、者異。且稱羽者有遠至六十日後，見前七、四、一片，羅振玉以為「祢次日或再次日為昱，數日以後為來」，誤也。宰椃角云「廿祀羽又五」，則即廿又五祀與卜辭以「十月又二」為十又二月同，羽當是語詞。

前二、二十、五片　翊日乙　後上十四、八片　翊日乙　同九片　翊日辛　戩九、十七片

翊日辛　續三、三二、二片　翊日壬　佚二九三片　佚二九四片　翊日。　佚四二〇

片　翊日壬　翊　佚九〇一片　翊日壬　佚二七七片　翊日壬　戩十三、八片　翊戊戌

佚五二三片　翊日乙　後下二、六片　翊日……　後下二三、一三片　翊日……

佚二四七片　翊日辛　後上三十、五片　翊日壬　戩十、二片　翊日戊　後上十二、三片　翊

日辛　佚二六二片　後上廿、一片　翊日乙　菁十十八片　翊日壬　前六二三、

一片　翊日戊寅　前四、四、五片　翊日口卯　林一、一三、一八片　翊日癸卯　前一、二〇、七片

翊日　　　　前二、二、六片　福八片
乙亥卜貞　翊日乙酉卜貞　翊日……

右翊字，從立，從羽，本甚易明，王國維既誤釋[illegible]為巤，遂謂[illegible]為[illegible]省，立巤皆聲，蓋雖賢者亦不能無蔽也。葉玉森謂似象一人立於翼側，其會意為輔翼，則以意附會，不足辨已。

說文：翊，飛皃，從羽立聲。廣雅釋詁：翊，飛也。爾雅釋言：翌，明也。翊、翊、翌同字，古文字偏旁本無固定位置，上下左右，隨時制宜故也。然卜辭必有翊翊二形，而無翌者，則其羽形不宜於上下作也。作翌字，其在羽作彐形之後乎？

說文謂翊從立聲者誤也。以今近世音言之，翌與翼同，立與邑近，本自有殊。自卜辭觀之，則羽、翊、明三字，同作翼日用，惟同聲母，始相叚借，則翊明同從羽聲無疑。羽翌一聲之轉，則翊字正應從羽聲耳。翊字本義今不可知，許慎殆以訓飛之故，誤以為從羽。卜辭用為翼日，與爾雅同，則叚借義也。

明

後下二、七片 林一、二一、五片 丙寅卜行，前七、

朙日丁未。貞羽丁未明于父丁亡壱。五、二

片 乙卯卜，宂，貞 前七、三六、四片 ……朙 前六、五一、

舁龜朙日。十三月 日酒隻丁明戠。一月 二片 貞

耆酒 粱四五片 …… 大龜三版 甲午卜，續四、

明。 彰明衣亡…… 貞夏朙于甲寅酒。 三一、

二片 甲子卜， 戩二一、一二片，續二、八、 戩十三、九

宂，貞𢎘至朙日。 六片 朙日甲酒桒。 片，續六、二一

七片 于 後上二六、六片 乙未 同片 乙未

朙日晵。 貞大𠨍弜冓朙其興。 貞大𠨍其冓

朙 後下二、十三 前六、二〇、四片 戊子卜 遺三、

片 朙日…… 囗，貞壬其囗朙𣎵囗吉 十六

片 後上二〇、一五 簠游一一七片，續五、 洪九

朙甲 片 朙辛巳 三四、九片 朙辛未 三五

片　[日羽]　林二、二五、七片　鐵九〇、六片　癸亥卜，王，貞甲子[日羽]大丁爽匕戊勹亡囚。乙丑，[日羽]于大乙。才五月　契二二片　庚辰……貞羽辛[日羽]于口辛……卷。才四月　佚三二五片　癸亥口，宁，貞王宓示癸[日羽]亡尤。　佚五六七片　丁巳卜，尹，貞王宓父丁[日羽]亡尤。　後下二九、五片　乙……貞……[日羽]亡尤。

右[日羽]字，知非羽日合文者，以卜辭每云[日羽]日也。王國維謂借𦬦爲昱，後來加日作爲形聲字，固誤，近人以[日羽]三字通釋爲翌，亦非，卜辭云「羽丁未[日羽]于父丁」，又云「羽辛[日羽]于口辛」，則羽[日羽]不應無別，明矣。

[日羽]字當從日羽聲，雍邑刻石作，與此同。以字例考之，蓋即羽之孳乳字也。古初字少，假借羽毛之羽，以爲羽日，形聲字興，因注日於羽旁而爲[日羽]字矣。[日羽]字之用未廣，或又叚借從立羽聲之翊以爲之，其後更注日於翊旁而爲𣊻字，小盂鼎

之㙛是也。後世誤認翊從立聲，於是省𣇫為昱，說文所載是也。蓋由羽演變而為昱，當如左圖：

卜辭：羽（本象羽形，段為明日）—— 明（從日羽聲，明日也）；翊（從立羽聲，段為翊日）

小盂鼎（周康王時）：𣇫（從日翊聲，𣇫日也）

小篆：昱（從日翊省聲，昱日也）

昱（說文從日立聲）

翊（說文從羽立聲）

王國維氏泥于明即昱字，遂不可通，發謂翊為𣇫省，與史跡不符矣。

釋歮澁

𣥠 林一、二九、二〇片

貞王……歮……尤。

右歮字，說文所無，舊不識。余按歮即說文之𣦶字也。說文𣦶不滑也，從四止，四疊之字，或從三疊，故卜辭辭或作辭，則𣦶當即歮也。漢楊君石門頌「蓬路歮難」，隸釋云：「以歮爲澀」，是歮字漢時尚存。今書澀字多作澁，昔人多誣爲俗，實則別有所治自也。

歮象三足，歰象四足，本（有）象周帀之意，（韋字本從四足圍之。）說文訓不滑者，實後起之義也。

前六、二六、四片，林一、二九、二一片　弗其戈⿰羽歮。

林一、二九、二二片　……卜甫……乎……⿰羽歮

同片

……隹……

乎……⿰羽歮（注一）

注一　此字下斷缺，故少一甘，非從二止也。

右⿰羽歮字，商承祚釋邋，誤。（類編一四、六）葉玉森既謂「甘象蠶形，蠶尖不見首足尾」，又謂「從三甘，象三足，當即古文能字」，以附會三足之能，（說契）其怪誕不經，有如此者。

⿰羽歮字從羽從歮，今字所無，余以爲此翣之本字也。周禮縫人：「

「衣翣柳之材。」注：「故書翣柳作接櫝櫝。鄭司農云：接讀為翣，櫝讀為柳，皆棺飾。檀弓曰：『周人牆置翜。』春秋傳曰：『四翜不蹕。』」又喪祝：「除飾。」注：「鄭司農云：除飾，去棺飾也，四翜之屬。玄謂除飾便其窆爾。周人之葬，牆置翜。」按今檀弓及左襄二十五傳，翜竝作翣，與二鄭所見異，翜翣蓋古今字也。說文：「翣，棺羽飾也，天子八，諸侯六，大夫四，士二，下垂，從羽妾聲。」然則翣本羽飾，故從羽。卜辭⿰羽疌字當從羽疌聲，疌即翜字，詳上。檀乃其正字，檀弓左傳叚翜為之，後世或叚妾聲為之，因為翣字，而⿰羽疌字晦矣。注二

注二　周禮故書翣作接，釋文翣本又作篓，明堂位釋文，少儀釋文均云翣又作篓，可見本叚妾聲為之，無定字。說文以篓為箑之重文，扇也。蓋以竹為之，則為篓，以羽為之，則為翣矣。

說文：「翣，棺羽飾也。」段玉裁謂翣無用羽明文，以說文羽字為衍，當為棺飾。今按段說非也。喪大記：「黼翣二，黻翣二，畫翣二。」注云：「漢禮，翣以木為筐，廣三尺，高二尺四寸，方兩角高，衣以白布，畫者畫雲气，其餘各如其象，柄長五尺，車行，使人持之而

從，既窆樹於壙中。注三 蓋如近世之掌扇。釋名釋喪制：齊人謂扇為翣，此似之也。象翣扇，為清涼也。淮南子氾論訓注：翣狀如要扇畫文，插置棺車箱以為飾。則棺飾之翣，本象扇形，無疑也。考古者扇亦名翣，注四 周禮巾車：輦車，組輓，有翣羽蓋。注：所以禦風塵。則尋常用車，亦有翣扇，以障風塵，喪儀之翣，當即仿此而作耳。翣與羽蓋相近，則本乃緝羽以為扇，後世固或以布衣木，然不能謂翣不用羽也。

注三 後漢趙咨傳：翣注引三禮圖翣同。唯云：以竹為之。

注四 既夕禮：燕器杖笠翣。禮記少儀：手無容不翣也。呂覽有度：冬不用篓翣。諸注均云：扇也。淮南說林注：扇也，楚人謂之翣也。釋名：齊人謂扇為翣。小爾雅廣服：大扇謂之翣。

卜辭⿰羽㞢本作⿰羽㞢字，從羽從㞢，羽者所以蔽障，㞢象徒眾，然則⿰羽㞢本象意字，而衍變為形聲字者，亦聲化象意字之一也。

釋羽⿱雨羽習騽

羽 小篆作彗，卜辭或段為雪。

廬江劉氏藏骨　……羽今允

于口

前二、二一、四片　貞　菁十一、七片　辛酉卜，爭，

羽眔𦎫弗其㠯出取。　貞羽㠯出族从口来……

前四、二九、六片　前七、四三、一片　乙巳　林一、七、二一

口子羽　卜，回，貞羽不其受年。　片　貞征羽

出　前五、三八、三片　同上　前六、一七、七　林

戊申貞𦔻又羽　片　中日羽　二、

二〇、四片　……　林二、二〇、二片　簋歲四片　乙巳

号……羽……告　癸酉卜……羽……　卜，吕，貞羽受黍。

前七、二三、一片　乙丑卜，允，貞　後下二五、九片　己

令羽眔雀㠯聿从䧹由事。七月　酉卜，貞亞从止出羽。

栔二〇一片　續二、一九、一片

……出羽……　……爭，貞羽㠯牧。

右羽字，即小篆彗字。孫詒讓釋叜，又釋羽，皆誤。契文舉例下一五　羅

振玉釋羽為羽，羽為翟。並見考釋　葉玉森改釋羽為雪，象雪片凝

作羽者并象塵土之状。

華形，羽為霰，象水雪雜下，説契後又謂羽仍雪之省變。前編集釋七、一六今按諸説皆非也。卜辭以𩅦為霋，説文霋從彗聲，則羽固彗之本字也。卜辭習字從羽，而説文彗字或作篲，古文作䈜，從竹習，正合展轉相從之例，則羽即彗字，更可無疑矣。注一

注一　展轉相從例見王筠説文釋例九。如収、共、拱之類，與羽習䈜正同，皆古今字也。

説文：「彗，埽竹也，从又持甡。篲，彗或从竹。䈜，古文彗，从竹从習。」按彗為埽帚，古之通詁，然從又持甡，無繇取象。别本作𤯓，亦非帚形。獨卜辭作羽，與𣎵形相近。然則𣎵是王帚，本象草形，羽為埽帚，仿狀其器。羽變為彗，則其本義遂不可尋矣。

卜辭羽字，多為人名，或段為霋，霋者彗之孳乳字也。

後下一、十三片

甲辰卜丙午雨霋

後下四一、六片

右霋字，即小篆霋字，於卜辭當為從雨羽聲。羅振玉謂從二又，雪為凝雨，得以手取之，亦不經之談也。

後騽字所從習，日形或小譌似甘，甘白亦易亂。書從甘，說文誤為從白。

佚二二〇片　癸未卜，習一卜。

同片　習二卜。

明七一五片　……習龜卜，又來𡿺其用于……

右習字，舊不識。商承祚謂當非習字，（佚存考釋三四）蓋受羅振玉以𦐇為友字之影響也。（羅說詳騽下。）郭沫若訂正羅說，釋為習是矣，然謂，此字分明從羽從日，蓋謂禽鳥於晴日學飛，（通纂考釋一五六）則誤羽為羽，與說文同。

說文：「習，數飛也。从羽，从白。」注一 今按卜辭從羽，從日，既不從白，亦不從羽。蓋甲羽本殊，後世誤以羽為羽字，遂又誤謂習為從羽耳。（羽當作甲，已詳上文。）古日或作⊙，與⊖白相近，故又譌從白。

注一　小徐本作白聲，誤。白非聲，或讀為脂部之自，以彗入侵部，更非。

以聲類求之，習字當從日羽聲，羽今彗字也。古緝部字每變入脂部，金文「即立」於「朕立」之立，今作位，是其證，則習可從羽聲也。說文彗或古文作篲，從竹從習，今按當作從竹習聲，然則彗之古本音若習，習從羽聲，可無疑焉。

習既從日羽聲，則曰鳥數飛也，非其本義也。賈誼傳云：「日中必熭。」說文：「熭，暴乾也。」按暴曬者日之事，作熭者特段借字耳。疑習之本訓當為暴乾矣。玉篇：「暳，呼惠切，眾星皃。」則假借為「有暳其星」、「暳彼小星」之暳，（暳引申之，當為搖動皃，舊說微皃，非。蓋象名義同。）其字則即習之後起字，猶羽之為彗矣。習聲與疊聲相近，故有重義，慣義，引申之乃有學義，本無飛義也。月令：「鷹乃學習」，始有飛義，蓋誤羽為羽，始自戰國也。

卜辭云：「習一卜」，「習龜卜」者，習重也。金縢云：「一習吉。」左襄十三傳云：「先王卜征五年而歲習其祥，祥習則行，不習則增修德而改卜。」皆其證。

□ 前二．五．七片 戊午卜，才潢，貞王其罝大冢，叀□眾□，亡𢦔，毕。注一

□ 前四．四七．五片 叀鷛眾小□亡𢦔。

□ 同片 叀□眾□亡𢦔。

注一　此片與四、四七、五片，為一片之折，郭沫若所復合。詳契合編。

右騽字。爾雅釋畜云："驪馬黃脊騽。"說文作驔。魯頌："有驔有魚。"毛傳："豪骭曰驔。"說文則云："驔，馬豪骭也。从馬覃聲。"許說與爾雅、毛傳相違。今驗卜辭云："叀驪眔騽，"則似以訓驪馬黃脊為優。覃習聲近，疑許氏顛倒其解說矣。

騽從習聲。羅振玉謂"㫚"為古文友字，疑許譌㫚為習，是不獨忘友之作㫚，并忘騽之為形聲字矣。

釋⿰京馬

□　前四、四七、五片

叀⿰京馬眔小騽亡𡿧。

右⿰京馬，當即⿰京馬字，舊不識。商承祚寫作⿰京馬，諸釋多從之，不知□形決非失也。按□當是老字，卜辭老作□、□，耋作□，金文老作□，季良父壺 耆作□，中白父鼎等 考作□，井人鐘等 孝作□，兮中鐘等 耇作□，曾白霂簠等 其偏旁作□，或作□、□、□等形，特小變耳。說文老部之字多從□，而云從老省，不知老本作□也。□或作□，猶□或作□、□，或作□，皆象扶杖之形。凡古文扶杖之形，或變為卜，金文及小篆變為匕，□、□變為□。此說前人未達，余始發之。見民廿一北大鐘鼎文字研究講義十三葉。後人習見□字，遂誤以作□者為老省耳。

□字當從老高聲，蓋即說文之𦒿也。說文：「□年九十曰𦒿，從老蒿省聲。」注一 鶾從蒿聲而省為蒿，與從高聲固無異也。說文老部之字俱從□，獨𦒿異者，以餘字□形在上，𦒿字獨在下，作□則不整齊也。然則□即𦒿字，無疑也。

注一 此從繫傳，大徐作從蒿省，非。

卜辭□字，從馬□，𦒿聲，字書所無。其義為馬名，以聲推之，疑即驕之或體。說文：「馬高六尺為驕。」

釋□

□ 前四、四七、五片

叀□眔□亡𢦏。

𡟰次婦下

當在字上

右驪字，舊失錄，郭沫若釋麢，非是。按字從馬從，與麗殊，當是驪字。金文㝬𣪘邐字作，尹光鼎邐字作，取盧盤麗字作，與卜辭小異。說文：驪，馬深黑色，從馬麗聲。卜辭以驪為馬名，義同。羅振玉以卜辭稱字當說文驪字，不知說文固自有驪字也。

釋帚婦𡟰歸𡠦婦𡢕𡟣屢埽㛟

鐵五三、一片 妫弗𠂆帚𢆶。

鐵七三、二片 貞另乎帚生……

前一、四三、四片 貞于甲介𢀛

前一、五二、四片 帚姘。

貞𤉲牛于帚。

鐵一二二、三片 己亥……令……及……帚……方。

前一、三〇、五片 ……三帚宅新寢……

前八、一四、三片 叀豕

前四、三三、七片 戩四八、三片 續二、二八、四片 𢀛帚妊匕壬。

庚辰貞宁叀魚帚不才茲……

栔五九〇片　癸丑卜，

貞□㞢𠂤龍从帚西及。

右帚字，作□□□諸形者，最多，今不悉錄。其作□及□者，舊不釋，今以卜辭歸作□證之，知實亦帚字也。說文：「帚，糞也。从又持巾，埽冂內。」帚而从巾，事本可疑，故戴侗以為象手持帚形也。然小篆之□，乃□形之譌，則从又，初亦無據也。羅振玉謂：「卜辭帚字从□，象帚形，□其柄末所以卓立者，與金文戈字之□同意，其从□者，象置帚之架，埽畢而置帚於架上，倒卓之也。」（考釋）按羅說亦誤。卜辭戈字作□，金文大抵作□，與卜辭□之必从□作者迥異，且一帚也而必卓立何為哉？凡為架者，將以盛器，□以盛矢，是也。今□字之□，在□之中，如何能盛？凡此皆臆說之遠於事實者也。余謂卜辭作□□者，帚之初文，與□□等字相近，實象植物之形。爾雅釋艸：「葥，王蔧。」注：「王帚也。似藜，其樹可以為埽蔧，江東呼之謂落帚。是帚字之形，正象王帚一類之植物，以其可為埽彗，引申之，遂以帚為埽彗之稱，習久忘本，遂不知帚字之本象樹形矣。

注一 此從段玉裁說，別本俱從冂，非。

𣎵象帚形，其或作帚者，字體之增繁，猶庚字作甬，或作甭耳。古文字並見金文，凡直垂之筆，恒增一橫畫，如吕為吕是。橫畫或變為H，如才為才是。知H為繁畫，本無意義也。其作𣏟𣏟等形者乃譌體，猶㞢譌㞢，峕譌岦也。葉玉森反謂譌𥿋為綠，復誤省作彔，碑契枝譚誠所謂大惑終身不解者。

自孫詒讓謂卜辭段帚為歸，學者多從之。孫說見契文舉例上十三又下廿六董作賓謂歸為歸回，帚為餽遺餽送之義。帚矛說按歸當為從帚𠂤聲，與帚殊字，孫說誤也。歸餽聲近，帚既非歸，安能讀餽，董說亦誤也。卜辭云，帚好㞢子，有讀為歸好有子，餽好有子，寧非笑譚。

卜辭之帚，以彝例推之，當讀為婦。匋齋吉金錄載比𣪘，一、四九葉以白帚為伯婦，是帚可讀婦也。卜辭每言帚……𡚬，妨，殷絜卜辭七二三片云：婦……𡚬，妨，是尤帚段為婦之明徵也。曩閱郭沫若卜辭通纂，於其讀帚為婦，二九葉十深契余懷。郭氏由“𢀛帚𡠜ㄈ巳”一辭，悟帚𡠜之為人名，雖誤謂帚妣同御，見通纂考釋及古代銘刻彙考，續編七葉。於文法上為小疵，注二其結論則殊正確也。

注二　見於前一、三三、七片者，凡三辭（一）甲申卜，𢀛帚𡠜ㄈ巳、二牡。（二）一牛一羊，𢀛帚𡠜ㄈ巳。（三）一牛，𢀛帚𡠜ㄈ巳。按𢀛帚𡠜ㄈ巳者，猶云“𢀛帚好于ㄈ甲”，特省“于”字耳。然則帚𡠜固生存也。郭誤讀第二辭為“𢀛ㄈ巳帚𡠜一牛一羊”，又以帚𡠜為故妣，與ㄈ巳同祀，均非。

卜辭段帚為婦，習用于人名，如：

帚好　帚姘亦作帚井，於卜辭各數十見。此二人　帚嫀亦作帚枼、帚𡠜此二人各數見。　帚姪見前一、二五、三片，四、二六、五片，後四、六、二片　帚𡚾遺九、三片，九、四片　帚𡜊後下三、四、四片　帚娘前四、一六片，後下三四、一片　帚妊前六、四九、三片，壁　帚𡜊佚七三二片　帚𡟊續四、六七、八片　帚娃續四、二八、三片　帚嫩新五〇片　帚𡚾前八、三、五片　帚白續一、八、八片　帚𡚾續五、五、三片　𠴲帚後下四二、

帚姘亦作姘帚見林一、三、四片

帚𡜊鐵五五、一片

七片）「角帚」（佚一五片）然亦有但用為公名者，如「多帚」（佚三二一片）「三帚」（前一、三〇、五片）即多婦與三婦也。亦有但稱帚而不舉其名者，如「卯帚于口丁」（前五、二九、五片）之類，帚即婦也。

殷虛甲骨中，別有記事之辭，不關祀典者。凡用女之祭，多刻于骨臼，或甲骨之背面。董作賓之「帚矛說」，郭沫若之「骨臼辭」，均研究此問題者。二氏研究之當否，余別有論列。其所祭之示，亦有帚名，如：

帚井示　帚⿰女豊示（亦作帚豊示）　帚室示　帚姿示　帚妻示（或作婦示）

帚吕示　帚良示　帚妹示　帚貝示　帚喜示

帚娥示　帚鼎示　帚杞示　帚杏示　帚芊示　帚汝示

帚娖示　帚楚示　帚杉示

以帚井為最多，帚井即帚妌，凡此帚字，亦均叚為婦也。

甲骨所載帚字，並讀為婦。又寢字卜辭作寑，㱕字或作歸，是又讀帚如侵也。今音帚婦侵迥异，在甲骨則相通叚，可知商時此三字之音尚未甚變，其距離不甚遠也。諧聲之字，以𢘫為最多，與帚音近者，只一埽字，婦字則更無同音者。余意𢘫乃其本音，帚婦皆其變音，𢘫帚聲近而變，帚婦則韵近而變也。

契七二三片

婦□不其幼

右婦字，說文：「婦，服也。從女持帚，灑埽也。」今按當作從女帚聲，帚之孳乳也。

卜辭且（祖）之配曰匕（妣），父之配曰母，婦者殆王之配與。

前五、三二、一片

貞令夫𢘫亡囗。令夫祉𢦏。

癸巳卜，王，

前六、六三、一片

令田子執𢘫。

右𢘫字，羅釋萅非，孫海波以與婦字混，釋侵字，亦未是。卜辭從又從帚，只當是𢘫字耳。說文無𢘫字，於葠寖，梫，駸，綅，埐等字，並謂為從侵省聲，而侵下云：漸進也，從人，又持帚，若埽之進也。今據卜辭有㑴字，則侵字正從㑴聲，其餘從㑴作之字，亦非從侵省矣。凡從㑴之字，得變從侵，如蔓為濅，寖為寑是，非濅省。

前八、六、五片　口口卜，歸。

前八、九、一片　癸酉卜，歸。

同片　甲戌卜，歸。

前五、三一、五片　貞旬口𧿣口辛。

後下、八、一三片　乙未卜，㞢𧿣眔辛。一月

右歸及𧿣字，當為一字之異構，卜辭從帚從㑴每通也。此字羅釋彗誤，蓋帚與㑴之繁文。卜辭㑴作，𧿣作，其帚旁小點，蓋像塵土，帚以去塵土也。其後從土，說文：埽，棄也，從土，從帚。又：𡎺，地也，從土，侵省聲。埽㙴亦一字。

鐵一四〇、二片　壬口于婦㞢犬。

前五、三二、二片　戊子帚凷亦三㞢。㪡

粹八五片　丁

亥壺示一

[illegible]。小婦

[illegible] 後下八、一、八片

于既婦……西歸。

右婦字，羅亦誤釋彗，董作賓、容庚並釋㱿，今按亦未確。㱿字作[illegible]，象手執帚，而此作[illegible]若[illegible]，則手在對方，非執也。桒從又之字，後世多變從手，則此字當釋掃。此字在卜辭不多見，今所錄[illegible][illegible]二文是。[illegible]祭辭中則習見，均為人名，若婦、若小婦，今不贅錄。說文有埽字而無掃字，故後多以掃為俗字。然經傳習見。今據甲骨，知商時已有婦字，則掃非俗可知。按掃與㱿異者，以手持帚為㱿，但象掃之而已，而婦字則掃塵土於手中，實兼象糞除之義。詩東山：「洒掃穹窒。」箋云：「掃拚。」伐木：「於粲洒掃。」箋云：「粲然已洒拚矣。」是掃兼糞也。糞多用箕，然亦或用手。此字從帚，有掃義，猶伐字從戈，有伐意，執帚執戈之手，並省。

明義士藏甲

己未……𡨦凷……

右𡨦字，象掃塵土而坌以筐，匚為筐象。今無此字，殆掃之異文耳。

後下八、十四片注一

右𡩜字，羅釋糞非。一手持帚，一手持箕，以事拚掃，當亦掃之異構。

注一　此片下一片亦有此字，惜斷缺只存帚形，諸家摹錄作𡩜，所補太多，今不敢取。

糞除之字，當作坌叢，糞與𡩜字形亦迥異。

前一、三十、五片

……三帚宅新寑。……

後下三、十二片

新寑

契五九五片

貞今二月宅東寑。

前四、十五、五片

非王寑于口。

前六、十六、一片

庚辰卜，大，貞来丁亥寢寑又祝，氐羌卅，卯十牛。十月

後下三、十三片　貞丁亥其寢帚寀。十二月

前六、三十、三片　......帚于雯口帚......

後下三十、十三片　口未卜，完，......令......帚......

佚九二一片　辛亥卜，出，貞今日王其水帚。五月

佚四四六片　癸未卜，......帚亡......

續六、十七、一片　甲午、貞其今多尹乍王帚。

佚九一五片　......乙丑帚......

佚四二六片　......寀丰帚小媨兄。

佚五一八片　王易寀丰帚小媨兄。

右帚字。說文：「寑，臥也。從宀侵聲。𡩟，籀文寑省。」按籀文𡩟字當是從𠬶聲。甲骨金文俱作帚，則從帚聲。帚古讀如侵也。葉玉森乃謂从宀从帚，當為歸屋之誼，而謂籀文從宀從𠬶為已譌變，（說契）真野言也。

後下二九、四片 已未卜，㱿子憂亡𡆥。

右憂字，舊釋寢。按宀厂二形不近，疑屢乃掃之異文。卜辭爲人名，無以孜定，姑附於此。

菁一葉 自西沚戠告曰：土方征于我東啚，𢦏二邑。𢀛方亦掃我西啚田……。

菁二葉 自北奴敏妥告曰：土方掃我田十人。

遺五、十二片 貞乎掃方眔𡆥。

菁一葉 自西㞢友角告曰：𢀛方出，𤛓我亦䆊田七十人。

右掃或作𤛓字。羅振玉釋牧，殊誤。說文無𤛓字，而有騷字。卜辭𤛓字當與騷相近。自字形言之，當是象以帚拭牛之意，而自象意字聲化例言之，則當讀爲從牛帚聲，或叜聲。

㫗𦣻次𦣻 下

金文編以𦣻入附錄，以𦣻……不知宋人已釋𦣻字

卜辭婦㛭二字蓋叚借為侵，云「婦我西鄙田，㛭我示𥝧田七十人」注一者，侵我西鄙田，侵我示𥝧田七十人也。穀梁隱五年傳云「苞人民，毆牛馬，曰侵」，是侵或掠人也。卜辭以土方之征與𢀛方之婦並言，則婦即侵字無疑。羅氏誤釋為牧，因以此諸辭入于芻牧類，遂使重要商史，湮晦不彰，殊可惜也。

注一 「七十」二字，依郭沫若說。

釋旱㫗𦣻𩈷𦣻

後下三二

□ 十一片

右旱字，舊闕釋。按此字習見金文，有作□般文存上三旱父丁鼎□又下三四父戊旱盤□又下一旱爵□又上四父癸鼎旱□又上廿旱尊等形，舊亦不識。舊或以為尊彝，非是。又㫗字偏旁作□般文存上十一㫗父己𣪘𦣻字偏旁作□，又下廿𦣻父丁爵□又上三三𦣻父乙卣□𦣻堂上八晉姜鼎等形，𩈷字偏旁作□，番生厚𣪘字偏旁作□愙五一三趠鼎□愙十六魯白厚父盤□十六貞松五十一戈厚𣪘□薛氏款識尸鎛

緝字偏旁作[glyph]（[glyph]鼎）[glyph]（寰盤）[glyph]（休盤）等形，

[glyph]（叉鐘）尸[glyph]（懲一二十 井人妥鐘）等形，俱與此字相近。據說文覃厚並從㫗，其字實當作㫗，凡高、高等字，說文多誤斷而作高、高。則此字當釋㫗也。

說文：「㫗，厚也，從反亯。」此僅据小篆說之，小篆亯作亯，㫗作㫗，若相反也。古文之作[glyph][glyph][glyph]等形者，亦與反亯之說差近，然以言[glyph][glyph][glyph][glyph]諸形，則不能通矣。反某為某之例，數見說文，求諸古文字，固無合者也。

卜辭此字作[glyph]，在偏旁中多作[glyph][glyph][glyph]等形，均與金文相近。然亦非其原始形態也。余以為此字本為器形，其衍變之迹，當如下圖：

注一

郭沫若金文餘釋之餘以為豆之異，然𣅀豆二字古自有別。余疑𣅀本作[illegible]，乃壜之本字，廣韻：壜，甒屬。今字作罈、壜。

說文禫字，卜辭作[illegible]，又鄣國卜辭作[illegible]，[illegible]均𣅀覃同音之證。

盂鼎：㪅酉無敢醰，醰讀若酖，是甜酣得通之證。

然則其字本象巨口狹頸之容器，故[illegible]象米在𣅀中，覃象[illegible]在𣅀中，而簟字毛公鼎作[illegible]，變𣅀從皿，更可證𣅀亦容器矣。

注二 說文訓𣅀為厚，實因本義久湮，遂以意為之耳。

注一 此為假設原始形，此下均見於甲骨金文之𣅀字及從𣅀字之偏旁。

注二 卜辭從𣅀之字或變作[illegible]，與皿作[illegible]相近，故變作皿。

𣅀，玉篇：注四胡苟切，萬象名義同，蓋六朝相承舊音也。注三從𣅀之字，惟厚字音同。然說文[illegible]字，卜辭作[illegible]，則覃𣅀本亦同音也。說文謂覃字從𣅀鹹省聲，按省者必本有不省之字，今本無從𣅀鹹聲之字，而遽言鹹省聲者，乃由覃字之省聲難知，而強為附會耳。今謂覃字當從𣅀聲，覃與厚乃聲之轉，字林云：醰甜同，甜酣韻近得轉，酣厚則聲近也。說文從覃得聲者，有禫蕈嘾瞫橝[illegible][illegible]驔燂潭鱏撢[illegible]蟫鐔醰等字，而厚字無由之得聲者，然則𣅀字本當讀若覃，其作厚音者偶變耳。

注三 今說文音胡口切，亦同。

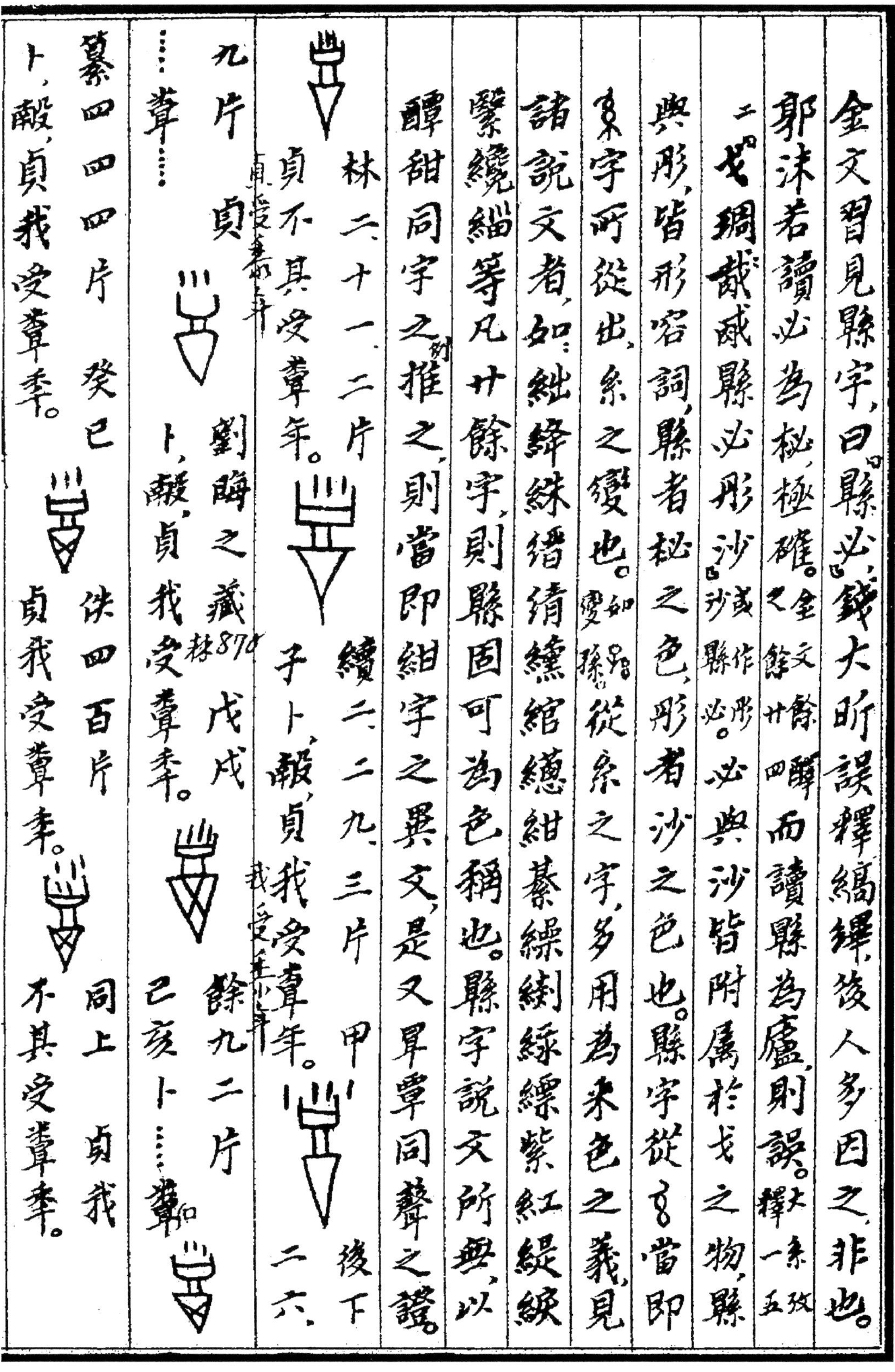

金文習見縣字，曰縣必，錢大昕誤釋縞韠，後人多因之，非也。郭沫若讀必為柲，極確。（金文餘釋之餘廿四）醇而讀縣為盧，則誤。（大系攷釋一五）二戈琱戟戟縣必彤沙（或作彤沙縣必）。必與沙皆附屬於戈之物，縣與彤，皆形容詞，縣者柲之色，彤者沙之色也。縣字從𢆶，當即𢆶字所從出，糸之變也。（如[illegible]變孫）從糸之字，多用為朱色之義，見諸說文者，如：絀綼絑縉綪纁綰繱紺綦繰緅綠縹紫紅緹縓縏纔緇等凡廿餘字，則縣固可為色稱也。縣字說文所無，以醰甜同字之例推之，則當即紺字之異文，是又𣌭覃同聲之證。

林二、十一、二片 貞不其受蕈年。（貞受黍年）

續二、二九、三片 甲 子卜，㱿，貞我受蕈年。（我受黍年）

後下二六、九片 貞 ……蕈…… 卜，㱿，貞我受蕈秊。

劉晦之藏 林870 戊戌 卜，㱿，貞我受蕈秊。

餘九二片 己亥卜……蕈口

綦四四四片 癸巳 卜，㱿，貞我受蕈秊。

佚四百片 貞我受蕈秊。

同上 貞我 不其受蕈秊。

□字原辭云：甲午卜，才𢽇□，貞王步于𦎫，亡𡿧。甲骨文編以與□字混合，摹作□，大誤。

貞松堂集古遺文續中十葉□父乙𩰫□，□即𦎫字，原闕釋。

□　菁九、十片　□未卜，才□　後上三一、十一片　□　絜四

𦎫，貞王步于□，不遘……　貞弗其受𦎫年。（弗其受𦎫年）　九一

片　癸未卜，□　劉晦之藏　……　前二、一六、四片

采，貞受𦎫年。　采，貞我受𦎫年。　□

右𦎫字，自羅振玉氏誤釋為酋，學者靡然從之。葉玉森取月令□乃命大酋注□酒熟曰酋□以釋卜辭之𦎫年，學者又靡然從之。（葉説見契枝譚。）不知此字明明從畀，如何得為酋字。然以天資卓絶之郭沫若氏，猶云□乃酋字之古文，知者，以卜辭猷字或作□（通纂考釋六四）信積習之難返也。釋𩫏為猶，其誤亦自羅氏，可謂一貫。然金文猷字頗多，作猷𢽇等形，決無從畀作者。其誤不亦顯然乎。凡從酋之字，多變從酋，如尊作尊，奠作奠，均是，則酋字必從酉可知，與此從畀之字，固了無干涉也。凡作事宜謀始，治學亦然，初闢蹊徑，似易實難，稍一不慎，即導後學於歧路矣。

米在畀中疑有釀酒之義。

稻與黍均可以釀。

萆字象米在畀中之形，或從米從畀，以象意字聲化例推之，當讀畀聲。畀為殷形容者，猶酋讀酉聲，豈豋讀豆聲。從米畀聲，當即說文之䆃字，畀聲既變，後人改之為導聲耳。說文「䆃，糜和也」，乃後起之義矣。

卜辭常云「受萆年」，每與「受黍年」同出，則萆亦穀名也。昔人惑于「莤年」之說，以為即「熟年」，而不顧「熟年」與「黍年」並列為不倫，亦云疏矣。萆是穀名，當讀如䆃。說文「䆃，禾也」。萆得與䆃通者，士虞禮記「中月而禫」，注「古文禫或為導」，是其證。朱駿聲疑「䆃」實與稻同字，殊有見地。䆃通導，擇米也。後漢有導官令，主舂御米，是舂而擇之也。而稻字金文每作𥞤，偏旁或作[illegible]，是既舂而抒之也。是不僅聲同，義亦相近也。卜辭以萆年與黍年同卜，萆必為重要穀類，可知。萆、䆃、稻蓋三名而一實，萆象容米於畀，稻象抒米於臼，故可引申為同一穀名矣。卜辭之「受萆年」，當即「受稻年」，故與「受黍年」並重也。

纂別二四、十片尚有一辭云：乙未卜，㱿貞，另隹王自征䝞。䝞之印本不晰。

續五、二九、八片 佚七七九片

……自正䝞。 貞䝞其風。

鐵八一、三片 佚四五六片 纂別二、四、十片

貞䝞歸其乍乇。 貞我𠂤伐䝞。

前七、十二、一片 癸巳卜，𡧊，貞𠷎戎䝞 拾四、十三片 貞，林二、十五、十一片 庚寅

䝞不其□于雀。

卜，㱿，貞乎 前七、十八、二片 乙丑卜，王，貞余伐䝞。 續三、十三、四片 同上

雀伐䝞。

鐵八七、二片佚五一七 後上十五、十五片

貞……王……䝞…… 貞䝞伐棘其𢦏。

右䝞字，從豕𣅀聲，或作䝞字，從豕𣅀聲，同。孫詒讓誤釋䝙，舉例下十六蓋所據印本不晰所致。羅振玉釋猷，學者多從之，不知字實從𣅀若𣅀，不從酋，且其畜亦豕而非犬也。

釋及䝞，今字並佚。從𣅀之字，後世或改從覃，說文有驔、鱏、蟫

猶⿰豕覃之為鄿，[illegible]之為鄿也。

等字，爾雅有鷣字，亦無⿰豕覃字。蓋商時猶尚畜牧，故其字彙特豐，今多佚亡，如說文只有驔，而卜辭有騹是也。以聲求之，則⿰豕覃字似即貗之本字。廣雅釋獸：貗、貑，豕牝也。玉篇：貗，老母豕也。覃聲或讀為蕈，與婁聲同在從母。

卜辭⿰豕覃⿰豕覃並國名，蓋即鄿國之本名，後人既寫為⿰豕覃，又省豕而從邑耳。說文：鄿，國也，齊桓公之所滅。經傳多段譚為之，詩碩人：譚公惟私。春秋莊十年：齊師滅譚。杜預注：譚國在濟南平陵縣西南。按在今山東歷城縣東南。

前二、四十、六片　才覃

後上十二、三片　王其遘于覃。

粟一一一片　覃師

佚五六片　王𢦏于覃。

續三、十六、十片　田覃

續三、十八三片

田

續一、四、四片　田覃

前二、四十一片　田覃

□ 續二、二八、四片 才□ 續三、十 □ 前二、三 □ 前二、
□師𪉲王来正人方。 九、一片。 四、四片 二七、
一 □ 前二、三、九、二片 癸亥卜，才……師，貞 □ 前二、三、九、四
片 □ 王才……□妹其饙塞……正王…… □ 片 田□
□ 前二、四十、三 □ 前二、四十、七片 □ 前二、四十、八片
片 才□師 才□師。王正人方。 王田□
□ 前二、四一、二 □ 前二、四四、五 □ 前二三六、一 □ 林
片 田□ 片 田□ 片 田□ 二、
二十、一片 □ 同片 □ 林二、二六、 □ 前二四十、二 □ 前
才□ 才□ 十二片 片 田□ 二、
四四、四片
田□

右□字，舊不能釋，今按即覃字也。

說文覃作□，長味也。從□鹹省聲。□古文覃。□篆文覃省。注一

注一 □字從𩰫傳，蓋早變作早，與豆相近也。大徐作□（𩫖），篆從㫗，與隸相近。

今謂𩫖即覃字，若不相類然。且金文覃字作□（亞覃父乙卣）□（亞覃父乙觶）□（亞共覃父乙毀）□（晉姜鼎）等形，俱與說文及今隸從鹵從西者為近，未有從叀者，亦似與余說不合。然余釋古文字，必有的據，不敢妄騰臆說也。商周文字與今殊者甚多，自非深明古文字變化之例，心知其故，固難與言也。俗儒暖暖姝姝，守師說，抱陳編，斤斤而不敢稍易，覩一奇字，目侈口張，鬨一新說，深閉固拒，則古文字之學，終於茅塞而已矣。

說文謂覃從鹹省聲，余前已識其非矣。王筠說文句讀云：「此却不必，亦云從鹵可矣。」張文虎舒藝室隨筆謂字當作𩫖，从鹵，𣆪，鹵亦聲。按張謂從鹵，殊無確證，乃臆說也。王以為從鹵，較優於說文舊說，隸變從西，西鹵一源，王說似是。然由古文字證之，覃固不從鹵也。

小篆覃字從鹵，今隸從西，皆由金文所從□□二形變來，金文所從□□二形，本非鹵及西，特形相混耳。余謂□字所從之□，實乃囟字。說文：「胃，穀府也。從肉，囟象形。」又：「菌，糞也。從艸，胃省。」今按胃菌皆從囟聲。少虡民劍胃字作□，雍邑刻石謂字偏旁作□，其所從之□，（作□與作□同，此古文字恆例。）皆畧圓，小篆變為□，故今隸之胃，遂從田矣。覃字從□，實即胃菌二字所從之□，特因□字結構，不便改作□形，後人遂誤以為從鹵耳。

然則卜辭之⿱叀早，即覃之本字也。何則？說文無囟字，囟即叀之變也。卜辭叀字，或變為□□□□□諸形，（羅振玉並誤釋為□，不知□即□□之變，亦即□字所從出，詳見後釋叀。）⿱叀早字或變為□□□諸形，（舊並不識，亦詳釋叀。）其□□□諸形，即胃菌二字所從，叀讀若惠，故胃菌二字得以為聲矣。叀既即囟，則從叀之⿱叀早，既即從囟之覃，無疑也。特卜辭之⿱叀早字，均同一時期所作，故其變化之迹難求，非先知叀之得變成囟，自無由識之耳。

由是言之，覃之本字，當象盛叀於𣆪，以聲化例推之，𣆪亦聲也。叀者𢡱之本字，𢡱蓋用以湛酒者。說文：「覃，長味也。」字林：「醰甜同，長味也。徐灝說文段注箋謂，覃醰古今字，是也。以蕙和酒，引申之，因有長味之義矣。

卜辭覃字，為師名，商王畋遊之地也。其地與潧極近。前二．三六．一片酉日卜田潧，戊日卜田覃，可證。卜辭屢並出覃，曹，疐，盟，宮，潧，諸地，蓋均相近也。郭沫若謂潧即周之雍國，地在今河南沁陽縣東北，通纂考釋一三八其說至確。然則覃即為禹貢覃懷底績之覃，無疑。周禮職方疏引鄭玄尚書注云，覃懷為縣名，屬河內。按漢地理志有懷縣而無覃，蓋其地已無徵，故併懷言之，知懷何在，則覃地亦可想像矣。懷在今河南武陟縣西，與沁陽為鄰邑，則卜辭與雍地相近之覃，必為禹貢與懷相近之覃，無疑。

卜辭於才覃師下云，隹王來正人方，人方即尸方，尸即夷也。卜辭屢見人方，舊以為即東夷，然覃師之地，決在河南無疑，則此人方非東夷也。按左傳莊十六年初晉武公伐夷執夷詭諸，蒍國請而免之。既而弗報。故子國作亂，謂晉人曰，與我伐夷

補上𩫖字下

而取其地」，遂以晉師伐夷，殺夷詭諸。周公忌父出奔虢。」伐夷而周公出奔，則夷之逼近成周，可知。杜注：「夷詭諸，周大夫，夷，采地名。」其地今無可考，當在成周之北，與𩫖地正相近。然則在𩫖師所卜，而云：「王來征人方」者，即此夷國，亦可無疑也。

佚二一一片　辛未卜，王令厚亦𠂤。

右厚字商承祚云：「厚即厚字，金文趠鼎作㕊，晉伯盤作厚，與此形近。」考釋三葉三　甚是。說文：「厚，山陵之厚也，从厂，从㫗。」注一　今按當是从厂㫗聲，厂𠃊之省，𠃊者石也。卜辭云：「厚亦」，厚是人名，死而被祀者。

注一　此從小徐。大徐作「从㫗从厂」。

釋禪

前八、八、一片注二　丙午卜，王，余禪女冎匕己食，匄葡女冎食。

擴二、二、五

注一　此字舊僅摹其半，作𣶒，非是。

右禫字，即禫。說文，禫，除服祭也。從示，覃聲。據卜辭則本從畀聲，後世改從覃耳。此字昔人失録。

釋夵

戩三三

葉九片

右夵字，王國維氏未釋，孫海波作甲骨文編入附録，亦未釋。

按此字見於銅器者甚多，薛氏款識有夵敦，𣪘夵生鼎，近世著録，有夵医乍姬單匜（阮氏款識七、二四）夵医鼎（擴古録二一五八）白乍夵姬尊，夵姞敦（窓齋集古録十一、二二）夵大帀孱鼎（貞松堂集古遺文續上二四）夵子夵𠂤匜（十二家吉金圖録雪一七）夵医𨏥戈（集古遺文十一、二九）等器，又𣪘編鐘云：𣪘罘夵姬永寶，其字作夵，一作夵。其字，宋人釋夵，前人多從之。吳大澂圣謂古麗字，從大不從犬，……後人混夵夵為一字，而夵字廢然不問。夵即麗字，固有何證據也。方濬益於從夵字舊釋外，云：「又疑是衣之變體。」（綴遺齋攷釋一、二五）蓋吳方二氏已覺㚇字不應作㚇，與㚇之必從大，而又無法以擺脫舊說也。及容庚作金文編，始釋㚇為蔡，云：「魏三字石經古文作㣇，故得定為蔡字。」當世學者，多從其說，余固疑之。按魏石經古文之以㣇為蔡者，王國維謂：「說文㣇古文殺，……殺蔡同音，可相通假。」（魏石經考三）甚是。然㣇亦即說文之㣇字，郭沫若謂即㣇字，叚為蔡也，尤為直捷。（郭說見兩周金文辭大系圖錄考釋一七七）然則於此有矛盾者兩。㚇與㣇雖畧相似，而不全類，其主要之異點，在㚇字從大，而㣇為豕屬。昔人既強之為㣇，時賢又勒令為㣇，以豕易犬，仍與從大不合，一也。卜辭自有㣇字，作[illegible]等形，與此迥異，二也。㚇既非㣇，則亦非蔡，事至顯然。然郭氏於卜辭則從孫詒讓釋㣇為㣇，於金文則又釋㚇為㣇，以讀為蔡，蓋既不能擺脫蔡字之釋，即難免於自為矛盾矣。

余於釋蔡，久持反對之見。蓋比較文字之法，雖有時可用，然文字偏旁及其繞系，不可淆亂也。彼𣏟字之借為蔡，自有其故，然與𣏟字固無關係也。顧余雖不善舊說，亦不能得其確解，忽忽亦已數載。前日偭於無意中悟得之，雖風雨漂搖之會，亦不禁欣然起舞矣。

𣏟字從大，無可疑者，蓋即說文鬽字籀文之𣏟也。說文：「鬽，老精物也，從鬼彡，彡，鬼毛。魅，或從未聲。𣏟，籀文从彖首，從尾省聲。𩲡，古文。」[注一] 按說文所稱從尾省之字，如隶字應作𣳘，而說文作隶，是其例。然則𣏟字本應作𣏟，𩲡字本應作𩲡也。又以𣏟字古本作𣏟例之，則𣏟字古應作𣏟也。𣏟字與𣏟近，而與𣏟遠，可以下圖明之：

𣏟↓𣏟↓𣏟↓𣏟

𣏟↓𣏟↓𣏟

則𣏟當釋𣏟無疑也。且魅鬽二字，俱從鬼，蓋魅者幻作人形，故也。古文作𩲡，當作𩲡，象鬼身之有毛也。然則籀文之𣏟，本作𡗜，應從大，象人形，而非從屮，可知也。𡗜易譌𧰨，且大字有時作大，故致混淆，後人誤認其為豕頭，遂改為𧰨而從屮耳。然則於文從大之𡗜，必為𧰨字，又可無疑也。

注一 𧰨字本作𧰨，與說解不合。蓋由𧰨誤𧰨，更誤為𧰨耳。⿱髟𧰨傳寫字從𧰨不誤，汲古本⿱髟𧰨⿰王𧰨下亦不誤，段注本並作𧰨，今從之。又⿱髟𧰨⿰王𧰨二字說解，系傳倒，今據⿱髟𧰨⿰王𧰨二字注，及諸家注釋移正。

金文之𡗜國，舊以為蔡者，今既知其非是，或狃於舊說，則謂蔡為大國，不應無器，然此不足為據。𨚍非小國，亦未見於金器也。舊釋𨚍為曹，誤。余謂金文之𡗜，當即經傳之密國。說文從𧰨得聲者有⿱髟𧰨⿰王𧰨二字，注二⿰王𧰨下云：讀若虙羲氏之虙。段玉裁云：虙聲在十五部，必聲在十二部，音相近也。當讀如密，今音房六切，非也。其說甚是。𧰨密聲相近，則𡗜杀即密之本字，後世段密以為之耳。

金文𡗜國有二姓，𡗜姞𣪘之𡗜為姞姓，𡗜医乍姬單匜，白乍𡗜姬尊，𡗜太币𦙍媵鄭㠯姬鼎𣪘，𣪘眾𡗜姬鐘等器之𡗜，為姬

注二 ⿰王𧰨下大徐作從𧰨，今從小徐作𧰨聲。又小徐以𧰨為豕，誤。

姓。族姞斂之族爲姞姓者，詩皇矣云：密人不恭，敢距大邦。傳云：國有密須氏。尚書大傳：文王受命，……三年伐密須。左昭十五傳：密須之鼓，與其大路，文所以大蒐也。杜注：密須，姞姓國也。在安定陰密縣。周語中：密須由伯姞。韋注引世本云：密須姞姓。周語上：恭王遊於涇上，密康公從。……一年，王滅密。韋注：密今安定陰密縣是也，近涇。注三其地在今甘肅靈臺縣西。族姞斂以銘辭字體觀之，殆在厲宣之世，疑共王雖滅密，後又復立，因有伯姞之禍，蓋國語述太姒、大姜、大姬四人，皆在周初，而隱密須、鄶、聃、息、鄧、羅、盧諸國之亡，則大抵在西周之後也。至諸爲姬姓之族，其器頗多入春秋者，左僖十七年傳載齊桓公之内嬖，有密姬，即姬姓之密也。漢書地理志：密，故國，應劭注：密人不恭，密須氏，姞姓之國也。臣瓚注：密，姬姓之國也，見世本。密須今安定陰密是也。顏師古曰：應、瓚二說皆非也。此密即春秋僖六年圍新密者也，蓋鄭地。按臣瓚說是，春秋圍新密者，蓋鄭於密故城外別造新城，即戰國時所稱新城者也。班志明云"故國"，而顏以鄭地當之，誤矣。此密國於春秋時當尚存在，但國當小弱，或已更為附庸，故不甚可考耳。地在今河南密縣。然則密有姞姬二姓，與左正同。注四

注三　韋注謂密為姬姓，誤。蓋世本密姬姓，密須姞姓。此密實即密須也。

注四　舊釋為蔡，僅於姬姓為合。郭沫若謂友姞乃姞姓女嫁於蔡者，固亦可通。然釋蔡於文字研究方面失其立足點，郭說亦自不能存在矣。

卜辭本片殘折，只存一字，故無從知其用法。但以字形觀之，則從大而一足有毛，其本義殆指脛毛，說文以為彪之籀文，亦其段借義也。

釋求椎

佚七一〇片

口寅卜，王其求。

右求字，商承祚釋祐，誤。商說見考釋八五　按說文求字正作𧘝，金文

小臣謎殷曰「述東陕」之述從汖。

盂鼎「我聞殷述令」之述從𧻓，舊誤釋為遂，非是。述令借為墜命。魚鼎匕述字𣲡，均可證。

說文「秫，稷之黏者，從禾，术，象形。术，秫或省禾。」小徐本作「從禾术聲」。徐鍇謂「言聲，傳寫誤加之」。今按徐說非，秫字當從禾术聲，术字或段作穀名，如彌中簠云「用盛秫稻糕粱」。後人加禾作秫耳。术字本作𣎳，從又，又者手形，其本義未詳，然要非秫之省也。

卜辭云「王其术」，疑段為述，說文「述，循也」，惟辭意未足，無以決之。

鐵一三四、四片

……其雄……

右雄字，孫詒讓釋雄，誤。舉例下三五 孫海波入附錄。今按當是從隹术聲。

說文無雄字，疑與鷸同。爾雅釋言「遹，述也」。釋訓「不遹，不蹟也」。詩日月「報我不述」，不遹即不述。是矞术聲近得通。

此片又著錄戩四二·二片，佚一三〇片，續六·一九·四片

釋夒

鐵百·二片 …… 六交……自夒……

[illegible]至……于新……卷……

右夒字，舊不識。按金文小臣艅尊作，與此同，彼文，孫詒讓釋夒，古籀餘論二·六，至確。說文，夒，神魖也。如龍，一足，从夊，象有角手人面之形。按古文於人形之字，每多兼象其足，非從夊也。小篆每以手形誤為止，尾形誤為夒已，故作夒。其實夒之為字，戴角申尾，蓋似人之獸也。韋昭魯語注，夒一足，越人謂之山繅，或作猱，富陽有之，人面猴身，能言。近章太炎小學答問云，夒既猴身，其字上象有角，下即夒字，夒亦母猴，則夒特母猴有角者爾。其說最為明確。或曰，一足，或曰，如龍，或曰，如牛，皆神話也。以字形核之，知必不然矣。

釋[illegible]

又須𣪘𩰫字，弔邍鼎邍字偏旁，並從禺。

𠷎

前二、八、七片　癸巳卜，才□貞，王征于𠷎，生來亡𡿧。于𠂤北。

右𠷎字，舊不識，余謂當從㗊禺聲。從㗊，至顯。從禺者，小篆作禺，金文寓鼎寓卣寓字偏旁作禺，小臣謎𣪘𩸞字偏旁作禺等形，要皆禺形之變也。蓋古文有橫畫者，往往變為内，如禺之為禺，禺之為禺，皆是，則禺字之演變，當如左：

禺↓禺↓禺

則此字當從禺，無疑也。

𠷎字說文所無，疑與喁字同。說文，喁，魚口上見，從口禺聲。劉逵注吳都賦曰，喁喁，魚在水中羣出動口皃。喁喁為衆口之皃，自可從㗊作𠷎也。卜辭用為地名。

釋龖

龖

佚二八六片

右龏字，商承祚云：疑亦龍字。今按非是。此字從龍廾聲，TT即廾也。金文⿱卄弓敦云：隹八月甲申，公中才宗周，易⿱卄弓貝五朋。（攈古錄二之三卷十葉）⿱卄弓字作TT，昔人不識，孫詒讓至附會丁為莽艸之六，TT為弓十二，（古籀餘論廿二、名原上二）余謂當是從弓廾聲，即帝嚳躬宮之⿱卄弓字也。蓋古文字之垂筆，每易增一橫畫，如㚔之為羍，丨之為十，Y之為羊之類，比比皆是，則TT即廾之初文，固無可疑也。

說文：龏，愨也。從龍廾聲。

釋巘

前四、三二、一片　癸未，令放族巘周，由王事。

前七、三一、四片　……貞令旛从冨侯巘周。

後下三七、四片　貞甫真令从巘周。

續五、二、二片　己卯卜，𡧊，貞令多子族从犬侯巘周，由王事。五月

前五、七、七片　貞令多子族眔犬侯巘周，由王事。注一

注一　原辭不完，此與前六、五一、七片復合，郭沫若說。

右巖字，即璞，舊不能識。郭沫若釋寇，謂「字之左半，於屋下從玉從甶，甶即說文『東楚名缶曰甶』之甶，是即古寶字。寶乃古人之寶（𤕦）藏。右半或象雙手捧械，或竟從攴，即還人重器之意。屋頂之著火光者，殆又焚燒燔潰之意也。」（甲骨文字研究上釋寇）葉玉森釋鑿，謂「从[古文字形][古文字形][古文字形][古文字形]象巖穴形，上峙諸峰。从王即玉，從甶，象盛土石之器。从[古文字形]象兩手或一手持鑿石之器。全字象初民入巖穴采玉之字（𡫀），當即古文鑿字。篆文以峰巖形丵嶽並出，故易從丵，復誤甶為臼，易玉為金，易[古文字形]為殳，蛻變之迹，仍可探索。」（說契）林義光釋璞，謂「從熒業聲，乃璞字。熒又从玉[古文字形]聲。[古文字形]象屋上火光，當即熒。」（卜辭出或即熒惑說，見葉玉森前編集釋四卷四十三葉引。）今按三氏之說，各窺一斑，未見全貌。此字從[古文字形]與崋字同，（詳後釋崋）乃火字也。（詳後釋火）說文：「火，入山之深也。」今按其字實象於（高）山[古文字形]為[古文字形]之狀。此字作巖，象兩手舉辛，（或一手）者為撲玉於甾，於山穴中之形意，即璞之本字也。何以言之，從𠦝之字，恆變為業，如𦍌變為叢，穼變為寁。叢，是𦍌即叢也。古文字之太繁者，後世恆有省略，如菐省為菐。此字以㒒玉之象為主，火形以示事之所在，凿形以示玉之所盛，均非必要，故其𡚾變當如下圖：

𡴀↓璞↓璞

則為璞字矣。由象意化為形聲，則為從玉菐聲矣。其義謂初采於山穴之玉，則秦策所言「鄭人謂玉未理者璞」矣。說文無璞，乃誤脫之。

商時為象意與形聲文字交錯之會，上古用圖繪表示之象意文字，尚有留存。如此𡴀字，實完全揭示一古代采玉之圖，此種文化史料，至可寶貴，及變為璞字，則其意盡失矣。葉玉森解釋字義，近矣，然釋為鑿，則殊穿鑿。林氏釋為璞，是矣，而又誤以火為熒。郭氏釋字頗誤，然讀為寇，於卜辭用法略近，亦不能謂全無所得也。

卜辭婁言「𡿺周」者，周即周字，此為近代金文學家之常識，葉玉森誤釋為金，在前編集釋中猶呶呶爭辯，其妄可哂。云「於族𡿺周」，「𤕟从𠱠矦𡿺周」，及「多子族从犬矦𡿺周」等辭，𡿺字介於兩名辭之閒，必動詞也。周為殷之讎敵，是必征伐之事。蓋𡿺即璞，於此當讀為戡，周王𤸫鐘云：「王臺伐其至，戡伐氒都。」戡薄聲近，故詩稱「薄伐玁狁」，虢季子白盤作「博伐厰𤞤」。周為大敵，故必戡伐矣。

釋𠔚

絜八二二片

庚𠔚

簠地四片拓本

癸巳卜，平，貞旬亡囚。甲午𡉈。乙未菊韋𠔚才沚。十月

右𠔚字，即說文之𠔚，舊不識。說文入部「𠔚，入山之深也。从山，从入，闕。」按此字經傳所不見，故王筠說文句讀曰：「會意字未有似此粗淺者，且造此字將何所用哉。在入部而先言从山，紊其主從，而又云闕，是無音也。疑非許君所收。」王氏雖頗精細，然不知字本作，小譌而為𠔚，因而誤收入部，且肊解為

「入山之深」耳。用知理解力雖強，終有待於可信材料之發見也。

卜辭從岀之字，有巘及嶭，其偏旁作□□□□等形，舊或以為火在屋上之形，非也。其字蓋本象高山之形，衆峯高峙，其上。其衍變殆如次：注一

則岀與屵當是一字也。說文：「屵，岸高也，从山，厂，厂亦聲。」按說文屵字，金文作□，是屵厂可為□，□□古通，則岀即屵也。廣韻以屵為「高山狀」，正與岀形吻合。說文從屵之字甚多，其義皆由高山引申，正猶卜辭之從岀。然則岀屵本一字，後人不能知，既誤以岀為从入而寘入部，篇韻讀如岑，乃因字形近岑而亂。又以屵字為從厂聲，岀字湮晦，而屵之本義，亦不能明矣。

注一　有？、者，為假設之過程。

注一　前六、二、三片與此略同，惟中字已殘。

釋[glyph]

[glyph]或作[glyph]、中同。

[glyph]　前五、六一片　簠天十片　癸卯卜，𢀛貞羽甲

中不雉衆　[glyph]　……中，亡𡆥。丙子……允亡……

前七、十六、一片　前七、二二、一片　庚寅卜，㱿

[glyph]　……貞來甲辰，立中。[glyph]　貞王由立中，若。十一月

前四、三七、四片　林二、十二、一　簠雜七三片

[glyph]　貞來口辰口中。[glyph]　片　貞立中。[glyph]　續五、十五、八

片　佚二五二片　劉晦之藏骨　丁酉義

貞王立中。……𢀛，[glyph]　……立中。[glyph]　京羌三，卯十牛。中。注一

簠天五片續四、七、一　簠天九片續四、四、五片

[glyph]　𠂤片　……中豕，允……[glyph]　……貞立中，允亡𡆥。

[glyph]　明七〇三片　[glyph]　明義士藏骨

中日其雨。　中𠂤。

明義士藏骨 吕卜 即宗……卯 ……中

佚一〇〇片 ……其犾中……

前六、十七、七片 中日羽。

前七、七、二片 ……三自𠂤廿乇，

小臣中示。……𢆶。

前四、三七、三片 ……中示。嵒。

絜三四七片背

前四、三七二片 丙

口口，中。

後上二六、二片 癸酉卜，中。

明義士藏骨 甲寅卜，立中。

絜五九八片背

續一、四五、五片 乙亥卜，中。

前一、六、一片 ……大庚……于中……

己卯

後下四十、十一片 羽庚辰㞢于大庚，至于中丁，

己卯卜，

一宰。

鄴下二九、三片 亡囚。壬國曰，㞢希，卜。勹壬申中……

癸口口，𣎆，貞勹

菁三葉 中丁。

後上二、十片 中丁。

後上二、十一片 中丁。

後上八、五片 中己。

即因齋三卷
王游解

中戩三、四片續一、十四、籃人九七片續五、五、後上八、六片 中宗且乙。中六片 中子子辟。中十片 中子。中纂別二、八、七 明一一七 戩八、十四 前八、十、片 中子。中片 中子。中片 中子。中三片 戊申卜，壬，貞受中 佚三四八片 口巳卜中丙年。七月 王，貞于中丙乎知方。中 籃典九四片 ……戊不三巳于中俎

案。

右中字，舊歧為二，以形為㫃，以中為仲，以形為中，今正。

形習見金文，薛氏款識卷十六中甗云：漢州，薛釋為漢中州。阮鼎彝古盧款識以為㫃形，窓齋集古錄六、四十以為㫃形。丁佛言說文古籀補游字下，據祠邑洄說，以為九游之游。存下六三、三殷文存卷下「游」字見續殷文三三殷解金文編則收二形入附錄，

中婦猶言中宗、中丁、中己、中子。

亡釋。卜辭之ヨ字，羅振玉云：「象四游之形，疑亦㫃字。」（考釋本四七）後人多從之。今按此字當依薛尚功釋中，漢中州、𠂤婦𢍏者中婦𢍏也。卜辭言ヨ不雞眔者，其原骨如左：

余觀此片，恍然悟ヨ必中字，蓋自上讀之，凡存五辭：一、三、五、辭同，二曰：「ナ不雞眔」，四曰：「ヨ不雞眔」，五辭下缺，以意度之，當有第六辭，曰：「右不雞眔」，無疑。左中右三者相次也。繼又見簠室所藏骨云：「……ヨ、亡𡿧、風」與別辭云：「立𠂤允亡𡿧」者吻合，尤確信ヨ即中字矣。王襄於編類纂時尚存羅氏之誤，列「ヨ亡𡿧」一辭于㫃下，作徵文時已改釋為中，而云：「中風均有缺畫，」是不知ヨ即中字，而誤以為偶然之缺筆也。

中組承大組而言，與此同例。

金文𠁩中之用有別，故吳大澂曰：「𠁩正也。兩旗之中，立必正也。」又曰：「伯仲之仲，古作中。」羅振玉承吳說，謂：「卜辭凡中正字皆作𠁩，從口從㫃。伯仲字皆作中，無斿形。史字所從之中作中。三形判然，不相淆混。惟中丁之中，曾見作𠁩者，乃偶用段字也。」又於中下云：「此伯仲之仲，古伯仲但作白中，然與中正之中非一字。後人加人以示別，許書列之人部者，非初形矣。」學者翕然宗其說，而卜辭𠁩與中，遂亦確分為二字。然考之實證，則得其反。中丁之或作𠁩，固已如羅氏所舉。「中宗且乙」之中，「中商」之中，「中組」之中，並不能讀為仲，而卜辭皆作中，可見𠁩中固不能確分也。且卜辭用中字，多非伯仲之義。蓋中字之範圍甚廣，有上下之中，有左右或四方之中，有大小之中，其義殆難縷舉。商時以中為人稱者，實取大小之一義。故中宗者承大宗而言。中丁者承大乙、大丁、大甲、大庚、大戊而言。卜辭習見中子，前人多以為人名，或誤釋為仲巳，不知中余以此說語于思泊先生，承告去歲廠肆以五古器售諸西人，得資巨万，五器皆商製，各有一字，即𠁩、中、又也。中字只作中，可為余說之證。

子者乃對大子小子而言，故卜辭有中子子辟，金文亦有中子日乙，毁與中子異形，觚也。續殷文存上四三、六，下六九、四羅氏所藏三戈於「大父日癸，大父日癸」下，承以「中父日癸」，然後承以「父日癸，父日辛，父日己，父日己」，秩次最為井然，大子中子之別，當亦猶是也。

由此言之，有大且必當有中且，有大匕當有中匕，有大母當有中母，有大婦當有中婦，而卜辭有𠁩匕，金文有𠁩婦，見上文亦正合符。然則以中字施於稱謂，本取義於大小之中，而其字體無別，中宗、中父、中子，作中，中匕作𠁩，中婦作𠁩，而中丁兼作中𠁩二形，皆可證。殷以後始以𠁩專屬中正，而中專屬稱謂，與伯叔相次而為白中弔，然六國以後，又復不分，及小篆起，遂別造仲字為白中之專字矣。諸家分𠁩中為兩字，蓋徒拘於一時之用法。羅氏未能細按卜辭，而遽嚴分別，不能謂非疏失也。

𠁩𠁩中三者既為一字，則其字形之演變，可得而言，今表之

注二 旂原誤蛇，依王引之說正。

如次：

＊凡斿向左或右不拘

然則中本旌旗之類也。

以字形言之，中與㫃相近而實異。蓋㫃字見古文者作等形，上有一斿，斿下為旗形。中字則作者象九斿，作者象六斿，作者象四斿，均只有斿而已。

考工記輈人：龍旂九斿，以象大火也。鳥旟七斿，以象鶉火也。熊旗六斿，以象伐也。龜旐四斿，以象營室也。注二 龍旂、熊旗、龜旐，殆均由蛻化而來，本皆中也，其七斿之鳥旟則其後起者耳。然中雖有九斿六斿四斿之異，當以四斿者為最古，春官司常：王建大常，諸侯建旂，孤卿建旜，大夫士建物，師都建旗，州里建旟，縣鄙建旐。夏官大司馬：王載大常，諸侯載斿，軍吏載旗，師都載旜，鄉遂載物，郊野載旐，百官載旟。旐為縣鄙所建，郊野所載者，卑之。所以卑者，旐只四斿而最簡朴，適只以表其為縣鄙郊野耳。由四斿而增之，為六斿，九斿，周時乃并有十二斿，王之大常也，而其變又有七斿五斿之常。

中以四斿為最夙，故其字亦以㫃為最古。凡垂直之線，中間恒加一點，變鉤寫之，因為㫃眔㫃形，而㫃形盛行，由以省變遂為中形矣。說文作中𠁧𠁩三形，中即中之小變，𠁧為中之譌，𠁩為𠁧之譌。許說中从口，丨上下通，近世學者多說為象矢貫的，此外肊說尚多有之，皆由不知古文本作㫃也。

中為斿旗旐之屬，何由得為中間之義乎？吳大澂謂兩旗之中立必正，亦嚮壁之語，篆形既未顯兩旗，又何由知其立必正也。余謂中者最初為氏族社會中之徽幟，周禮司常所謂皆畫其，號象焉，官府各象其事，州里各象其名，家各象其號，顯為皇古圖騰制度之孑遺。周禮九旗以日月、交龍、熊虎、鳥隼、龜蛇等畫之，亦皆由圖騰蛻變而來。此其徽幟，古時用以集眾，周禮大司馬教大閱，建旗以致民，民至，仆之，誅後至者，亦古之遺制也。蓋古者，庭宇有大事，聚眾於曠地，先建中焉，羣眾望見中而趨附，羣眾來自四方，則建中之地為中央矣。列眾為陳，建中之酋長或貴族恒居中央，而羣眾左之右之，望見中之所在，即知為中央矣。若為三軍，則中軍也。然則中本徽幟，而其所立之地，恒為中央，遂引申為中央之義，因更引申為一切之中。如上下之中、前後之中、大小之中等。後人既習用中央等引申之義，而中之本義晦。徽識之稱，乃假常以稱之，周禮記常有十二斿、九斿、七斿、五斿，明即中。中常聲相轉也。而其分別，則十二斿為常，九斿為旂，七斿為旟，六斿為旗，四斿為旐，而中字遂無用為徽幟之義矣。

後下三六、六片

……今瀏

右㳘即沖字。說文沖，涌搖也，從水，中聲。讀若動。

釋良狼㚖

前七、十四、四片 口卯夕良。

鐵五、三片 八片 佚一一二 ……夕良。

簠天九十片 續四、六、一片

……酉雨，之夕 良，丁酉允雨少。

拾三、十二片 ……夕良。

續一、三九、三 片 良⿰羊土三。

續二、二三、

九片 良十⿰羊土。

契二八八 片 良羊。

佚八八九片 良二牛。

簠文八十片 ……午……今夕……

良。

佚八七二片 良三羊。

明義士藏骨 良二牛。

簠游四二片 二片 續三、三七、 ……良己……

前七、三三、一 片 ……良。

同 辛亥

良

續五、十九、十三片 貞己亥良，庚子……

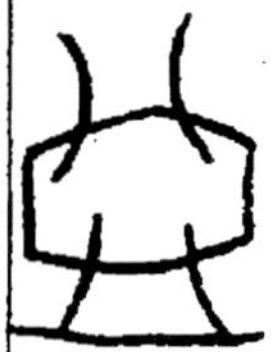

菁五葉 𢦏雚，之夕良。

鐵二〇七、 三片 ……

夕餘一、一片續五、一、篚雜九一片續五、八、續
良。一片……午夕良。一片甲申夕良。五、
十九、十二片……菁二葉鐵一八五、一片
……夕良。口丑夕良。三日乙酉夕良。
鐵六七、二續一、四四、四片
片良羊。良十劦牛。
後下四一、一前二、十二、三鐵二一七、三
片……良。片已良片……夕良。
篚地四片拓林二、十二、四戩四五、二片續五、二
本甲午良。片良彔。十、五片帚良示。
林一、十八、十佚一千片前六、二一、三片丙
片帚良示。帚良示。良……貞王其步于良，
亡同片丁巳卜，行，貞佚六一八片
𡿧。王其田，亡𡿧。才良。口申卜……良屮口……

甲骨文编之以□形别入附録

右良字，舊誤歧為二，以□為良，而以□□為别一字，今正。

作□形者，孫詒讓釋豊，契文舉例下二二誤。葉玉森釋亞，謂乃禋之古文，川正象煙气上升形。鉤沈乙不知□既象豆形，則所布者食气爾，安得有煙？亞字見於陳壽卿藏亞戈者作□，見奇觚室十六與□寧有一毫形似。然承學之士，猶樂襲用，好野談而怯真理，良可憫歎。郭沫若釋蝕，謂□為食物之象形，□而缺其上為□，則當為蝕，甲骨文字研究上釋蝕四葉因謂夕□為月蝕。然卜辭之□，上兩筆侈而不斂，無由為□之缺。□上缺而為蝕，說無所徵。据所說有連續二日之日蝕，殆非古人所及知。且卜辭自有月食，簠室徵文天象二云：旬壬申夕，月㞢食。……庫方二氏藏甲骨卜辭一九六五片背云：七日己未□，庚申，月㞢食。……皆可證商人只用食字，與周人同，郭氏之說，實未愜也。余按□即良字，古文字之例，恆缺底畫，如□或作□，故□每作□，由□小變即為□矣。余所見者，多他人已見之材料，眼前證卜辭之□，由□形而來。

據本俯拾即是，特學者多好鑿空，不惜屑作瑣碎材料之蒐集與歸納耳。

金文良字甚多，如□（季良父盉）□（季良父壺）□（司寇良父壺）（司寇良父殷）□（齊侯匜）□（大師史良父殷）□（邕子甗）□（尹氏匡）□（格伯殷）等，（舊以季量父簋量字為良，大誤。）皆由卜辭之□形，衍變而成。（□變為□，□變為□。）說文良作□，則又從□形衍變而成。今比良字嬗變之迹，為表，非主要者闕焉。

良字之義，前人無能解者。說文：「良，善也，从畗省，亡聲。」徒以形變作□，有類從亡，良亡之聲適又相近耳。推之古文，則畗亡兩從，一無是處也。按良古本作□，或作□，□即豆形，豆所以盛食物，而作川者，殆以象食物之香气也。（詩載芟：「有飶其香。」說文：「飶，食之香也。」）（謂盛食之香。）說文：「皀，穀之馨香也。象嘉穀在裹中之形，匕所以扱之。或說皀一粒也。又讀若香。」顏氏家訓引通俗文皀音方力反，今説文音皮及切。按皀即食字，説文從皀得聲之字，有鵖𪒠二字，鵖彼及切，𪒠都歷切，無讀若香者。（鄉字由𨛜得聲，説文謂從皀聲，誤。）然則説文皀字之解，疑誤合皀㿝為一字，（猶卣㣇誤合卣為一字。）馨香之義，與讀若香之音，皆當屬之㿝字也。㿝象孰食之香气，其音當讀若香，而今作良音者，香良音近而轉，猶鄉之與曩也。（香古以鄉為之，蠚蠰即堂蜋。）臭之香者食之良，引申之為良馨之稱，更引申之為良善之通義，及引申義掩其本義，而㿝形復變為皀㿝等形，於是良字之解，莫能言矣。

卜辭恆言"良羊"、"良牛"，或用其本義，而引申為歆之之義，或借為[illegible]，柯擊也，今未能定。其曰某夕良者，疑指氣象而言，是即朖之本字矣。

前六、四八、四片

允……狼……

右狼字。

北京大学藏骨 𠂤子……（補前𠂤字下）

佚二七一片 癸丑卜，行，
貞王其步自㚁，于𢍶，亡巛。

右㚁字，卜辭地名。似從良聲，其本義未詳。

釋保

唐立庵藏骨
……亥卜……仔

庫一五九三片
貞旻乘㞢仔，才𢼸。

鐵十五、二片
貞甫口乎仔。

鐵二四五、一片馬叔平藏骨
戊申卜，宄，貞㞢仔口啓。注一

拾五

十二片 丙寅卜，出，
貞夕㞢仔，用。九月

前一、三十、七片 ……仔于母辛，
家，宕彰……之日不薦。六月

前七、
三、一片 戊辰……貞羽辛……
亞三氏衆人䍃丁𢑚乎仔我。

後下十三、十二片 丙寅卜，
大，貞甫叀仔自又尹。十二月

林一、三、三片
貞雀㞢仔。

林一、三、五片
巳……令……仔……

丁

後下三一、五片
……仔來王……

林一、二四、十七片　同上　戊辰　簠地五七片續

……乎……仔……　……仔犬……　一、四十、六片

乙丑卜，㱿貞　栔七四四片　辛　庫一〇二八片　甲

于仔邑方奔。　未卜，大甲仔。　辰卜，争貞㞢既仔王，

亡不若。　新一〇。

一月　四片

注一　印本不晰，甲骨文編作，釋偈，誤。

右仔，即保字。前一形作者，習見古金文，前人未識，余謂即保字古文，召誥曰「夫知保抱攜持厥婦子」，抱者褱於前，保者負於背，故字象人反手負子於背也。保字孳乳為緥，是為兒衣，襁緥者古亦以負於背。今日猶如此。則即保字無疑焉。無識者見周以前金文，多有奇詭之形，遂以為非文字，而强名之曰圖繪，不知古代文字，本用圖畫以表達，苟是圖繪而非文字，則即無文字矣。即如此字，在金文中作等形，異字

說文古籀補保下錄伃字（且子父□唐鼎），然則釋伃為保，始於吳大澂也。吳謂「小兒衣也，从人抱子，ㄏ象保衣之形。周書曰：若保赤子。」小篆作□，頗近之。惟ㄏ實飾筆，小兒衣之訓，亦只引申義耳。

作□□等形，是皆非文字矣。然何以解於卜辭之有□及□字耶？推此以言，只象人形，而非大字；只象子形，而非子字。此言誠澈底，然必所研究者，非代表中國語言之文字，我方能承認，否則適成其為夢囈耳。故學者當戒不知而作。

□字書之不便，因省而為伃，更省則為俘。卜辭作俘形者習見，舊誤釋為匕已二字，或又釋「伃，克也，從人子聲」之仔，亦非。孫海波釋保，是矣。然謂「從呆省」（孫引拾九、五郭字，謂从卜與金文同。今按原書作□，殆非伃字。）又謂「保，養也，从子立人側」，皆非也。俘即□之省，金文作□者，多一飾筆耳；更進作□，則飾兩筆矣。其作□者，殆文從玉，為保玉之專字耳。（史記周本紀「展九鼎保玉」。）

說文：「保，養也，从人从采省。采，古文孚。」按孚又從古文呆，是互相從矣，失之。禮記內則「保受乃負之」注：「保，保母也。」負子於背謂之保，引申之則負之者為保，更引申之則有保養之義。然則保本象負子於背之義，許君誤以為形聲，遂取養也之義當之耳。

詩敬之"佛時仔肩"，傳"仔肩克也"，箋"仔肩任也"。說文錄此仔字，以為從人子聲，殊誤。仔即保字也。蓋後人不知仔即保字，因讀為子聲耳。保自有任義，周禮大司徒"使之相保"，注"猶任也"。

釋㘝

簠地二六片續三、三一、五

㘝 乙丑王㘝[glyph]才宊。

右㘝字，簠室殷契類纂列存疑，（四葉）注云"疑訊字"。按啟簋云"㘝[glyph]冊"，（薛氏款識十四）宋人釋為僕。虢季子白盤云"執㘝五十"，徐同柏釋㘝，云"古文從口系，號省聲"。（從古堂十六、三五）張石匏釋繫，云"僕字不見說文，當是繫字。說文奚从系省聲，系籀文系字。淮南子本經訓'僕人之子女'，注'僕與囚繫之繫同'"。（攈古錄三之二、四〇）陳壽卿釋訊，云："訊古文作[glyph]，又作[glyph]，言古有作[glyph]者，詩'執訊獲醜'，箋云'訊言'，此从中，从口，與古言同，中即丮，或謂女非，从系者寓繫縲之義。詩出車、采芑，兩言執訊，此銘亦述伐玁狁事，文義當同，是訊字也。」同上四七 孫詒讓釋絢，謂「右从糸，左从句，形甚明晳，下增及者，……經典通用絢為覆絢字，故又从行遲之及。……執絢者，絢拘聲類同，書酒誥曰「厥或誥曰，羣飲，汝勿佚，盡執拘以歸于周」，此云執絢與書執拘義正同。」古籀拾遺卷上二六 劉心源釋緙，謂「□即韋，□即韋，說文韋作□，从□，从口，即此。伯晨鼎韔字从□，韋字从□，並可證也。此將口施于旁，故難識耳。緙者束也。」奇觚室八、十八 按此字諸說紛紜，惟陳說信者頗多，吳大澂、王國維、容庚等均采用之，以執訊與詩合，故也。然陳氏釋字，支離殊甚，以字形言，□固決非訊字，而牽強傅合，是其失也。吳大澂易其說，謂「古訊字，從糸從口，執敵而訊之也。」古籀補 其說字形較優，而□與訊之關係，則仍茫昧如故。

余按卜辭作□，左象口，右象有人反縛其手也。金文作□兮甲盤□揚𣪘□不𡢁𣪘等形，並相近，惟並示其人之足形，或誤為女。而幺或變為系耳。作[glyph]（虢季子白盤）者已有變譌，作[glyph]（師寰敦）者省變更甚矣。然其右側，正當作[glyph]或[glyph]形。[glyph]象人反縛兩手，即係之古文也。蓋文字之過近於圖畫而用逆筆者，後人悉淘汰之，遂省為係，[glyph]省則為[glyph]矣。說文係很也，从人弦省聲，則古義既湮後之說也。以索縛繫，其讀自應近係，係（係字本作[glyph]）固不須從弦省聲也。

[glyph]字說文所無，以字形觀之，一人被反縛兩手，而別有一口，自含訊囚之義，蓋訊籀之本字也。以象意字聲化之理（例）推之，則問從口門聲，咢從口[glyph]聲，唄從口貝聲，則此[glyph]字亦當是從口係聲，係讀如弦或係，而得轉為訊者，正如户之轉音為所矣。

然則[glyph]本訊籀之專字，其音當讀如係，轉音如訊。後世[glyph]字既湮，經傳多借訊為之。陳簠齋以詩執訊謂即金文之執[glyph]，本為極佳之發見，然如謂[glyph]即訊字，在文字學上，不能謂非王國維魏石經考朝字下，與羅釋畧同。從羅采王說。

王襄先釋為萌字。

過失也。

釋朝

[甲骨文] 後下三、八片

貞亡囚在𦾔。

[甲骨文] 佚二九二片　丙寅卜，㚔，

貞盂田其𢓜椒朝又雨。注一

[甲骨文] 庫一〇二五片　癸丑卜，

行，貞羽甲寅毓且乙歲，朝酉絲用。

注一　考釋作𦾔，按上已漫漶，以意推之，當作𦾔，乃合。俟考原骨。

右朝字，從羅振玉說。羅云：「此朝暮之朝字，日已出茻中，而月猶在天，是朝也。古金文从𠦝，乃从茻之省，後世篆文从𠦝舟聲，形失而義晦矣。」商承祚則謂此字又疑為艸木萌芽之萌字，象日月照臨而艸木萌生，與朝誼異，朝金文作𠦝，从二中，是朝與萌之分，在屮茻之間，而朝固無从茻之理也。釋萌，于理為得。」（並類篇七之三）郭沫若從商釋，謂：「羅説日已出茻中而月猶在天，乃下弦時現象，若在上弦，則月已出天，而日猶在茻中，此字不將為莫耶？故羅説絕非。然商釋亦未得要領。蓋古金文朝字，乃亦日出艸間，其旁有露，以盂鼎𩰫字為最顯豁。小篆作𣍝，誤从舟，後人作朝，誤從月，羅則因今隸從月而誤𦾓為朝耳。𦾓自𦾓之繁文，從茻明聲。」（通纂攷釋一七。）

按諸家僅見作𦾓一形，故多改釋為𦾓。然卜辭有「𦾓」（從屮屮者每變屮木。）「𦾓」（從屮多變木。）二形，是𦾓得省為𦾓，而商氏謂「朝無从茻之理」為非矣。佚二九二片云：「朝又雨。」同片另一辭（殘）有「𣍘」字。庫一〇二五片云：「朝酉。」其另一辭云：「貞𦾓酉。」𦾓當即莫，則朝字不當讀為𦾓，亡疑也。銅器有𤳫鼎，云：「唯周公于征伐東尸，豐白敷古咸𢦏。公歸𩰫于周廟，戊辰，酓秦酓，公賞𤳫貝百朋，用乍𤔲鼎。」其朝字作𩰫，或者遂疑為偽，不知此正銘文書於殷周之際，猶承殷世風氣之一證（鐵），若果𤳫鼎，則作偽者既能仿之如是其精，寧不知朝不從月，為周世金文之習慣哉。

王國維云：「卜辭有𠦝字，……今隸朝字，即从此出，但省二屮耳。小篆𦩍字乃變為从倝舟聲，倝者𠦝之譌，舟者月之譌也。殷周古文从月之字，篆文輒改從舟，如亙恆朝諸字，篆文皆从舟，古文皆從月，與今隸同也。」（遺書本魏石經考二六）此說最精核，郭氏謂「後人作朝，誤从月」，失之。

朝字象日月同在茻中，與莫象日在茻中相對。郭氏謂此下弦時現象，上弦時日月同見於暮，因謂羅說為絕非。然古人繪一圖象以見意，但取彼時人所共喻，固不容膠固以說之也。月有圓時而但作☽，日初出時亦在茻中，而茻但表暮。𡖊象在月下治事，可晨可夕，而獨為夙義。然則朝象月未落而日上，固無不可也。

金文朝字作𠦝川、𠦝水、潮等形者，王國維以為本潮汐字，借為朝夕字，（同上）是也。郭氏謂「日出茻間，其旁有霧」，殊誤。霧雖多，不能為川澮畎之狀也。周人既借潮為朝，後人又誤為翰，而日月同在艸中之形，乃僅存於今隸矣。蓢字從艸明聲，訓為草芽，則後起之形聲字，其字形與古朝字作𠦝者固相混，然朝之非蓢，則其事至顯也。

釋壴鼓𡔷𡫷𪇰喜𧯠僖鼓嬉嬉鼖

簠帝二七片續一、六、七片 癸丑卜，史，貞其隮壴告于唐，牛。

前五、四、四片 癸……貞羽……隮新……壴示

戠廿五、十二片，續四、二六、一片 ……己亥卜，㱿，貞壴㞢于且口。

簠歲廿四片續一、四七、二片 甲申卜，亘，貞希曰不于

續五、二四、五片 壴，𠙴八人，𠂤五人。

鐵二五八、三片續五十七、五片 癸亥卜，亘，貞王 貞⋯孚宁壴眾。

續六、十三、一片 㞢口壴𡥈。

王固曰，壴。

㮚四。九片 丙其㞢來，不，丁未口……

貞王𣎆 不隹壴。

後下三九、四片 丁酉卜，大，貞三告其壴于唐，衣。

後下六、二片 辛巳卜，口，貞壴……

林一、二六、十八片　癸巳卜，貞㱿开壴。

北京大學藏骨　甲午卜，貞㱿开壴。

林二、六、十一片　口口卜，壴。

林一、九、七片　貞壴其𢆶來。

拾八、十七片　貞壴口𢆶來。

前五、三六、四片　𢆶執周壴𢦏。

前五、三六、五片　執周壴。

前五、二、七片　令壴歸

同　簠人一〇八片

後五、十二、三片　……貞令壴歸。

簠雜一二八片　癸丑卜，宄，貞口从壴……

絜六一七片　貞弓壴。

後下二六、十三片　令𦣞……取壴𢀛……白辛三月　……貞……

庫一〇三片　庚辰卜，貞壴亡若。

佚二九九片　癸未卜，壴。

佚三〇四片　口卯卜，壴。

鄴下四十六片　癸亥卜，壴。

明一四九片　……其歸壴开……

庫九八五片　癸丑卜，𢀛壴。

佚二三三片　戊戌貞告，其壴

羅振玉釋隹，誤。

彡于……

六……

佚三一九片 壬辰卜，壴。

佚二三三片 庚子貞其告，壴于大乙六牛，叀升祝。

佚七五片 戊辰，貞其𢓊壴，又若。

後下三十九片 癸卯卜，貞壴亡曰。

佚五八四片 甲申卜，其壴。

右壴字。說文云：「陳樂立而上見也，从屮，从豆。」徐鍇繫傳曰：「豈樹鼓之象，屮其上羽葆也，象形，戴侗六書故曰：「豈樂器類，艸木豐豆，非所取象。其中蓋象鼓，上象設業崇牙之形，下象建鼓之虡。」伯曰：「疑此即鼓字，鼔擊鼓也，故从攴。」徐灝說文段注箋云：「楚金仲達說是也。鼓、鼖、彭，皆從壴，是其明證。豈上從屮與虍同意。中口象鼓，下象虡，與樂同意。」至戴伯以為壴即鼓字，雖無明據，然其說自通。蓋樂器之興，必先有鼓，然後建之虡而立，崇牙也焉。若先有壴立字，乃加攴以為鼓，非其序矣。

佚二三三片云，「戊戌，貞告，其壴彡于〻六〻，」尤相近。

鼔與擊鼓聲近，若作中句切，則殊遠。

按徐戴二說均近是，徐灝說壴即鼓字，尤得文字發生之真，昔人但憑空想，其成績亦徒〻可驚也。郭沫若曰，「豈當為鼓之初字，象形，作𡔷乃伐鼓之意。卜辭二字通用，如「辛亥卜，出，貞其鼓彡告于唐九牛。一月。」（後上十九葉）「丁亥卜，大，貞告其壴于唐，衣，亡尤。九月。」（後下三九葉）二辭同例，而一作鼓，一作壴，此其明證。」（甲骨文字編五五引）其卜辭通纂考釋又引泉屋清賞古銅鼓以證與壴形酷肖，皆極確。簠帝二七片云，「癸丑卜，史，貞其隮壴告于唐，牛。」與餘九片一辭更相近，可為郭說佳證。然則壴為鼓之本字，殆為不可移動之鐵案矣。

壴既鼔之象形，則其本讀當如工戶切，今說文音中句切者，乃其轉音耳。卜辭壴字大抵用為鼓。其云，「貞帚曰不于壴，」（簠歲二四片）「王固曰，『壴，』」（續六，十三，一片）「貞王將不佳壴，」（契四九片）。則並段為囏，即艱，今音古閑切，與鼓音相近。然則卜辭時代之壴字固無中句之音矣。

明二三六片

鐵三八、三片　癸酉卜，由毘即鼓口文……
佚一〇六片　己卯卜，王貞鼓其取

宋白歪，鼓曰由朕事，

宋白歪从鼓。二月。

前四、一、四片　……彡鼓……

前五、一、一片　貞其酌彡鼓。十月。

餘十、二片　辛亥卜，出，貞其鼓彡告于唐，牛。一月。

簠雜一一七片　續五、二二、一片　……𡆥……其鼓于……

後下十四、十五片　口丑卜，即，……𡆥鼓

後下二八、三片　……鼓于……

絜六八一片　貞𦕂亡其來，才鼓

右鼓及鼓，皆即鼓字。說文以鼓為鐘鼓字，而以鼓為擊鼓，讀若屬（小徐本）。戴侗六書故謂鼓不應有二字，擊鼓為鼓，猶箸衣為衣，非分為二。又云當从攴為是，支乃攴之譌（蘭按戴所據本鼓譌作鼓）。徐灝說文段注箋謂鼓从壴，从又，持半竹擊之，其始蓋專為考擊之稱，後為鼓鼙之名，故又改支為攴，為鼓擊之鼓，實一字耳。較戴說為勝。金文鼓字，或从支，或从攴，殊無別。卜辭則有從攴從殳二體，又𪔂字偏旁從支。蓋古文字凡象以手執物擊之者，從攴、殳、或支，固可任意也。壴為鼓之正字，為名詞，鼓、鼓、鼔，為擊鼓之正字，為動詞。說文既以鼓為名詞之鼓，遂以鼓專動詞，而所謂讀若屬者，乃後世之變音，與壴轉音為中句切同科矣。

前二、一二、四片 癸酉卜，才帛，貞王步于𪔂，亡𡆥。

右𪔂字，字書所無。殆象擊鼓屋下之意。依象意字聲化字之例，當為從宀鼓聲之字，與福或作福，畐同。卜辭此字用為地名。

新二〇〇片 ……喜……王其……

續四、十六、二片 丙子卜，喜。

戩四五、七片續五、二九、一四片

注一 此片與前三、二七、六片合，乃郭沫若所發見。

口戌
卜，喜。
後下二一、四片
壬子口，喜
簋貞六片
庚子卜喜。
鄴下四一、一片
庚口口，喜。

前五、十八、二片
癸巳卜，喜。
前一、一、三片
口口卜，喜。
同　辛
亥卜，喜。
鐵
四
八、四片
口口口喜。
前四、四三、二片
口申卜，喜。

鐵百八二、三片前五、十八、一片
口口卜，出……羽辛卯……喜饎……
前四、十八、一片　余
步从侯喜正尸方。注一

明一五四
片　同上

明義士藏骨　王來正
尸方，才攸侯喜啚𠂢。

右喜字。說文：「喜，樂也，从壴，从口。」往日學者俱以此為會意字，謂聞樂則樂，故从壴；樂形于談笑，故从口（見朱駿聲說文通訓定聲）。其迂曲可笑，與春秋元命苞「兩口銜士為喜」之說，亦僅伯仲之間耳。按說文從口之字，於古文字當分兩組，其一為口齒之口，

如:鳴,吠,聞,啓之類是,其一為凵盧之凵,如:吉(本作𠮷)喜之類是。後者之作凵形,多象盛物之狀,喜者象以凵盛壴,壴即鼓形也。

以象意字聲化例推之,喜當從口壴聲。壴喜二字,後世讀音迴異,然卜辭嬉或作嬉,𡔷,僖,饎等字,後世作𡔷,僖及譆,金文鼓字,沇兒鐘作鼓,(說文鼓籀文作鼗,當本作鼓,後人誤改從古聲。)皆可證古音壴喜相近也。

喜今音虛里切,在曉母,古音當在溪母,溪曉二母,古多通流,猶虛之與墟矣。壴字古讀如鼓,在見母,音轉入溪母,又轉為曉母,因為今音,而與壴鼓之聲似不相屬,後人遂不知喜為形聲字矣。(壴字見於金文者,尸鎛(嘯堂七八)尌字偏旁作豈,趙鼓趙字偏旁作豈,似即豈字之變。豈字今音墟喜切,在溪母,古讀當如凱或愷。疑壴音初變為豈,更變為喜,後世從壴之字多改從喜,而溪母之豈,則變其形而為豈耳。)

前五,八,五片 己卯卜,𡔷 簠雜一二七片續六,一九

貞𡔷祉于丁宗𡔷。 一二片 ……𢀛貞……𡔷。

見舉例下廿

後下四一七片

庚……⿱壴火

右⿱壴火，即⿱喜火字，商承祚謂從喜省聲非是，古從壴之字，後世多从喜，非先从喜而後省為壴也。說文「熹，炙也，从火喜聲」。卜辭云「征于丁宗⿱壴火」，蓋以⿱壴火為饎也，呂覽仲冬「湛饎必潔」，淮南時則作熹。詩玄鳥「大糦是承」，韓詩「糦，大祭也」。

鐵一七二·四片

右⿰亻壴，即僖字，羅振玉釋侸，非也。古從壴之字，後多從喜，⿰亻壴即僖，與⿰女壴即嬉，固無殊也。孫詒讓云「尌即侸字，說文人部，侸立也，從人豆聲，讀若樹」。此從人從壴，即以讀與樹同，故豆壴通用。以喜作歖，嬉作⿰女壴例之，又或為僖字之省。孫氏猶豫於兩說之間，羅氏蓋襲用其前說耳。然自文字學言之，孫氏後說，實遠優於其前說也。

說文：「僖，樂也。从人，喜聲。」無⿰亻壴字。玉篇：「⿰亻壴，時注切。」說文作侸，立也。今作樹。此蓋因壴字轉為中句切，而⿰亻壴以俱轉耳。尌本由壴得聲，故⿰亻壴樹之聲得相近，然⿰亻壴侸固非一字也。後人既不知⿰亻壴僖一字，見⿰亻壴從壴聲，與侸讀若樹相近，而⿰亻壴侸字形亦相近，遂肊謂⿰亻壴即侸字矣。

⿰壴卩　鐵一一五．三片

⿰壴卩　貞其自南出⿰壴卩。

⿰壴卩　鐵一八二．三片　前五．一八．一片

癸丑卜，出，貞勹出希，其自西出來⿰壴卩。

⿰壴卩　庫一二一三片

丁未卜，王，貞多兕牂，亡來⿰壴卩。

右⿰壴卩字，孫詒讓釋鼓，甚是。羅振玉併壴⿰亻壴⿰壴卩⿰女壴四字，通釋為侸，實大誤也。⿰壴卩即歖字者，古文字於人形之偏旁，恆變如欠，如卜辭㱃或作[illegible]（後下二三片），金文歆或作[illegible]（白歆鼎），飲或作[illegible]（毛公鼎），[illegible]或為[illegible]（秦公敦），皆可證，則⿰壴卩自易變為歖或鼓也。孫詒讓謂鐵一一五葉作[illegible]，乃印本模糊所致。

說文喜字下有歖字，注云：古文喜，从欠，與歡同。欠部有歖字，云：卒喜也。從欠喜聲。（大徐本作从喜，此依小徐。）按欠部歖篆，宋本、葉本、趙本、毛氏初印本，繫傳朱本，五音韻譜均同，然篆文作歖，而注中則作喜，故毛氏後剜改篆文作歖，以與解合，而改為歡後，又與喜下古文歡複出，於是段玉裁嚴可均輩又議改喜古文歡為歖矣。（孫詒讓以歖為喜古重文，蓋誤據段說。）今按欠部篆文歖，喜部古文歖，皆不誤，玉篇於喜部有歖字，引說文，於欠部有歖字，訓同說文，（後別有歖字，乃據字書。）可證。然則所誤者，乃欠部之注，從欠喜聲，本當云從欠壴聲耳。蓋玉篇歖欣疑切，說文歖許其切，後人既不知喜从壴聲，而狃於讀壴如樹，因致疑於歖之從壴聲，遂改為喜聲耳。然幸篆文徵未改，猶留徵𨟻，而毛斧季段懋堂等紛紛改之，則併此徵𨟻亦不可得見矣。

歖從壴聲，而讀許其切，此喜從壴聲之鐵証也。然則說文喜字古文之歖字，亦即歖字，所謂異部重文也。古歖之為歡，正猶僖嬉之為僖或嬉矣。

卜辭[壴卩]字當讀如囍，說詳嬉下。

[甲骨文]鈇五九、三片 ⋮雨，不隹嬉。

[甲骨文]餘六、二片 貞不口嬉。

[甲骨文]拾八、十八片 貞行口不隹嬉。

[甲骨文]拾八、十六片 貞勹来嬉，口方。

[甲骨文]前六、五三、三片 咸𢦏丁宗，其㞢来嬉。

貞㝵[甲骨文]後下三五、八片 貞口㞢口嬉。

[甲骨文]簠人一〇六片續四、三三、二片 貞亡来嬉，自方。

[甲骨文]簠人一〇七片續 同上 同上

[甲骨文]戩二六、二片續四、三一、三片 貞亡来嬉，自西。

[甲骨文]簠人一〇三片 壬戌卜，㱿，貞今十月其㞢来嬉。

[甲骨文]絜三八六片 ⋮嬉来自西。

[甲骨文]庫一三〇五片 兄，口口日亡口嬉，自方。口口口，

[甲骨文]續四、三一、二片 嬉

其[甲骨文]續四、三〇、八片 口甲辰其㞢至嬉。

貞[甲骨文]庫五二八片 羽甲辰其㞢至嬉。

貞[甲骨文]鈇二

七二、二片，戩九、五片，續六大龜四版之三：癸酉同

二一、四片：口㞢口嬉。卜，貞其自𠂤㞢來嬉。貞不

自𠂤㞢 北大藏骨 林一、二二、九片 林一、二

來嬉。丙不……來嬉。……口不……嬉 二、十片

…… 前七、二、四片 前四、二九、六片 ……貞勹……固曰，

氏嬉 王固曰：嬉。㞢……嬉，其隹……不吉其……孚羽……

辰子 前七、十八、三片 王固曰：㞢𡆥，其 前七、三

…… 㞢來嬉。八日庚……雉㞢𡆥曰。注一 一、三片

……之日二㞢來嬉。丂 前七、五、一片 ……勹亡囚。

矤卬事……𠂤亦𢦏人…… 王固曰：㞢𡆥，其㞢來嬉。注二

前七、三七、一片 ……允㞢來嬉自 前七、四十二

西。𠂤告曰：……𢦏方，罙三邑。注二 片 甲午卜，

亘，貞羽乙未易日。王固曰：㞢𡆥，丙，其㞢來 前七、四二、一

嬉。三日丙申，允㞢來嬉自東。妻告曰：兒…… 片 ……其㞢

嬉。其　後下二七十四片　王固　林一、二一、一

隹……　曰：……嬉絲至……嬉，自西。……　片　口固曰：

虫希，其虫来　菁一葉　癸巳卜，㱿，貞旬亡囚。王

嬉。三至六……　固曰：虫希，其虫来嬉。三至五日丁

酉，允虫来嬉，自西。沚戠告曰：土方征于　同　王

我東啚，𢦏二邑。𢀛方亦帰我西啚田……　固曰：虫

希，其虫来嬉。三至七日己巳，允虫来嬉，自西。　同

𡴘交角告曰：𢀛方出，侵我示𣪺田七十人。

癸卯卜，㱿，貞旬亡囚。王固曰：虫希，其虫来嬉。　同

五日丁未，允虫来嬉。𢐊卸……自𢀛圉六人。　二葉

王固曰：虫希，其虫来嬉。三至九日辛卯，允虫　菁四葉

来嬉，自北。𡿧敏𡚬告曰：土方帰我田十人。　癸亥卜，㱿，

貞旬亡囚。王固曰：……其亦虫　菁五葉　癸未卜，争，貞旬

来嬉。五日丁卯，子𡆥𡢁，不㞢。　亡囚。王固曰：虫希，虫𤴓。甲

寅，允㞢来嬉。又告曰：㞢嬉同　癸丑卜，殻，貞旬亡囚。三日乙
生敹自益，十人㞢二。嬉　卯，……㞢嬉。單只豐刀于乖……丁巳，
𢦏子豐刀……嬉　菁六葉　三日庚申，亦㞢来嬉，自北。子𡚤
兕亦旻𣂔。告曰：昔甲辰，方𢓜于𢀛，俘人十㞢五人。五
日戊申，方亦𢓜，俘人十嬉　簠人一一一片續四、三二、五片
㞢六人。六月，才……嬉　王固曰：其㞢来嬉。三至……卜
其隹甲㞢至吉，其嬉　簠地五八片　癸未口，㱿，貞
……其隹戊亦不吉。嬉　旬亡……𢀛，其㞢来嬉。三至……
允㞢来嬉，自……嬉　續四、三二、四片　續四、三一、一
告曰，𢀛方…………㞢𢦔……来嬉……嬉　片　癸巳卜，
……𠦪嬉。三至……𢦔告嬉　簠人一一〇片續四、三二、二
曰：土……𢀛方亦……嬉　片　……嬉……嬉，自西。……𨙵我
……嬉　簠人一〇四片續四、三一、五片　……辰，貞旬亡囚。……
嬉　固曰：其㞢来嬉。㚔……丙戌，允㞢来嬉……㑥……

佚三八六片　丝　明一七〇三片　明二三

出帚其出来嬉。……貞勹……来嬉……六六片

癸未……王固……盬地五二片續四、三一、六片……

嬉三……丙戌……敝……囚。王固曰……来嬉，六日戊……

出来嬉。祉戠　鉄一一七八、三片戩三五、一二片續庫一七

弁……呂……四、三一、四片　貞亡来嬉，自南。七五片

来嬉。片　乙丑卜，貞嬉亡若。其隹嬉。

貞亡　鉄一一三、三片佚八一一九　庫六九〇片

佚八三、六片　庫五五四　林一、二二六、八片……前六、二

貞其出来嬉。片　同上　王，不其……北出……嬉。八、七片

癸卯卜，王，　前四、二九、四片　口辰　北大　北

貞其出来嬉。卜，子舊不乍嬉，不丼。臧骨　大

臧骨……固曰：出　餘三葉續四、三二、一片……

帚嬉。……其亡凡闓。嬉。三至七……出来嬉。阜……子

娖……㞢……[甲骨文]簠人一〇五片續四、三二、
沚曰……[甲骨文]三片……嬉，其㞢來囚。[甲骨文]……不吉……㞢希，
其㞢[甲骨文]菁六葉　王固曰：㞢[甲骨文]同　七日己丑，允㞢來
來嬉。[甲骨文]希，㞢媺，其㞢來嬉。[甲骨文]嬉，自口。口弋化乎告曰：
……方延于
我口……

[甲骨文]　林一、二一、十二片　丙[甲骨文]　明二〇
戊卜，弁，貞取效口卩嬉。[甲骨文]　六八片

注一　與七、二三、二片合。
注二　此兩片合。

右嬉字，亦作嬉。从壴之字，多變从喜也。孫詒讓曰："嬉字从女从壴，說文無此字，疑即嬉之省。說文女部亦無嬉字。夏桀后末嬉，見楚辭天問，呂氏春秋慎大篇，則古有其字，此即嬉之省也。"舉例下二十　其說甚是。然自羅振玉舉壴僖鼓嬉四字並釋為僖，舉世學人咸從其說，而孫說反晦，信乎是非之難定也。

又程王襄簠室殷契類纂校商氏類編早三年印行，書中已釋⿰壴卩⿰女壴為侸，則此說似後於王氏。羅氏或即取王說以增成壴即豎之說耳。

羅氏之言曰：「說文解字：『侸，立也，从人，豆聲。讀若樹。』案以讀若樹觀之，則當从壴聲。此作⿰壴人者从人，从壴，壴即樹也。故或省人。此為後世僕豎之豎字。卜辭又有⿰女壴，从女，殆與从人之⿰壴人同。」（類編八、二）按羅氏此說，其思想殊不清晰。既以壴為樹字，又以為⿰壴卩之省，實自為矛盾。考羅氏作考釋時，尚未釋此字，（改訂本考釋有之，已在類編之後。）而禮制篇紀殷之官制則云「有豎」，說之云：「文曰：『命壴歸』，壴與樹當為一字，亦即後世之豎字。」（一百七葉）然則羅氏胸中先有「壴即豎」之成見，而壴即讀為樹，亦與豎難相附會，及至多可謂樹立等於豎立耳。至⿰壴卩字說出，則以⿰壴卩釋為侸，更讀侸為豎，此巧妙之附會，始能成立。故壴字必須附於⿰亻壴下，為侸之省，而不能獨立為壴或樹字，可見其彌縫之苦心矣。後人以壴字别出，而以⿰亻壴⿰壴卩⿰女壴為侸，亦失羅氏之本意矣。

夫卜辭云「令壴歸」者，其壴字必為人稱，固無以知其為官名

通纂考釋四八八葉

也。羅氏立說之根據，已為丐辭，故其辛苦造成之豈字說，僅如紫色蛙聲，餘分閏位而已，終不能久假而不歸也。

郭沫若釋壴為鼓之初字，甚確，已詳上文。而以嬉字釋為鼙，則亦誤也。郭氏謂字象於壴旁有人跽而戍守之，乃象形之文，非形聲之字，蓋古鼙字也。此說在文字學上不能成立。研究文字學，必當有字形變歷史之根據，嬉鼙二字，在字形上既無線索可尋，在歷史上又無蹤跡之遺留，但憑一己理想以決定古代之文字，實最危險之方法也。蓋解釋文字者，必在字形確定為某字以後，釋其何以有此現象而已。不可在未識其字之先，漫然加以解釋，即憑一己之解釋而斷其必為某字也。嬉字郭釋為鼙，象壴旁有人跽而戍守之。然何以從女，豈夜戒守鼓乃需女子耶？且人跽鼓旁，安見其不為擊鼓，然則更可釋為鼓或𢿍字乎？郭氏天資過人，於卜辭發明頗多，然疵纇亦所不免，如此等處，不能謂非千慮之一失也。

商承祚於嬉下云：此字與集韻同。又疑為僖之異體。是已知嬉嬉當為一字，惜拘于羅說而不能自拔耳。

庫一〇。即：貞壴亡若。三片 嬉亡若。三片 鐵一一三 也。

十餘年前，余初治卜辭，即釋⿰亻壴⿰女壴為僖及嬉，時猶未見孫仲容之書也。蓋⿱壴火之即熹，鼓之即⿰喜支，既無可疑，則⿰亻壴⿰女壴等字，烏能例外，此理本甚易明也。然除孫氏外，竟無知之者，豈非怪事。故知人之耳聰目明，有蔽塞之時，而規矩準繩為不可缺也。

或謂⿰亻壴⿰壴卩⿰女壴等字，如為形聲字，自當如子之說矣，然安見其非象形與會意耶？余曰，不然。⿰亻壴⿰壴卩⿰女壴三字，姑不論其為聲化象意，為純粹形聲，其為形聲字，固無可疑。卜辭有嬉字，我人既以⿱壴火鼓為熹⿰喜支，豈能強分⿰女壴嬉為二字。此一證也。⿰亻壴之為僖，⿰女壴之為嬉，自古相傳，為形聲字。即玉篇讀⿰亻壴為時注切，亦仍是形聲。此二證也。即以卜辭言之，⿰壴卩⿰女壴通用，事甚昭箸。其云「王固曰：壴」，續六、十、三片 即「王固曰：⿰女壴也」。前七、二、四片 其曰「貞：王狀不隹壴興……」，而「不隹⿰女壴」，鐵五九、三片「貞：行口不隹⿰女壴」，句法正同。然則壴⿰女壴亦相通也。壴⿰壴卩⿰女壴三字之通用，如謂非⿰壴卩⿰女壴之同諧壴聲，固不能解釋，此三證也。則⿰亻壴、⿰壴卩、⿰女壴之必為形聲字，且必當讀僖、⿰喜阝、嬉，其証據至明確也。

然於此有一難題焉，即卜辭⿰壴卩、⿰女壴等字之意義是已。說文：「僖，樂也。」又：「歖，卒喜也。」又歖為喜之重文。廣雅釋詁：「嬉，戲也。」蓋古文字從人者或轉從女，或改從卩，又或从欠。僖、歖、嬉在後世雖殊為各字，在古昔則音義全同，實一字之異文也。然僖樂之義，非卜辭所用也。

卜辭恆云：「㞢⿱大个其㞢來⿰女壴」，羅氏讀為「之求其之來⿰亻壴」者，固不可解，然讀⿰女壴為嬉，亦正難通。余之懷此疑，蓋亦久矣。郭沫若依胡光煒說，讀㞢為有，依孫詒讓說，釋⿱大个為希，而讀㞢希為有祟，此類卜辭，始露一線之光明。郭氏謂：「⿰女壴字必與希字相貫而含凶咎之意」，誠為不刊之論，惜其釋⿰女壴為艱，於字形為錯誤耳。

余於前歲暑假讀戩壽堂殷虛文字，忽悟：「㞢來⿰女壴」者，與「亡來嬉」對文「亡來嬉」即「亡來囏」，因以知鼓嬉均當讀爲艱。後撰古文字學導論，於自序中涉及此說，且以壴、鼓、喜、嬉四字，今所謂古音系統分屬各部，而卜辭時代猶相通用。因謂今之古音，出周以後，不足爲周前之準繩。

此說既出，學者間雖有贊同者，而疑難者亦復不少。難者之意見，約分三端。學貴求是，故不避煩瑣，聊復詳辨焉。

一、難者謂卜辭之「亡來嬉」與「亡來囏」，辭例不同，嬉囏既不必同義，自不必同音。今按此乃未詳檢卜辭而致誤耳。難者謂卜辭用嬉字，有一定之格式，於「貞旬亡囚」之後，繼之以「王固曰㞢希其㞢來嬉」云云，與用囏字者必曰「貞今日亡來囏」不同。今按如謂一爲固辭，一爲貞辭，則請檢本篇所錄嬉字，強半爲貞辭也。（本篇所錄，於已見箸錄之嬉字，大致無遺。）如謂後者必繫以「今日」，與前辭異者，則可以「貞今十月其㞢來嬉」（簠人三一片）一辭證之，繫月與繫日固無異也。其尤重要者爲庫方二氏藏甲骨卜辭一用直字亦武丁時。

三〇 五片中有兩辭，均殘缺，今對照之如次：

□□□兄□□□曰亡□媎□方。

辛亥□兄□□□曰亡來□自□。

其全辭當云：「某日卜，兄，貞今日亡來媎，自方。」媎艱同義，此其鈇證也。難者或謂前者㞢來媎，亡來媎並見，後者僅有亡來艱為異者，不知卜辭自有㞢來艱者（後上三一片）之辭也。難者或又謂前者多屬邦國受敵，後者多與雨同卜者。不知卜辭用直郎媎等，其範圍殊廣，如夢疒之類，而鈇五九、三片云：「雨，不隹艱，」足證亦用於卜雨。且鈇一八二、三片云：「貞勹㞢希，其自西㞢來郎，」其同片云：「貞今日不雨，」正與雨同卜之證也。

要之，媎艱同義，證之卜辭本身，決無疑義。然難者更謂㞢希其㞢來媎之辭，何以不作艱字。難者如執此一隙，而抹殺一切重要證據，則余可無言。不然，余將告之曰，此時間為之也。卜辭用媎字者，其貞人為：亘，㱿，爭，辰，諸氏，皆武丁時，惟上文按出亦用𡔷字，見庫一二九二片。其用𪔛者，蓋尚襲前期之風氣耳。

所舉之兄，為祖庚或祖甲時。用𪔛字者為出，用𡔷字者為旅、大、即、𧊒，並祖庚或祖甲時卜人。由此可知早期多用嬉字，後期多用𡔷字；早期多卜出嬉，而晚期多卜亡𡔷。出於後期中獨以出嬉為卜，乃改用𪔛字。兄治用嬉字，而其云「今日亡來嬉」，則與同時卜辭相同。此嬉𡔷等字演變之略史，而早期卜辭中所以未見𡔷字也。

二、囏者謂𡔷諧壴聲謂為不可通，因而嬉𡔷同聲相借為不可能。今按此未明於古音之流變也。嚭從喜聲，昔人有言之者。宋保《說文諧聲補逸》云：「囏古音在諄、文、欣、魂、痕部內，喜在止、海部內，如存从才聲，猌讀若銀，來聲，𢿭讀若迅，吏聲，是其例也。」近人楊樹達氏謂之部與諄部可對轉，亦舉嚭從喜為證。楊文載清華學報，手下無此書。按諧聲有變例，與對轉，大抵韻變而聲不變，而喜音與囏較遠，故若可疑。然若古文字𡔷字之從壴聲，則絲毫無可疑也。壴即鼓之本字，卜辭既有明證，囏與鼓一聲之轉耳。𡔷初從壴聲，其後變為囏，時人疑其非聲，故改從艮聲而為艱，囏字廢，幸周禮存一囏字，故猶得保存於說文耳。（說文引籀文，或出史籀篇。）凡文字不屬於形，必屬於意，不屬於意，必屬於聲。𡔷字既不能釋為象形象意，自當為形聲也。卜辭時代，一部分諧聲系統，尚未紊亂，故壴尌嬉𡔷四字，同音通段，足見尌嬉𡔷之同諧壴聲也。及周以後，或入侯部，或入之部，或入諄部，分崩離析而不可復合矣。然壴喜鼓豈等字之所諧，交互雜錯，苟細心分析，不難知其故也。學者其疑我言乎？請閱下表：

壴（中句切）← 壴（卜辭同鼓）→ 喜（虛里切）、豈（墟喜切）

鼓 = 鼓 = 𪔂（說文讀若屬）

鼓（卜辭金文並鼓字）= 𡔷（金文鼓字）

𧯷 尌

壴

僖 = 僖 = 僖

歖 = 歖 = 歖（說文許其反切）

嬉 = 嬉

囏（籀文艱）= 𡔷（卜辭並讀若艱）

喜

憙 = 憙（卜辭疑通喜饎）

愷 = 憙 = 懙 = 㥏（金文）

注　凡與主諧字之今音異者，以口圍之。

然則沾滯於目前之古韵系統，固不能與論周以上之古音也。

三、難者謂古韵系統，二十八部，條理井井，自詩以下，其用韵幾無出入，不容輕易推翻，因以余說爲妄作。今按此非可以口舌爭也。余所抉而出之者，古文字中自然之現象耳。有可定爲形聲字者，有可知其相通段者，類而觀之，則商代諧聲系統可見矣。此本不僅從壴聲之字爲然，凡諧聲字皆可類聚，此僅其一例耳。然余所言者，必有依據，未嘗率爾，故如商代諧聲系統，與今之古韵系統不合者，乃其本來面目，非余以意爲之也。余於古韻之學，所知固尠，然深信音之多流變，戴震所謂「音之流變無方」是也。一時有一時之音，一地有一地之音，豈能強同。故今之音，非切韻系統之音也，切韻系統又不齊於古韵系統也。今之古韵系統，周以下音也，若謂周以前音，不能有出入，是謂周以前固定而無流變也，是猶謂小篆為倉沮古文，而卜辭金文為妄作也。昔之學者，知代表中古音之切韻系統，不足以論周代之音，故創造古韻系統以代之。然說文之諧聲系統，已與詩之用韻多不合矣。如從堇旁之字，詩韻或入真部，或入元部。說文雖出漢世，然因分析文字之故，其諧聲系統，實較三百篇之用韻為古，而言古韻者為三百篇用韻所圄，不能悉依也。然則今之古韻系統，僅足說明三百篇時代之用韻，然猶有彌縫補苴，未能盡善，又豈能為周以前音之準繩哉。余故分析商代文字，以觀其諧聲系統，亦即說文之法而擴充之耳。其與今之古韻系統不合，實理之所當然，無用驚駭也。言古韻者，未嘗推翻切韻，然則言商代之音，亦豈推翻古韻。我人只須明今所謂古韻，只限三百篇時代足矣，又安能推翻之哉。

卜辭壴𡔷嬉等字，並段借為囏難字，上文所論，既已詳悉。此類卜辭俱以明白。故治卜辭當以研究文字為第一義也。

[illegible]明五九六片　己巳[illegible]戩二六、十二片續六、八、九片卜，貞今旬亡來艱。　戊寅卜，貞今日亡來艱。

[illegible]明一九七四片　[illegible]庫一一八五片　丙[illegible]庫一卜……今日口來艱。　……[illegible]午卜，貞今日亡來艱。六七一片　戊寅卜，貞[illegible]纂別二、九、十六片　口[illegible]戩二六、即，貞今日亡來艱。　寅卜，即，貞今日亡來艱。十一片

續六、八十片　丁未[illegible]前三、十　[illegible]前三、二四、五片　己卯卜，即，貞今日亡來艱。　[illegible]六、二片　卜，口，貞今日亡來艱。

[illegible]前五、四十六片　[illegible]前五、四十七片　口[illegible]前五、四……大……日……艱。　戊卜，貞口夕亡口艱。一、一片

旅……[illegible]後上三十、四片　口口[illegible]契六八八片　甲戌來艱。　卜，口，貞今日亡來艱。　卜，……貞……艱。

[illegible]明一三六九片　[illegible]明一七六一片　[illegible]明九[illegible]明六……亡來艱。　……日……艱。八片　○五

片……今……佚七八 前五、四一、二片 明八三九

日……來𪔌。九片 ……卜……日亡……𪔌。片 ……日

亡…… 鄴下三九、三片 庚寅（補第一行） 後上三十三片

𪔌。 卜，㱿，貞今日亡來𪔌。 ……又來𪔌。

右𪔌即囏字。羅振玉説：「説文解字：『艱，土難治也，从堇艮聲。籀文从喜作囏。』此从喜省，或又省喜。又古金文囏字从堇、堇从黄从火。此又省火，或借用堇。」（考釋六五葉）按羅説多舛。羅以堇𪔌為一字，故云或又省喜，其實卜辭堇字，自與𪔌殊也。（詳後釋堇）又云此從喜省，蓋謂囏省為𪔌。不知凡云省者，必先有其形而後省之也。商世作𪔌，周以後作囏或囏，此乃後世增繁，非先有囏囏之形而後省之也。學者拘泥於説文，不合於説文者，輒歸之省變，亦昧於文字發生之史矣。

卜辭𪔌字，用為艱難之義。大誥：「寧王遺我大寶龜，紹天明，即命，曰：『有大艱于西土。』」與卜辭正合。易大有：「艱則無咎。」是艱與

咎有殊也。

卜辭多借壴𡔲嬉等字為𡔷，𡔷字從堇，堇者暵也，難也，饉也，壴其聲也。囏從壴聲之說詳上。周時𡔷字變為囏，毛公厝鼎不𪓊斁均然。後人以喜聲不諧，故改從艮聲作艱，而囏字遂無人知其從壴聲，且亦不通行矣。艱字不知始於何時，以金文猶作囏字言之，殆當在宗周以後矣。

釋𡔷

後下三

二、九片

右𡔷字，舊無釋，今按當是鼖之本字也。壴為鼓形，說已見上。此作𡔷者，多其賁飾，以顯大鼓也。後世樂器之鼓，以鼓為之，𡔷字遂變而作鼖矣。說文：鼖，大鼓謂之鼖，鼖八尺而兩面，以鼓軍事，從鼓卉聲。從小徐本，大徐作賁省聲，非。古或借賁為之，詩靈臺「賁鼓維鏞」。或又孳乳為鞼，說文：鼖或從革賁聲。亦從小徐。

釋英葵

佚七四一片　簠雜一〇一片續六、二七、　簠雜一二

貞我英。　二片　丙戌卜，朵貞不英。　一二

三片　口寅　鈇十七、　鈇一五九、三片　前三、二

卜，我不英。　一片　……曰帝……英，我……　四、四片

庚戌卜，貞　林一、二五、十三片　口丑卜，　前六、八、四片

帝其降英。　貞……不而，帝……隹……英……　貞卧……英

……夫　前四、四六、一片　乙酉卜，王，貞余弓朕老英。

……　余受馬方又。口弗執，其受方又。

佚七六四片　絜七八五片　拾一、四片　後下

……降我英。　貞帝不我英。　甫英牛。　三一、

五片　……

仔熯王　……

右英字。或作𡗜者，舊不識，今以囏字偏旁證之，知亦英字，猶

黄之作𡗜也。英字羅振玉以為艱字，如殊誤。卜辭艱與壴郭嬉通用，從指百艱，與此截然不同。孫詒讓釋堇，引說文，𡏳黏土也。从黄省，从土。云此下又省土。（擧例上二九）王襄以英𡏳為一字，謂𡏳或省火，亦俱小篆。英為㚇或墓所從，非先有㚇或墓而又省之也。

說文：𡏳，黏土也。从土，从黄省。今按𡏳當從土英聲，即墐字也。據說文則英即黄字，古文從黄作堇，可證。金文毛公鼎𡏳作𡗜，又艱字偏旁作𡗜，不𡢁段偏艱字旁作𡏳，召伯虎段堇作𡏳，齊侯壺堇作𡏳，陳曼簠堇作𡏳，多與許說合。然稽之卜辭，則殊不然。英字作𡗜𡗜𡗜等形，與黄之作𡗜𡗜𡗜等形者迥殊，非一字也。蓋𡗜形有時變為𡗜形，（見上艱字偏旁）後人見其形與黄近，聲亦不殊，遂誤認為一字，而英黄之辨淆矣。（郭沫若初以卜辭英為黄字，見金文餘釋釋黄，亦誤。後於卜辭通纂攷釋改釋堇。）

英非黄字，其本義非未詳。要之字象人形，則可斷言也。卜辭禹鼎：「哀不（哉），用天降大喪于二（下）或（國）。」

有𡗜字，又有烓字，或作䵻，𡗜之為𡗜，正與𡗜為㚖同，然則𦰩象人形無疑。

卜辭云：「帝其降𦰩。」又云：「貞：……不雨，帝……隹……𦰩……」郭沫若云：「當讀為饉，引詩雨無正『降喪饑饉，斬伐四國』為證。」（通纂考釋七六）今按郭說未盡是。降喪為周人習語（多士：「弗弔旻天，大降喪于殷。」君奭：「弗弔天，降喪于殷。」多方：「天降時喪。」師㝨𣪘：「哀才！今日天疾畏，降喪。」）詩人之意，以指周宗既滅之事，與饑饉為兩事也。卜辭𦰩字，當讀如暵，周禮舞師：「教皇舞，帥而舞旱暵之事。」女巫：「旱暵則舞雩。」稻人：「旱暵共其雩斂。」均以旱暵並言，暵亦旱也。蓋久不雨，則恐天降以旱暵，故卜貞之也。然從𦰩得聲之字，義多相近，暵乾也，熯乾貌，饉蔬不熟，殣餓死，事實相承。讀𦰩為饉，未嘗不可通，惟施之卜辭，終嫌其迂遠耳。

卜辭又云：「我𦰩？我不𦰩？」者，用為動詞，其讀未詳。其曰「𦰩牛」者，與下「𦰩牛」當同。

後下二四，二片

……西土亡……⿱𦰩火……

劉晦之藏骨契二九片

其用⿱𦰩火牛。……

大，貞來

丁亥⿱𦰩火。

後下十八，一片

丁亥⿱𦰩火，丁甫留亦……

右⿱𦰩火即熯字。舊釋堇，非是。⿱𦰩火字象𦰩在火上，與⿱大火、⿱交火、⿱亢火等字同意，以象意聲化字之例求之，則從火𦰩聲。卜辭⿰𦰩壴從𦰩，金文作囏，則從⿱𦰩火，小篆作囏，從堇，後人遂誤以⿱𦰩火堇為一字矣。古從⿱𦰩火之字，小篆悉變從堇，故⿱𦰩火變為⿰火堇。說文：「熯，乾貌。從火，漢省聲。」（初學記廿五引作「烝，火也。」）非是。凡云「漢省聲」、「難省聲」、「歎省聲」者，皆不知音者所為，此當依小徐本作「堇聲」為是。說文從堇得聲之字，（亦即古文從⿱𦰩火得聲之字。）或入真類，如：謹，瑾，墐，饉，僅，勤之屬，隸變作堇，或入元類，如：暵，嘆，歎，難，⿺鬼堇，熯，漢之屬，隸變作𦰩，乃以聲轉而分，其實一也。真元相近，故音得相轉，昔人論之頗詳。然古韻家必分置二類而不併之者，則以詩之叶韻，已分為二，與諧聲系統不合也。難字詩音轉入歌類。又是則今之所謂古音，僅易詩而後之音，其中頗多流變，其變之近者，如真之與元，猶易推跡，若其輾轉遞變，迷失本原，舍諧聲系統外，固無以正之。學者間有迷信古韻，欲持之以衡量周以前音者，其可廢然知返矣。

說文然重文作難，艸部重出，古書多作難，殆即𦰩之繁文。

釋𡴘殸

𡴘或變為南

絜五片 貞 前一、一三、七 前四、三六、七片

㞢來自𡴘。 片 南庚。 貞戈不𡴘夆亩。

佚四六八片 前一、十〇二片 殸 甲申卜，貞羽 前一、一五、一

于𡴘門昌。 乙酉，㞢于且乙，牢㞢一牛，㞢𡴘。 片 𡴘庚。

前四、十一、五 同片 前五、六、二片 籃人三、五

片 𡴘亩。 才𡴘亩。 才𡴘亩。 片 續五、十

五九片 [glyph] 前六、四三、五片 丙 [glyph] 林一、九、四片 …… 前
才叀面。 申……貞[glyph]……叀[glyph]。 叀……歸……出…… [glyph] 一、
四五、九片 [glyph] 前一、一三、三
叀壬。 片 叀庚。
[glyph] 林一、二、三片 [glyph] 後上二三、四片 乙未 [glyph] 大龜三版
貞王叀。 卜，其剛羊十于西叀。 庚子卜，貞
出匚于 [glyph] 鐵一二一、一片 口 [glyph] 鐵二三三、[glyph] 同片 ……
叀室。 亥卜，殻，貞祏叀…… 四片 叀來……
鐵二四〇、一 [glyph] 鐵二六六、二 [glyph] 前一、十四、二 [glyph] 前一、十
[glyph] 片 叀庚。 片 叀室。 片 叀庚。 四、五片
叀 前一、十四、六 [glyph] 前一、十三、二 [glyph] 前四、十一、六片 [glyph]
庚。 [glyph] 片 叀庚。 片 叀庚。 ……叀面眚……
前一、十五、三 [glyph] 後下四一、五片 [glyph] 菁八葉 ……十
片 叀庚。 ……卯……三叀……浗 羊……五叀乎來。 [glyph]

簠地三七片續五九、三片　鐵一七二、三片　鐵一一五、
……王……𡿪……人……口兆。　東云自南雨。　三片　貞
其自南　前一、四三、三　同片　前八、九、一片　甲戌
出郭。　片　南庚。　南庚。　卜，歸貞我允出南。
戠五七片　後下三、一六　佚三七四片　前
南庚。　片　于南出。　于南出。　四、
五四、五片　貞龜　戠廿五、八片續二、十七、八片　……求三
不其南氏年。　羊三豕，卯三牛三……牛一南。
明義士藏骨　貞　同　夫　前一、十三、五
夫以二南于父口　吕二南。　片　南庚。
前一、十三、四　前一、十三、八　前一、十三、六　前
片　南庚。　片　南庚。　片　南庚。　一、
十五、二片　前一、十四、三　林二、二七、十　明五三〇
南庚。　片　南庚。　三片　南庚。　片　南出

取壴。

後上三二、六片　其自壴來雨。

佚四六一片　九壴。

佚六七八片　壴庚。

戩三五、十二片　續四、三一、四片　貞亡來嬉自壴。

林一、十二、十七片　屮于且辛八壴。

同片　九壴，于且辛。

後上五、一片　一羊一壴。

前一、十四、一片　壴庚。

庫一七七三片　……十塚屮壴。

前三、三三、七片　壴寷。

前一、四二、五片　壴庚。

前四、四四、四片　……乎，貞屮壴……

前七、一、一片　貞方帝，卯一牛屮壴。

福十九片　……寅十，……壴……

庫一九八七片　庚戌卜，乎，貞來于西，一犬、一壴，來三塚三羊，壴二，卯十牛，壴一。

麻史博物館藏骨　丁巳卜，宂，貞來于王亥十壴，卯十牛三壴，告其从望乘正下旨。

庫一六〇六片　鐵十四、一片　丙寅　拾四、一片

㞢匕己声犬。　卜王，貞勿乎衛自声。　乙巳……

……

二声　戩七、二片　口未卜，　明二三九片　貞　佚

王，……声于……勿夕……　告執于声室三宰。　六

六六片　續二一九、一三片

勿叔㚔声。　……㞢匚于声室，酒……

前一、十四、四　前一、十四七

片　声庚。　片　声庚。

右声亦即南字。孫詒讓釋南，上契文舉例三七學者從之，而不知其本為声字也。據卜辭方向之南，本無正字，借声為之。後世形聲俱變，遂歧為二字耳。

余為此說，似頗詭異，然實有確證三，非故求新誕也。請實我言如下：

一曰，以形體演變證之。卜辭声字形體雖繁，要以作形者

為最原始，其演變之大畧如次：

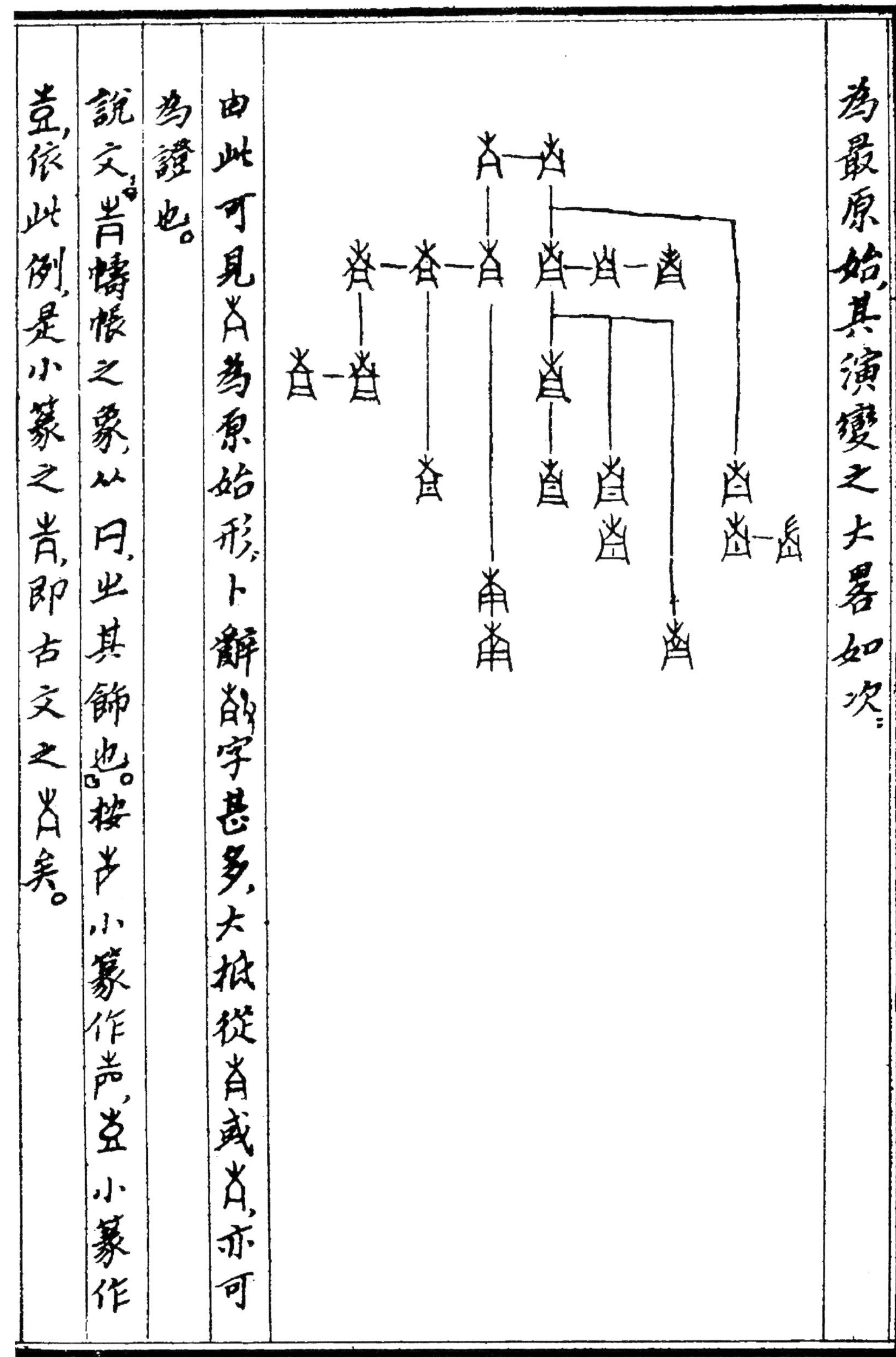

由此可見□為原始形，卜辭鼓字甚多，大抵從□或□，亦可為證也。

說文：「肯，幬帳之象，从冂，㞢其飾也。」按声小篆作声，壴小篆作壴，依此例，是小篆之肯，即古文之□矣。

二曰，以偏旁證之。卜辭𣪊字習見，孫詒讓釋㲉，甚是。自王國維誤寫爲㲉，遂無人能識矣。𣪊字實從殳𡴆聲。

三曰，以卜辭用法證之。卜辭用此字，凡有二義，一爲方向之名，即後來析爲南字者。其一則所祭品物之名，例如「一𡴆」、「二𡴆」、「三𡴆」、「五𡴆」、「八𡴆」、「九𡴆」、「十𡴆」之類，當讀爲㲉。古者段𡴆爲㲉，或又段㲉爲之，㲉爲形聲字，則爲從禾㲉聲之㲉字矣。

以字形言之，卜辭南方之字，本作𡴆，實即𡴆字，以偏旁所從言，可寫爲𣪊形之𣪊，實即㲉字；以假借言，前人所誤認爲「八南」、「九南」者，實爲「八㲉」、「九㲉」，則卜辭此字之應釋爲𡴆，可無疑焉。

說文以𡴆爲幬帳之象，而於南下云：「艸木至南方有枝任也。從𣎵羊聲。」二説均與字形不合。𡴆與幬帳之形既殊，㲉字從殳聲𡴆，與鼓之從殳聲声，鼓之從殳聲壴同例，可證𡴆爲[illegible]樂器之屬而非幬帳也。至南字本即𡴆字之歧出，在漢時小篆變作𡴎，許氏遂誤認為從朩羊聲耳。說文今本篆作𡴎，或作𡴎者，並誤。又古文羊賈即南之誤。林義光文源據金文作𡴎，林又引𡴎形乃蔔字之誤。解為𣎵之古文，木柔弱也。屮象形。亦涉附會，蓋據說文羊聲之說，僅改朩為屮耳。

郭沫若作釋南，甲骨文字研究上第十三釋舉骨文金文南字皆從朩與羊聲，其說甚是。然其謂由字之形象而言，殆鐘鎛之類之樂器，則非也。郭氏所列四證，惟第一證以𣪊殸二字與𣪊字相比較者為確實可信，然只能證為樂器，無以定為鐘鎛也。其第二證引詩鼓鐘云：鼓鐘欽欽，鼓瑟鼓琴，笙磬同音。以雅以南，以籥不僭。及文王世子：胥鼓南。以明南為樂器名。此事友人羅膺氏及余皆疑之。蓋鼓鐘之詩，既有鐘磬琴瑟之音，則雅南安知其不為雅詩與南詩之樂耶？文王世子僅言鼓南，亦安知其非所鼓之樂名也。今姑不論此，而假定二書所言，確是樂器，亦無由定為鐘鎛之類。鼓鐘欽欽，明已有鐘，若南為鐘鎛，則疊床架屋矣。其第三證以大林之林為即南，則僅聲相近而無所據。第四證謂「甬」「䓊」「𩃬」等字當讀林聲，以聲類求之，當即古之鈴字，其字亦正象鈴形。又謂南為「甬」之形音之器「𩃬」，最為舛誤。「甬」南截然二形，不容相混。「甬」字出公伐郑鐘，鐘之真偽尚不可知，其字則決非甬或南。且即使「甬」即南字，亦安可據後代一孤文，以為祖禰，而反謂商代所書「𩃬」為叀體耶？按郭氏此釋，其尤要者為第四證，而以此證為最錯誤。其第三證必有待於第四證之成立，故亦不足據。僅據前二證，則決不能定為鐘鎛矣。

余謂南本即青，青者瓦製之樂器也。何以言之？青之動詞為㱿，象以殳擊青，而㱿之孳乳字為㲉，猶声之動詞為殸，而殸之孳乳字為磬也。磬為石器，㲉為瓦器，故以石缶為形也。（從青孳乳者尚有穀字，知青非甬器者，穀字本作㲉也，詳後釋穀。）說文：「㲉，未燒瓦器也。從缶㱿聲，讀若筩莩。」則以㲉義如坏，坏，瓦未燒也。許氏既不知青義

𡔵苦江切，㱿古祿切，㱿苦角切，㱿或芳與切，以至奴豆、邦含諸切，可見字音之變，不

而訓為悑悵，亦無怪其訓㱿如坏，失其本義矣。漢時讀㱿如莩，㱿得讀若莩，猶莩得讀若殍也。莩缶聲相近，易離九三：「不鼓缶而歌」，詩宛邱：「坎其擊缶」，瓦缶為樂器，其來甚久，㱿即缶耳。以器盛酒漿言之，為缶，以樂器言之，則當以𡔵若㱿為正字也。以字形言之，𡔵字上從屮，象其飾，下作口形，殆象瓦器而倒置之，口在下也。其中空，故擊之硿然，說文：硿，苦江切。㱿然，說文：㱿，從上擊下也。可以為樂也。上古匋樂甚多，如毆，土鼓，塤等皆是。銅器盛行後，匋樂漸廢，循至鼓缶之俗，只存於秦地，後人遂只知其所鼓者為缶，為盆，為瓮，而𡔵㱿之名俱湮晦矣。注一

注一　夢坡室獲古叢編禮器下𣪊父乙爵鄒適廬跋云：曾見殷虛所出匋器有作𡔵形者，中空，上有柄，內範四字，與甲骨文同。又云：四字中有𣪊字，疑即器名。按銘四字鄒未詳述，謂㱿為器名，殆難置信。又鄒氏不甚能別真贗，所謂銘四字，恐是偽作。

𡔵字假借為方向之稱，其音變而為邦含切者，古從㱿得聲之字，多轉入侯韻，楚人謂乳曰穀，㝅有奴豆一切，與南音極

可方物，學者固不可拘泥後世用韵，而輕議諧聲系說也。

近也。以形體言，則自□而變為□，以訓詁言，則作□□等形，專施於南方；以聲音言，又變為那含切，於是南之一字，形音義具備，與其所從出之𡴘字全異。

研究數千年前之古文字，其為事至艱。𡴘南本一字，釋𡴘則遺南，釋南又遺𡴘。孫詒讓釋□為南，𡴘為㱿，雖似分析不精，實則不誤。後人以釋㱿為非，於是㱿字遂不可識矣。郭沫若以卜辭之八𡴘九𡴘為八南九南，又以南為鈴，為鐘鎛之屬，所以獻於祖廟者。不知卜辭言㞢于且辛八𡴘，㞢即右或侑，所侑者必食品而非器物也。卜辭又言，牢㞢一牛，㞢𡴘，口牛一𡴘，一羊一𡴘，十豕㞢𡴘，卯一牛㞢𡴘，㞢一犬一𡴘，求三豕三羊，𡴘二，卯十牛，𡴘一，卯十牛，三𡴘，由此可知𡴘多與牛羊豕同用，必讀為㱿乃合，古侑牲以黍稷也。讀南不可解。若如郭說，則牲與鐘鎛同獻，尤不可通。故必知卜辭之𡴘字，用途有二：一假為祭物，即後世之㱿；一假為方向，即後世之南，然

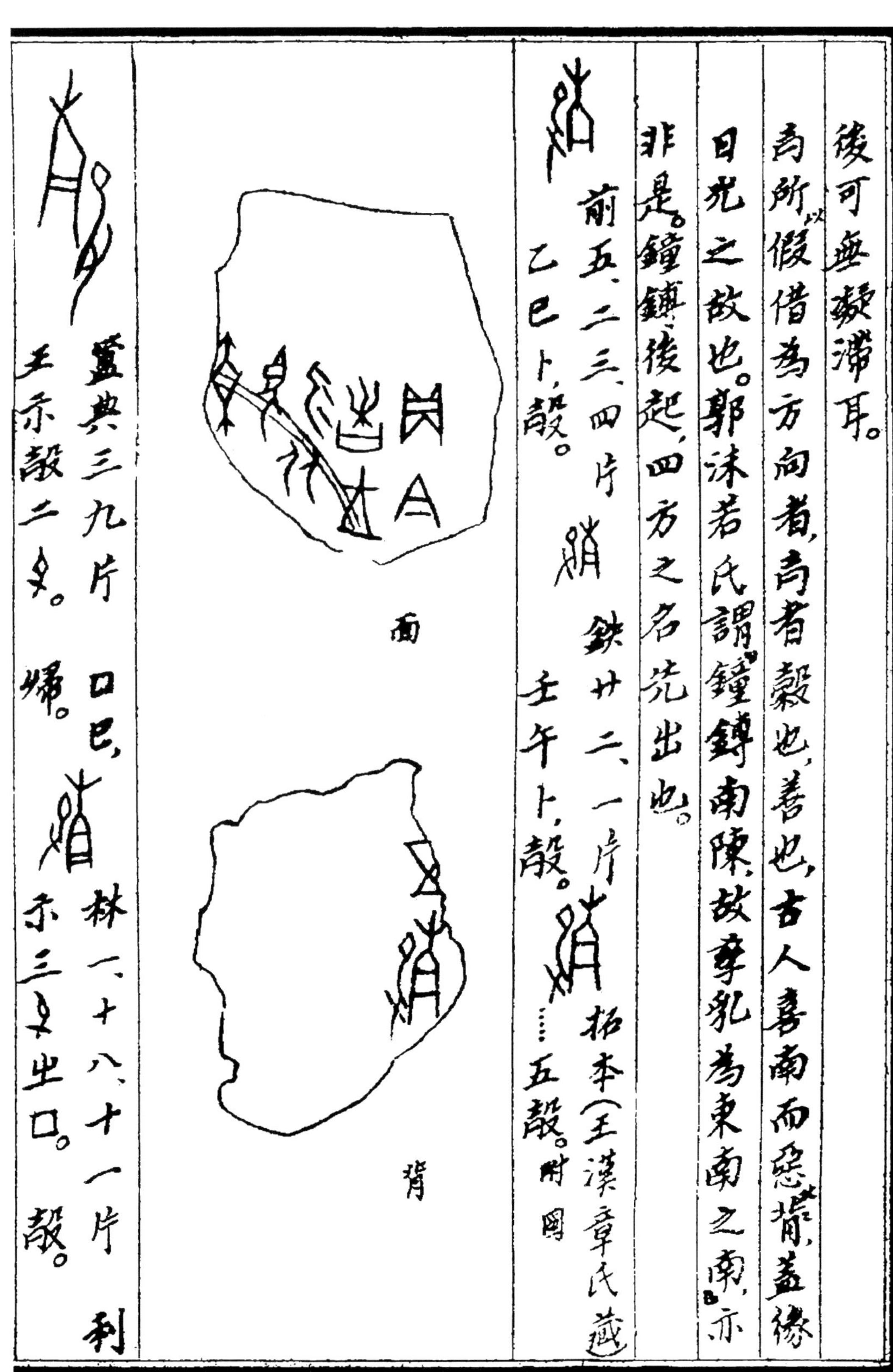

後可無疑滯耳。

南所以假借爲方向者，南者穀也，善也，古人喜南而惡背，蓋緣日光之故也。郭沫若氏謂鐘鎛南陳，故孳乳爲東南之南，亦非是。鐘鎛後起，四方之名先出也。

前五、二三、四片

乙巳卜，𣪘。

鐵廿二、一片

壬午卜，𣪘。

拓本（王漢章氏藏）

……五𣪘。附圖

面

背

𥂴典三九片

口巳，

王亦𣪘二女。婦。

林一、十八、十一片

亦三女出口。𣪘。

利

𣪊 鐵一、二片　𣪊 後上九、七片　𣪊 前四、四、三片

口口卜，殻。　丁卯卜，殻。　甲戌卜，殻，貞我勿牧茲邑

靓巳

乍。

右殻字，除上引三四二例外，卜辭中凡數百見，皆武丁時卜人之名，今不具録。此字劉鶚釋㱿，孫詒讓云「㱿从甘㕯，㕯从肉從犬，與此形並不類。今諦審，疑當為殻字。説文殳部「殻，從上擊下也。从殳，𣪊聲。」此从肖者即殳形，从肖或作肖者，肖之變。(栔文舉例上七)蘭按孫説極確，惟肖肖皆即青字，青形實較後出，謂為肖之變，尚有未盡耳。

孫氏釋𣪊為殻，而釋肖為南，則以卜辭每段青為南方，故有此矛盾也。故分析偏旁，在古文字研究中，雖為最科學之方法，有時卻不免隔閡，必别作歷史研究，始能完善也。

王襄承孫氏釋殻，而云即𣪊之古文。(類纂存疑二十)按𣪊為日出之

亦王氏之意不知何居。羅振玉初誤以為般字，見貞卜文字考。後以為不可識。王國維亦云未詳。及商承祚作類編始竊為殸字，後學者從之。然殸字聲義俱不可知，郭沫若氏因又謂殸南一字矣。

孫氏釋㱿本至確鑿，而學者不從，及有取於聲義不明之殸字者，以声為四方之一，較為易識，而不知卜辭之声，固當讀釋為声，且有一部分當讀為穀也。南方之稱，既深映於學者之心目，声㱿之字不甚習見，而南與声之聲又若甚遠，故南本声字，無有知者矣。

㱿字以字形言之，當象以殳擊声，㱿為声然之聲。以象意字聲化例求之，則從殳声聲也。

卜辭用㱿字，除卜人名外，「五㱿」殆當讀為「五穀」，「王示㱿二屯」之「㱿」，似亦當讀為「㝅」。

釋角觳觿

[古文字形] 佚九一片 庚子卜，王，貞白爲允其及角。[古文字形] 佚一五片 甲戌卜王，余令角帚由朕事。[古文字形] 林二、十二、五片 口酉卜，角隻𧱿。[古文字形] 前四、五三、三片 角不其隻𧱿。[古文字形] 菁一葉 自西，先麦角告曰。

[古文字形] 前四、五三、二片 甲戌卜，口凵角取逆𦬼。[古文字形] 鐵六二、三片 丙子卜，[古文字形] 口，隻令从角𢦏矦亯。

鐵七一、三片 丁卯卜，角其灰。同[古文字形] 庚午卜，角其灰。

右角字，象形。由[古文字形]形而變爲[古文字形]，見碣刻石 邑更變而爲小篆之[古文字形]，說文遂誤謂與刀魚相似矣。

[古文字形] 前一、十一、二片 貞……般……丙……且乙。[古文字形] 林一、二六、八片 庚子卜，宄，貞其令般又丙告于……[古文字形] 後下三三、三片 貞令般又戕少牛。

般亦即般字。玉篇：䚕，助角切，撥觸也。又古學切。般同上。新撰字鏡：般，且古反，甚角見大也。又𧣾，角爻，捕上字。

宋人小說每云打一角酒，此古之遺言也。

右般字，即觳字。商承祚云：「疑即觳字之省。」類編三、十五。非是。觳為般之增，非先有觳而省為般也。以字形言之，般象以殳擊角，以象意字聲化例推之，則當讀角聲。般變為觳者，猶𣪊變為㱿，角玉與㱿，聲皆相近也。說文：「觳，盛觵卮也。一曰，射具。从角㱿聲。讀若斛。」昔人於此字多不得其解。今按觳即經典習用之角，為酒器之卮，其變則又為量器之斛也。上古器用未周，或以獸角為酒器，故酒器之名，多從角，如觚觶觛觴觵皆是。角為酒器，其字或作般，猶皀為食器，字或作𣪘矣。特牲饋食禮記：「二爵，二觚，四觶，一角，一散。」禮器云：「尊者舉觶，卑者舉角。」許慎五經異義引韓詩說，鄭玄注特牲記引舊說，並云：「爵一升，觚二升，觶三升，角四升，散五升。」此五器中所謂角，則酒器之專名，非角製酒器也。此角字，說文以觳為之，蓋許以角為獸角，觳為酒器耳。如許慎是，經典借角為觳也。角觳通用，李斯傳觳抵，即角抵。許訓觳為盛觵卮者，卮即觶也，觳為讀說文斝六升與舊說散五升比例亦合。是許亦以斝同散，可為羅王之說增一佳証。

以角為酒器，無由作三足也。

卮屬而能盛觥酒，故玉篇云：「觥，酒卮也。」昔儒因此遂訓觶為盛器，而不知其即角，亦蔽甚矣。蓋許氏之說時與他儒異。其在五經異義，主觚為三升，觶為五升，其在說文，主觶為四升，觚為三升，是許意觶即角也。舊說觚二，觶三，角四；許說觚三，觶四，觥五。許於觵下云：「兕牛角可以飲者也。從角黃聲。其狀觵觵，故謂之觵。」觥，俗觵從光。是許意以為觥與角同，惟觥為兕牛角所為，不在五器之列。觶為盛觥之卮，則即五器中之角，無疑也。

自宋以來，考古者以角形為爵屬，其實誤也。往時所稱為角者，當是古爵，故有三足一耳。蓋禮五器中可分為二類，爵與散，斝即有三足者為一類，皆有象形文字足以象其器形；觚、觶與角，當為一類，其字並從角，當由角製之飲器演變而來也。後一類之可考者，有徐王義楚鍴，王國維氏以為即觶，其說甚是。傳世之觚，與此相類，自亦可信。唯真角昔人所未知也。

傳世古器有所謂「尊」者，大抵類觚觶而大，然與尊字之從酉形者不合，與尊屬之罍卣亦不合，殆即角若觳與。

酒器之以角製者，以其名言之，似可區爲二類：角即觳也，觵即觥，以兕角製，故詩桑扈及絲衣言兕觥，其觩，觩角兒也。觚殆亦角製，觵與觚似角聲之轉也，觚變爲觶，又變爲觗，鄭玄駁五經異義，觶字角旁箸支，汝潁之閒師讀所作，然似所本殊古，惟讀爲從角支聲耳。觶在禮經多角製。山海經海外西經：女蔑操角觛，觛亦觶，亦均聲之近也。後世不盡以角製，以玉製者，明堂位璧角是也。以象牙製者，燕禮大射儀象觚象觶是也。以木製者，考工記梓人：觚三升是也。以銅製者，今所傳觚觶角是也。以匋製者，考工記匋人：鬲實五觳是也。其名因是頗亂，如觶亦名卮，因變爲⿰卮專⿰卮耑二字，又作耑與鍴是也。

觴字本作⿱爵昜，似本爲爵屬，其從角未詳。

酒器與量器易混用，酌以大斗，酒器也，勺所以酌也，而斗勺皆用爲量器。考工記匋人：鬲實五觳，庾實二觳。注：鄭司農云：

「㪘讀為斛，受三斗。」玄謂豆實三而成㪘，則㪘受斗二升。是㪘又為量器也。㪘本作斔，又變從斗作斛，猶㪷本作𣁋，而變從斗也。量器所容，大率隨時遞增，故聘禮記以十斗為斛，較考工記為多。段玉裁因此謂「謂㪘即斛者誤」，甚矣其固也。

後下廿一、五片

……㱿……觕□

右觕字。王國維釋解，謂「从兩手判牛角，與从刀判牛角同意」。殷虛文字類編序 商承祚承之，謂「卜辭从人从𠂊之字或省从人从𠂊，與刀形相似，而非刀字也。卜辭从人𠂊，篆文又省從𠂊，由𠂊又省作𠂊，遂與刀形相混矣」。類編四、十六 王氏極賞此說，以為神悟，其實非也。凡麋鹿之角自解，牛角必操刀判之，說文解訓本不誤。古鉨印解字竝从刀。以字形言之，從牛從𧢲，當是形聲字。⺧本作Ұ，已象雙角，不應更作角形，故知非象意字也。觕及𧢲字，今字無之。𧢲象兩手持角，以象意字聲化例推之，當為從臼角聲。爾雅釋器「角謂之觷」，說文無觷字，徐鉉新修十九文有之，云「治角也」。疑本當作觷，觷矣。觕從牛觷聲者，當即觕字，或作犎，尤與卜辭作𤛓者近。說文無觕臯字，古鉨印習見臯字，玉篇觕同觸，臯古文，是許氏偶遺也。觕臯當從牛角聲，此從觷聲，同。

附案說文：「觕，角長皃，从角爿聲，讀若粗觕。」此四字據小徐本增。粗觕當為麤觕，漢書敘傳注晉灼曰「觕音麤觕之觕」，可證。說文作捔，從爿聲，並誤。經史多作觕，亦非。其字正當作捔。萬象名義：「敝，徂古反，麤也，大也。」此七字蓋誤，以觕下今正。捔也。當作捔同。新撰字鏡：「敝，且古反，荒疑長之誤角皃，大也，又配角反。」疑當作助角反。捔，上字。玉篇：「捔，助角切，𢴲捔也。」又「古樂切。敝，同上。」廣韻四覺：「捔，捘士角切，𢴲捔，組織，亦作敝。」捔敝同義，則捔必從手無疑。凡從手之從攴字多通。隸書才旁與牛易混，故經史言麤捔者，多譌作觕。其實捔自𧣡字之異文，故萬象名義、新撰字鏡，今本玉篇於此二字，分別甚清。獨廣韻十姥徂古切下云：「犓牛角直下」，則誤為從牛矣。（王仁昫刊謬切韻十二姥似古反下云：「犓，長角。又助角反。亦𪊽。」犓字從手，尚未誤。）犓字既譌從牛，而隸書牛與片又易混，（唐人寫本片旁多作牛。）故又譌為牄。萬象名義新撰字鏡並無牄字，蓋原本玉篇所無也。今本玉篇有之，次犓上，乃後人據今本說文所加，不知其即犓字之譌也。蓋今本說文久非許氏之舊，傳寫誤脫者，後人往往據他書所引者補之，然他書稱引，已變篆為隸，今又變隸作篆，展轉改寫，自多錯誤矣。犓篆既誤為牄，說解亦改為從角片聲，遂若𤢗有其字。清代學者又過尊說文，不敢輕議，徒知牄為俗譌，而不知牄亦譌字。（說文補考謂牄為犓誤，殊有見地。）至其本字當作犓，更非墨守之徒所能知矣。

釋𪊽

前六、三二、八片　……雀𪊽……

右𩕢，即賴字。商承祚釋𩕢，類編六四 孫海波承之，謂從木從𦣻，說文所無。文編六、二 按商孫但就篆形為之隸變，實不識其字也。商氏作殷虛文字類編，除待問編外，列於通檢者凡七百九十字，其實不盡已識也。如丙下列𦉪霅三字。 孫氏之書，頗踵商舊，微有增益，而一字或兩三出，如翟字分列為翟、觀二字，以為重文。其檢字因擴為一千〇一六字，其實已識之字，遠無此數也。耳食者但檢目錄，謂可識之字，已逾千文，殆亦非商孫二氏之本旨也。

篆作□者，其實當作□形，古人作字，每有簡率，重本作□而或作□，是其明證也。□者象橐中有兩貝之狀。歸毀云：司□師易。歸𧶠卣：𧶠貝。殷文存上、十九 寓鼎云：司乍冊友史易𧶠貝。薛氏款識一、十三 𧶠作□，昔人亦未識，郭沫若釋觥，青銅器銘文研究十三 非是。于省吾釋囊，吉金文選下一、四 柯昌濟釋橐，集古錄跋尾已十四 較為近之。□從□形，與囊橐所從之□，說文以為𡈼省 固相近也。說文橐字從□，金文作□毛公鼎 □，散盤 從□，可證金文之□，與卜辭之□，固一字，特𠭯可為賴，猶寫卤可為財也。

戠象一貝，戠象二貝為異耳。

𠭯戠𠭯象囊中盛貝，有底曰囊，無底曰橐，詳釋束篇。以象意字聲化例推之，當讀𠭯聲，如囊，𠭯戠變為束，小篆𠭯，金文𠭯，從𠭯作束。𠭯為賴，後人疑其非聲，則改從剌聲作賴矣。說文：賴，贏也。從貝剌聲，蓋𠭯戠𠭯之後起字矣。

釋盥

佚九三二片

……于盥𢓊。

右盥字。商氏佚存考釋未釋，今按從皿從見，稍變作𥁕，見字有作𥃩形同。即今監字也。

說文：監，臨下也。從臥，𨸏省聲。𥂦，古文監从言。從𦣝省者，昔人已多疑之。戴侗曰：監，盆類，从皿臨省聲。周官淩人：春始治鑑。莊周曰：同濫而浴，皆此物也。不當加水與金。借為監臨之監。又為鏡監之監，亦作鑑。又因鏡鑑而為監觀之監，別作瞷。徐灝取之。王筠說文釋例則有取於六書正譌之說云：「歃血為盟之詞，有曰『明神監之』，故盥與監從血會意。」林義光文源謂「監即鑑之本字，上世未製銅時，以水為監，故酒誥曰：『人無于水監，當于民監。』乃竝象皿中盛水，人臨其上之形。从臣，臣伏也。」按如舊說從䘏省聲，以余所立省聲必先有不省之律繩之，必不能合。戴氏謂從臨省聲亦然，然謂从皿而為鑑濫之本字，則殊有見地，遠勝於周伯琦從血會意說之迂曲也。林說較勝於戴，然不知臣即目形，故其解亦殊穿鑿也。

余謂監字本象一人立於盆側，有自監其容之意，後世變為⿱臣皿，又變為䀋，其實非從臥從血也。其本義當為視也，爾雅釋詁云：「監，視也」，後別為「䁘，視也」，又為「覽，觀也」。竝說文 引申之為所鑒之器之名，金製則為鑑，盛水則為濫。至說文「臨下」之義則又視義之引申矣。凡監於水者必俛視。

監字本從皿從見，以象意聲化例推之，當是從皿見聲。從見之字卜辭尚有之，詳釋見篇。見在元部，而監在談部，而監得從見聲者，同在見紐，一聲之轉也。說文監古文作□，今本玉篇作□，非，原本玉篇及萬象名義不誤。覽亦從言見聲也。朱駿聲以為從讇省聲，宋保以為從言聲，並非。語言隨時變異，文字之變異，有時不能相應，故某字雖諧某聲而後世語變，往往轉入別韻，諧聲系統所以與周秦古韵多不合也。鑑音變入陽部，後人因段竟字為之，因而別為鏡字，此文字與語言之相應者。監從見聲而轉入談部，此文字與語言之不相應者。研究形聲文字，必合此二者以觀之，而後可以馭無窮之變。

釋艮

菁十

九片

右艮字，舊誤釋為見，今正□。見字當作□□□□等形，與此迥殊，猶欠作□而旡作□也。欠旡二字，前人辯之，亦不清晰。□字或析書之，則為𠥓，㠯鼎斯限字偏旁作見，與此正同，可為確證。惜卜辭殘缺，不能屬讀耳。

說文：「艮，很也。从匕目。匕目猶目相匕不相下也。易曰：『艮其限。』匕目為艮，匕目為眞也。」按小篆見作見，艮作艮，目形無別，許氏不得其說，故解為从匕目，又從而附會之耳。其實艮為見之變，見為前視，艮為回顧，見艮一聲之轉也。艮為回顧之義，艮顧亦雙聲也。易曰：「艮其背，不獲其身，行其庭，不見其人，亡咎。」艮其背者，反顧其背，彖傳引作艮其止，誤矣。（殆涉下文止其所也而誤。）後世假借為很，為限，而本義湮晦矣。（眼字從目艮聲，實艮之孳乳字，然訓目，不訓視。）

釋⿰刀卩

即色字，亦即卲字。

後下二二、十片

求羊世，于⿰刀卩，⿰屮亏。

右加字，舊不識，今按即色字，亦即卲字也。說文：色，顏气也。从人从卪。从人从卪而會意，殊不可解。前人說之者雖多，然皆附會之詞也。徐灝、苗夔均謂从人卪聲，較會意之說稍優，亦未是也。余謂古者從人從刀及從匕之字多亂，（說見古文字學導論。）色字本當從刀從卪作⿰刀卩，其後或書作色，後人誤認為從人耳。說文色部有艴艵二字，皆後起字，而諧聲字亦無從色得聲者。然說文絕字从糸从刀从卪，脃字从肉絕省聲，（此据小徐，大徐作從絕省。）脃字之篆文各本均從人作⿱𠂊卪，而其字則云絕省，此可證色字實本從刀而誤為人也。色既從刀，則絕脃皆從色聲也。（格白𣪘有𢇍字，舊不識，按從刀斷糸，為絕字，亦為紹字，彼為象意字，聲化後衍為絕或紹，為形聲字矣。）則色在職韻而絕在屑韵者，聲之轉，猶即在職韵而節在屑韵也。蓋後人習見色專顏色之義，與絕脃異趣，聲類又隔，故誤為此種種區分也。（蔡邕題曹娥碑以色絲為絕，雖遊戲之筆，實合字體也。）色既從卪從刀，則顏色之義，乃其假借也。其字本象一刀形

脃膬一字，王氏說文釋例謂說文無脆字，非是。經典釋文於小宗伯注脃下云：「七歲反，舊作脺，誤。劉清劣反，或倉沒反，字書無此字，但有膬字，音千劣反。今注本或有作膬字者，則與劉音為協。說文字林有脺，音卒。脺者牛羊脂，膬者耎易破，恐字誤也。」按字書無此字者，指脺字，今玉篇廣韻俱無脺字可證。蓋陸氏後得沈音，知字林有脺字，未及追改前文也。王氏誤解為字書無脃字，（段氏已然）因欲盡舉漢人書中脃字，謂皆後人所改，其誤甚矣。

而人惡其側，殆刀之動詞，斷絕之義也。以象意字聲化例推之，當從卩刀聲。刀或變為召，則即卲字。古从召从刀之字通，召伯虎𣪘召字作[illegible]，从刀可證。明色卲本一字也。色卲一字，故絕紹亦一字。說文紹古文作[illegible]，今本篆作[illegible]誤。从卲，林義光文源曰：「按從糸卲聲。說文絕斷絲也，从糸，从刀，从卩。按與卲音形近，刀聲猶召聲也。絕蓋與紹同字，相承誤用為斷𢇍之𢇍。」按林以紹絕為一字，頗具卓見，然以𢇍為斷𢇍之正字，而以絕訓斷絲為誤，則亦非是也。紹絕一字，紹訓繼而絕訓斷者，一義之反，猶𤔔即亂字，而治亂𤔔相反也。且紹亦自有斷義，管子幼官曰：「刑則紹昧斷絕」是也。紹本從刀聲，在宵部，變為絕在祭部者，猶截之從小聲也。並从章太炎文始說。

金文常以卲為卲穆字，卜辭云：「求羊世于卯[illegible]，」其同片又云：「自且乙福[illegible]，」似卯當讀為卲穆之卲也。

釋卮

𠨍 後下二二、四片續五、十六、一片
己卯卜，貞𣏾从危𢦏𦨶。

右危字，舊不識。按從𠂆與卜同，𠬝即皀字，即皀字，可證。從卜從𠂆，即危字也。

說文：「𠂎，圜器也，一名觛，所以節飲食，象人，卪在其下也。易曰：君子節飲食。」林義光文源云：「按人下卪無酒器之義，危當為支持之支本字，卪亦人字，象兩人相支柱形。」危與支通同音而通用。林駁許說甚是。危為酒器，乃假為觶或觛，危字本義久晦，說文以假借義說之，宜其迂拙不通也。林義光釋為兩人相支柱形，亦非。以字形言，殊無支柱意也。此字本義頗難知，一人立而别人跽於其側，或有企仰之意乎？

釋丁

後下六、二片
丁丑卜，口。

□ 鐵一一四、一片　□ 前七、三四、二　□ 後上二七、七片

⋮曰丁卯……　□片　尞于丁。□　且丁一牛。

□ 餘十五、二片　□ 前四、五一、一片　□ 前一、三三、四　□ 後上

丁未卜，㞢。　丁卯卜，戌。　片　巳丁　廿九、

六片　其　前六、八、七片

告于父丁。□　丁亥不雨。

右丁字，卜辭習見，今略采殊體釋之。金文多作●●等形，卜辭大抵鉤其廓作□○等形，與日○（即圓之本字）等字相混。●形引而長之，作▼（三體石經古文，蓋出六國時。）或作↑（古鉩丁）變而為小篆之↑，今說文作个，是个之譌體也。

丁為十日之名之一。三代之禮，人卒後，以甲日祭者即號為甲，乙日祭者號為乙，故十日之名，又為祖妣父母兄之稱號矣。十日之名與十二辰之名，本（與字）各有專義，頗假借為日辰之名，義弗彰，字形又多變革，故說者多誤。

說文：「丁，夏時萬物皆丁壯成實，象形也。丁承丙，象人心也。」据小徐本按此凡二說，然皆非也。丁壯聲之轉，乃假借義，丁既無由像果實形，果實亦未有稱丁也。其象人心之說，出於太一經，淺陋可笑，前人固多譏之矣。鄭樵釋為蠆尾，尤無所本，蓋以意推測者。朱駿聲云：「丁，鐕也，象形。今俗以釘為之，其質用金，或竹若木。」學者多從其說。然此第能解釋小篆之作个形，抑猶不甚類，而古文作●，愈不可解。迴護此說者，或謂●象釘頭之平面，个象釘之側面，或謂當作▼，象釘形，而変作●，或○，此二說俱不可通。蓋自古文字發生歷史言之，●為最原始之形，作○者其變形，而作▼者實後起也。▼為●形之延長，不可謂先有▼形象釘，而後変為●，證之次圖，殊易明也。

个形之起更遠，其形乃演變而來，欲知个形所象，必先知●字方可。若先認定个象釘鐕之側面，而逆推●為其平面，則為丙解，因僅就●形觀之，無以知其為釘鐕之平面也。章太炎謂彝器作●，雖侣釘尾，然于伐木之訓不合。古字固多聲借，●象一注之形，或本古文𠁁字，聲借為丁。按此昧於个即●之演變，其謂●為古文𠁁，亦無所據。郭沫若據尔雅「魚枕謂之丁，魚腸謂之乙，魚尾謂之丙」，以釋乙丙丁三字，不知尔雅此節乃晚周秦漢間人語，取其與篆文相似而為名耳。郭璞云：「枕在魚頭骨中，形似篆書丁字，可作印。」其解至為確切，蓋其形當如▼或▼也。而郭沫若氏則謂以篆文為說為匪夙，又謂枕或係字之誤，而丁則當係睛之古字。此說除音相近外，亦無所据。若謂●象瞳子，亦可謂是人目，不必泥以魚目。郭又引「目不識丁」之語，謂是「達視不能見其睛」（淮南主術訓）之古語，尤屬錯誤。「不如識一丁字」，丁當為个之誤，郭氏引此，實叒案：[illegible]字殆從口聲，即旅祭之旅之本字歟？

疏於檢校也。

余謂丁者釘之本字。說文：「釘，鍊餅黃金也，從金丁聲。」猶存古誼。桂馥說文義證引世說：「帝以金五餅授陳矯。」又云：「今閩甌湖南皆傾銀作餅，即餅之遺也。」玉篇：「釘，又都定切，鎔錖，今俗以金為一錠是也。」其說至確。然則丁字古作●形者，實象鍊為餅之黃金也。尔雅釋器：「餅金謂之鈑。」周禮職金：「旅于上帝，則共其金版，饗諸侯亦如之。」注：「鉼金謂之版，此版所施，未聞。」按餅為鍊金如餅形，鈑則如版形也。頃歲壽縣所出楚器羣內有銅方版千餘，余曾見之於安徽圖書館，殆即金版也。此類金版為數既巨，當是冶鍊儲藏，以備製器之用者。其旅于上帝共金版者，古者金與貝玉俱可以祭。卜辭有𢼸字，象持貝以祭，亦作[illegible]。金文我鼎云：「我乍禦[illegible]且乙、匕乙、且己、匕癸。」（貞松堂集古遺文補遺，善齋吉金錄）郭沫若釋[illegible]為禮，今謂非是。[illegible]字上象凵，中戚丁，丁即鉼金也。字雖未可識，要為奉金以祭可知。至饗諸侯亦共之，則其施未明。

釘為丁之孳乳字，而●象金餅之形，尚有可資旁證者。𢦏父鼎云：「𢦏休王易𢦏父〓三，」（攈古錄二、二、四）舊釋〓為貝。執尊云：「易〓二，聿二。」舊釋〓為二。（攈古錄二二八一，刊宮尊）郭沫若於𢦏父𣪘之〓字，初釋賏，（兩周金文辭大系）後又釋仌。（大系考釋）今按釋貝、賏，均非，字形絕不相類也。釋仌較近，然亦未是。余謂〓字鉤廓作之，則呂字也。說文以呂膂為同字，訓為脊骨，乃由小篆作呂而致誤，金文作呂，無由象脊骨也。余謂呂作呂形，其本義當為金名。邾公牼鐘：「玄鏐鏞呂，」少民劍：「玄鏐鏞呂，」所用皆本義也。其字孳乳為鋁，叔夷鐘：「鈇鎬玄鏐鏞鋁，」邵𪒠鐘：「玄鏐鏞鋁，」𠑹兒鐘：「得吉金鏞鋁，」皆是也。（鋁從金呂聲，與鑢同。說文鈇。金文編附呂下，非。）〓即呂字，本甚易知，而郭釋仌者，以金文陳逆𣪘「冰月」之冰作〓故也。又郭云：「古金字亦多從此作，如過伯𣪘作〓，𠭯鼎作〓，即其確例。蓋古人以金生于水，故从仌也。」其機已觸，而為釋仌一義所蔽，殊可惜也。金字從■者，顯示■為金形，古人雖謂金生于水，五行家又謂金生水，水與仌亦可不同，作金字而象仌形，決無其理也。余謂冰字作■，其所從之■，亦即呂字而非仌也。蓋冶凝冰二字，本同從■，省作二，後人混之，以為從仌耳。說文：冶，銷也。從仌台聲。顧冶當以銷金為正義，王筠說文句讀說。以仌，非所取。前人有鑒於此，故三倉說之曰：冶，銷鑠也。遭熱即流，遇冷即合，與冰同意，故字從仌。使前人知冶不從仌而從呂，而呂為金名，固無用是迂迴矣。冶者，鎔金使為流質，而冰者由流質凝合為固體，故作水旁■以見意。冰即古凝字，實非仌字也。後人以冰冶二字之偏旁省作二者，與仌無別，仌本作二，三體石經冬字篆書可證，變為仌，又變則為仌。因誤混之。而冰字意與仌相近，後人又以冰為仌，而別造凝字，於是冰字與仌之關係密切，莫知其為從呂矣。■為金名，象二●之形，則●為金餅，無可疑已。

後續眉批（據一九八一年中華書局版唐復年作《説明》輯録）

一葉上（本書頁九）　此誤

五葉下（本書頁一八）　河南

庫

萃

田野

明義拓

王拓

十葉上（本書頁二七）　□伯羽父毀羽作[illegible]，舊誤釋角（攈古録二・三・四）。

十葉下（本書頁二八）　翊夕（粹四三五、四三七）

十三葉上（本書頁三三）　品字之誤。

十三葉下（本書頁三四）　翌（粹一三二六、一五五五）

十五葉上（本書頁三七）　①[illegible]（粹八六三）　[illegible]（粹一二四五、一五九五）

②[illegible]（粹一二四六）

十五葉下（本書頁三八）　妹其[illegible]（粹八一八）

十六葉上（本書頁三九）　習（粹一五五〇）

廿一葉上（本書頁四九）　①庚申卜歸□□卜歸（續五・十四・三）

②庫六四五

廿一葉下（本書頁五〇）

廿二葉上（本書頁五一）

廿五葉上（本書頁五七）

三十葉（本書頁六七、六八）

③□（河南三・七六）

從又變從手，如攴變扑，攷變扜。

此即帰之繁構耳。

三十三葉下（本書頁七四）

□（河南三）

①此條誤（復年按：此條爲一九七七年所加）。

三十四葉下（本書頁七六）

②□（庫三一三、鐵二五一・一）

入爻。

四十一葉下（本書頁九〇）

□（粹一一六一）

王襄釋沖，是也。

四十二葉上（本書頁九一）

□（前一・卅四・六）　㲋于高匕己良二牡𠭁吕□

四十二葉下（本書頁九二）

①羅振玉釋㔶字（商《待問編》六・十引）

②于省吾亞（駢續廿七—卅）

③貞日𡳿食（林一・十・五）

四十二葉下（本書頁九二）下腳

又前編考釋一〇九葉。

四十六葉上（本書頁九九）

葉玉森亦釋訊，謂罪人臨訊去其索，置側而鞫之也（枝譚二）。

五十葉上（本書頁一〇七）

①葉亦謂豈乃鼓之初文（鉤沈乙十一）。

②瞿潤緡壴當爲豆之有實者，爲祭時所用（卜辭五一頁）。

五十二葉下（本書頁一一二）

葉從㐭省，㐭俘虜也，殆楚俘也（前釋五・十一）。

六十葉上（本書頁一二七）

《文哲月刊》

六十三葉下（本書頁一三四）

□豕（粹五四七）

六十五葉上（本書頁一三七）

㚔牛（粹五五一）

七十二葉下（本書頁一五二）

簋人名　五十二片　有般字。

七十三葉上（本書頁一五三）　葉（前釋一・六一）　般㲉古今字。

七十五葉上（本書頁一五七）　陳邦懷亦有此説（小箋廿四）。

七十六葉下（本書頁一六〇）　□（拾十一・十二）

跋

此書寫定遂已四十三年矣。一九三六年已瀕出版，七七事變遂復散失。手頭僅存此册，當付裝池以留鴻爪。訂誤補漏，待之異日。

此書第一字即錯，後曾改寫，惜已入造紙廠。思泊所説屯字固不誤，然屯豚實一字，思泊尚未達一間耳。

一九七八年

殷虛文字記補正

一九三七年七月

釋屯□

第一葉後①十四行　按許説多誤，屮既爲艸，詎能坐於地下，況更尾曲？蓋許氏不知屯之上畫，僅爲增繁，曲尾僅爲篆勢耳。且屯字本非從屮，卜辭或作□形，尤可證。余謂屯本作□若□者，實象杶形。……□字正象椿木枝條虬曲之狀，作□則並象其根矣。然則屯字本象杶形，後世誤析爲屯杶二字，屯字遂浸失其本義矣。

正曰：前説誤。屯屮當是一字而歧出者，故聲相近（屮在徹母，屯在知母）。屮本作□，象艸木形，其變體爲□，或增點作□，遂變爲屯字耳。按𢦏字卜辭作□，或作□（𢦏本從屮聲，屮又變爲才，詳釋才）。□字作□，或作□，老字作□，或作□，敖字作□，或作□，每字作□，從每之敏字或作□，皆可爲□即屮字之證，然則□不象杶形也。葉玉森謂□「象方春之木，枝條抽發，阿儺無力之狀。下從□，即從日。卜辭又作□，渻日，再渻作□，似許書屮字，訓草木初生，仍春象也」。其説多誤，獨云「似許書屮字」，畧見髣髴，然不能考實也。

□即屮字，而或作□者，□即□字，亦即□字也。卜辭□或作□（戩十三、三片）從□，其顯證也。古屮木字往往通用，如莫䕃□等字或從林，𣏟字或從木皆是。□既得爲□，則□得爲□若□，無疑。古屮字亦通丵，故夆字作□，亦作□，卜辭別有□（前四、三、三、五片）前人未識，以今考之，當即夆之別構，蓋□變爲□也。

若干文字，推之愈古，愈見其紛亂，如屮與木之通用是也。屮木本爲象形，而其引申有枝葉萌生之義，其後遂以□□之形專屬引申之義，又後則□形被淘汰而□變爲□，遂爲屯字。《説文》屯解雖多誤，其謂「象屮木之初生」，固猶近本義也。

① 爲本書頁一〇。

第三葉前①十一行　丁酉卜，𣪕。

正曰：𣪕當作殸，詳後釋声。本書寫定時，作者意見畧有變更，故前後考釋，容有參差，要之，以後説爲定論。後悉仿此。

第五葉前②七行　此所從當是凵盧之凵，而屯爲聲也。𠮷字字書所無，其本義不可詳。

正曰：象凵中有屮木之狀（郭沫若《卜辭通纂》云：「説爲象盆中草木，欣欣向榮之形，較覺妥善。」），以象意字聲化之例推之，則從凵屯聲。

釋蘁蘷

存四、九十片
庚申卜、出，貞今戊蘁不至幺內。

萃一一五一片
叀今蘁

萃十二片
庚午，貞蘁於帝五丰臣，才且乙宗卜。

明義士藏骨
壬□□其𠬝告蘁於□。

同
弜告蘁於匣。

同
壬子。貞□帝蘁。

同
弜□帝蘁。

明義士藏骨
庚辰，貞其𡉉乎蘁於……

粹八八片
其告蘁上匣。

粹八七八片
……今蘁啚黍年。

粹九四六片
叀蘁令卑。

拓本
……卜，今蘁……

粹四片
其告蘁上匣。

庫一八三〇片
貞蘁

粹二片
□戌，貞其告蘁□於高且夒。

明義士藏骨
……其臤告蘁……

右補五至六葉。

六葉前③七行　蔔亞角𣪘內蟬形作，殷虛白陶片蟬紋作，與此蘁字頭戴二角者，判然有異。

① 爲本書頁一三。
② 爲本書頁一七。
③ 爲本書頁一九。

補曰：《殷契粹編》一五三六片有□字，郭沫若謂「與蟬形酷肖。……足證葉玉森以蘁字爲蟬形文，實謬」（考釋二〇五葉）。

同葉前十三行　以字形言之，此蘁字者本象龜形而具兩角，試以卜辭所見龜字對校，如：□與□，□與□，□與□，自頸以下，背腹足尾，纖悉畢同，固不待繁言而見也。

補曰：余於《古文字學導論》始釋此爲蘁字，其後，柯昌濟氏之《韡華閣集古録跋尾》印行，於亞蘁爵之□字，釋爲蘁，爲秋字古文。《説文》秋從□，即此字之迻形。又引《廣雅》「蘢龍」，謂即此字（辛篇上二葉）。大抵與余説闇合。惟謂「其字殆象蟋蟀之形，蟋蟀秋蟲，所以鳴秋者也，故秋字從之得誼」，則殊異。又余説出後，學者疑信交半，首先采用者，爲郭沫若陳夢家二氏，然解説字形亦不同。郭謂「案字形實象昆蟲之有觸角者，即蟋蟀之類。以秋季鳴，其聲啾啾然。故古人造字，文以象其形，聲以肖其音，更借以名其所鳴之節季曰秋。……蟋蟀，趨織，趨趨，均啾啾之轉變也，而其實即蘁字。蘁復轉爲蛬，爲蜻蛚，均摹肖其鳴聲」（粹編考釋二葉）。大致與柯説闇合。陳説甚繁，其要謂蘁字「象䵶或蝦蟆之形」。《廣雅·釋魚》「有角曰蘢龍」。《説文》「□，黿屬，頭有兩角，出遼東」，蘢䵶皆即蘁字，從黽不誤。卜辭蘁字有角而蝦蟆亦有。《太平御覽》引《玄中記》「蟾蜍頭生角，……蟾蜍即蝦蟆也」。（《燕京學報》二十期五一九葉《商代的神話和巫術》亦頗新異。）

由文字學之立場批評之，此二説皆非也。凡謂字象某形者，往往出諸個人之構想，此以爲甲，彼以爲乙，以何爲斷耶。葉董謂象蟬形，固非，柯郭謂象蟋蟀，陳氏謂象蝦蟆，余昔時曾疑其象蜣螂，而孫海波氏曾疑釋之爲蠛蠓（余曾見其稿），其他學人或別有所見，昆蟲兩棲之名，固不可悉數，孰爲是耶。影響揣摩則人各自以爲是，故必有以斷之，斷之者何，字形之比較也。余以龜字與蘁字比較，自頸以下，背腹足尾，無一不同，故斷爲龜屬，此客觀之實證也。隸變爲蘁，而或誤爲龜，亦足以證篆形之似龜也。而學者以爲形不象龜，得非爲主觀所蔽，而忽畧事實乎？且蟋蟀之爲蟲，在文字史上，本未見象形之字。其蟲有足三對，後足特長，尾有兩歧，其與龜蘁之形不類，至顯也。若云秋蟲鳴秋，故秋象蟋蟀，則已超出字形研究之外，與葉氏所謂夏蟲鳴夏，夏象蟬形之説無別矣。至蝦蟆之形，其象之者，本爲黽字。黽字於金文作□，乃平面之形，卜辭作□，亦然。蓋蛙黽之狀，不甚適於側面描繪也。至於龜形，則有正側二形，而蘁則與側面之龜形相合者。蘁黽之所象，截然不同，僅小篆及隸，龜黽之形相亂耳。陳氏□隸譌之蘢字，與《説文》之䵶字，與若干偶然可附合之条件（陳氏數引《篇海》，按此書成於金明昌承安間，較之《龍龕手鑑》更後二百年，不足深據）。遂謂蘁象蝦蟆，而忘却蘁字所象，當以續六、廿八、八片有□字，當即□字，□作□，可證□字背上一筆確象甲形也。

斷諸字形爲先决条件矣。然則由字形比較，蘁字似龜，爲最重要之事實，舍此而求蘁字之所象，即漫無準繩矣。

郭氏又謂「龜屬絶無有角者」，故以余説爲非。按余説純由分析字形而來，初不計龜屬之果有角與不也。然古文字猶之圖畫，圖畫所載，當本有其物，即或無之，亦必出於古人之理想也。爬蟲類今已滅絶者甚衆矣。况龜屬變種甚多，謂古代必無某類之龜，不免武斷。《抱朴子·僊樂篇》云：「千歲靈龜五色具焉，其雄額上兩骨起似角。」雖神僊怪遇之説，然骨起似角之説，不悖於理，或實有之，正如其所言「千歲蝙蝠色白如雪，集則倒懸，腦重故也」。未可全目爲虚誣也。然則蘁字所象之角，或即額骨之突起而非真角與？

同葉後①一行　其或作[glyph]與[glyph]者，未詳所狀(似多一足形)。

補曰：今按[glyph]字所從作[glyph]，下蓋象甲及尾。或作[glyph][glyph]等形，變之則作[glyph][glyph]等形，甚或作[glyph](上微缺)，要之其背部所增爲甲形，或以爲有翼，余舊疑爲足形，並非也。

同葉後二行　其或作[glyph]者，似口尚有鬚也。

正曰：此説誤。當是示其喙，猶犬豕之喙形也。

第七葉前②三行　龝字未詳

參後釋龝。

同葉前十一行　卜辭曰「今蘁」，「來蘁」，又曰「今[glyph]」，並當讀爲[glyph]，即今秋與來秋也。

補曰：「蘁不至兹商」，似用本義。「叀蘁令[glyph]」，似是人名。「告蘁」似叚爲秋。

[glyph]粹一一五一片

叀今蘁。

補第七葉後③十一行

① 爲本書頁二一〇。

② 爲本書頁二一一。

③ 爲本書頁二一二。

補釋龕

後下四一、一片

……良，己未宀蘢又㚔自爻圍。

絜一二四片

……蘢又㚔自爻圍六人（八月）。

右蘢字，舊無釋。案當像蘢着水點之狀，以象意字聲化例推之，當從八蘢聲，猶魚從魚聲，家從豕聲矣。卜辭所用未詳（似是地名）。

釋羽翊翊

正曰：字下另出，此當乙去。

第十葉前①十一行　銅器中之宰椃角云「佳王廿祀又五」，亦羽字，與卜辭字相類，亦同時之作風也。

補曰：「攈古録二之三卷四葉□白羽父毀羽作，即形之變，舊釋角誤也。」

同葉後②八行　曰「羽丁丑」，「羽辛巳」云者，紀時之稱，猶云來也。

補曰：卜辭有言「翊夕」者，見《殷契粹編》四三五及四三七片。

釋齒

粹一五五五片

弓伐。

補第十三葉後③八行　粹一三二六片云「庚午卜，王，才山卜」，字拓本不晰，似本作。

釋羽雪習騽

粹一二四五片

庚戌卜，貞不乍嬉。

粹一五九五片

……貞取豕□……

粹八六三片

① 爲本書頁二七。
② 爲本書頁二八。
③ 爲本書頁三四。

致沈兼士信

兼士先生左右：本期授課時間參差，久未奉教，頃數聞言者，謂拙作《殷虛文字記》中尊意有甚不謂然者，未知確否？此書原擬發行，曾在北大附印二百部，然迄未裝訂，至今猶未取出，年來發覺其間尚有錯誤（如[glyph]實品之誤，此沿舊釋），將來擬重寫一本。關於圖畫文字問題，本爲孫君發難，其所作序文，曾預携視，並爲好事之徒係指蘭而言，故寫此書時，有所論及，信筆所言，不覺過甚其詞，重寫時自當修正也。惟關於此問題，蘭尚有欲言者，銅器中之圖畫文字，前人多釋爲某形，如立戈形之類，然以近年一般研究古文字之結果，竊謂其非是。孫君乃取舊説而更張大之，昔人所認爲文字者，今亦以爲圖繪，至如[glyph]、[glyph]、[glyph]、[glyph]、[glyph]、[glyph]等數十百文，亦不以爲文字。舉千百年來古文字學之成績而推翻之，懷疑之。雖式新奇可快，其膽未免太鉅矣！銅器文字，今所知者，不越殷氏安陽所出，纍纍可徵（《鄴中片羽》兩集即可見一斑）。其文字雖或近圖畫，實已多有形聲，如隸殷（即《殷文存》戊辰彝）可確定爲商末器，而有師、竇、彝、祀、音、遘等字。卜辭之多形聲文字，則尚遠在武丁以前，夫文字之可分意符、聲符兩時期，猶考古家分石器時代、銅器時代也。世界諸古文字由意符時期，而變入聲符時期，均須極長之時間，而殷商一代至多不過數百祀，而謂於盤庚遷殷之後，盛行音符之商代，尚有無數未凝固之文字，豈其然乎！昔人於銅器文字之所謂某形者，今大抵見於卜辭，如[glyph]（《片羽》曩鐃）所謂子抱孫形也，而卜辭多有[glyph]字，若「貞曩及寅完」是也（《佚存》一片）。如[glyph]所謂格上三矢形，尊綦形，近人所釋爲奉尊形者也，而卜辭數有[glyph]字，若「[glyph]其遷至於攸若」，（《前編》五、卅、一片）是也。[glyph]及[glyph]，前人所謂立戈形也，而卜辭作[glyph]與[glyph]，若「□方其戈□」（《校編》上廿、二、一片）是也。如[glyph]，所謂子執旗形也，而卜辭有[glyph]字（《粹編》二、五六片）其辭云「□午卜，……羌甲鄉……□族」（郭釋族甚碻）。如[glyph]所謂足跡形也，而卜辭有疋字，作[glyph]、[glyph]等形（《佚存》三九二片）。如[glyph]所謂荷戈形也，而卜辭數十百見。凡此之類不可具數。鳥獸器物之形，卜辭所書或較銅器更爲逼肖，然則前人所謂象某形者，自卜辭文字之研究發展後，已失其説之價值矣。且謂彝銘之一部爲圖繪，而非文字，其説之本身，即有極多之矛盾。□父丁鼎之黽，可謂爲圖繪矣，□父辛鼎之木字，□父辛鼎之𢼊字，亦爲圖繪乎？抑同樣詞例之中，或爲圖繪，或謂文字乎？孫君殆有鑒於此，故以尋常習見之文字，均歸於圖繪。然其例至不畫一，如門且丁𣪘之門字，仍以爲文字是也，且同一□字，於子韋鼎、子亶鼎、子父戊𣪘之屬，則以爲子字，而於子父癸鼎，則以爲圖繪。同一□字（或□）於弟丁鼎、則誤釋爲叔字，而於弟卣，則又以爲圖繪。然則此圖繪與文字其界限固何在邪？蘭謂之不知而作，斥之雖嫌太過，然其操觚之率尔，足以貽誤來學，亦不得不辨也。以常理言之，凡銘辭中均爲文字，今乃不然，截其一部爲文字，而别一部爲圖繪，此圖繪究何由而間雜於文字邪？若□乍父乙彝鼎之類，其所謂圖繪，每冠於作字之上，此又何故？説者均謂此氏族之標識其言誠是也。然氏族標識在當時豈只能目視，不能口乎耶？苟能以言語傳達之，則作一黽形、一龍形，在古代，必有固定之讀法，即云聲義時有流變，然在同一時期，同一地域中必有大衆公然之一定讀法，雖欲謂爲非文字，其可得乎？父旱盤之□□□三字（旱字舊誤釋爲尊形），□字如非文字，則□象手執斧，□象戈戚之屬，亦當例爲圖繪，而非文字，乃爲徹底也。銘文之氏族徽號往往多合文，如□兒兩字合爲□，亞高二字合爲□之類，然間有厠於銘文中者，如葡亞角云「王易葡亞嚣奚貝」之葡亞是也。又銘文中亦有近於圖畫之字，如矢白隻卣之隻字，作□是也。凡如此類，假非文字，則全部商代及初周彝銘，均非文字矣。蓋昔日學者所見商器極少，爲周秦文字所囿，故於其較近圖畫者，謂之象某形，此限於時代及材料使然本不足病，近年來大器滋出，而卜辭文字甚多，足相印證，昔之以爲奇字者，今大都可識，而猶襲陳説，而癈實證，且出之於輯《甲骨文編》之孫君，是猶可怪駭也。目前所見古文字，大都爲殷周文字，已爲聲符時期，其前當有純用意符之時期，第無多材料可考耳。然無論其爲聲符或意符，其在當時某一地域内，必有羣衆公認之讀法，非此則不得爲文字矣。至於若干區域内讀法不一致，或若干時間内聲義之有流變，此則文字之本質，不能因此遂謂爲未成文字也。若謂魚鳥等字，在商時，未必與篆文同，遂以爲非文字，則漢唐之讀法又豈與今日同？朔方之等法亦豈與閩粤同？可謂漢唐之時末成文字，閩粤之地竟無文字邪？生於數千年後，欲識周秦間人所不盡識之文字，本非易事，方孜孜矻矻以識一字，析一音，爲務之不暇。而孫君之言，足以盡摧毁古文字學已有之成績，使研究古文字者，重墮於黑闇之淵。雖其言未必即開一時之風氣，要之足以淆惑一時學者之視聽也。是非積久迺定，苟卜辭、金文不致斥於學者，則將來此問題自有定論。敬惟先生惟斯學之此辰，於今時各説權衡取捨之間，自具

卓見。更望

俯賜論定，俾爲後學先導，此不僅蘭一人之幸也，唯

進而教之。專此敬請

文祺

後學唐蘭謹上　七日晚

整理説明

該書已知先後有過三個本子：一、一九三四年北京大學唐先生手寫講義稿本的石印本，當時僅印二百部，且全爲散頁，尚未來得及裝訂正式出版發行。先生補正的部分内容以眉批形式列於當頁，此本流傳至今者甚少。二、一九七八年中國社會科學院歷史、考古兩研究所請抄手所作抄寫本，共油印五百部。三、唐復年整理本，一九八一年中華書局影印出版，亦爲請抄手所作謄録本。

經檢查，後出兩版錯誤較多，此次重版的主體部分影印一九三四年作者手寫石印講義本，這個本子我們分别找到兩部，一爲于省吾先生的藏書（全本），另一爲陳夢家先生藏書（殘本，前缺序，正文存一至六三頁半），兩本各頁清晰程度優劣互見，此次整理，基本以于先生藏書爲主，選取陳先生藏書少部分作替换補充，合成爲一底本。

中華書局本有唐先生《致沈兼士信》、一九三七年寫的《補正》、一九七八年寫的《跋》，還有唐復年作的《引書簡稱表》《附記》和據先生後續所作眉批寫的《説明》。此次整理保留唐先生所作各項，唐復年後加各項僅從《説明》中輯出唐先生三十條眉批原文，其餘未用。

此次全書去掉原頁眉、頁碼，將字體放大出版。

另書前輯録先生墨跡「殷虚文字記　秀水唐蘭」扉頁和集作者手跡做成的《目録》係此次整理者所加。

（劉雨）

輔仁大學叢書

天壤閣甲骨文存

陳垣署

天壤閣甲骨文存并攷釋

唐蘭著

沈兼士題

目録

序

清同光之際、陳介祺潘祖蔭吳大澂王懿榮諸氏、並篤好古器物、精鑑別、金石陶玉兼收並蓄。於時、古物滋出、若燕齊古匋及封泥爰金之屬、並前世嗜古之士所未得見者、至於殷虛卜辭、更無徵於載籍、足以震駭世俗、方聞之士、猶或疑之。庚子、甲骨初出、魯之賈人挾而之燕京、王氏首以厚值得之。未幾、殉於義和拳之變、其藏歸丹徒劉鶚。劉氏又續有所獲、羅振玉氏為選集千片、曰鐵雲藏龜、孫詒讓氏因之作契文舉例、於是之學者多知有甲骨矣。其後好古者競事藏弃、而以羅氏為最富、既集殷虛書契、又為之考釋、王國維氏更取證古史、多所發明、然後卜辭之學與彝銘並重、迄中央研究院發掘殷虛、其學之範圍愈益廣大。然其最初鑒定之者乃王氏也。王氏後人既以所藏歸劉氏、尚頗留其精粹、其後又散佚、歸於福開森氏者三十餘片、金陵大學已為印行。余與王氏次子漢章先生稔、昔歲晤於天津、蒙其以拓墨二册見假、並許其傳布、昨夏又於輔仁大學圖書館見拓本一册、首有王氏長子漢輔先生題語、中多與前兩册複出、知亦王氏故物、又並在福氏所獲之外。余追惟王氏始鑒定功不可沒、又感漢章先生之厚意、乃合三册、去其複重、得百有八片、輯為天壤閣甲骨文存。其間大部未經箸錄、第廿一片之骨臼所刻卜辭、與在他處者同、為前此所未見、尤關重要。乃商於沈兼士先生由輔仁大學印行。議既定，因循迄於歲末，余將南行，亟以付印。凡有所見，異夫時賢，輒為考釋，列於後卷，治斯學者，庶有取焉。甲骨之初發現，歲為庚子，王氏既以其年卒，余又適以是年生，事之巧偶，有若是者。既撰集王氏所藏，念生平志業，百無一成，而余年忽焉四十矣。民國肇建，余方讀於商業學校，既卒業，改習醫學，既為人診疾，又頗厭之，而學為詩詞，稍博覽，思輯文選注所引古書，並為晉書注。九年冬，盡棄所業，就學無錫，同學有熟習段注說文者，余由是發憤治小學，漸及羣經，居錫三年，成說文注四卷，卦變發微、禮經注箋、孝經鄭注正義、棟宇考、闈闕考各一卷。嚴可均、王筠之治說文，多援引彝銘，余作注亦頗采用吳氏之古籀補，因漸留意於款識之學，及讀孫詒讓之古籀拾遺及名原，見其分析偏旁，精密過於前人，大好之，為古籀通釋二卷、款識文字考一卷。於時初知有甲骨文字，取羅氏所釋，依說文編次之，頗有訂正，馳書叩所疑，大獲稱許，且介之王國維氏，余每道出上海，必就王氏請益焉。十三年春，遂因羅氏之招至天津，館於建德周氏。居津凡七年，初以羅氏之屬，校本草經，屬稿僅半，以故輟業。擬輯諸緯及古小學書，校補全上古三代秦漢六朝文，訂正殷虛文字類編，均未成。居停周學淵氏工詩詞，余亦好之，日從諸詞客遊宴酬唱，稍癈考證，僅為白石道人歌曲旁譜考一文，又擬為唐宋燕樂曲考，亦未成。其後又好讀程朱之書，更泛覽譯籍與近人新著，所好弥廣矣。民國十八年，余已三十，編將來及商報文學周刊，始重理考証之學。二十年春，東游遼瀋，金毓紱氏約余編東北叢書，高亨氏又約余講尚書於東北大學。時重理許書，病其不足以範圍古文字，始用自然分類之法，擬作名始。席未暇暖，猝遭禍變。十月十八，浮海來歸，所攜書二篋，均卜辭彝銘，謂處窮可以著書也。旅居多閒，重解金文著錄表，但成鐘鼎兩類。嘗編商周古器物銘，又作彝銘考釋十餘篇，為古器物銘學，均已付印，卒未成書。次年春，代顧頡剛氏講尚書於燕京北京兩大學，秋後遂入北大講金文及古籍新證，旋又代董作賓氏講甲骨文字，而師範輔仁清華中國諸大學亦相繼約余講古文字，兼及詩書三禮，迄今又七年矣。所編講義有尚書研究古籍新證先秦文化史等，均未竟。於古文字之學，初編鐘鼎文字研究，實為名始。繼分甲骨鐘鼎為兩種，頻年脩訂，未有定稿，惟所作古文字學導論已印行。余於卜辭文字，致力最久，所釋倍於前人，聞者或以為夸誕，于省吾氏促余寫定，因成殷虛文字記一卷。方寫印續記，重訂導論，再遭喪亂，均未卒業，其印成者，都為劫灰矣。講學之暇，嘗作雍邑刻石考，文之輪廓久定，屢經修正，尚未脫稿。馬衡氏約余為故宮博物院特約專門委員，擬編故宮青銅器圖錄，因變中輟。劉復氏屬余撰集北大所藏卜辭，易稿三次，因循數歲，而劉氏墓有宿艸矣。經變後始為編定，刊傳之期，尚未知何日也。卜辭材料既富，非有精密之分類，不能董理，作卜辭類編。甲骨之斷折者復合之，作契合編。劉鶚王襄兩家所藏甲骨，舊有印本，漫漶失次，均重為編次。所藏古匋拓本六七千紙，去其複重，為古匋匯。又集諸印譜所載為古鉩匯。又為說文箋正、玉篇疏證、切韻疏證等書。前歲以來，作六朝法書攷以遣煩憂。又以漢末反語，起於雙反，作反語考。凡此皆積稿累尺，未能寫定。十餘年來，所作考證文字，無慮數十萬言，時思捻為一集，亦終未果。余嘗欲既廣，易為環境所牽轉，往往創藁未半，已別肇端緒。又好為長篇鉅製，而多無成功。至於一篇既竣，不敢輕出，反復詳審，或經數載，猶未刊定。以是心有所得，大氐未筆於書，而筆於書者，又多未公於世。志學以來，所欲論述者甚多，今垂衰老，惟古文字與秦以前歷史文化，稍具體系，然心意雖有開悟，下筆轉更艱鈍，草一短文，或且浹旬經月。生丁亂離，又將遠行，恐旦暮不虞，填委溝壑，故於是編，期以必成。屬稿兩月，屢愆行期，一月十五，嚴君指背，未獲奔馳，五內崩裂，觸發痼疾，備嬰荼毒，彊勉執筆，僅得終卷。卜辭研究，自雪堂導夫先路，觀堂繼以考史，彥堂區其時代，鼎堂發其辭例，固已極盛一時。然尋按諸論，尚多蓋闕，已定之說，時復舛誤。蓋文字之學，自為專門，但恃比較，無異面牆，純以意會，便成穿鑿。或者忽其瑣屑，無復深思，或者昧於系統，隨文生義，故猶多罅隙，有待補苴。且辭者積字而成，不講字學，而欲通貫其辭，猶之射覆，即有中者，亦非真知。甚者以文害辭，如謂□（讀若以）人為登人，讀叀（讀若維）牛為剿牛，□（侵）伐入於芻牧，毕（禽）獲歸之畢弋，遞相沿襲，曾莫之悟。學者乃欲藉此以尋考史實，鈎稽文化，抑亦失其本矣。余初治小學，耑宗許書，維攻款識，漸生疑義，三十以後，始悟分類，由甲骨及商代彝銘，推見文字發生，由於圖畫，乃追溯原始，明其構造，蒐集歷史，通其變化，遂作導論，觕立條例。蓋許呂以來，未窮斯祕，敢詡入神之作，不無艸創之勞。苟天之未喪，假我數秊，得專意卜辭，依次寫定，猶欲論釋彝銘，尋究陶鉩，條理終始，完成斯業。然饑驅行役，未知所屆，或且重蹈前失，徒託空言。故藉是編之成，畧攄所懷，用以自戒，庶亦異日追憶之資也。民國二十八年三月十九日。

此書所錄拓片之攝景者，為周君儲皖峯先生所介紹，印刷方面，孫海波先生所助為多，附此志謝。

天壤閣甲骨文存（附檢字）

一

二

三

五

乙

四甲

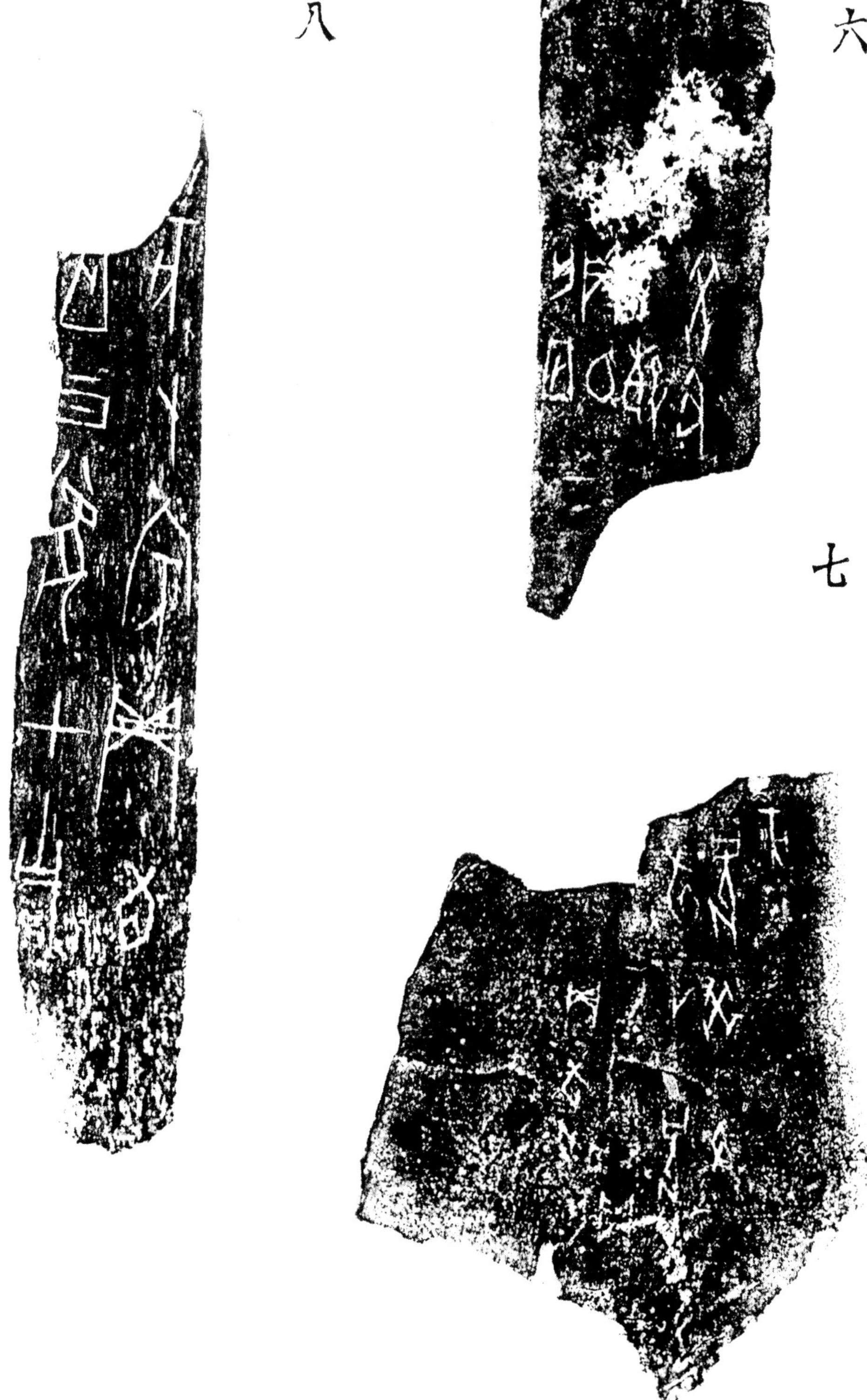

八
六
七

九

一〇

一一

一二

一三

一四

一六

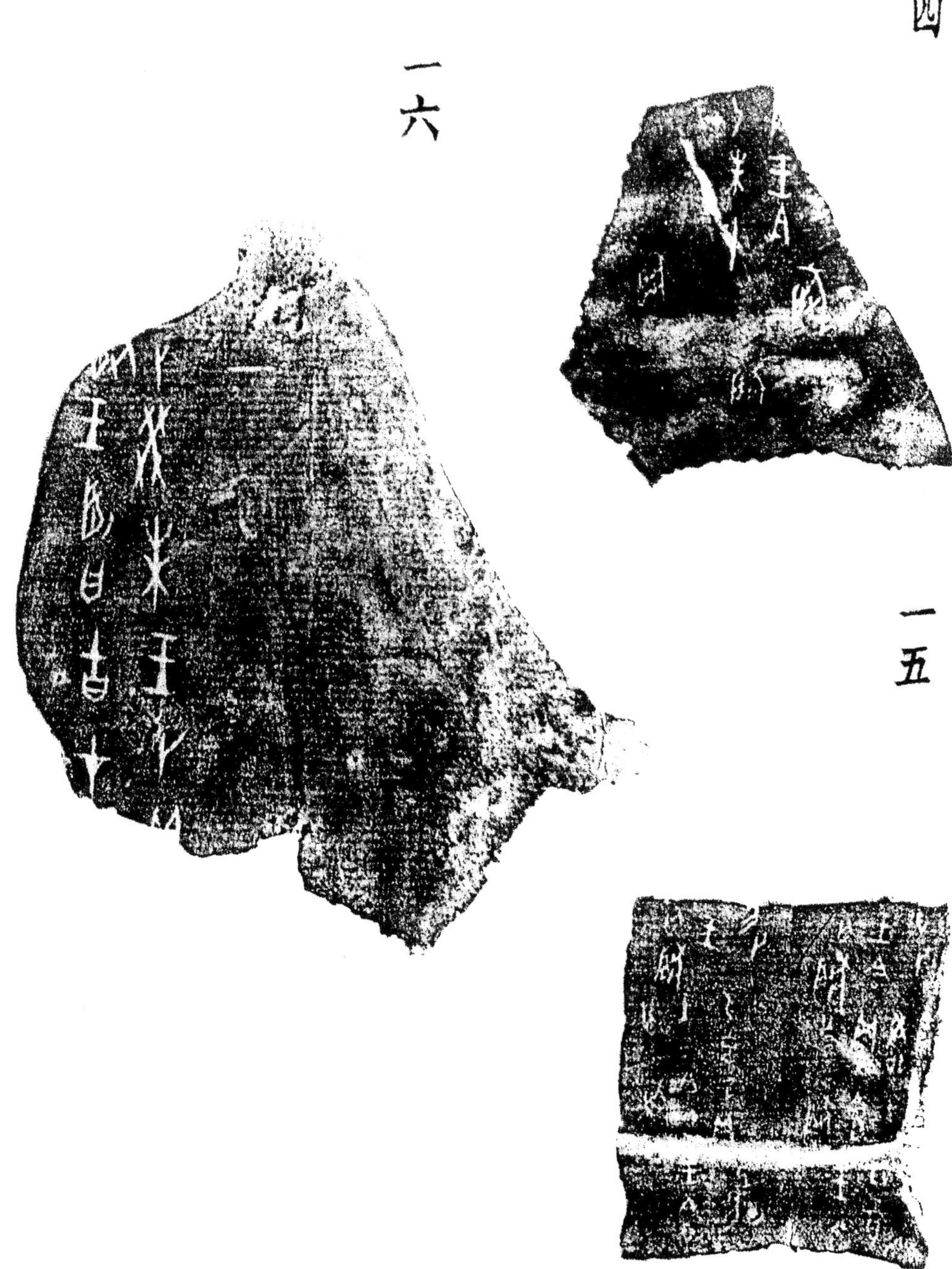

一五

乙

一七甲

一八

一九甲

乙

二〇

二一甲

丙

乙

二二甲

乙

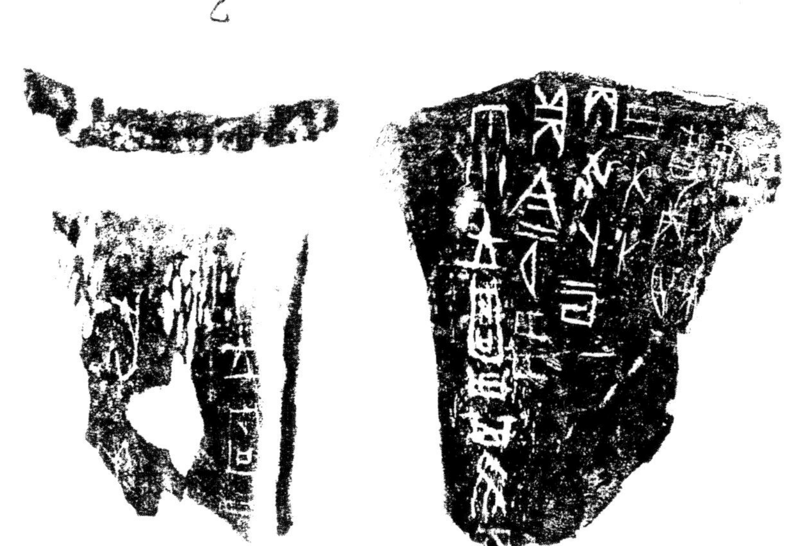

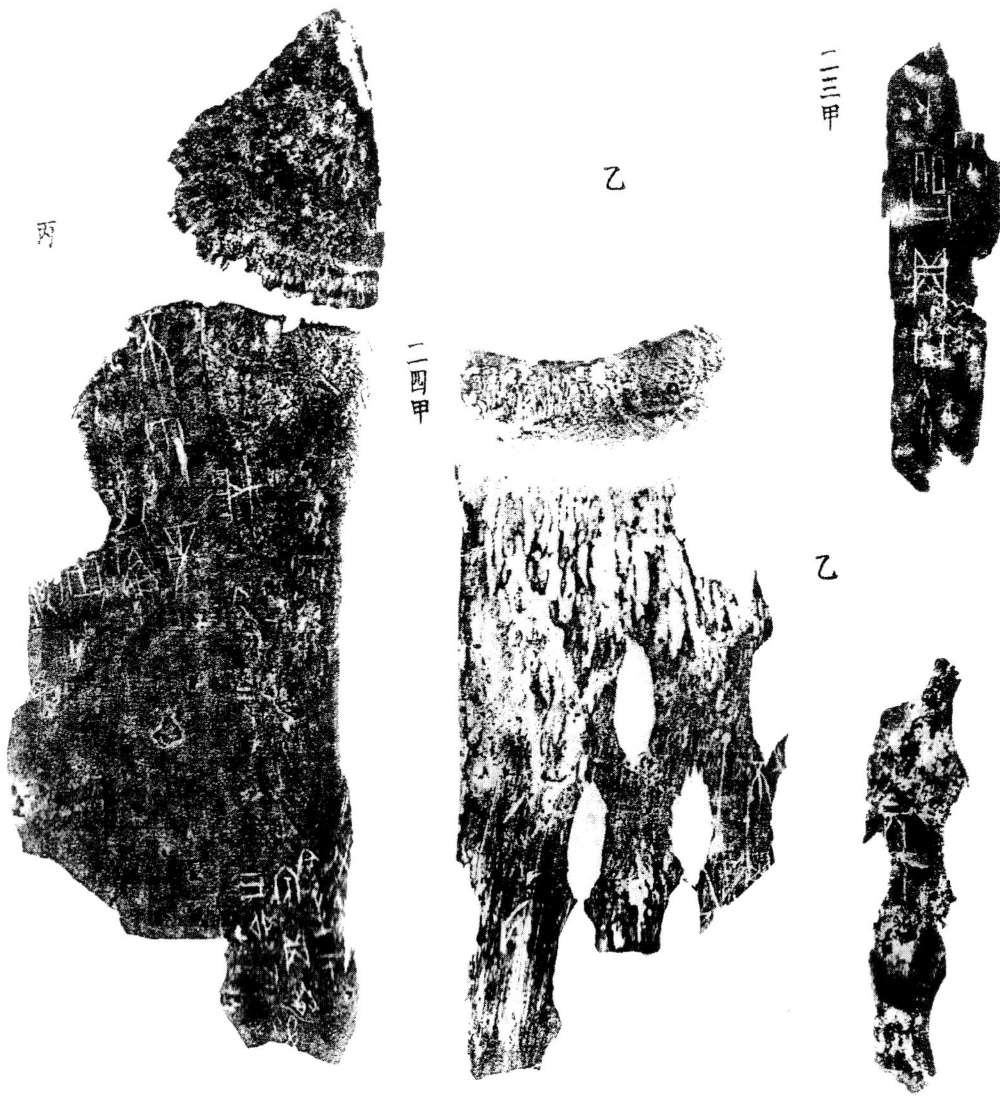

一二三甲
乙
丙
一二四甲
乙

二一五

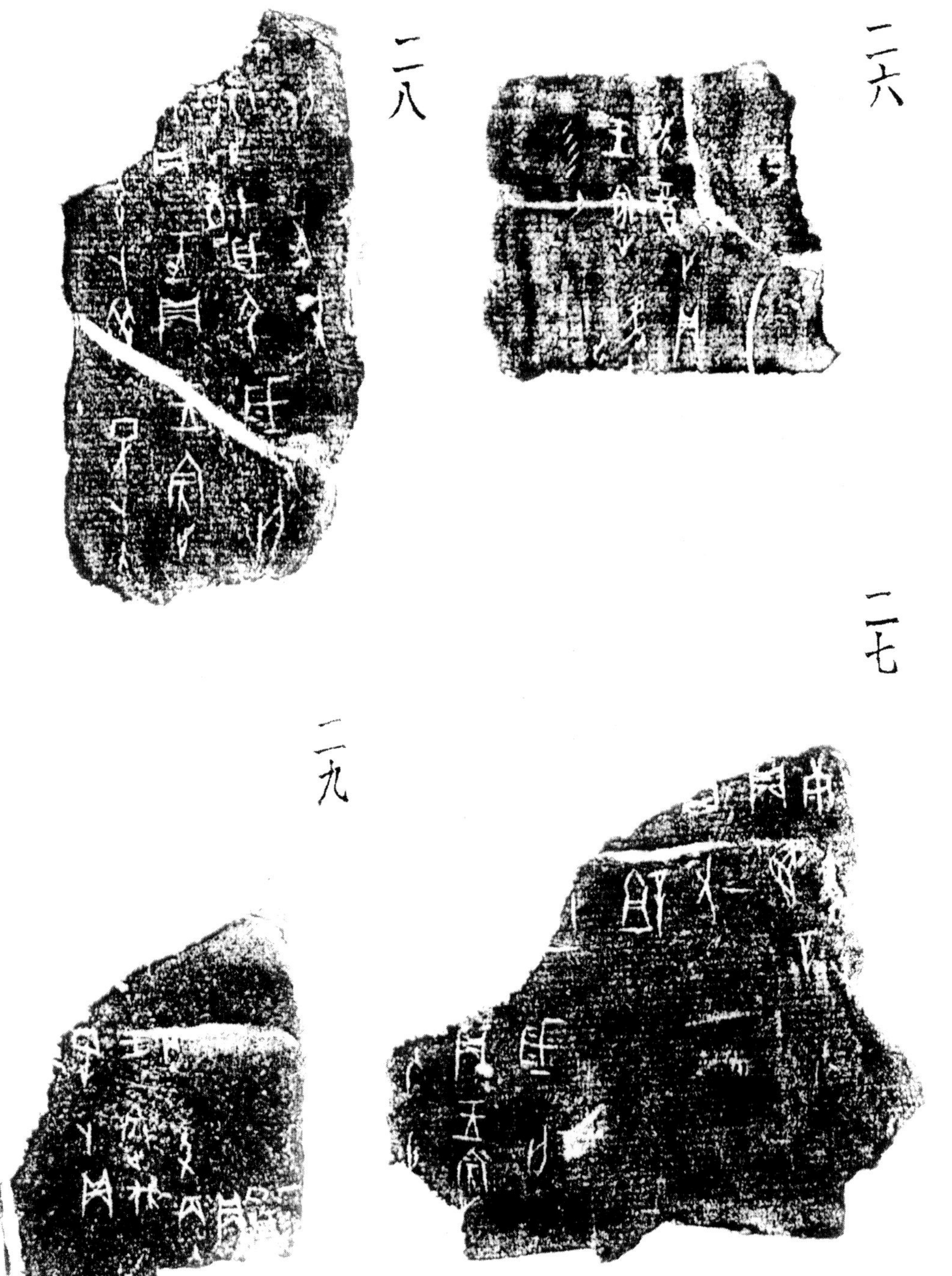

二一六
二一七
二一八
二一九

三〇

三一

三二

三三甲

乙

三四

三五

三六

三七甲

乙

三八甲

乙

乙

三九甲

四〇

四一

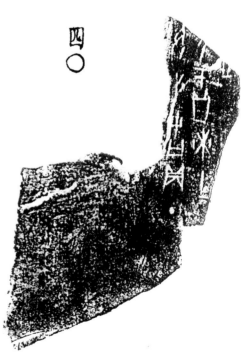

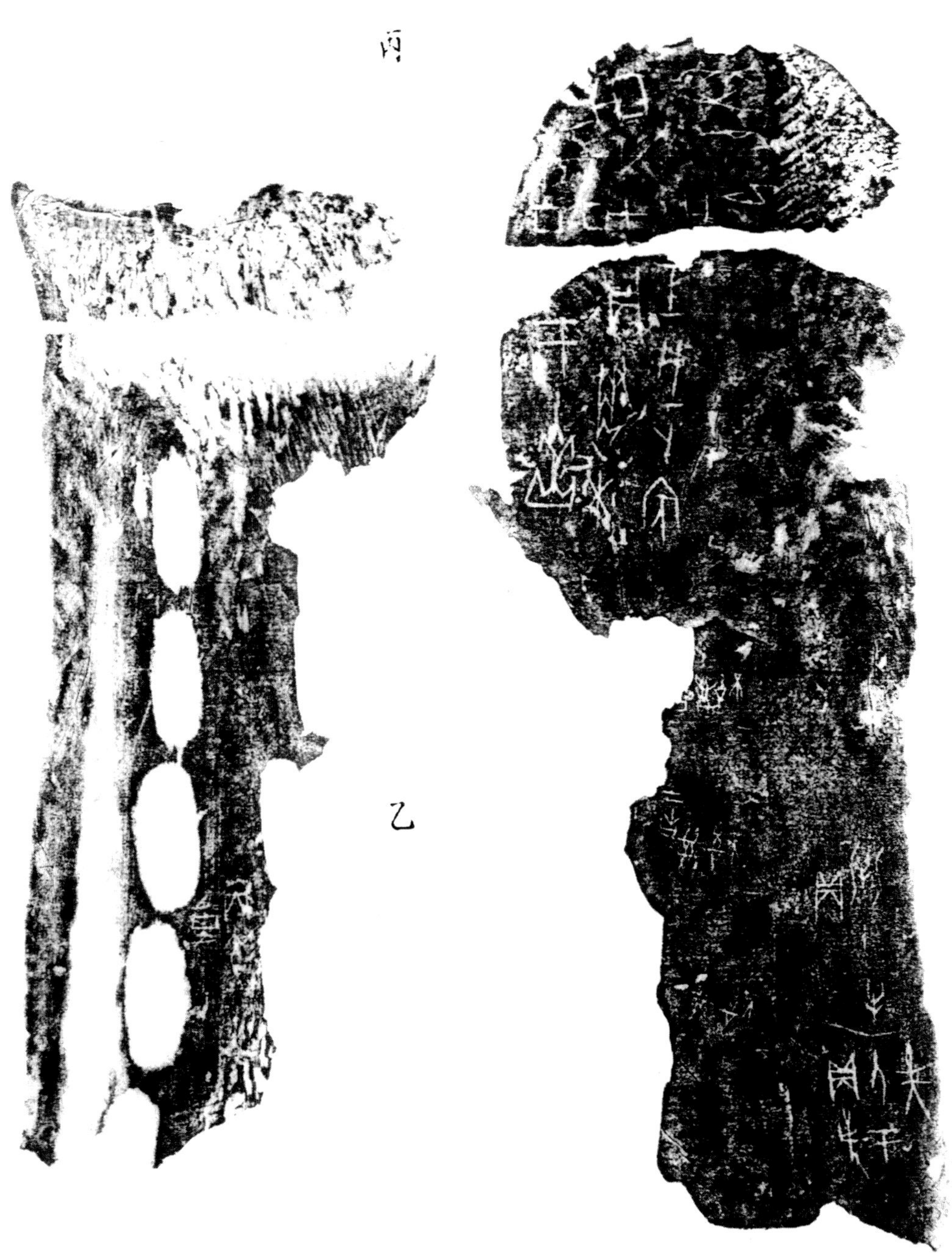
丙
乙
四二甲

四四
四三甲
四五
乙

四六

四七

四八

五〇

四九

五一

五二

五三

五四

五五

五七

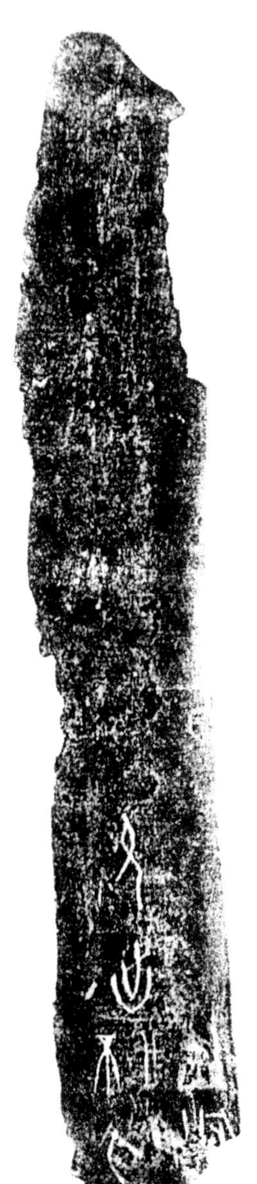

五六

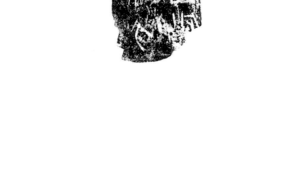

五八甲

乙

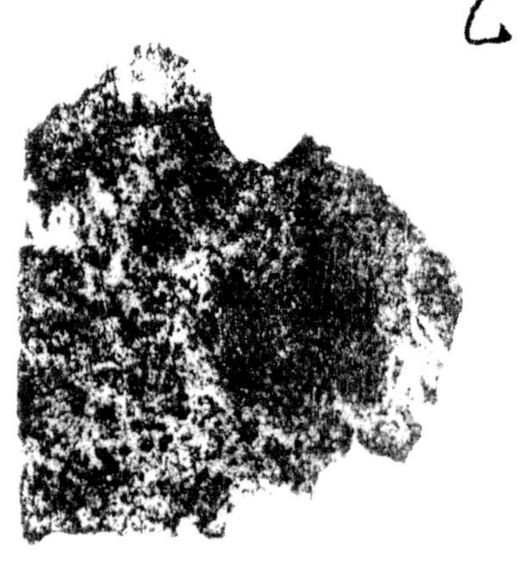

五九甲

乙

六一

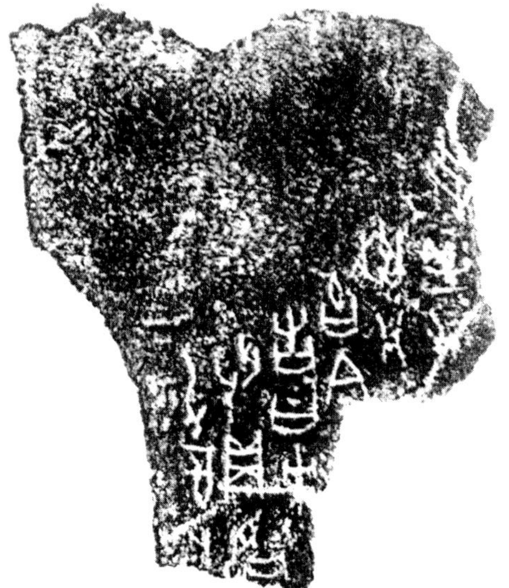

乙

六三甲

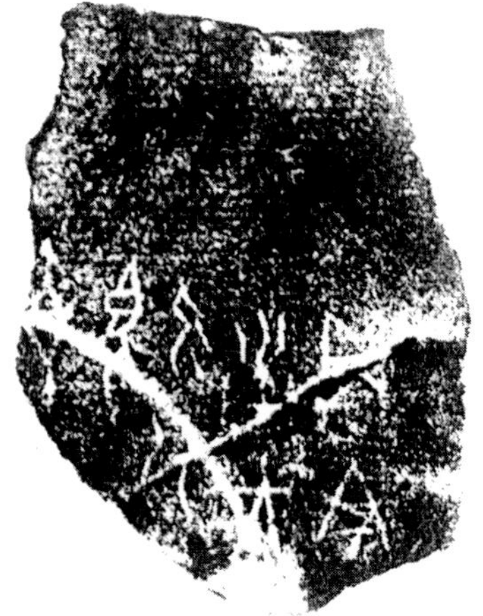

六四

六五

六六

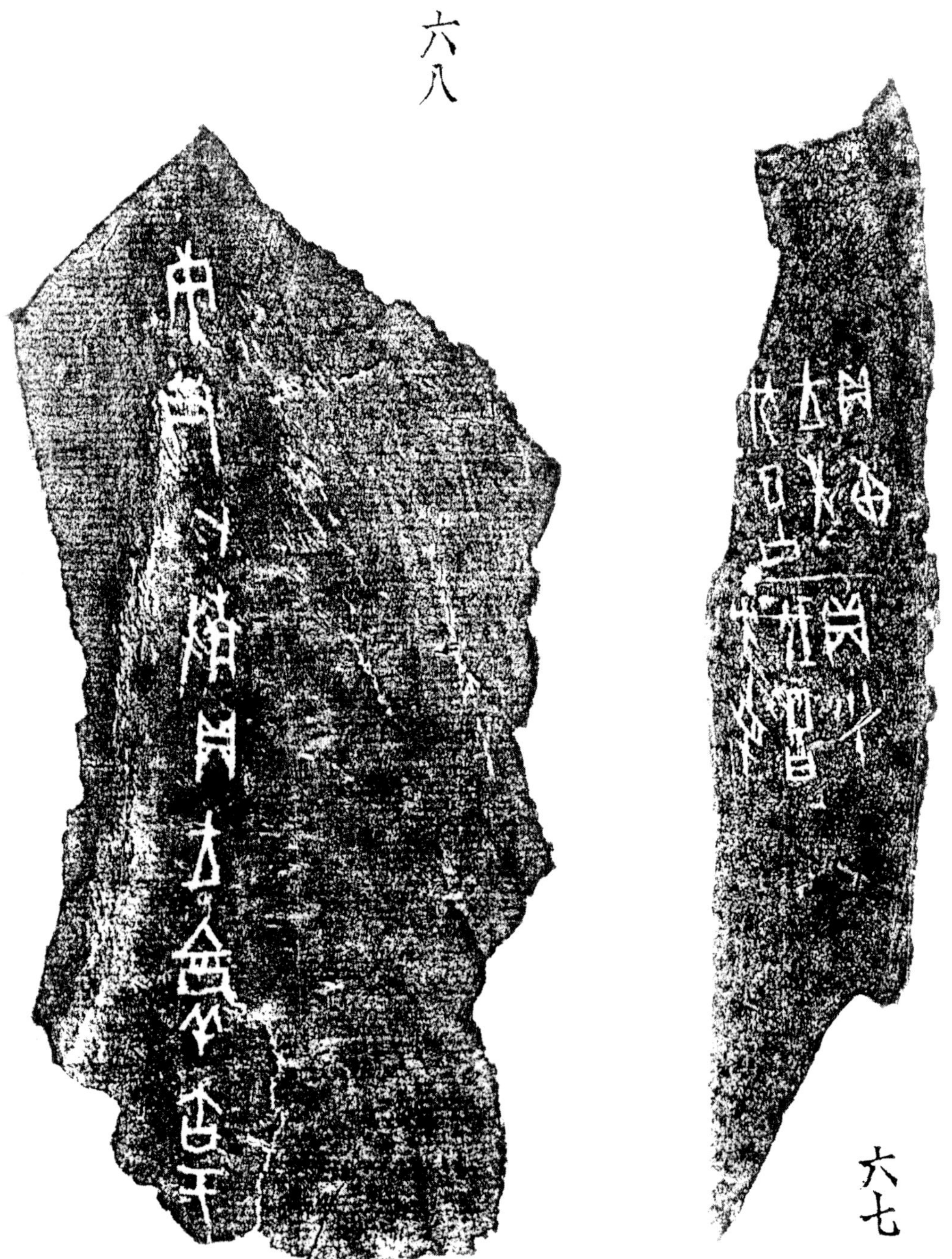

六八

六七

六九

七〇

七一

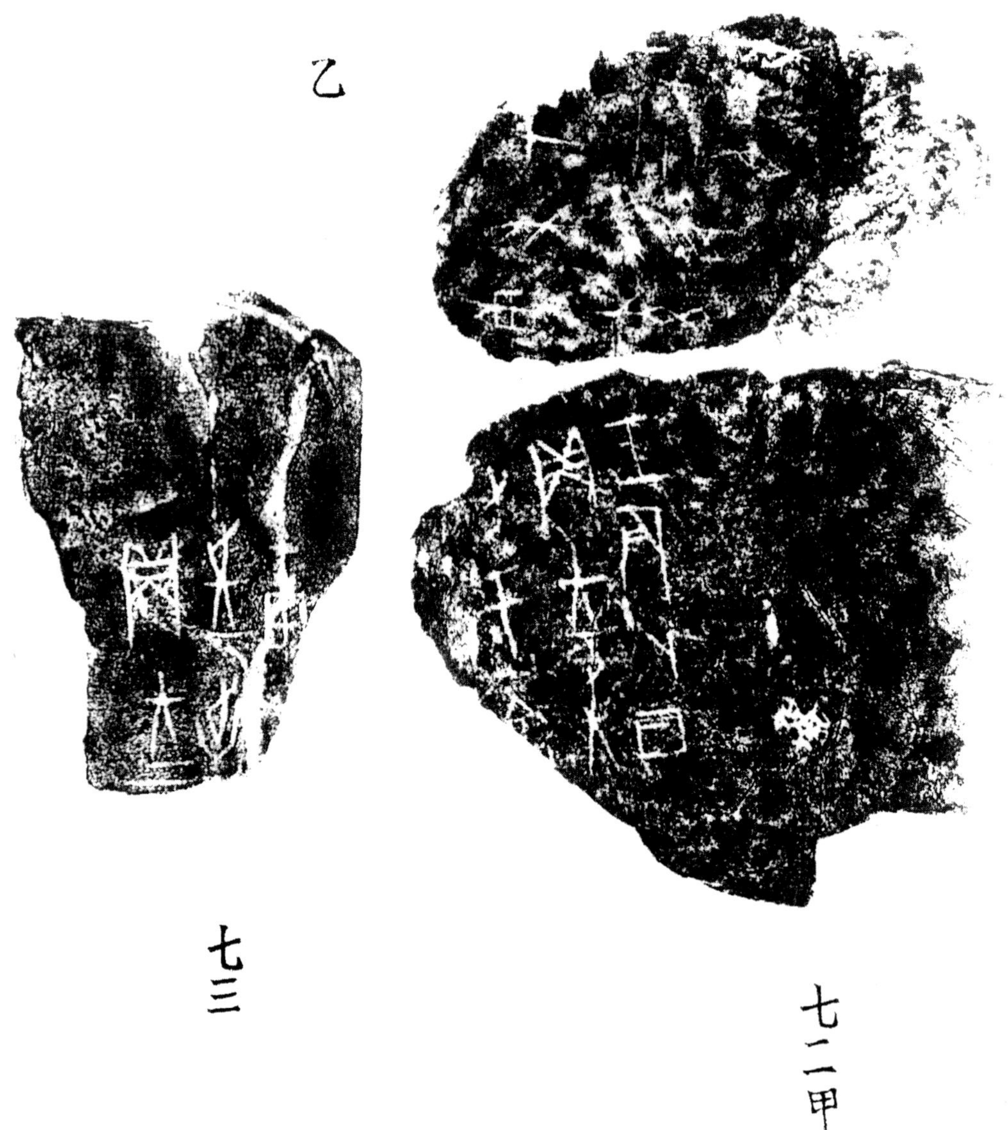

乙

七三

七二甲

乙

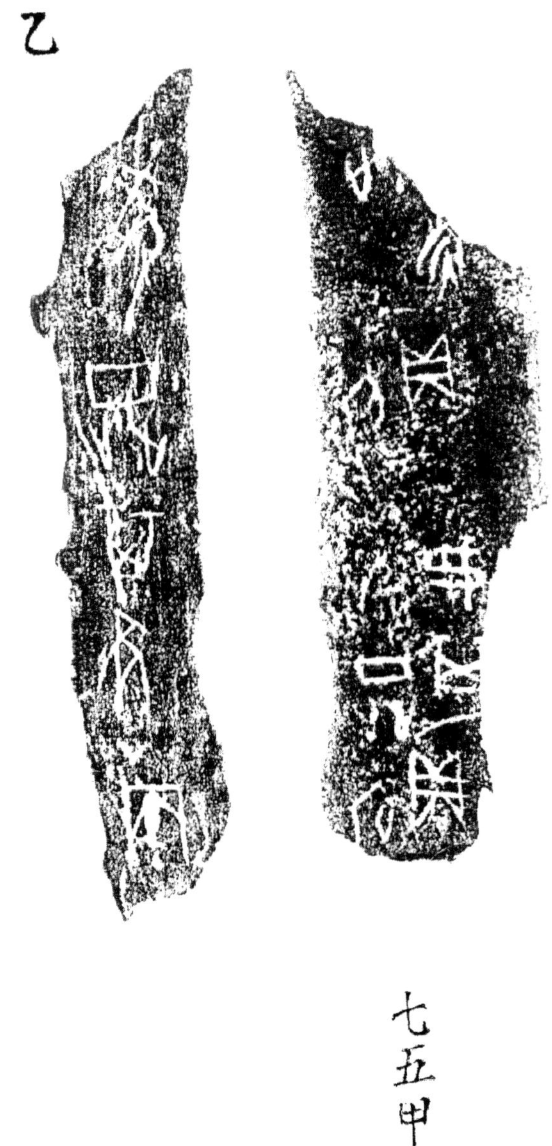

七五甲

乙

七四甲

七六

七八

七七

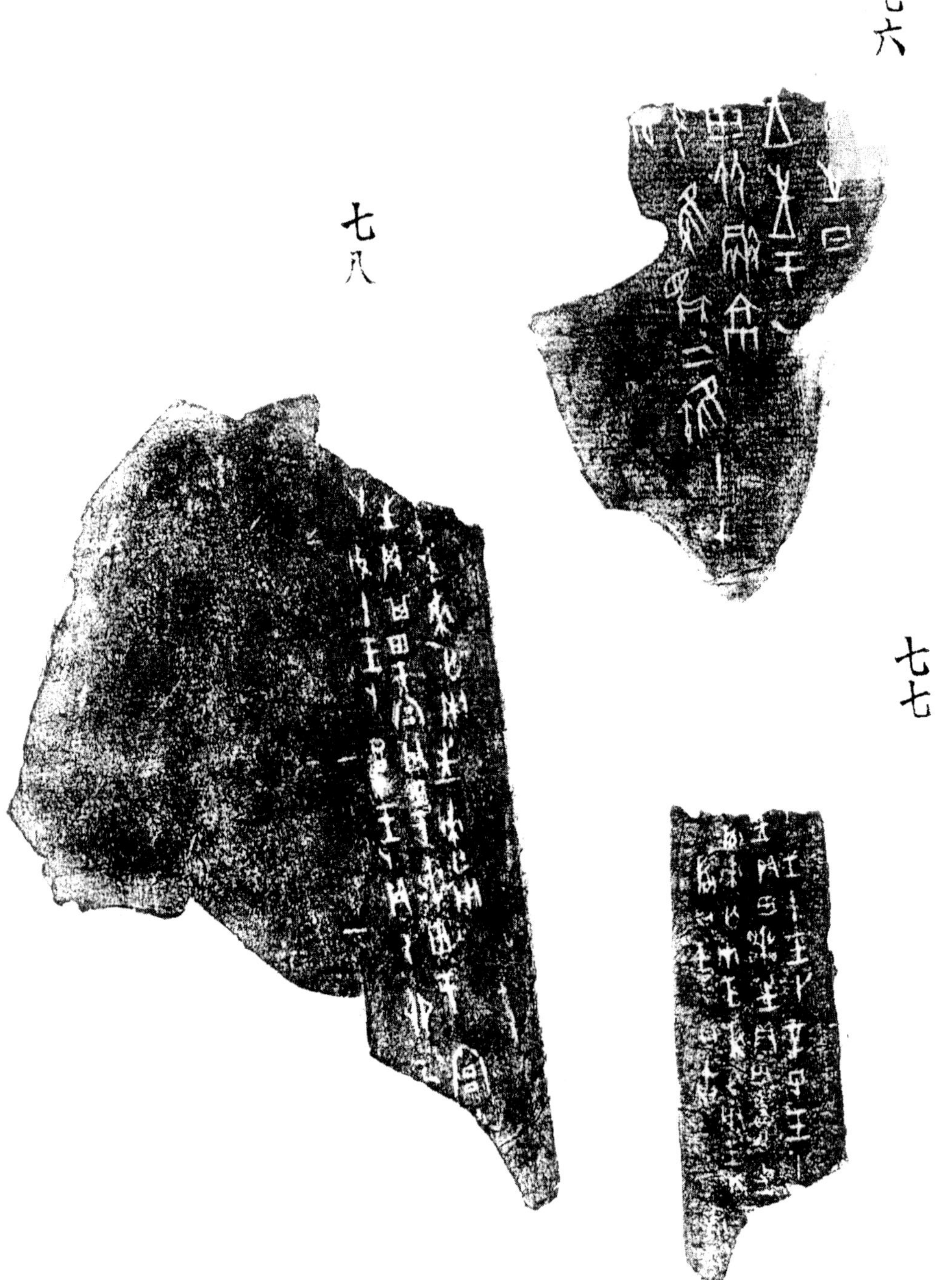

七九

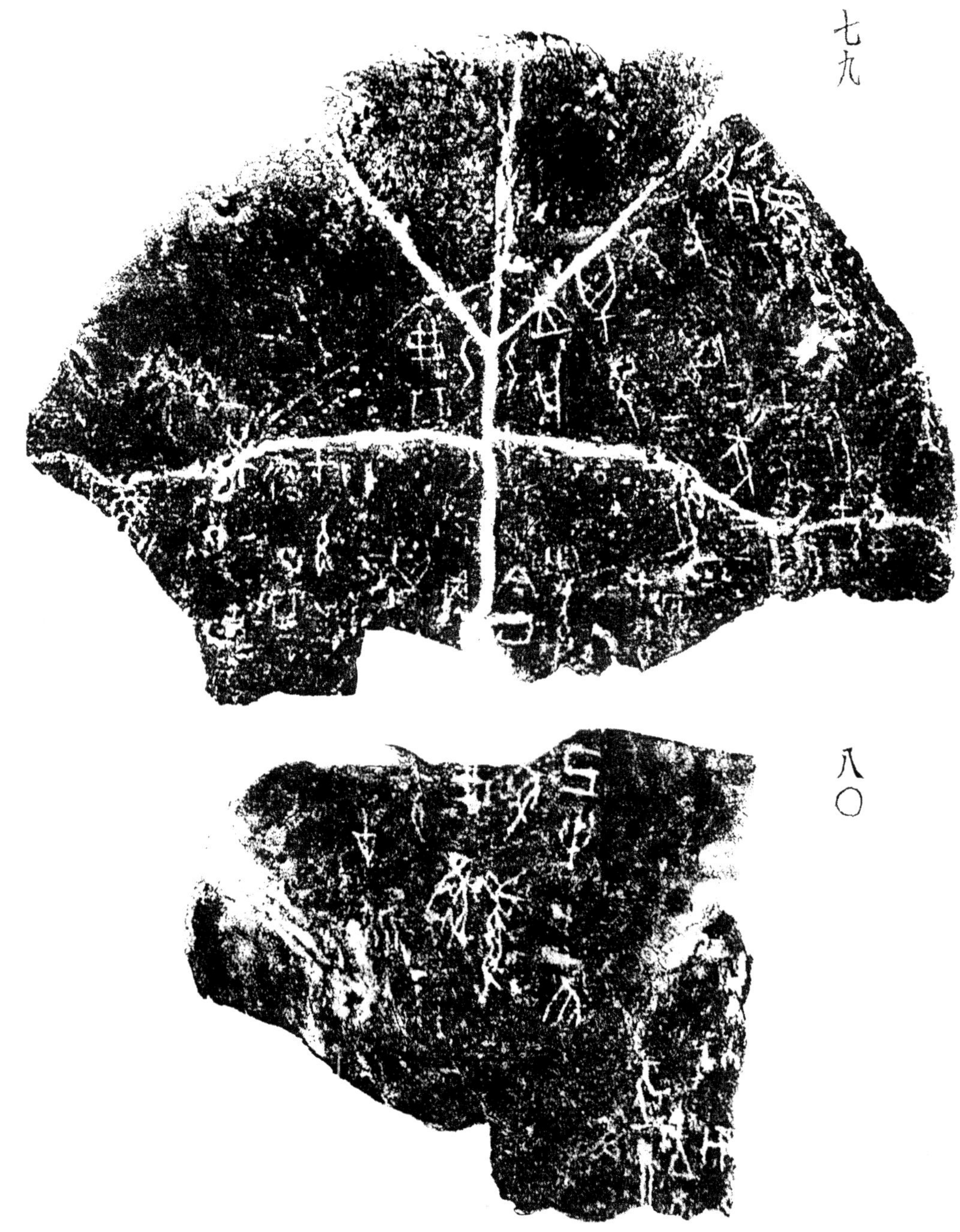

八〇

八一

八三甲

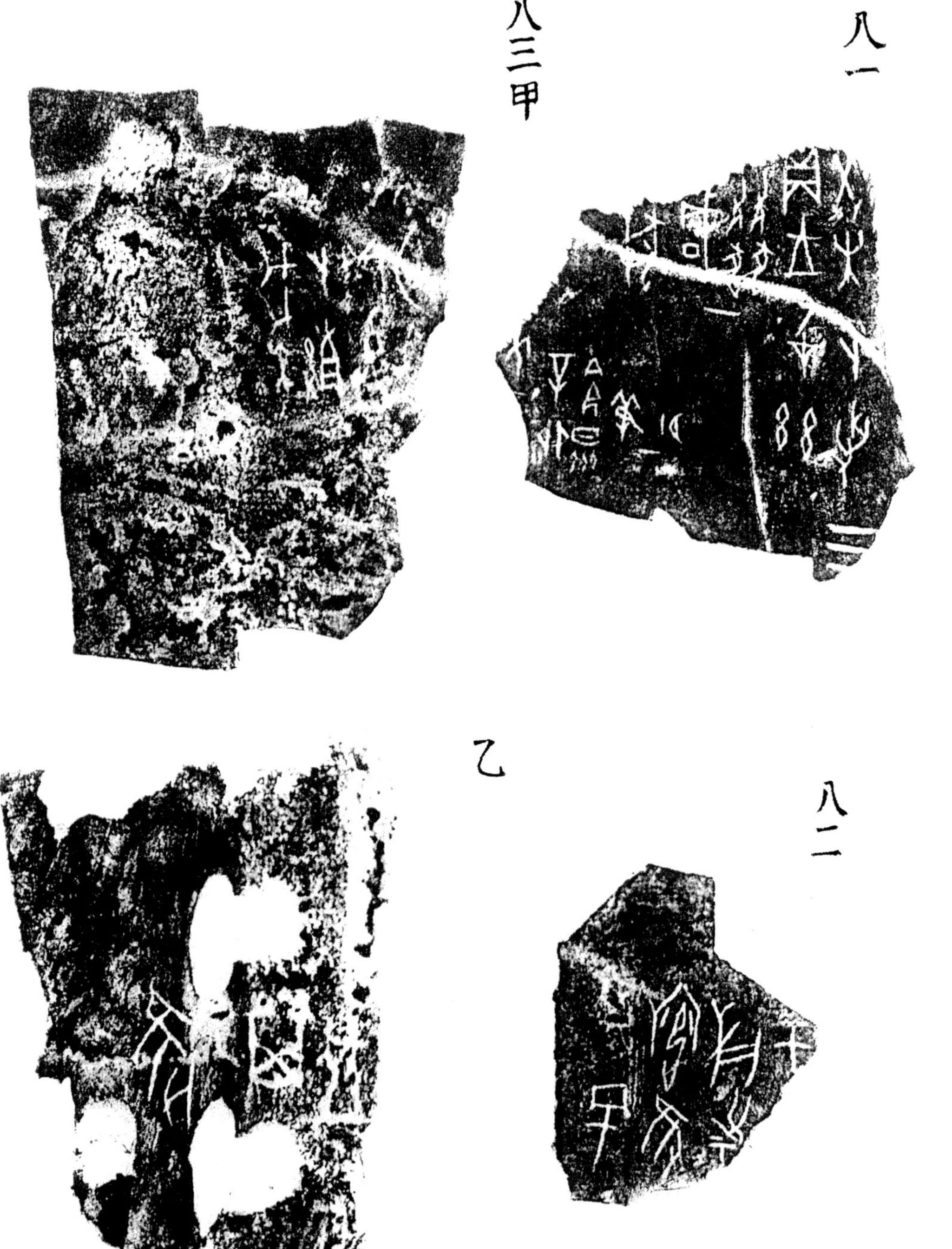

乙

八二

八四

八五

乙

八六甲

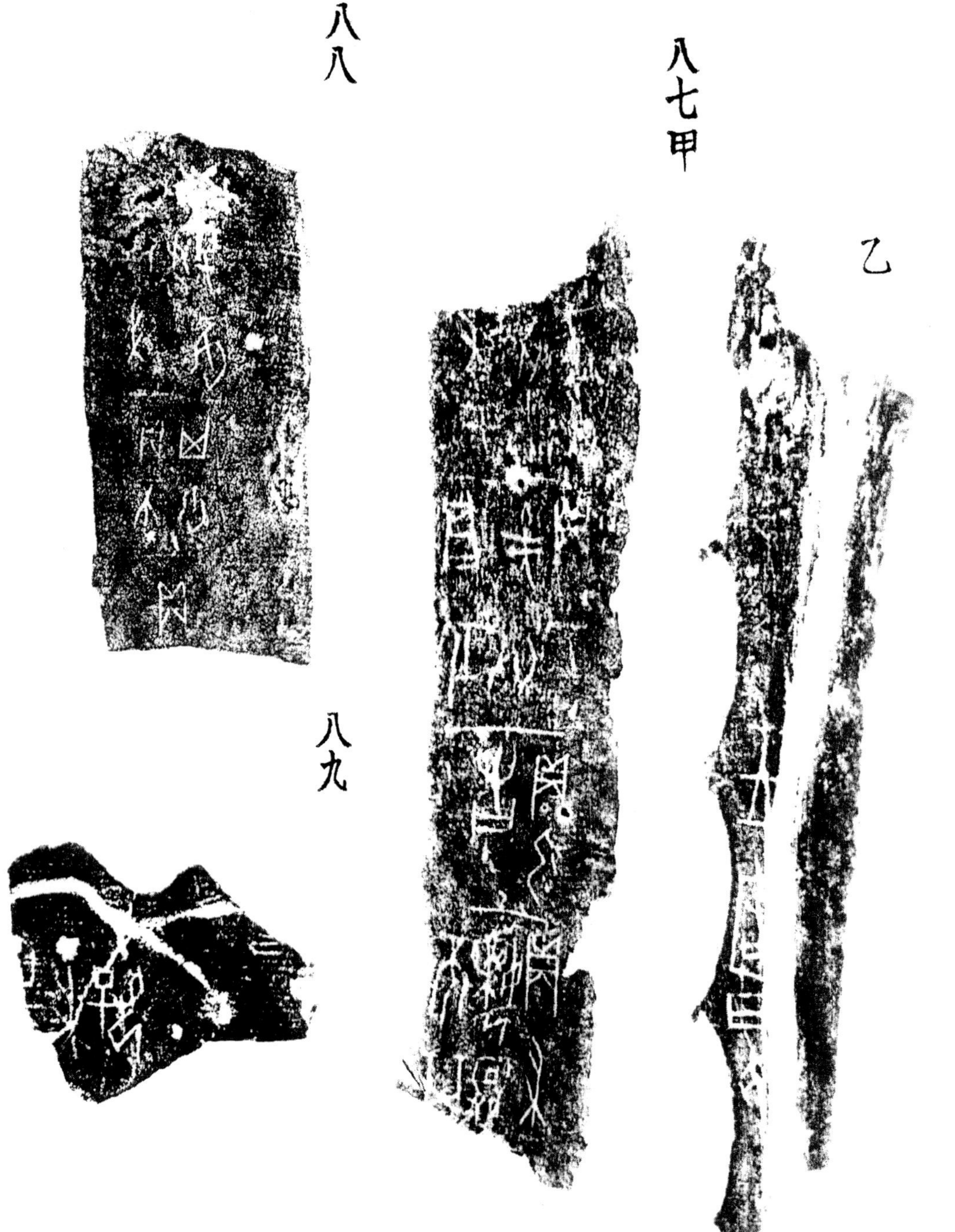
八七甲
乙
八八
八九

九〇甲

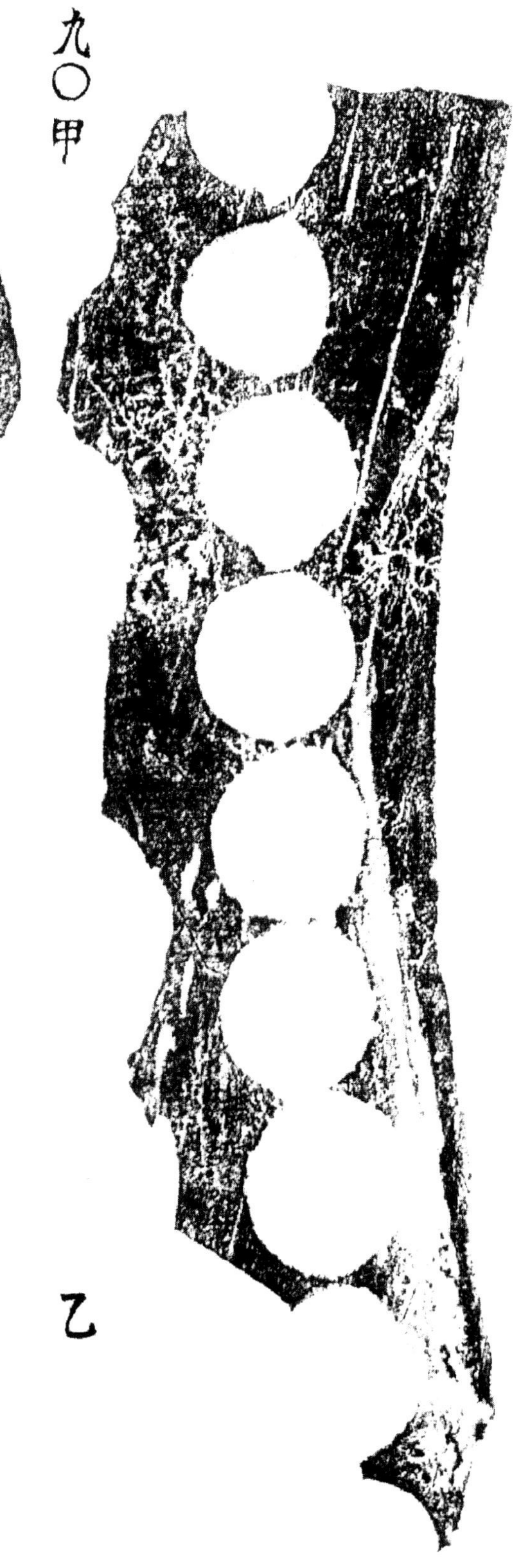

乙

九一

乙

九二

九三甲

乙
九四甲

九五

九六

乙

九七甲

九九

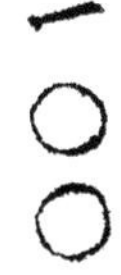

一〇一

一〇二

一〇三

一〇四

一〇五

一〇六

一〇七

一〇八

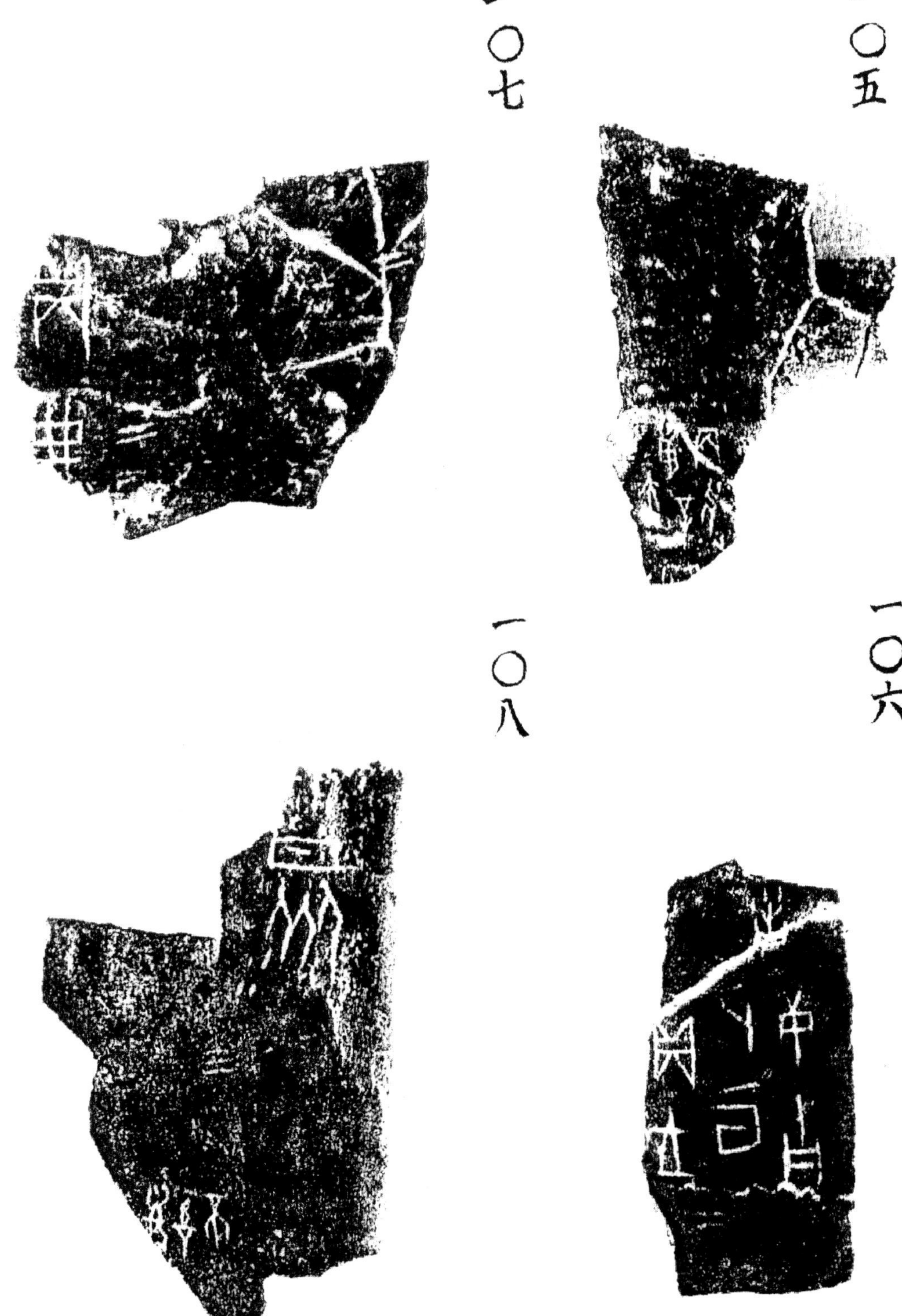

天壤閣甲骨文存檢字

此以異形為主，凡習見之形體不具錄，以●別之。

四二甲 吏人 九五 立人 二八 王寇人戉
人字見說文人部。

三七甲 匕庚
匕字見說文匕部。

三六 氏敎 七五甲 貞氏 八七乙 九四乙 弗其氏
氏字見說文氏部。

六九 勿令壬
壬字見說文壬部。

二四丙 邑示 四二丙 邑示
邑字見說文邑部。

七 卜兄
兄字見說文兄部。

三四 貞羊出啄
頁字見說文頁部。

五七 允出 七六 允隻 七九 允隻
允字見說文儿部。

六三甲 兕乘
兕即𡷈字，說文望字重文。

五九甲 光其出囚
光字說文所無，當即㱿字所從。（㱿見人部。）

九六 不其叒
叒字說文作叒，今隸作若。

七九 王獸[illegible]（此字拓本模糊存疑）
[illegible]當即光字，見說文火部。

六三甲 王勿从兕乘 六四 王从征戓 六五 七六 从融京
从字見說文从部。

五五 于北受年
北字見說文北部。

亞 八十 亞豕

羌 三六 二羌　羌 八一　羌 九二 𡴘羌尋　羌 三二 𢦏三

令 六九 彡令壬　令 七〇 令壬豕　令 八一 令𦣞羊　令 八四 彡令

宄 五 卜宄　宄 八 卜宄　宄 一七乙　宄 二四甲 卜宄　宄 三九甲 卜宄　宄 四二甲 卜宄　宄 八五 卜宄

方 六十 𡉚方　方 六一 𡉚方　方 六二 方由令𣏟月　方 六六 𢀛方　方 六七 𢀛方

悅 四六 悅用

執 九十甲 白𢦔執

卸 四五 卸子口

匄 八四 㞢匄亡匄

任 八七甲 乎𡗝取𦣞任

虣 六六 乎虣吾方

大 一〇二 卜大

天 五十

𤆍 七十 卜𤆍

亞字說文所無，疑巫字從此。

羌或從8，說文作羌，在羊部，亦苟字所從。

令字見說文卩部。

宄即宄字，見說文宀部，亦即宄字宊字。

方字見說文方部。

悅字說文所無，即執字，亦即熱字爇字。

執字見說文㚔部。

卸字說文所無，即仵字，亦說文所無。卜辭讀如御。

匄字見說文亡部。

任字見說文人部。

虣字說文所無，當即虣字。

大字見說文大部

天疑天之異文，或是二大兩字？

𤆍字說文所無，疑位字所從出，詳考釋。

三六　寅𡘋

五六　寅𡘋

一〇三

一九甲　今夕其亦盧雨

五八甲　子𡗕

九五　立人

九四乙　竝弗其氏出取

六三甲　見乘

一　兇　三　一〇二　習見不盡錄（此形　二五）

一　二　九（此形後期習見）　五　二八　四五　八四（此形早期習見）

* *

四九　母戊

三一　多毓

七二甲　帚妸

寅字說文所無，即黃字。

𡘋字說文所無，即夾字。

𡘍字說文所無，即𤕫字。

亦字見說文亦部。

𡗕字說文所無，疑即汏字。

立字見說文立部。

竝字見說文竝部。

乘字見說文桀部。

𢀈字說文作𢀈，子字籀文。卜辭用為𢀈丑字。

子字見說文子部。卜辭用為子女字。甲、四五、五八

亦用為辰子字。

母字見說文女部。卜辭母女為一字。

毓字見說文𠫓部，育字重文。卜辭以為后字。

妿字說文所無，當即妸字。

八八 帚好 八九 帚好

好字見說文女部。卜辭以為姓氏之子。

八七甲 帚嫘

嫘字見說文女部。

九 才白 九十甲 白䖒

白字見說文白部。

五一 三百（合文作 三百）

百字見說文白部。

九三甲 害文

害即害字，見說文宀部。亦即憲字所從。

六一 方不其衞

衞字說文所無，疑即衛字。

二四甲 自今至于芍未 四四 告自丁陟 三·一

自字見說文自部。

三四 貞羊出啄

啄字說文所無，疑即喙字。

八十 才而

而字見說文而部。

二七 五二 卯宰又一□ 六二 受出又

又字見說文又部。

六 二二甲 二形均習見（此） 五 三 一

丑字見說文丑部。

二八 亡尤 二九 亡尤

尤字見說文乙部。

二五甲 其及……而

及字見說文又部。

四八 ……圏艮本出宰

艮字見說文又部。

九三甲 害父

父字見說文又部。

八七甲　乎共取目往　九四乙　㭬帚其氏出取

取字見說文又部

三六

[illegible]即若字，見說文艸部，亦即叒字。

七五甲　帚其隻阯　七六　允隻　七九　允隻　八〇　帚隻　八二　隻鹿　八三乙　其隻

隻字見說文隹部。卜辭以為獲字。

九二　䈌羌㬅

㬅即尋字，說文誤作㝷，在見部。

四二甲　吏人于共

吏字見說文史部。卜辭以為使字。

四二丙　工婦　七二乙　三九乙

婦或作歸，說文所無，疑即掃字。

三六　卜[illegible]　二七乙　六二　卜[illegible]　六六　卜[illegible]　八一　卜[illegible]　八四　卜[illegible]

[illegible]字說文所無，疑即牽字。

五五　受年　五六　受年　六〇　受出[illegible]　六二　受出又　六七　受出又　一〇四

受字見說文𠬪部。

四二甲　[illegible]來于[illegible]

[illegible]字說文所無，當即尋字。

三十　[illegible][illegible]

[illegible]字說文所無，當即將字。

五一　[illegible]羊三百

[illegible]即[illegible]字，說文食部饔下籀文。詳考釋。

八七　帚蝶冥

冥字見說文冥部。

六　卜敲　六三乙　五敲　六六　卜敲　六八　卜敲　六九　卜敲　八三甲　卜敲　九一　卜敲

三六 氏牧

六四 㞢戠　六五 㞢戠

五七 允出　七二 㞢出　七二甲　七三 㞢出　七四甲　一〇二 卜出

八二 子㝎　二六 王㝎　二七 王㝎　二八 王㝎　二九 王㝎

七五甲 弗其隻䟧

四二乙 卜韋

八一 日　三十 多日　三五　七六 之日　七九 今日

二九 日其牢

七 日王昍

八二 今㬎　一〇八

五 九月　一一二 形早期習見　三月(上　三一 才三月

十一 今夕　十三 今夕　十五 形早期此後期　今夕(上二

十七甲　二七 形皆習見　(二三

三五 㞢于汅

＊　＊　＊

㱿字見說文殳部。

牧字見說文攴部。

㞢字疑即沚字，見說文水部。

出字見說文出部。

㝎字說文所無，從止完聲，卜辭以為王賓字。

䟧即正字，見說文正部。

韋字見說文韋部。

日字見說文日部。

日字卜辭以為旦字。

昍字即易字所從出，說文在勿部。

㬎字說文所無，卜辭以為眾字。此字或不從日？

月字見說文月部。

夕字見說文夕部。

乙字見說文乙部。亦即乚字乞字。

汅字說文所無，即河字。

□ 四二甲 㳬十牛

㳬字說文所無，疑即泮字。

□ 七七 亡㳬 □ 七八 亡㳬

㳬字說文作巛，在川部。

□ 五六 □ 五六 𤎒黍年

黍字見說文黍部。

* □ 一七甲 雨(此形習見) 其□ 七七

雨字見說文雨部。

彡 二六 彡夕 彡 三一 彡日

彡字即彡，見說文彡部。卜辭以為肜字。

□ 一八

易字見說文易部。

□ 三〇 由年卯酌□ 酌 三一 酌彡日

酌即酒字，見說文酉部。

□ 四二甲 □來于羔

羔字見說文羊部。卜辭以為岳。

□ 六〇 土方 □ 六一 土方

土字見說文土部。

□ 二二甲 形早期習見 (此形習見) □ 二七 □ 二八 □ 九 □ 一六 形末期(此二習見)

王字見說文王部。

* □ 五六 弜㞢于西(此形習見) □ 六七 由王㞢 □ 七七 㞢來 □ 七八 㞢來

㞢字見說文㞢部。

A 一一二 今夕 □ 一九甲 今夕 □ 二二甲 今二月

亼今為一字，並見說文亼部。

口 一口 一二

丁字見說文丁部。

小 一〇六 小告(合文)

小字見說文小部。

□ 四四 告自□陟□ 九八 雈弗其戈陟

陟字見說文𨸏部

四四 告自唐降

降字見說文𨸏部。

七一 之七月 一九乙 之夕 七六 之日 九七甲 往之

之字見說文之部。

一七乙 形弃期習見（此 一一 七七

辛即辛字，說文析為二部。

四三甲

余即余字，見說文八部。

二一甲 不雨 二五 不其雨 六一 不口衛 八七甲 不其幼 二四甲 不雨 九六 不其帶 四甲 不才晶

不字見說文不部。

四八 ……因本出字

夲字見說文夲部。

三〇 酉雨𠦪

𠦪字見說文夲部。

三六 羽氏牧

羽字即彗之本字，見說文又部。

一七乙 帚口 三九乙 帚桓

帚字見說文巾部，卜辭段為婦。

五五 受年 五六 受黍年

年字見說文禾部。

六二（禾當原闕） 麋告曰

麋即麋字，見說文鹿部。

五四 五五 求黍

𣎵即黍字，本不從水，此說文所無。

七七 坐來

來字見說文來部。

三九甲 來五口 四三乙 武來……

來字說文所無，㚘字當從此。

三九乙 帚柤

六二 今楙

五 九 一

九五

七七 田𠂤 七八 其田于𠂤

二四甲 四七 隹𢦏帝

卜 四九 五 八

五 六 五八甲 子木隹日

十 八甲 十 二六 甲 十 七一 七月（合文作）

二二乙 三一 亡蚩

五 六 七 一〇 四一 虫勹 八八 帚好勹不同 其勹

五 九月

柤疑即相字，說文在目部。

楙字說文所無，當即椽字。

未字見說文未部。

屮字見說文屮部。

噩字說文作咢，誤從屰在吅部。

帝字見說文二部。

卜字見說文卜部

𠧩當即卟字，見說文卜部。卜辭讀若咎。

古甲七為一字，俱作十，說文甲作宁，在甲部，七作七，在七部。

㞢蚩當是一字，說文作蚩，又作蚩，並在虫部。卜辭以為亡它字。

勹即匀字，見說文勹部。作者卜辭以為旬字。

九字見說文九部。

✱ 二二甲 九一 一 四一

㠯字說文作𠂤，在申部。

四二甲 史人于洪 八七甲 乎洪

共字見說文廾部。

二四甲

未詳，或是自魚二字。

四二甲 不才黽 六六 不才黽 九四甲 不才黽 一〇八 不才黽 四甲 不才黽

黽字見說文黽部。

二〇 今蘁

蘁字說文誤脫。

✱ 五七 不隹我㞢口困 二二甲 其隹丙 三一 隹王廿口

隹字見說文隹部。

二四甲 萑黍

萑字見說文萑部。

五二

雚字說文所無，即鳳字，卜辭以為風字。

八十 卜雈 九八 雈弗其找陛

雈字見說文隹部。

四六 帆用售氏

售字說文所無，雖之本字。

七六 雉十

雉字見說文隹部。

八〇 㝵虎

虎字見說文虎部。

七九（從字拓本不晰）

豕字見說文豕部。

七九 鹿二十 八二 㝵鹿

鹿字見說文鹿部。

七九

麑字說文所無，即麋之本字。

七六 蒦罷二 罷七九 罷百廿七

四九 用豕 五〇 七〇 今出豕 七九 豕二

二百 一七乙 一百 三九乙 四二丙 五百 七二乙 三百

三五 彘

四七 由豭帝

* 三五 三三 七 八 九 一

八四 勿豨

八四 犬祉出牢

* 九 十四 一五

七九 王獸

八一 王才丝𤜭

三五 二牛 四二甲 卌十牛

三四 良羊出豕 三九甲 五羊 五一 燎羊三百 八一

五二

六八 王𦎫出于口

罷字說文所無，即麋之本字。

豕字見說文豕部。

亥即豕之異文，亦即彑字。

彘字見說文彑部，即豭之本字。

豭即豕字，見說文豕部。

亥字見說文亥部。

豨字見說文豨部。

犬字見說文犬部。

猷字說文所無，當即猷字。

犴即獸字，說文作獸，在嘼部。

𤜭字說文所無，當即獸之本字。

牛字見說文牛部。

羊字見說文羊部。

𦍩字說文所無，疑與牡同意。

𦎫字見說文亯部。

＊　＊　＊　＊　＊　＊　＊　＊　＊　＊

芇　四〇。芍于芇來十口
多　二二甲　多雨　多　三一　多毓
羽　二二甲　羽庚寅　羽　二五　羽丁丑　羽　二七　羽辛
卯　一　卯　三　卯　五　卯　七〇　卯　三二　卯宋又一口
辰　七二甲　辰　九五　辰　一　辰　二
一　八　一日
二　二二甲　今二月
三　一一　三月　三　四九　壬月
亖　九〇甲　亖月
五　六三乙　五殸　五　三九甲　五羊
丨　四〇　來十口
廿　三一　隹王廿口
回　七二甲　卜回　亘　二二甲　卜亘　亘　一〇六　卜亘
田　七六　王坐于田
井　九三乙　帚井

芇字說文作芇，芇字重文。
多字說文在多部。
羽字見說文羽部，卜辭以為翌字。
卯字見說文卯部。
辰字見說文辰部。
一字見說文一部。
二字見說文二部。
三字見說文三部。
亖即四之本字，見說文四部。
五字見說文五部。
丨小篆作十，說文分丨十二部。
廿字見說文十部。
回亘為一字，說文回在口部，亘在二部。
田字見說文田部。
井字見說文井部。

□ 八四 犬𢓊㞢牢

𢓊即延字，見說文延部。亦即辵字。

* □ 一八 日彖

彖字說文所無，當從八彖聲。

□ 七八 □ 一 □ 一一 □ 二一丙

午字見說文午部。

□ 八〇 才而 □ 八一 才丝𩡧 □ 九 才白 □ 一一 才三月 □ 同 □ 一六 □ 三一 才三月 □ 四甲 不才𡆥 □ 四二甲 不才𡆥 □ 六 六

不才𡆥 □ 九〇甲 不才 □ 九四甲 不才𡆥 □ 一〇八 不才𡆥

才字見說文才部。

□ 四二丙 工帰

工字見說文工部。

* □ 七二

壬字見說文壬部。

□ 五二

巫字見說文巫部。

* □ 五 □ 八五 □ 一六（殘期）

𠧪字見說文𠧪部。

* □ 四四 □ 五四 □ 八三甲 □ 四九 母戊 □ 一 □ 三

戊戌本一字，說文析為二部。

□ 二七 王寇戉 □ 二八 王寇御戉 □ 同 王寇人戉 □ 四六 𢦏用售戉

戉字說文所無，即戊之異構。卜辭以為歲字。

* □ 二一甲 □ 三〇 □ 四二甲 □ 一

戌字見說文戌部。

□ 二四甲 □ 五六 我中生于㽎 □ 五七 不隹我㞢囚

我字見說文我部。

* □ 九八 雈弗其𢦏陮 □ 同 雈𢦏陮

𢦏字見說文戈部。

六四　止戠　九〇甲　白戠

戠字說文所無，當從戈害聲。

六七　伐𢀛方　二九　王𡨦伐

伐字見說文人部。

二一丙　三〇　勿𣪘　六三甲　勿从　六五　六九　勿令　八四　勿黹

勿字說文所無，解弱字當從此。卜辭讀若勿。

*

一〇二　戊寅（早期）　三　丙寅　一　戊寅

矢寅本一字，說文分為二部。

二四甲　自今至于災來

至字見說文至部。

九一　𥁕疾

疾字見說文矢部，疾字重文。

*

二一丙　一

己字見說文己部。

七五甲　弗其隻延　八〇　弗隻　九四乙　並弗其氏出取

弗字見說文丿部。

*

二一甲　丙戌　二二甲　丙申　二五　丙兇　一二　丙兇　一〇五　丙申　三　丙寅　二九

丙字見說文丙部，亦即內字。

*

七三　一〇六　二八　八

鼎字見說文鼎部。

七六　𩰫京

𩰫字說文所無，或以為獻字。

一一　卜卽　一二　卜卽　一三　卜卽

卽字見說文皀部。

二七　且辛

且字見說文且部。

＊一 酉 一八 酉 五二 酉 九 酉 一 酉 二六 酉 四三乙
酉字見說文酉部。

卣 八七甲 弔出取卣任
卣字說文所無。

＊一 固 二二甲 王固曰 固 八七乙 王固曰
固字說文所無當從卣占聲。

草 五六 不其受草年
草即早字見說文早部。

＊一 曰 二二甲 王固曰 曰 六二 告曰 曰 八七乙 王固曰 曰 七七 王卣曰 曰 一六 王卣曰
曰字見說文曰部。

＊一 告 四四 告自唐降 告 同 告自丁陟 告 九四甲 二告 告 七四乙
告字見說文告部。

缶 六八 王𦎫缶于口 缶 七〇 令缶豕
缶字見說文缶部。

吉 七七 王卣曰吉 吉 一〇 王卣曰吉 吉 一六 王卣曰吉 吉 三一
吉字見說文口部。

古 二二甲 卜古 古 四〇 卜古
古字見說文古部。

咸 四三乙 咸求……咸 八一 咸戮
咸字見說文口部。

唐 四四 告自唐降 唐 六一 告上方于唐 唐 六六
唐字見說文口部。

喜 四四 卜喜
喜字見說文喜部。

𣍘 四八 ……𣍘良奉出宰 𣍘 五九甲 其出𣍘
𣍘即𣍘字見說文曰部。

吾 吾 六七 吾方
吾字說文所無當從口工聲。

□ 二三甲 卜□
□字說文所無當從口□聲。

六三甲 今吿

二八 𠱙甲 二六 𠱙甲

七七 曹

九一 冒兵

六五 畫戊

一九甲 今夕其亦盧雨 三二 口一卣

三三甲 㞢匚于王亥

六〇 吿㞢方于㘥

三三甲 㞢匚于王亥

九六 以医

一〇 王卣曰吉 一六 王卣曰吉 七七 王卣曰吉

六二 方由今𣏟凡

四九 用豕 四六 用 九九 乙亥乙酉用

五六 我弗坐于甾

四 乙 一七甲 其雨 二五 不其雨 七八 其田于宫

吿字說文所無。當從口㞢聲。

𠱙字說文所無。當從口兔聲。

曹字說文所無。當從口東聲。

冒字說文所無。當從合爿聲。即牄字。

畫字見說文皿部。

盧卣一字。卣見說文乃部。

㞢字說文所無。卜辭以為又及有字。

田本方甲合文。後世變為甲字及㘥字。柙重文

匚字見說文匚部。

医字見說文匸部。

卣字說文所無。當從卣聲。

凡字見說文二部。

用字見說文用部。

甾字見說文甾部。卜辭段為西字。

其字說文箕重文。

□ 七九 □ 八四 犬征出毕 — 毕即干字，說文分干毕二部。卜辭叚為禽。

□ 二五 卜隼 □ 六〇 受出毄毕 — 隼𢏚一字，說文所無，當即雅字。

□ 八四 𢆶出㰹 □ 一〇一 — 卑即禹字，見說文厹部。

□ 五三 南庚 — 𡆥即南字，說文分隸冂米二部。

□ 二七 □ 一 — 庚字見說文庚部。

□ 八六甲 — 疒字見說文疒部。

□ 八四 𢆶出㰹 — 㰹當即䖒字，說文作𢊁。

□ 八五 王𣲙 — 未詳。或是疒字有溺筆。

88 八一 王才丝𪊨 — 丝字見說文丝部，卜辭以為茲。亦即玆字，緜字。

□ 三一 ⋮多𥿋衣 — 衣字見說文衣部。

□ 六二 方由今𢿢凡 — 由字說文脫佚，當即甾字。

□ 三〇 甶辛卯酒 □ 同 甶雨𥡴 □ 四七 甶𢼸帝 □ 五〇 — 甶即甫字，見說文用部。

□ 五一 — 未詳。

人 七一 王入 — 入字見說文入部。疑與六為一字。

□ 七八 其田于宮 — 宮字見說文宮部。

牢 三二 卯牢又一口

宰 三五 二宰　宰 三七甲 三宰　宰 四八 出宰

牢字見說文牛部。

宰字說文所無，當即庠字。

京 七六 馭京

京字見說文京部。

丁 一七乙 帚口示　丁 三九乙 帚姪示　丁 七二乙 帚吕示

丁即示字，見說文示部。

＊干 三五 出于河　于 四三甲　干 六八 韋临于口

于字見說文亏部。

＊乎 五五 乎伐　乎 六七 乎伐舌方

乎字見說文兮部。

隹 八二 雉于口

集字說文所無。

羣 一〇〇。

羣即睪之本字，見說文幸部。

𡴘 九二 韋羌尋

𡴘從止從幸，未詳。

凶 五。

未詳。以下未明所從。

＊亡 五 亡国　亡 九 亡戠

亡字見說文亡部。

右卜辭百八片中所見文字，二百五十有一。以自然分類法次之，惜材料太少耳。尚擬以卜辭分類編集，以例多不備，故闕之。

天壤閣甲骨文存考釋

福山王懿榮舊藏
秀水唐　蘭撰集

第一片骨

卯戊辰己子庚
丁丑戊寅己卯庚
戊丁亥戊兇己丑
申丁酉戊戌己
丁未戊申己
丁子戊午己

第二片骨

丁卯戊辰己子

第三片 骨

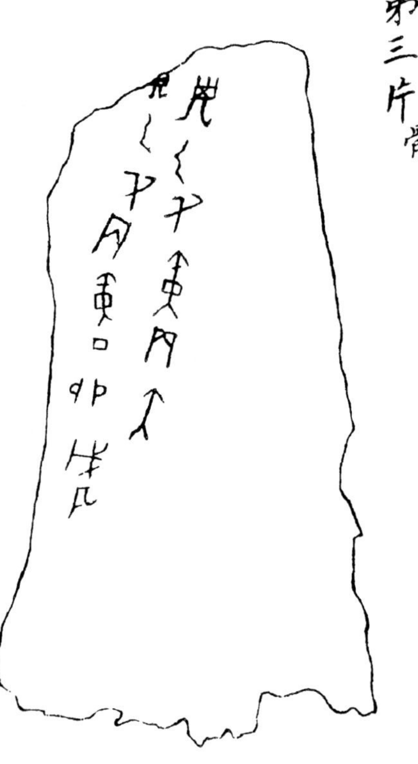

兇，乙，丑，寅，丙，矢，
兇，乙，丑，丙，寅，丁，卯，戊，辰，

右三片並記六旬之名，昔人稱為干支表。按周官哲蔟氏「以方書十日之號，十二辰之號」，注云：「日謂從甲至癸，辰謂從子至亥。」日者旬也，辰者曆也。古者未有曆法，或創甲乙之名以紀日，所謂十日也。十二辰之稱，蓋起於天之十二次，左傳昭七年云：「日月之會是謂辰，」後世別作曆字。日月之會，十二次而一周天，適為一歲，由是以推七政行，乘此歷術之權輿也。辰與月相似，惟十二月不足一歲，故必置閏，不如辰之諧合。然辰難知而月易見，故或以十二月為辰，大戴禮易本命謂「辰主月」，而十二辰之名，反以星紀玄枵之類代之矣。月有三十日，故旬有上中下，上甲下乙之類是也。後世更以日辰相配合，用以紀日，凡六旬，亦曰五辰。月令章句云：大撓始作甲乙以名日，謂之榦，作于丑以名月，謂之枝』，其實榦枝之稱，當起於甲子配合之後，尚是甲日而有甲子至甲寅，猶同榦而異枝，故謂日為榦，辰為枝也。殷代以榦枝紀日，其去歷法起源，當已甚久遠矣。

卜用甲骨所刻文字，多與兆璺有關，推六旬之名，多擇隙地為之，不涉卜事為獨異。或謂卜人藉以記誦稽考，然此實屈指可數者，今世星者推人命造，年月日時之榦枝，頃刻可得，寧有專家世業，而不能舉此六十日名者乎？余謂此皆習書者所為，稱榦枝表者誤。卜骨中恆見習書者之字，此六旬之名，其不同之字，僅二十有二，便於反復學習，殆書法之基礎，故所見獨多也。卜辭書法，在當時自成風氣，如兇作凷，鼎作貝，（即貞字。）均與施之方策彝器者不同。此六旬之名，書法之精美者，殆是前輩之範本，而粗劣苟率，如右列三片之類，則新進後學之所為，於此可見其授受之迹。

卜骨所刻榦枝，其例至不一，有全刻六旬者，有只刻三旬者，亦有反復刻三旬者，足證其但為習書也。其書直者，以十日為一行，自甲至癸。按鄭志云：『庚午在甲子篇，辛亥在甲辰篇也。中有甲戌甲申甲午，成一月也』，是漢人書六旬，猶與殷同也。

日辰之名，凡二十二字，其與今殊者，商人以十為甲，乂為癸，以兇為丑，矢（或作寅）卯辰子午未㠯酉戌亥為十二辰。後世因語音之變，以子代兇，以巳代子。近人誤謂子是巳，甚欲釋奸為妃，非也。此子字作□，殊罕見。乙作~，則玄鳥之乙所從出也。

第四片 甲

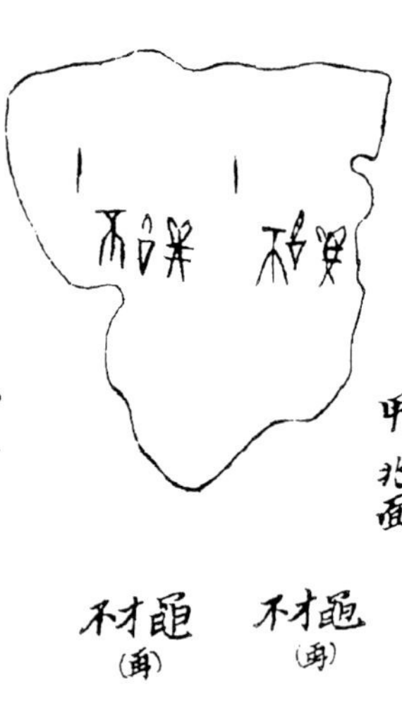

不□□三字，習見，均在兆墨之側，與二告小告等同。孫詒讓釋不紹鼄，讀紹為詔。（舉例下五十）胡光煒釋不黽鼄，讀為不踟躕。（文例）董作賓初釋不𦊓鼄，（叙告一、六二）後改不絲鼄，從胡讀。（斷代研究）陳邦福釋不䛩鼄，讀不䛩殊。（辨疑十一）張鳳釋不吾鼄。（彝乳研究）許敬參釋不絜鼄。（存真考釋九九片）郭沫若釋不鏝黽，鏝黽者靦䫀也，猶言不迷芒，不蒙朧，不紛亂，言兆墨之鮮明也。或又省作不□，是則單言不漫而已，亦謂不模糊，不漫漶。（殷契餘論鏝黽解）

余按□字舊釋鼄固不類，鼄字見金文，自是形聲字，與此亦迥殊。郭氏釋黽，以（泉屋清賞）著錄之一盤中有黽圖者相比較，極精確。（前編八、四三）有一例云不□□，以黽為之，乃其鐵証。□字或作□，釋為紹鼄罟絲䛩吾絜鏝，均與字形不合。卜辭尚有□字，（簡四、七、六、六、三、三、四、七、三、二、四、洪三、二等）象兩手執□之形。又有□字，（鐵二三二、三，林一、二六、十及十一、一、二七、十，粹一四二四、一四二五）等，以卜辭午字作□者或作|證之，□□當是一字。郭氏謂此□形當是某種手工

釋編一四二五片作□，尤足為□即才字之證。□形則金文偏旁所習見之丯字也。或作□見佚九四一片。作口□北大藏骨

工具之象形文，三角形乃器身，上端乃其柄，殊為卓見。惜彼離字形而求諸聲音，遂誤釋為鏝字耳。余謂□□二體，當以□為正體，□為變例。□即才字也。卜辭才字有作□者，如前編四、三一、七片，七、三三、一片等。當是原形。蓋與午杵為同類，而銳首，即臿也。說文：「臿，舂去麥皮也，從臼，千所以臿之。」按千非臿之之具，當從才，午所以舂，才所以臿，臿去麥皮，故必銳首也。卜辭有□字，殷絜卜辭七二七片蓋由□所演變者。又有□字，前編六、五九、一片或作□，前編五、三二、卅片象□在器中之形，即臿字矣。然則才本杵類之象形，臿之本字，其後由□變為□，為□，而所象之形晦，說文訓為艸木之初，而其義更晦。才為所以臿之具，名詞也。臿象以才臿於器中，動詞也。才之本義既湮，後人遂用臿為名詞，才臿固一聲之轉也。緇或作紂，卜辭□從才聲，甾才聲近。史記河渠書：「頹竹林兮楗石菑」，漢志注：「菑亦臿耳。」由杵類之臿引申之為匕屬之歃，有司徹：「執挑匕枋以挹湆」，注云：「挑謂之歃」是也。又為田器之臿，釋器：「斛謂之疀」，方言五：「臿，燕之東北，朝鮮洌水之間謂之斛」是也。田器與匕蓋俱象□之形，故得承臿之名，及田器之義盛行，而杵屬之臿亦晦，其幸而存者，唯動詞之舂去麥皮耳。然□之為形，末或歧出而為□，故小篆變為從千。又變而如卜辭之□□□，則又似𢦏字，說文有𦭝字，云：「齊謂舂為𦭝，讀若膊。」實即臿字而異其讀耳。說文臿從千，王筠疑之，謂：「千是何物而可以臿乎？」段玉裁謂：「千猶杵也」，最為有見。今謂當從才，才正杵屬

之器也。

於卜兆旁作不才𢀛三字，其義必與璺坼有關。然則讀為詒黽，罗黽，踟蹰，牾殊等之不能通，無待言矣。郭氏釋為不鏝𢀛，因解為兆璺之鮮明，其失在先以𢀛𢀛為聯語之非雙聲即疊韻者，遂附會𢀛形為鏝，而牽合之於覞茅第離耳。紀于卜兆旁者，如大吉，弘吉，小告，二告之類，不才𢀛之義，當與相近，鮮明與不模糊，非其義也。余謂才當讀為再，才再聲本相近。（小戎「載寢載興，」文選引作再。）卜辭𢦏字象兩手持才，當讀才聲，考其用法蓋有三者。如云：「羽甲寅𢦏用于夫甲，」（前四、七、六）「羽乙亥𢦏出伯于且，宰出一口，」（前七、三二、四）「𣲒𢦏于大甲，」（佚三二）「𢦏出匸于……」（契六五三）並用于祭名之前。（祭名于此為動詞。）又如：「癸卯卜，𢦏貞勹旬亡囚，」（見圖）「口未卜，丙𢦏貞……」（林一、二六、十）「癸亥卜，宂𢦏貞勹口口，」（林一、二六、十一）則用於卜人之後，貞字之前。又如：「癸子卜，𢦏貞勹亡囚，口口口𣲒，貞勹亡囚，」（粹一四二五）則在卜貞之間。除第三例當為卜人之名外，郭沫若氏謂第二例為二人共卜，（粹編考釋一八八）然此例中卜人有𢦏，丙，及宂，何均與𣲒同卜，而他人則無一同卜之例，是其說未洽也。蓋前二例中之𢦏字，均當讀為再，𢦏用者再用也。𢦏出者再出也。𢦏𢦏，𢦏出匸者，再𢦏再出匸也。而𢦏貞者再貞也。𢦏當讀再，則才亦當讀為再無疑。𢀛或作𢀛，當讀為璺，或為墨，皆謂坼裂也。

拓本

本書九十片亦有不㐅字。

䰍媚墨璺竝聲相近。周禮卜師云：「揚火以作龜致其墨」。占人云：「史占墨，卜人占坼」。注云：「墨兆廣也，坼兆璺也」。賈疏云：「據兆之正釁處為兆廣，就正墨旁有奇釁罅者為兆璺也」。又玉藻云：「史定墨」，注云：「視兆坼也」。然則墨即是璺，璺義同坼，對文則大畫為墨，旁裂為坼，散文即通。故鄭於占人以璺釋坼，於玉藻又以坼釋墨也。此云不才䰍者，猶不再墨，當為史占墨之辭。他辭或但云不才，如林二．二十七．二四及二五片。當讀不再，則以卟在墨旁，故省去䰍字。

第五片 骨

續編四、四四、二片著錄

囚(卟)

癸未卜，貞：勹亡囚。(卟)

癸亥卜，究，貞：勹亡囚。(卟) 九月。

癸丑卜，究，貞：勹亡囚。(卟)

癸卯卜，究，貞：勹亡囚。(卟)

癸子卜，究，貞：勹亡囚。(卟)

此卜旬之辭。

究與究同，武丁時卜人名。字當釋為完，亦即究字，舊逕釋為賓，非也。

囚亦作㞢，卜辭習見。其用最廣者，為勹亡囚與今夕亡囚，其他但用囚字，以及㞢囚、亡囚、隹囚、不隹囚、至囚、乍囚、在囚之類，例亦甚多。其字華石斧釋卟，類纂正編十五引。葉玉森釋亡𡆥為亡戾，因謂囚與戾之偏旁相合，或即戾之省文。殷契鉤沈。按類纂存疑五三𡆥字引華石斧說，釋為狐，而徵文考釋作戾，似本於葉說。郭沫若釋為絲兆之絲之本字，象契骨呈兆之形，而謂𡆧與𠙵為一字，從𠙵之𡆧為乩之初字，𡆧或作𠙵，𠙵為卟字。（甲骨文字研究釋絲）柯昌濟釋𠙵為凶，而謂𡆧為从悔从豕，殆即悔吝字。（殷虛書契補釋）瞿潤緡謂「𠙵或釋為稽疑之稽，說文引作卟。（按類纂存疑三十六云：𠙵疑卟之異文。瞿所引或釋殆即此。）按卜辭王𠙵曰以下，似非疑問之辭。攷其詞与盤庚上卜稽曰其如台之句法相似。稽考也，視兆定吉凶也。是𠙵即稽字而非說文之卟矣。」（殷契卜辭釋文）余則謂「𠙵當讀卟，𠙵當讀占。說文云：『卟，卜以問疑也。』是先卜而問。又云：『占，視兆問也。』則既卜之問，已卜得兆後書而占其事也。」（同上，葉二。）孫海波甲骨文編以𠙵為占之或體。於𠙵謂從卜從口，說文所無。於𡆧又謂從犬從𠙵，說文所無。而以𡆧字入附録，更不加釋。葉玉森於前編集釋，變其舊說，而謂𠙵為凶字，與柯說同。（卷一上，二八。）又謂𡆧與𠙵非一字。（同上，四三。）郭沫若於古代銘刻彙攷續編釋𠙵為𡆧。（骨臼辭一〇。）而於殷契粹編一四二八片之考釋謂𠙵即𠙵𠙵字之草率者，其字簡畧出之則為𠙵𠙵諸形，凡卜辭亡𡆧字均是亡𡆧，讀為無禍。據其片第三辭云貞旬亡火，火禍音近為證。又以初釋為𡆧之𡆧字，改為象形𡆧聲，乃猓然之猓。（考釋一八九。）吳其昌謂「唐氏以為𡆧即說文之卟字，事殆近是。然旬亡𡆧之文，絶無先卜後問之義，唐說殊為奮肊塗附。亡𡆧之義，自與亡它亡尤相等，然它義為蛇，尤之初義，當亦蟲類象形，此𡆧又為何物耶？」吳氏所提出之答案，則謂象器皿之形，為盂為盦之屬，殆為上古陶罐陶甕之象形。其結論謂瓦缶之象形，與亡它亡尤之義則（何以相涉）未可知。又据卜辭有禽𠙵之文，（辨詳後。）𠙵必為虺蛇之屬，又以𠙵與蟲字連文，疑為儲蛇虺之陶缶之專名。（武漢大學文哲季刊三卷二號二六二。）陳夢家君曾以其文稿就余商榷，亦主𠙵為丹字，與郭氏同。然彼意專屬卜用之骨。又据篇海謂𠙵音剮。（陳說未悉發表與否。剣追憶其大概如此。）

卜辭之發現，垂四十年矣。亡𠙵，亡猷之文，王𠙵，王𠙵之語，數盈千百，與幹枝之名，卜貞之屬幾于相等，然迄無（使人）滿意之詮釋，此吾人治文字學者之恥也。諸家所釋，極魚龍曼衍之觀，然既未盡通其詞例，又不詳考其字體，望文生義，不求會通。且如華氏以𠙵為叶，猷為狐。柯氏以𠙵為凶，猷為悔。葉氏初謂𠙵為猷省，後又以𠙵為凶，猷為戾，且最錄猷字異體，謂其偏旁非𠙵字。此皆昧於詞例之相同，與字體之有變遷者。以董作賓氏斷代例推之，亡𠙵與王𠙵，當為前四期所同，亡猷王𠙵則第五期帝乙帝辛時物也。余嘗得拓本，其卜人有名猷者，其從𠙵至顯。（見後葉附圖此拓本疑為中央研究院流出者。）然則𠙵變從犬作猷，而𠙵又變為𠙵，是不僅四字之形有關聯，其聲亦必相近也。狐凶悔之屬，與字形了不相涉，唯以猷為戾，與字較近，故頗有從者，然猷為戾則𠙵將為户，固不能通也。郭氏先釋𠙵為繇，謂由形而言，象契骨呈兆，由音而言，可通假為卣，然繇因之形，相去絶遠，因謂因字已失傳，而以墨子耕柱言兆之由之由字，爲因字之誤。其次又以□字用例與因全同，而定爲一字。謂以聲類求之，□當爲猷之别構，而卜辭有猷字作□，或作□□猷，殆非一字。因謂□□□俱不從犬而從鼠，而以□爲鼬鼠。因以□爲從因鼬聲，或□省聲，因之繁文。更謂繇爲周人所造，以代替因□之用。而囟字則釋乩，謂從因乙。囟則釋卟，謂從因口，與从口卜同。綜觀所釋，蓋分四字爲二系，固較勝於華柯葉諸説，然釋囟爲乩，囟所從實非乙字，囟字亦不得謂從因口，已不能通。其以因爲繇，□爲猷，則先有契骨呈兆爲繇之觀念而牽合之，既無直接之證，於□謂爲從鼬聲，或□省聲，尤近穿鑿。謂□爲鼬鼠形無據。□省聲之説尤誤，凡言省聲，必先有不省之字也。且□當釋𥕲，非猶字。詳余殷虚文字記二六。故鄭氏於其後自變其説，而以□□□□□諸形逕釋爲冎字，而以𣥠為倮然之倮，從冎聲。以偏旁分析之法言，其新說自較圓通。然其支離之𩣊，亦正不少。郭於釋𡆥為繇時，曾舉𤔲彝之𡆥曰為證，郭以為卣廿卣三字，余謂當是𠱠卣二字。謂曰為𡆥之省，假𡆥為卣。見釋繇及青銅器研究上戊辰彝考釋。此為𡆥字在卜辭以外唯一之良好證據，𡆥字見於金文者唯此及王令明公尊，然尊銘之讀難定。且郭釋𡆥為卣，至精且當，為吾人所心折，而於新說中竟不復論及矣。余嘗釋𢓊為過，古文字學導論下二八，及兩周金文辭大系圖錄序。郭氏於大系改釋過伯𣪘下云：過字原作𢓊，唐蘭說如是。卜辭有𠚣字，原注：日本京大藏片。又有從𠚣之字如𩣊，原注：疑是𩣊之古文。魚鼎匕有兩𢓊字亦從此作。依唐釋，則𠚣當是冎字矣。改釋五四今於其新說亦不復道。不知其意於𠚣及從𠚣之字又釋為何字也。由形體論，余釋𠚣為冎，不可移易。然則𡆥不得同釋為冎，明甚。陳夢家君謂余𡆥𠚣實一字，然余尚未見此兩字間有若何之關係。且郭氏舊說於亡㞢在𡆥，亡㞢在𡆥，亡徙自𡆥諸詞之𡆥或𡆥，讀為繇。於今𡆥巫九𡆥之𡆥，讀為由自之由，並釋繇於𡆥凡讀為遊盤，卜辭通纂一六九而殷契粹編中又直釋𡆥為咎，考釋一五三今釋𡆥為冎，讀為禍，則此諸詞皆不能通，未必如其所言之字字順適也。郭氏之書，恆有驚人之發現。然文字學者雕蟲小技，貴於縝密，彼所立說或不免大刀闊斧之病。其於𡆥字，始終為象骨形之觀念所誤，不知𡆥之或體不從卜而作𠀠𡆥等形者，顯然非骨形也。陳夢家頗支持郭說，而謂𡆥即象卜用獸骨之形，今即不論冂之兩直筆必高於橫畫，不類骨形，而冎字固不得象卜骨之形。何則，文字源於繪畫，非一人之力所能創造者，骨肉毛羽，隨所見而象之，豈必有卜用之牛胛骨始制冎字哉？至若篇海之類，不足引據，冎之音剮，焉知非冎之譌字也。

瞿君釋冎為稽考之稽，而非稽疑之稽，因以為非卟字，其說失之沾滯。稽考稽疑相去幾何，而可分哉。余釋冎為卟，冎為占，實緣其說而發。彼時於此類卜辭詞例，未盡貫通，不欲支蔓其辭，故僅引說文以別兩字之不同，非謂亡冎之冎當訓為卜以問疑也。吳氏謂余為奮肊塗附，其搖筆責人，何其嚴也。余讀吳氏之文，辭藻繁富，往往累千百言，而終無結論。故謂冎為瓦缶之象形，而其與亡它亡尤之何以相涉為未可知。至其所謂委曲隱微可以推見者，舉禽冎之文，乃卑冎凡坐疒之誤，見附圖甲。貞蟲冎之文，又蟲冎凡坐疒之誤，附圖乙。則其謂冎為虺蛇之蟲，與儲蛇虺之陶缶，殊無以

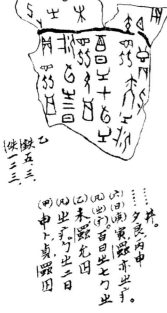

甲
林二、二、四。

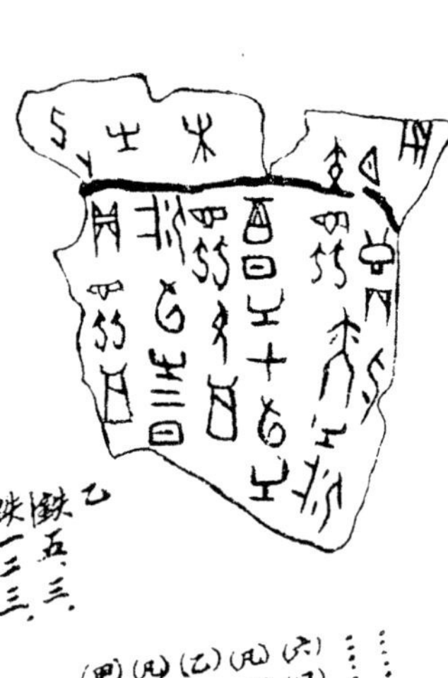

乙
鐵五、三、
佚一三三。

……丼。
……夕良，丙申
(六)(日)(寅)寅蟲亦坐疒。
(凡)(坐)(疒)。百日坐七勹坐
(乙)未，蟲允冎
(凡)坐疒。勹坐二日
(甲)申卜，貞，蟲冎

卣倉形製可參看中國明器圖版十。

徵信也。然其以□□等形為象器皿之狀，且引李濟殷商陶器初論兩瓦罐其一作□形（第一圖）又一作□形（第二圖）為證，為諸家所未及，其卓識亦不可泯沒，獨惜其引李文時，於李氏名前者為彝（器缶），竟加忽視，而但稱為瓦罐，遂謂因為象陶缶之形，以與有它之成語相合，而終不能通貫也。按李濟之說，本諸吳大澂，蓋緣古彝字象兩手奉尊形，因推知其器不作平底而作圜底。（吳說見商務印書館印古陶器冊跋語。）其說至為精確。惟彝字象兩手奉酉，酉即古酒尊字耳。酉與卣聲相近，爾雅「卣，中尊也」。然則卣是尊之屬，其字形當與酉之作□者相近。卜辭□□諸形，與尊形器同，而為平底，有似李文中第二圖之瓦罐。歸彝云「書□」，又正讀為卣，則□即象卣形無疑。余意卣之有提梁者，後世之變，其原形當如瓦罐，或以繩約其頸，則提梁所自仿也。如瓦罐而較長變為□形，則銅器中罍卣一類之型式也。後世卣既有提梁，而卣字作□者，卜辭或增飾而為□，小變為□，則與卣相似，及殷末，遂段卣為之，而字形與器懸隔矣。卜辭倉字作□（通纂□□六八〇）其中所象即卣形，而上下有覆載之器。卣之為倉，猶酉之為尊。漢後卣倉，今猶多存者，其形正作□，是卣之原形，尚可藉以考見也。

余既考定□象卣形，則與□有關之字，及其在卜辭中之讀法，可迎刃而解矣。（然尚有一事宜注意者。）□字象卜在□中，吳氏謂□□同象器形，實誤。郭氏之所以訓□為契骨呈兆者，蓋謂卜象兆璺之狀，故不得不謂⊔為契骨。及其釋⊔為冎，則又畧去從卜一點而不問矣。余按說文：『卜，灼剝龜也。象炙龜之形，一曰象龜兆之縱橫也。』又云：『兆，灼龜坼也。从卜兆，象形。𠂢，古文兆省。』是謂卜兆二字，俱象龜之璺坼也。然余意異於是。攴字從又從卜，許氏說為從又卜聲，以卜辭金文之從攴之字考之，則卜者所以扑擊之物，攴者手持卜以扑之，其讀如卜聲者，象意字之聲化也。鄉射禮：『取扑搢之。』月令：『司徒搢扑。』舜典：『扑作教刑。』偽孔傳：『扑，榎楚也。』學記：『夏楚二物，收其威也。』注：『夏，槄也。楚，荊也。』左文十八傳：『歐以扑抶職。』注：『箠也。』余謂此諸扑字，皆當段為卜。蓋卜象物形，為名詞，攴與扑為動詞，諸書段動詞為名詞耳。夏是山楸，或謂用其枝，箠楚之類，則或以荊，或以竹，不妨有枝，故卜字象之也。卜既扑之本字，無緣更為炙龜與龜兆之形，明許氏誤也。近董作賓氏申許說，以為『卜象兆璺，而特異之點，即在卜字之歧出，或左或右，各隨其兆璺而定。如本篇文辭所屬之兆為┤形，則此文中之卜字即向左歧出而作┤形。一如兆之坼文。兆坼在右則反是。千篇一律，絲毫不爽，所謂象龜兆之縱橫者，又增一有力之證據矣。』（安陽發掘報告一·一〇七）余謂董說似是而實非。凡卜之甲骨，背面施鑽鑿而後灼之，則正面必有璺坼，其形大抵為┤或├，然卜辭之卜字則絕少有為此形者，明不隨其所屬兆璺之形而書也。璺坼之形，有時左右俱有，而作┼形，（如田野考古報告第一冊殷墟大龜第六版）卜字固絕無此形也。蓋甲骨之為兆璺，左右恒相鄉，而其卜辭之左右行隨之，其書文字之左右鄉亦往往隨之，如田野考古報告大龜第五之九八、九九兩辭中卜夕亡四字均相對可證。固不僅卜字為然，則此不足為卜象兆璺之證也。董氏又以灼龜之聲為說，然卦貴之聲亦相近。至兆象龜坼，尤為不類，坼文從未見作〓形者。董氏知其不可通，而別為之說曰：兆之為象形字同於卜，其異點則在兆為多數坼文之代表，卜則僅表一坼文而已。嘗於甲文中見兩兆坼之間，有鈎勒之處，蓋所以劃分兩卜辭之界限者。亦實即兆之象形字也。殷墟報告一一〇九。按董說頗具巧思，惜不合於理。鈎乙者施於卜辭，且為偶然之舉，今以之牽合璺坼而為兆，則無卜辭與鈎乙之璺，豈不得稱兆乎。此必不然也。余謂卜之有兆，蓋取其孔穴之義，引申之，亦為璺坼之名，實叚借字，非象形也。卜辭習見〓字，昔人誤釋為汃者，余以為兆字。卜辭用為地名，即洮也。壺文姚字偏旁作〓，漢器亦多如此，見金文編、金文續編。則逆其一人。說文引古文作〓，是水形之乙稍低，而〓誤為〓。此猶乖本作〓而說文誤從〓作〓，書分北三篇，虞翻本作〓也。是〓即兆字無疑，豈非象璺坼者。至兆字當從卜兆聲，更無論矣。總之，卜兆兩字，本皆不象璺坼之形，則卜字之從卜，當別有故。余謂原始民族，占卜之法極多。見於書傳者，如史記孝武紀有雞卜。風俗通有瓦卜。番禺雜編舉嶺表之俗，有雞卜、鼠卜、米卜、蓍卜、牛骨卜、雞卵卜、田螺卜、篾竹卜。今民間猶東非巴干達人以九木棒投于水壺,視其羣數,奇則主凶,偶則主吉。見漢譯本路威氏文明與野蠻三三二葉。按左傳枚筮當是以枚代蓍,然用以觀奇偶固無異於原民也。

有杯珓卜,紫姑卜之類,其來均甚古。荆楚歲時記已載之。則古代中國之卜,不必限於蓍龜也。以囗字之形觀之,當是以荆條竹枝之類,投於卣中,驗其所向或俯仰,以定吉凶。左傳哀公十七年:『王與葉公枚卜子良以為令尹』,杜注:『枚卜,不斥言所卜以命龜』。又昭公十二年:『南蒯枚筮之』,杜注:『不指其事,汎卜吉凶』。偽書大禹謨:『枚卜功臣,惟吉之從』。傳:『枚謂歷卜之而從其吉』。按杜氏兩釋枚字,一則曰不斥言,一則曰不指其事,然枚無此訓,或是由銜枚之義引申,則未免過於迂曲矣。偽孔訓枚卜為歷卜,固較杜為勝,然與左傳不合。余謂枚是卜筮所用之具,昭十二年正義:禮有銜枚,枚所銜之木,大如箸也。今人數物云一枚兩枚,是籌之名也。其説甚是。襄公十八年:『以枚數闔』,杜云:『枚馬檛也』,則枚義與攴相同,故其字從攴。然則枚卜枚筮者,觀枚之俯仰向背為卜,觀其奇偶為筮,而不用蓍龜耳。今俗問猶以箸卜吉凶,或其遺風。囗象卜在卣中,當即枚卜之屬。

綜上所論,卜字本象篿楚之類,或即籌策,古人用為占卜之具,後世承之,為一切占卜之公名,本與龜兆無涉也。璺坼與卜字略相近,固可聲卜之名,然此特魚腸為乙,魚尾為丙之類,非乙丙之字由魚起也。囗為卜在卣中,當讀卣聲,書傳並借繇或由為之,本當為卜所得吉凶之象,引申之則為象之繇辭矣。占字從口從卜,為見卜象而以口占之。然囗之與占,其事至近,聲亦相轉,猶酉之為尊,卣之為倉也。

亡咎亦即亡猷，卣猷聲亦相近。

卜辭□即卣字，用法有八。最習見者，為㞢□亡□等辭，其字作□前六，三□□後下十四，二。□戩三十，四。□後下十一，六。□□戩三十五。□□戩三十二。□□□戩三十三。□戩三十七。□拾十八，六。等形，或作□戩二九，十。與卣相近。其讀皆當借為咎，王國維引易「雖旬无咎」以釋卜辭之亡□，或亡□，最確。卣咎聲相近。書曰「非予有咎」，有咎即㞢□也。其次為□凡□皁之辭，其字作□鐵三五。□前五，二一七。□林二，二四。□鐵二一五四。□前七，二一四。□林二，六十三。□前一，四三六。□鐵七二一。□續三，四七七。□林二，十四十六。□前五，十一。□後下，四九。□林一，二二〇。□後下，七五。□後下三七一三。等，變形甚多，學者往往以為非一字，其實作□□等形，本狀卣之有流，□或作□，其所從之□形，最為傳神，此類均其媘變也。卣凡□讀為游盤，非是。或釋骨盤，尤屬可笑。余按凡卜辭讀為同，蓋同作□者當為從□凡聲也。卜辭卣凡或作卣□前五，二一七。□從兩手持□，即𢪦之本字。又有殘辭云「……史……𢍏……□」前五，二一八。及「……卜，𢍏……𢍏……㞢……」續五，二一九。當是卣𢍏㞢□之闕文，𢍏即興字也。說文興字從舁從同，同力也。卜辭作□則象兩人奉□，以象意聲化例推之，當為□聲，□□一字，故後世從同作𢍏。然則卣同卣𢍏與卣𢍏，其聲義當相同。古書用興字者，義多若同。微子云「小民方興相為敵讎」，即小民方同相為敵讎也。又云「殷邦方興沈酗于酒」，即殷邦方同沈酗于酒也。又云「我興受其敗」，我同受其敗也。呂刑云「民興胥漸」，民同相漸也。詩抑「興迷亂于政」，同迷亂于政也。是則卣與當讀為卣同。卣當讀若逌，尚書攸字，漢書多作逌，是卜辭之卣凡即古書之攸同，禹貢「灃水攸同」，「九州攸同」，詩蓼蕭「萬福攸同」，文王有聲「四方攸同」，可見為習語。攸與猶猷通，盤庚「暨予一人猷同心」，猷同即攸同也。攸者維也，攸同即維同，猷同心即維同心。故卜辭習見之卣凡有疒，當讀為猷同有疾，亦即維同有疾，如：「子𡚦𠂤凡㞢疒」（林二，十六），「杏疾凡弗其𠂤凡㞢疒」（後下三七，五）是其例。其曰「𢦏來卜㕦貞𩰫弗疒㞢疒𠂤凡」（前八，六，一），則首貞弗疒，次貞㞢疒卣同，即有疾攸同矣。尚有特異之一例，曰：「貞羽乙子于漁𠂤凡㝬，㞢耳𢦏」（續三，四七，七），不與㞢疒連文，似當讀為猷同償，謂維同償也。逌攸猷並與由通，卜辭又云：「方由今𣐼同」（詳本書六二片），由凡當即卣凡，𠂤當釋卣，此亦一證。三曰卣告，如：「𢦏酉卜王，□𠂤告」（鐵八六，一），「𢦏酉卜，□弜𠂤告」（拾八……），「貞大𠂤告于大邑商」（通纂五九二，郭以𠂤屬上句，作「不𡆥戋𠂤」，非是）。昔人或誤以𠂤為豆字，雖非，然可見其為器形也。卣告當讀如猷告，多士「王曰：猷告爾多士」，多方「猷告爾四國多方」，「猷告爾有方多士」，並可證。大誥云「猷大告爾多邦」，猷大告殆即大卣告矣。四為「四𠂤㞢一𠂤」之文（林二，三〇，一二），𠂤即郭氏所誤釋為骨者，余意當釋為四豕有一卣（𠂤即豕字，詳本書十七片），卣讀為猷，說文「隴西謂犬子為猷」，卣幼聲極相近，卣義殆為豕之幼者，如他辭之言㞢𡆥（𡆥讀若𣪊，詳本書六十三片）。明義士所藏有一辭云：「𢦏丑三𠂤一用一……」（詳附圖），其義不可詳，𠂤字或亦當讀為

明義士藏骨

丙辰，貞，又伐于文丁，茲用。丁子……

癸丑三卣一用一……

歆若幼。五為『……奐三，圓卣三，『戩四六五』……圓卣一，『林一七三』丁未，奐三，卣六，『粹一五二四』……三，圓卣八，『粹一五二六』□卯，奐三，卣三，『粹一五二七』……奐三，卣七，『粹一五二八』……奐三，卣七自□，『粹一五二九』……卣三，自𢦏，『粹一五三〇』辛子，奐三，卣……『粹一五三一』丁亥，奐三，卣……『粹一五三二』辛酉，奐三，卣八，『粹一五三三』壬辰，奐三，卣三，圓，『明義士藏骨』等辭。郭沫若謂『殷人于龜甲亦稱圓』，因讀叀為鑄及鑽，卣為剛，謂『鑽若干龜，鑿若干骨』也。下繫以自口者，志龜骨所自來。『粹編考釋二〇四』按郭說假擬太多，不可從。圓從貝而以冂繞之，冂即勹字，亦即句字，圓即是貞，當釋為貽。玉篇『貽，稟給。』新撰字鏡『貽，贖也。』『天治本十七』王仁煦切韻『貽，稟給，又貨贖。』『擬瑣本』說文偶遺其字。羅振玉釋為珍，郭又以為龜甲，並非也。叀蓋矢及寅之異文，釋鑄、鑽亦誤。叀及

（文錄六〇二作𠂤）

圓他辭均用為人名，此不知何義。以句例推之，似當以𡆥幾圓，𠂤幾圓為句，其僅作㠯幾𠂤幾而無圓字者，省文也。六為祖庚祖甲時之卜人名，其字作𠂤，前人目為奇字，今以𠂤凡㞢𠂆一辭之作𠂤形者証之，知亦𠂤字也。𠂤字在卜辭中變化頗多，而此卜人之名則有固定之書法，一如後世之簽名。此可證商代文字往往因用途之別，有特殊之寫法也。七為「戊辰卜，王貞，𣪊𠂤囷㞢事」。（粹六一一）𠂤為𠂤字，疑讀作由。八為今𠂤巫九𡆥之辭，（及今𠂤巫九𠂤）其字作𠂤（林二、二五、八）𠂤（前五、二四、二）𠂤（簠文八三）𠂤（簠文八四）𠂤（前四、三七、五）等形，為帝乙帝辛時期之卜辭。𠂤當讀為繇若由，亦即說文卜問之𠧩。殷庚「不其或稽」，漢石經作「不其或迪」，迪從由聲，則由稽之聲可相轉也。此外如「貞，羽甲申子大𠂤𠂤」，（鐵百四九、四）似是國名，而疑有闕文。「丁卯卜，王𠂤元」，（前四、三二、四）其義未詳。「已未𠂤各𢀛」，（前五、二四、四）「丁酉卜，王𠂤」，（前六、五八、八）𠂤𠂤二字，疑𠂤之異文，義亦未詳。

𠁁字象卜（朴）在𠂤中，當讀𠂤聲，故卜辭多與𠁁通用。亦即𠧩字，蓋𠁁之異構為𠂤，（前八、一四、二）移卜於𠂤上，（此猶𠀤為𠀤，𠂤為貞，古多有之。）或又移卜於𠂤旁，（如貴為財。）則𠁁可為𠂤，有似從口矣。說文「𠧩，卜以問疑也，從口卜，讀與稽同。」朱駿聲謂「與占同意，疑即占之或體，音讀异耳。」（通訓定聲頤部）余謂𠧩占實非一字，𠧩從𠂤不從口也。然𠧩占之聲實相轉，隸古定尚書以乩為稽，昔人以乩為俗字，實則乩本當作𠧩，假借沾字耳。𠧩字在卜辭之用法有戩四五，四云：「己丑卜，𡆥，貞隹其又𡆥。」又云：「己丑𡆥，貞王卓隹又由。」疑又𡆥即又由，則𡆥讀同由也。

又按𡆥亦或以𡆥為之，如前五，二○，二：「今日巫九𡆥」，𡆥上不能容𡆥形，後下三二八，三：「今日巫九𡆥」，亦無𡆥形。此兩片𡆥多缺畫，然皆缺橫畫，𡆥實不當缺，則其文本作今𡆥巫九卟耳。

五。其最習見者為亡𡆥，㞢𡆥，隹𡆥，不隹𡆥，至𡆥，乍𡆥（降𡆥、求𡆥）以及（某）𡆥不（某）𡆥之類，皆當讀為咎，與𠧩字同。今讀如稽者殆由咎之聲轉也。抑王……亡𡆥，其後恆作亡尤，㞢來亡𡆥，其後恆作亡𡿧，則卟之讀如稽，或自殷世已然矣。其字形以作𡆥或𡆥者為最普遍，其異構作𡆥（林一，七十，二）𡆥（林二，一七）𡆥（鐵二，二三，二）𡆥（鐵一，一一，三）𡆥（鐵一，三六）𡆥（鐵三，十六）𡆥（粹一，二六四）等。或作𡆥（前八，五六，三）乃媘變之形。作𡆥（前四，八六，三）則卜已躍然欲出矣。二為才𡆥之詞，如「隹𡆥我才𡆥」（前五，二五，二）「不隹𡆥我才𡆥」（鐵四十二，六）……至于口旒，亡巷才𡆥（明八一八）疑並當讀為繇，所得之象也。郭謂亡𡆥為亡巷在𡆥之省（釋𡆥二）非是。三為人名，（地之）如「壬申卜，㱿，貞𡆥再典乎从人」（前七，六一）（是人名）猶云「沚戛再冊」也。又如「丁丑卜，王，貞令从帚才于𡆥由王事」（前八，十四二）則似是地名。四為「王𡆥曰」之辭，其字作𡆥（後下，十二）或作𡆥（後下，七九）蓋後於𡆥字而前於𡆥字者。當讀為繇，若由，王言其兆之由也。亦可讀為占，卟占聲相轉也。學者往往以𡆥𡆥與𡆥𡆥分為兩系，據此可証其本一貫也。五為今𡆥巫九备之辭，其字作𡆥（前二，二五，一）𡆥（前八，三二，一）仍讀卟，與作𡆥同。

𡆥字為卜人之名者，如𡆥（前）當在董作賓所謂第二期或第三期。在第五期中則以亡𡆥代亡𡆥，亡巷才𡆥代亡巷才𡆥（前者習見，惟多為貞旬貞夕。後者見前三，二八，一，或作亡巷自𡆥，見後上二○，七，及前三，二七，七。）其讀當與𡆥𡆥同。其字當從犬𡆥聲，故有𡆥（前一，六六）𡆥（前二，三五）𡆥（前三，二一，一）𡆥𡆥（前四，一五）𡆥（前四

一九、三、⿰卣犬（前六、六三、八、）⿰卣犬（前八、七、一、）⿰卣犬（後上十、三、）等形。或從甶聲，故又有⿰甶犬（前一、五七、）⿰卣犬（前一、四一、七、）⿰卣犬（前一、四二、一、）⿰卣犬（前二、四七、）⿰卣犬（前二、六六、）⿰卣犬（前二、四二、）一等形。然後世既無⿰卣犬字，亦無從犬卟聲之字。余謂⿰卣犬實周以後之猷字也。（金文如毛公厝鼎、周王𫲨鐘並有猷字。）小篆無卣字，朱德烜謂卣字無從下筆，當即酉之誤體，或以為卣字非。（德烜為朱駿聲父，說見通訓定聲豐部。）其說雖未盡，然卣與酉之關係確至密切。蓋酉卣之器形本最相近，其音又同，其字形之作𠧧𠧧者，與酉之作酉者（藍千三）又相似。則於以卣代卣，而卣字亡佚之後，其用卣字為偏旁之字，失其據依，除卟咕之類，變從口者外，若⿰酉犬字之類，必以其一家眷屬之酉字代之，可無疑也。⿰酉犬變從酉，酋首一字，斯以猷為⿰酉犬矣。卜辭於狼字，往往以犯為之，此又⿰酉犬即猷之一旁證也。郭於此字初釋為猷，甚是，惜惑於以⿰犭畢⿰犭韋及獸為猷之謬說，認為猷有三形，而為之輾轉牽合，至於以猷為⿰角由，則更誤矣。（其後說以為猓然之猓。按周禮巾車『然幦』，注『然，果然也』。余疑果然之名，本不從犬，吳都賦作猓然，玉篇作猓然，皆後世增之耳。）按爾雅『猶，如麂，善登木。』麂為狗足。說文『猶，玃屬。』呂覽察傳云『犬似玃，玃似母猴。』然則猶之為獸，當為猴類，而大，其狀似犬，古人誤以為犬類，因從犬耳。

⿴囗占或作⿴囗占⿴囗占，無多變體，蓋與亡卟之作⿴凵卜者同，為第一期作風也。較後則作⿴凵占若⿴凵卜，更後則作⿴凵卣，則知⿴囗占當從占卣聲，王固曰當讀為王繇曰矣。然因讀為卟，卟占音轉，則謂為從卣占聲亦未嘗不可，讀為王占曰，亦通。其字今為咕，商氏已啟之。（殷虛文字考）

巫九當即九巫，戩二五，十一，云「帝羌于九巫」。是殷有九巫也。海內西經有巫彭、巫抵、巫陽、巫履、巫凡、巫相。大荒西經有巫咸、巫即、巫盼、巫彭、巫姑、巫真、巫禮、巫抵、巫謝、巫羅十巫。疑皆殷世有名之巫。巫彭作醫，見世本。巫陽見招魂。巫咸見書。

余按由𠧪變為凷，後人不知口之為卣，遂為呫字，與卟字同。史記魏其侯傳「呫囁耳語」，玉篇引穀梁傳「呫血之盟」，則漢以後有呫字，然占繇之本義亡矣。

卣字之代𠧪字，在第五期，卣旁着丿，象有器盛之，猶匜之作𠤱也。卜辭字小，筆畫有誤併者，如前二，十六，一，作卣，其右邊特肥，乃誤合兩畫為一，二，三五，一，作卣，尚留半筆，非不作丿旁也。其字或從卣，作卣後二，一一，三。卣後二，一一，六。卣後二，三二，一。卣後二，三六，七。卣後二，四二，三等形，或從𠧪，作卣後二，三四，三。卣後二，一七，八。卣後二，二二，二。卣後二，三三，二。卣後二，二五，一，二等形。俱與卣之作卣者相近。此期中以此為王繇之專字，而於雟幾卣之文，反作卣，本書三二。故卣卣專行而卣卣廢矣。王卣之文，卜辭或作冃，乃羽字，後五，十七，三。疑為筆誤，不然，則音近而段借也。

卣字前三，二八，一，又作卣前四，三七，五，及卣甲骨文斷代研究例附圖，皆見於今卣巫九卣之辭。其辭或作今日巫九卣，則卣與卣通。其聲亦應為卣，若卟矣。郭氏初以巫九卣為人名，後又謂未能明，殷契餘論十九。而於粹編考釋寫卣為咎，而無說。余謂此語當讀為今卟巫九繇，或今卟巫九占，巫九占當為占法之一種也。以字論，則卣與各相近，由卟呫之例推之，得變為各。古自有各字，此特相混耳。西伯戡黎云「格人元龜，罔敢知吉。」格人舊不能解，余謂當作卣人，即占人也。般庚云「非廢厥謀，弔由靈各。非敢違卜，用宏茲賁。」舊以各非敢違卜為句，不可通。各亦當作卣，弔由靈各，謂淑由靈繇，或靈占也。卣之字象有足來至卣上，其本義或是卜而神靈來降於繇與？

□亦卜辭奇字之一，舊多不釋。頃郭氏論之云：「當是黑之初文，象卜骨以火灼處呈黑也。字有作□者，即牛胛骨之象形，𠙵象骨臼，上有點者示凹上有刻辭也。凡曾與卜骨接觸者，一見即可知此字與骨之施鑿面相似，而其面之顯著印象則灼處之黑也。金文作□下從赤，上端猶存其遺意。」（釋亢，纂四）今按此說殊多可議。骨上灼痕，無由代表黑色。金文□字當由□若□變來（亦），與此無關。且同一點也，在上則為刻辭，在下乃為灼處，可見其矛盾。蓋郭氏以𠙵為象骨形，又因卜辭言「□□犬，來三宰，卯黃朱」（《續》二·一八·八），以為□犬黃牛同例，故定為黑字。其實殷人於黑色用幽字，而卜辭別有一例云「□一犬，一青。尞四豭，四羊，青二。卯十牛，青一」（《庫》一九八七），□與尞卯同例，則□□犬者當是□犬兼□犬，非色名也。余按□或□仍是卣字，卜辭𨣊作□（其□作□）可證。卣以盛鬯，其為倉則以盛米穀，故於𠙵或□形中實以點，象鬯或米穀形也。卜辭此字之用法有六。曰：「隹□我才囚。」（《前》五·二五）「曰……方出，不隹□我才囚。」（《戩》四六·一二）其□字仍當讀為咎，隹□我才囚者，唯咎我在繇，猶後之言亡咎在囚矣。此一也。曰：「㞢二□不隹咎。」（王八）「貞……二□……出……从……咎。」（《粹》五七九）此當為名辭，其義未詳。二也。曰：「……□而𢀛。」（《鐵》六四·一）疑與盅而之盅同，三也。曰：「……㞢來……（其）㞢來……（允）口弁……東啚，戋二邑。王步自𨽚，于𨽚司……丑夕良。壬寅，王亦㚇夕□。」（《菁》六）郭氏釋夕良

說文謂「巫咸初作巫」，余謂巫者筮也，筮及覡同音，巫術故字並從巫耳。周禮筮人：「九簭之名，一曰巫更，二曰巫咸，三曰巫式，四曰巫目，五曰巫易，六曰巫比，七曰巫祠，八曰巫參，九曰巫環。」鄭注讀巫為筮，謂是筮遷都邑之類，甚誤。劉敞、陳祥道、薛季宣並讀如字，謂巫更等為古精筮者九人。巫咸即世本作筮之巫咸，巫易即楚辭之巫陽，其說甚是。則卜辭之巫九，疑即周禮九筮也。

又按「𠧪□犬」之□，釋為牲色為是，蓋疑為幽，𠧪、幽聲近。

（前二八三，尚有□字，亦似即□字。）

為月蝕。（郭說誤，其辭見余殷虛文字記四二。）因謂□為恐意之動詞。（通纂攷釋九一）余謂非是。□當如留，若休，王』步自□，于□司，辛丑之夕皀，壬寅王亦終夕𥞫留』也。有一辭曰『貞王□其虎』（佚六六四）此辭或有缺字。□或亦讀為留。四也。曰『求于西，□一犬一青，求三豕三羊青二，卯十牛青一』。（庫一九八七）『求于東三豕三羊，□犬，卯東牛』（簠典一八），『帝于東，□□犬，求三宰，卯東牢』（續二一八八，此為北大藏龜。）『㞢于母□犬，……三羊三豕一……卯……』（鐵一五〇·一，今歸馬衡氏。）『……東，□……，西□犬求白……幽……』（後下九·五），『己卯……祈……□犬……』（前六·三六），『……□犬求……』（續二·五五·六，此北大藏骨。）凡此□字，皆用于犬，疑當讀若辜，磔狗以祭也。大宗伯『以疈辜祭四方百物』，此云求于東求于西，正是方祭也。□及□卜辭往往借為𣪊，𣪊音如皋，當可轉為辜。五也。曰『卯□于父乙』。（後上二三·七。）『……卯……□』。（鐵餘十一）皆為人名。六也。（前六·五九·四，云『□乙，王固曰□』。其義未詳。）

卜辭尚有□字，云『……于又□叀今……』（鐵四六·八），似從人旁，其讀未詳。（□字或當從卣讀。）又有眉字，云『王今眉不□』，（佚二一一片），商承祚釋屖，余昔誤從之。（殷虛文字記二九。）今按非是。□當作□若牙，巨口小頸而大腹圜底，而此頸腹若一，又為平底，以𦉼字別構從卣者推之，知亦從卣。疑即𠧪之本字。

凡卜辭□字，及與□有關之字，及其用法，具述如前，雖間有扞格，其大部分固已悉通其讀矣。自來治卜辭文字者，往往以少數字立說，恣為新奇可喜之論，而不為綜合之研究。以是人各為說，異讀滋多，而卜辭疑點，終不能盡析也。余以為欲求卜辭研究之進步，當先改善其方法，聊發於此，願同志者一商榷之。

第六片 骨

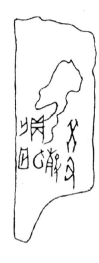

癸丑卜殸貞旬亡囚。

殸依孫詒讓釋，舊釋敵者非。詳余所著殷虛文字記釋声殸。殸亦武丁時卜人名。

第七片 骨 續四、四二、三著錄

亥兄旬

癸丑卜兄貞旬亡囚。

癸丑貞亡

兄蓋祖甲時卜人名

第八片 骨 續六、十二、四著錄

癸亥卜，宄貞，旬(句)[亡]囚(卟)。一日家(家)甲兕

□字卜辭習見。孫詒讓釋家，讀為隊。契文舉例下三九。王襄釋八虎二字。徵文考釋雜事十五葉。郭沫若釋虎。粹編考釋二一一。按諸釋並非。□與豕形迥殊，然亦非虎。蓋此字之所象者，為一長鼻之獸，與虎之大口者不同，其尾下垂，或歧出，亦與虎尾之上屈者不同。考卜辭彖作□□等形，甲骨文編九·十一。是此所從者亦彖也。家字字書所無，以字例推之，當為從八彖聲。

卜辭用家字，多在貞旬亡囚之後。如云『……旬亡囚。九日□，辛……业巛。王固自……。』粹編一五八〇。『……貞旬亡囚。旬□，壬申……𡆥火，帚姓子丹。』續四、二八三。『……日□，……貞旬亡囚。旬……火。帚姓子丹。』前六、四九、三。此似兩辭。『……亡囚。三日□，乙……乙彡。一月。』及『……□，乙酉，子售又出。二月。』簠室藏骨拓本。『癸酉卜，宄貞……七日□，己卯……。』簠游七、二二、二。『癸亥卜，史貞，旬亡囚。一日□，甲兕夕，□大𡆥至于相……。』簠雜一一六。『……旬业五……□，戊……小子……。』林二、一五、五。『二旬业六日□，辛……。』簠一五、一六。『癸未卜，兄貞，旬亡囚。口日□……丹。』鐵四十、四。『癸……旬亡囚。……业……□，己卯……日大……雨。』林二、一五、八。『……□……𩰫……𡆥至……丙。』林二

前九、七云『旬卜三日□，己卯业来口……二日庚卒？业曰？方，才甾。』

一五，』口亥……貞勹亡……□，……灰……』。（簠雜一五。）『……□，乙……我邑……大來……』（簠游四四，五，九，四。）

等，皆與本片同。其云『□□允□』者，似叚為象。（簠四一〇。）『貞王勿生戰，从□』。（續三，四一。）

勿人□』。（後六，六八。）等辭，殆亦從象之義。

於貞旬後繼以某日㒸者，其與下紀日名有合有不合。如九日辛，勹壬，三日乙，七日己，皆與卜辭計日之法合。一日㒸而下言，甲旬有五日㒸而下言戊，則遲一日。至二旬有六日㒸而下云辛，則遲三日矣。郭氏所釋一例為九日與辛，因謂于九日与辛之間著一虎字，（按郭所據一片，略近虎形，乃字體偶變，博觀自能辨之。）不解何意，蓋用為迫薄等動詞者耶。（辨考釋二一一。）然九日迫辛口亦是不辭。況卜辭之例，又不盡合也。余謂㒸當讀為象。周禮大卜：「以邦事作龜之八命，一曰征，二曰象，三曰與，四曰謀，五曰果，六曰至，七曰雨，八曰瘳。」卜辭之㒸，當即八命之二。云某日㒸者，言某日當有象，蓋卜者得兆後之繇詞也。其下所記則占驗之辭。所卜有驗有不驗，當日不驗而驗於次日或更後者，亦從而記之，則有遲一日以至三日者矣。

第九片 骨

酞 王勹亡酞。 貞，王勹亡酞。 王勹亡酞。 王勹

貞 □子卜，貞， □未卜，才□， □酉卜，貞， □亥

三 三 三

此為董氏所定之第五期卜辭。

在□者，□為地名，蓋王所留止之處。亡酞

讀若无咎，說見前。

第十片骨 續六、五、八著錄

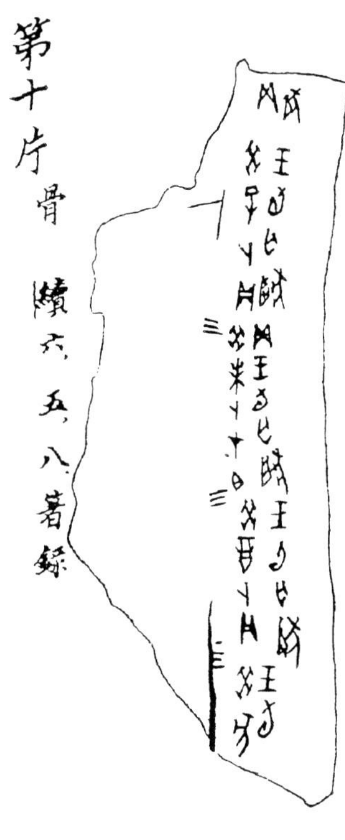

卜 癸子王卜，癸未王卜，

猷 貞勹亡猷。貞勹亡猷 貞

吉 王卣曰吉。王卣曰吉。王

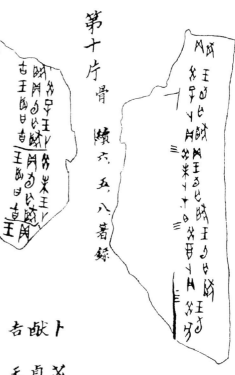

此卜旬之後繼以王親繇之辭者。凡武丁之世，王之繇辭多曰有希（祟）有媗（囏）至于帝乙受辛之世，則必曰吉，大吉，弘吉。卜筮雖迷信，亦可以覘世變也。

第十一片骨

才 囚。才三月。

夕 貞今夕亡

卜即 辛未卜，即，

才三月。

亡囚。

貞今夕

庚午卜，即，

此貞夕之辭。即亦祖甲時卜人。

第十二片骨

第十三片骨

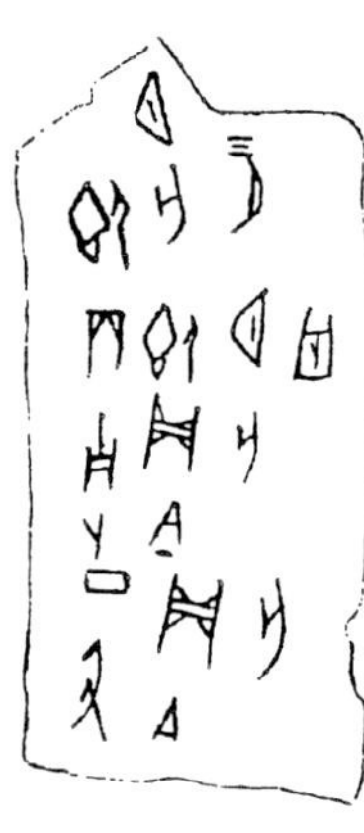

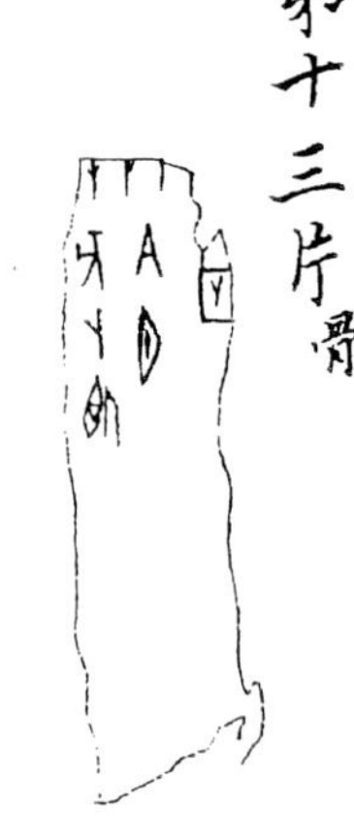

三月
夕亡
卽

囚。
夕亡
卽，貞今
丙光卜，

亡
貞今
丁丑

亡囚。
貞，今夕
辛亥卜，卽，

第十四片骨

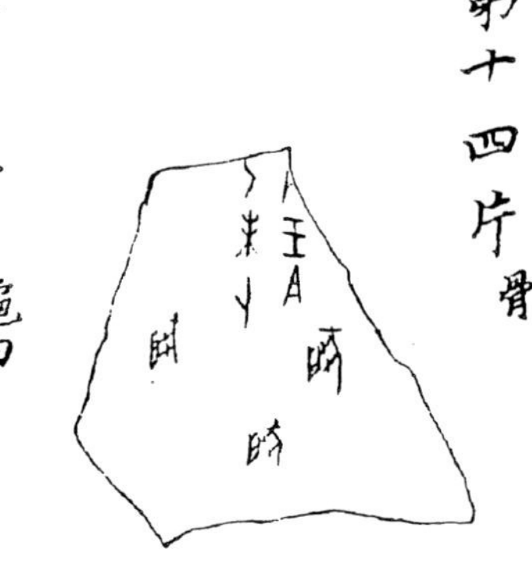

夕亡
猷。
貞，王今
乙未卜，
猷
猷

旁有二猷字，習書者所爲。

第十五片龜甲

酉卜
王今
亡猷
亥卜
王
亡猷

癸卯卜，
貞，王今夕
亡猷。
乙子卜，貞，
王今夕
亡猷。

丁酉
王今
己亥
王今夕

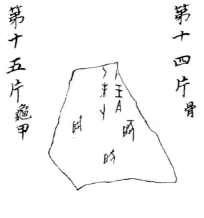

第十六片骨

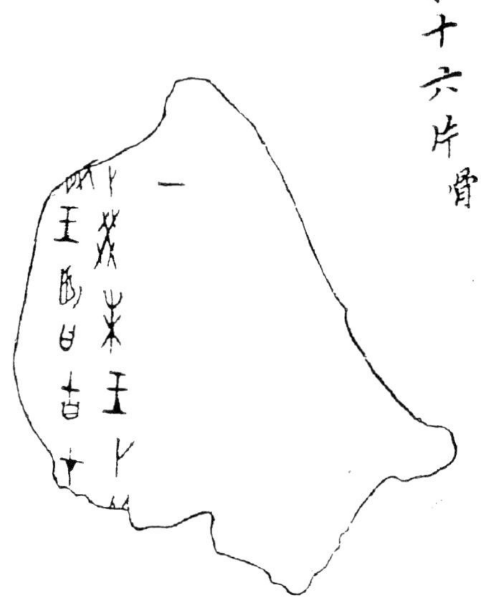

第十七片骨 佚九九九著錄

甲 兆面

此貞雨之辭。

卜 猷

癸未王卜貞，旬亡猷。

王𠧟曰吉。才

乙亥其雨。

乙 骨臼

辛卯帚（婦）示二豕（豕）。

㝐

此貞用豕之辭。

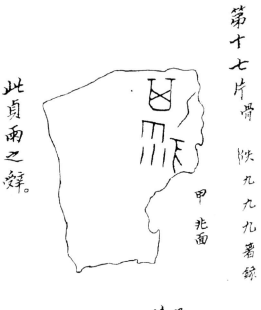

辛卯帚示二豕者，辛卯卜祭于婦某之示二豕也。帚下或闕一字，所闕者當是女姓。㝐是

卜人之名。此類卜辭之特徵有二：不用卜貞二字，卜人之名綴於最後，一也。多在牛胛骨之端，或於龜甲牛骨之灼面，二也。由於其不用卜貞之字，學者閒多誤認為記事之文。由於其常見於骨端，因多謂之為骨臼刻辭。更因□字之誤釋，與帚及示字之誤解，而異說滋多矣。

王襄最初釋□為矛，因謂為「古茅字。周禮甸師：『祭祀共蕭茅。』按周世祭時用茅以縮酒，疑商世已行之。」（類纂正編三。）柯昌濟亦釋茅，謂「三茅小帚，見明二三五七。原文為「丁丑，雩示三□。小帚。」疑束茅為帚也。」（補釋。）葉玉森初以為茅字象茅生形。（殷契鉤沈）其後見後編一辭□下有□字，因謂「□殷代祭神有用矛之典，矛即戈矛之矛，或兼用斧，殆驅除不祥之意。」又謂邑示為作邑告成之祭。從示（按從實此叚之誤，見前六、二二、四。）為從邑或從□之祭。又舉雩示、□示、□示、帚示，而讀帚為歸，謂帚妹示為歸妹之祭，歸嫚歸姘當與他辭言歸嫘同，示即歸媵之祭。歸竹婦言殷女下嫁於竹國為婦，寶（按原為帚□示，見後下十八、三。）□杞，良□□同為殷女下嫁之國名，示即歸女之祭。其於□（按實婦字。）岳，小□（按實為小婦。）犬，□（按實□字），實□等字，則謂不知何誼。又謂矛字下，實字或某某字上，如留空白，即備填某月或他辭者。」（揅契枝譚。）顧又據吳侗說謂仍當釋茅。（同上自注。）董作賓作帚矛說（又名骨臼刻辭的研究）以釋茅為非，謂縮酒用茅，果如何用？以一茅為單位乎？以一束茅為單位乎？茅艸瑣物，又何須刻

汪氏釋「雩示二屯」謂：「左傳『龍見而雩』，月令『大雩帝』，注：雩，吁嗟求雨之祭也。卜文云『雩杞』，即求雨之祭矣。□文古矛字，與茅通。殷契楙从林从□，□即矛字，其證也。禹貢『包匭菁茅』，周禮甸師『祭祀共蕭茅』，左傳『尔貢包茅不入，王祭不供，無以縮酒』，卜辭習見矛等之文，每與某祀連記，茅殆當為祭時縮酒之用。」（徵文考釋典禮。）

文為記，且斤斤於只記一茅二茅，以至十茅廿茅之數量？因承用葉氏說，謂矛為戈矛之矛。又讀帚為歸，訓為餽送之餽。又讀示為設置之置。而以帚矛為頒發兵器。又謂受矛者分兩類，即言帚者彷彿是邊遠或諸侯之國，必須遣使餽送，不言帚者，近在畿內，無須餽送。又謂辭末永賓等字為史官簽名，而以史官為即貞人。（安陽發掘報告第四期。）郭沫若謂歸帚二字之釋均不確，（於董說除永德其大史大卜署名之說外。）而讀帚為婦，示為眂，又改釋又為勹。謂骨臼刻辭中稱王示者一，小臣□示者二，子□示者二，帚□示者二十一，其它均單稱□示。由王示之例例之，知凡□之字均為人名。又由小臣□與子□之例例之，知帚□之帚與小臣若子同例，必當為婦省。帚□必為女字，且必為殷王之妃嬪。又駁董氏所謂殷代史官利用骨臼，以作記載之簡冊之說，而謂骨臼刻辭均武丁時所為。武丁乃殷之盛世，史官縱尚經濟，何遽少此區區骨簡，乃必利用骨臼而為之？可利用之物如胛骨背龜甲背正恢恢乎其有餘地，而殷虛所出無字之甲骨尤多，何必專好此骨臼？且所刻之辭，如董氏所說，均關戎事，而戎與祀乃古國之大事，史官記之，何至如此苟且，既刻辭於骨臼矣，又何專記戎事而不記他事耶？更謂骨臼刻辭雖與卜辭無涉，然其事必與卜骨有關。蓋骨既卜，必集若干骨為一組，裹而藏之。由肩胛骨之性質言，勢必平放，平放則骨臼露於外，故恰好利用其地位以作標識。其曰王

示，曰小臣某示，曰帚某示，蓋其檢封時經王及王之代理者所省視。曰自某川，（按川本作川）
三　戓川自某，蓋言卜辭之內容，乃自某人所卜或所録者蟬聯而下之意。每辭末字乃陪觀者之署名。』因之又謂『本此刻骨用意以求，可知𠂤斷不得釋矛。』而謂『當是勹之古文，象有所包裹而加緘縢之形，小篆作勹，即從此而出。壽縣所出楚王鼎𠣞字作[glyph]，所從勹字，形未盡失。刻辭中之若干𠂤，即言卜骨之包裹。』又據七𠂤又一乚，四𠂤㞢一[glyph]等例，於『七勹四勹之外尚有零餘，可知一勹不止一骨。言零餘之例無過一以上，則一勹必僅二骨，𠂤字亦正如合二骨而締結之之形。蓋以骨臼之兩半月形合而為一圜，而於其骨頸處拴之。乚若丿即骨臼半月形之象形，即說文讀若移之乚（迻也）字，古音當在歌部，本義當即是骨窠。』而以[glyph]為㕣字，讀為骨。（銘刻彙攷續編骨臼刻辭之一考察。）

按汪釋𠂤為矛，釋𣏟為楙，本有其一貫之理論。（葉氏殷契枝譚謂羅釋楙，汪說見類纂正編三十。）然金文楙字之偏旁作𠂤，作𠂤，與𠂤不類，𠂤固非矛字也。𠂤字在卜辭之用法有二，除此類口示口𠂤之習見用法外，如『己卯卜，王于來𠂤伐[glyph]。』（鐵四〇·四）『口午卜，于來𠂤屰口入。』（鐵四四·四）『壬光口，貞，今𠂤受年。九月。』（前四·六·六）三辭中之今𠂤，來𠂤，與今𣏟，今𣏟，今𣏟，今楙之例同，亦與今屯，來屯，今𤕌，來𤕌等例相類，當為紀時無疑。汪氏於此種用法，全未注意，其立說亦欠周詳。以雩示為雩祀，為求雨之祭，而不及其他諸示，尤見艸率。不僅如董氏所識之用茅一説為不可通也。柯説不足辨。葉氏初謂卜與乂為一字而訓為茅生形，實無根據。既而以乂為戈矛之矛。既又據奚侗説釋茅，然奚説實本於王襄也。董謂王襄奚者非是。其以今萅今𣏟為紀時，殊有見地，然以為夏之別構，則臆説也。蓋葉氏初不諳文字之學，故於乂之象茅象矛，殊無定見，𣏟與夏之關係，亦不深求，反不如王氏能自圖其説。至其分邑示等為六類，説雖舛誤，徵引較詳。董氏之研究，殆肇端於斯與？董作帚矛説，舉例九十八，文約二萬言，可謂繁富。以辭末字為人名，謂與卜人有關，實為重要之發明。顧其他考證不甚審慎，謂乂為戈矛之矛，乃葉氏已廢之説。葉氏前編集釋五三四仍釋茅。以帚為歸，又襲孫詒讓之誤。至讀示為置，則自謂姑備一説，非定論也。由此而有餽遺兵器之説，誠如郭氏所謂「雖煞費苦心，實大有未諦也」。其以辭末署名者為史官，亦有未合，蓋必先確定卜用甲骨同時即為記事之簡冊，然後能有史官於此署名也。董氏嘗誤謂甲骨即商代之典冊，余有辨，見國學季刊五卷三號關于尾右甲刻辭。不然，此類辭末署名者，如亘，究，殼，永等，皆是卜人，卜人安得即為史官哉？所謂卜史同職，史官貞卜，固未有根據也。又此類刻辭，雖多刻于骨臼，然亦有在胛骨或龜甲之灼面者，董氏明知之而猶總稱為骨臼刻辭，置例外于不顧，亦其疏失。郭氏作卜辭通纂時已讀帚為婦，殷釋九二。及辨正董説，尤為詳盡，誠屬不刊之論。惟謂婦者為帚小誤，當云帚借為婦乃合。由此更考定示上一字均為人名，是又一重要之發明也。又注意於七卜又一乚，四卜出一𠙵等例，尤見其精細。（葉氏亦曾言及又一月，然誤以為紀時。）然其讀亦為䀀，釋卜為乚（象骨而綿結之形），乚為骨臼半月之形，為說文之乚，而以𠙵為骨，亦實大有未諦。蓋郭氏雖以董氏史官記事之說為非，然猶惑於骨臼卜辭之名，故於其考釋文字時，謂須先推考骨臼刻辭之用意。又謂由其所刻之地位以覘之，其性質寔如後人之署書頭或標牙籤。其種種推論，實以是為出發點。不知此類刻辭之刻於胛骨或龜甲之灼面者，為數頗多。特以甲骨破裂，辭多殘闕。舊時拓工多注意於兆面刻辭，其灼面之土或未剔去，即置不顧。即或見有一二字，亦因骨未剔磨，不甚明晰而棄去，故所著錄者不多耳。董氏文中所蒐集雖只四例，然即彼所已蒐集之各書，漏略即已不少。據余所檢及者，如『丙兇，小臣中……。』（前四，二七，六。）『……自㚔……。』（前四，二九，一。）『……中示。崗。』（前四，三七，三。）『𢀛示六……。』（前五，一五，五。）『……㚔……。』（後下，四十。）『……三自𠂤……。』（後下，六三。）『……喜示……。』（林一，二六。）『……壴示十出……。』（林一，二七。）『……口入十。婦。』（林一，四十二。）『乙未𡧊……。』（林一，一八。）『三自匚』（林一，二四，一八。）等凡十一例，由拓本之形推之，當均是甲骨之灼面。余所檢僅前後編及林氏之書，並以董氏所引之前編三例，共得十四，而董所引此三書中之骨臼則二十二例，相去實不甚遠。第以骨臼圜厚，易得完整，董氏輯其完辭，於此類多有忽略耳。殷契佚存及殷絜卜辭多錄灼面，董氏亦俱未引及。余嘗整理北大所藏甲骨，其灼面

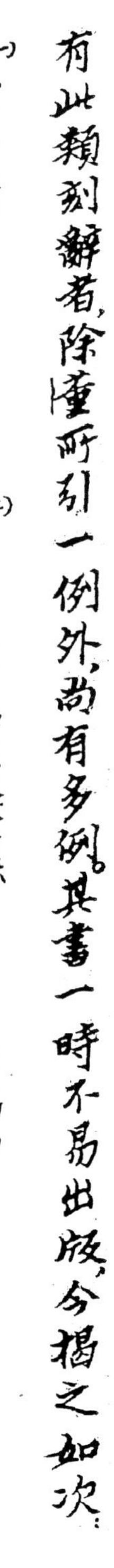
有此類刻辭者，除董所引一例外，尚有多例。其書一時不易出版，今摘之如次：

(一) 四三五片 北面

鼎我

灼面

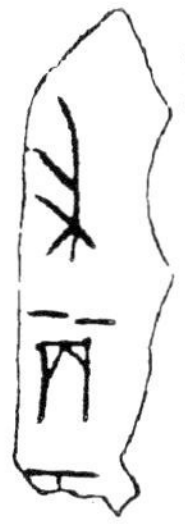

帚[illegible]示

(二) 二一〇片 北面 續二、二八、八著錄

叀(叀)年。
三宰，卯
犬，朱
東，戉，𡆥(卣)
貞，帚于

同上灼面

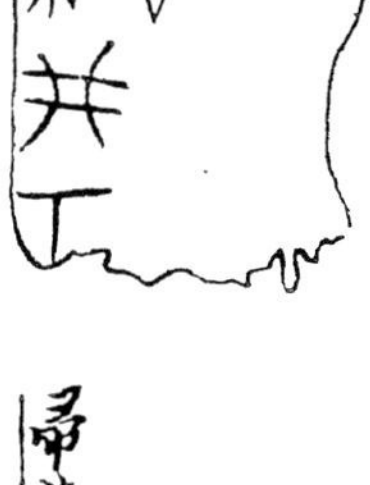

帚井示

(三) 二四九片 北面

冊。
肯不
貞，
于父
貞，出

灼面

帚井示

(四) 二五五片 北面 續一、三九、一著錄

出于匕巳。
貞，旬
貞，从。

同上灼面

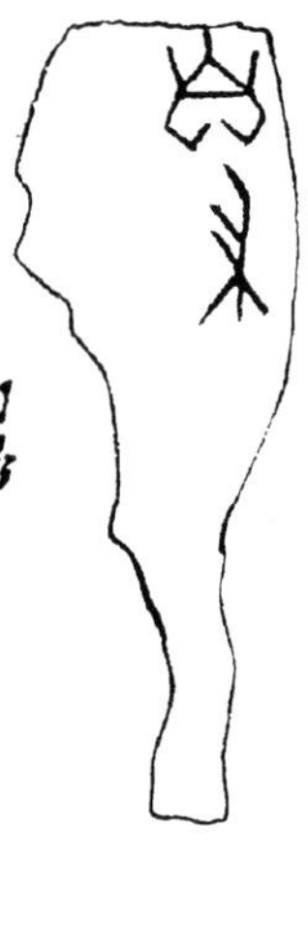

自帚

(五) 二八二片 北面

灼面

[illegible]示

右錄五例除二八二為胛骨外，餘並龜甲。

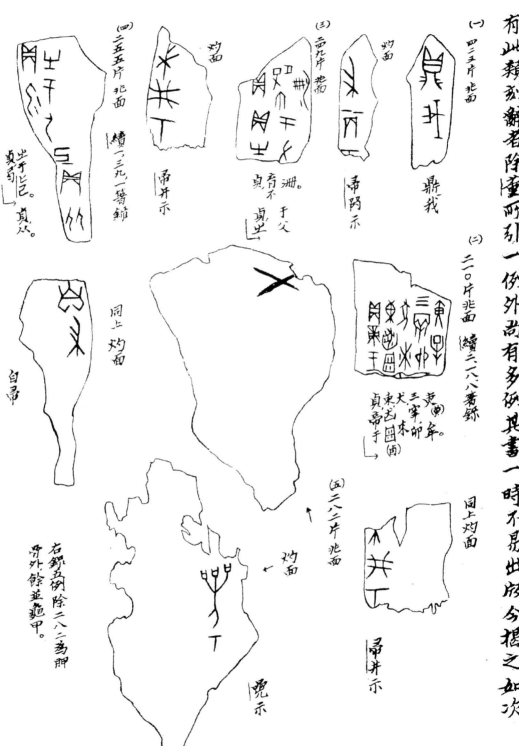

新獲卜辭寫本九六片背面有己丑竹三字，其第三字殘，僅存竹旁，即為此類刻辭，可見中央研究院發掘所得，非無其例，特未為董氏所注重耳。

北大所藏，大部已見於佚存及續編，然此諸例，無一徵引，即董所引一例，亦未箸錄。董文第九六例，余所編甲骨卜辭七〇，其兆面見續編四，五，五。於此可見此類刻辭之被忽視矣。北大所藏四七八片，此類刻辭在骨臼者四，在灼面者六。燕京大學藏甲骨，容庚氏所曾整理者，八七四片中在骨臼者三，絜五六、六八八五而在灼面者九。絜一二六、三三八三、三八六、四〇三、四九二五六九、六六五〇、七六五、八二七（原倒）舉此二處，則其他所藏者可以推見。然董氏躬親發掘之役，有數千片甲骨供其整理，尚忽視此點，而遽名為骨臼刻辭，則無怪郭氏之誤襲其說也。此類刻辭既多見於甲骨之灼面，則骨臼刻辭一名，不能成立。尤以見於龜甲一點，郭氏之說，根本全已動搖，蓋郭以乄為合兩骨，丿為半月形之骨臼，冎為骨字，茍易為甲，即一無着落矣。

此類卜辭，王襄列入典禮，葉玉森亦以為祀典，董郭二氏則以為記事之文而非卜辭。余舊時亦以為紀事，見殷契佚存序其後悟卜辭文字頗多特例，乃改定爼義，京與某示幾乄之辭，為卜辭。初發表于關於尾右甲刻辭一文中，國學季刊五卷三號繼又於卜辭文學一文中言及之，且謂乄是豕之倒寫，象豕形而無足，而以舊釋為茅，董釋為矛，郭說為包，為非是。清華學報郭沫若氏於近著殷契粹編考釋中頗加抨擊，謂「此等刻辭自為一例，與其他貞卜之辭不同，余曩曾加以考察，謂其性質實如後人之署書頭，……此說，余至今猶未見其謬。近時唐蘭別立一異說，謂是貞祭祀之辭，乄乃無足豕形之倒寫。

案此實是肊說。凡骨臼均無卜痕，亦無能為卜，何來貞事？凡骨臼刻辭均武丁時物，武丁時豕字屢見，無一無足而倒寫者，何以此獨盡為無足倒寫而無一有足正寫者？且此等如果為貞卜之辭，則儘可以卜紀他事，何以已見著錄者在百二十例以上而文成一律？且尚有吕字）字等之當解釋，必須考察周詳，面面圓通方可。不然，不足以令人徵信也。（考釋二·三）郭氏與余雖未一面，於文字頗有深契。余固常采用其新說，而余每出一說，人或懷疑而氏輒信用。氏之從善如流，固異夫世之一字不合，視若仇讎者。其為前說，余深信其為出於箴規之厚意。抑余作卜辭文學一文，實不宜乎對每一問題，作詳細之討論，故多引而未發。其言太簡，或不足以令人徵信。然余所立說，自有一整個系統，平時早已考察周詳，雖錯誤在所不免，固未嘗有憑肊推測，絕無佐證也。

余以此類刻辭為貞祭祀之辭者，其主要原因，為示字之讀法。王葉二氏以示為祀，然示無祠祀之義。董氏改讀為置，郭氏又改讀為眂，則均有待於其說之成立。餽矛之說廢，則讀置為難通，包骨之說苟為烏有，即讀眂為子虛矣。余考示字之在卜辭，有一最普通之意義，如云：大示、小示、元示、二示、三示、五示、九示、十示、十示又三、廿示等，大抵指上甲以下之先公先王。又如父乙示，（前七·三三·一）兄口示，（鐵五三·三）則與此類刻辭之帚口示，小臣口示等相似。然則周禮有天神地示人鬼之分，而殷人則人鬼亦是示也。董作賓氏謂『以為神祇則無解于小臣中示，小臣从示，王示敵之各辭，从中皆小臣名，不得謂是神祇，王敵皆生人，王為時王，敵為史官，皆不得謂是神祇，是神祇之訓，于此不可通。』（說帚矛）董氏於此已忘卻示字在卜辭之通詮矣。示既人鬼，若伊尹當為小臣，屢見祭典，是小臣固可稱示也。『王示[illegible]二[illegible]』者，[illegible]是𣪊字，讀如毅，當屬下文。董謂王為生人，豈生人遂無死時乎？生為聖王，歿為明神，是彼時之重要觀念，而謂王不可稱示乎？余謂王示者，王初崩也。帚口示者，諸婦之初卒也。殷人之稱甲乙丙丁，以祭日而定，此則祭日尚未規定，故不得稱父甲兄乙母丙之屬也。至若小臣某示及邑示，雩示之屬，則諸先正之祭。余疑俎義京辭中之卜人中，即此小臣中，北大所藏一骨，背有卜人邑之署名，即此邑示之邑，則此諸示均當是武丁時卜人㱿究等之前輩也。

示字之意義既定，則其下所記之幾[illegible]，當屬祭祀所用，顯然可見。余以[illegible]為豕形，後文自有論證，今僅以祭禮之通例觀之，則[illegible]固當為牲畜也。第余之初意，以此及俎義京之辭，例畧相類，當為記事之文之屬於祀典者。然俎義京之辭，學者咸以為卜辭，余意為之搖動。其後又得俎殸京之辭，如：『……于殸京，羌卅，卯口牛。』（前四，十五，五）貞，羽辛亥乎帚妌㞢于殸京』鐵餘十，二一。『口亥㞢于殸京』續四，四五。諸例，與『己未㞢于義京，羌三，卯十牛。中。』前六，二三。一類，事例相同，足證後者實為卜辭，特不書卜貞之字，而卜人署名在文末耳。口亦口𡆥之辭，亦無卜貞之字而署名在後，以例推之，亦當為卜辭無疑。

以此類刻辭為紀事，始於董氏，其理由有二，骨臼無背面可以鑽灼，因而不能有兆璺，在辭中又不見卜貞之字，故決然斷定為非卜辭。然卜辭之不用卜貞二字者，其例頗多，如『來于河一牢，㞢二宰。』前一，二五。『弗戈犧。』前一，三，五。『丙寅，隹不千盡降。』前八，五，一。『庚辰，令犧隹來豕呂𢀛二𠂤令。』前八，三。均是。而㞢義京之為卜辭，已如上述，則後一理由不足為證也。其第一理由則與郭氏之說正同。余意二氏殆未注意於骨臼即卜骨之一層。若骨臼之骨，根本與卜辭無關，如三獸頭及骨柶，余亦將定為紀事之辭。然余所知者，骨臼為胛骨之一端，距此不過一二寸，即見璺璺之灼兆矣。參看本書二一，二二等片。且此類刻辭，往往刻于灼面，而尤奇者，『𢀛亦一例，雜廁於他辭之中。』前六，二七，四，文九九，例於右董旁有不兩二字，左旁有汚字，均為倒書。若如董說為記事，則是史官先記其事，而卜人據以貞事乎？抑卜人既刻卜辭，而史官利用廢物耶？前者絕不可通。如後者則此等史官，儉德殊屬可嘉。然所以記事者為可稽考也。殷虛未刻辭之卜骨，數盈千萬，而必擇此已刻辭之骨，且廁卜辭之中，又何為乎？余謂骨臼與骨之兆面灼面，既同屬一骨，即不容以刻辭之地位而分其為卜辭，為非卜辭。至郭氏所詰難者，此等如為貞卜之辭，則盡可以卜記他事，何以已見著錄者，在百二十例以上而文成一律。在余則早不認為問題。因余已見一例，為骨臼上刻他種卜辭者，此亦王氏之拓片，即本書之廿一片也。王氏拓片，其椎拓之方法極善，其拓兆面時，同時折其上端以拓骨臼，又骨臼兆面坼面俱在一紙，今付印時悉存其舊，故如本片及二一、二四、三三、四二、七二各片之骨臼，其辭之方向，皆可考見。其尤可貴者，即為此例，苟非此種拓法，決不能知其為骨臼也。注意於一骨之數面者，始於明義士，然除後出之殷契佚存、殷契卜辭等書外，未有明記為骨臼者，安知無他辭之刻于骨臼者，攙雜其間，不復能辨晰耶？余以刻於骨臼上者，同於其他部位，由此一例而信念益堅。

然此類卜辭之刻于骨臼，確為一奇異之例，此奇異之例，何由而起乎？余之解釋，以為卜用甲骨，其先均不刻辭。其初刻辭時，盡於灼兆之前畧記貞辭於灼面，而璺坼之後，則記數字及二告不𢆶黽之類於兆面之坼旁。余嘗見若干卜骨，屬於此例。然坼面骨質（往往）粗惡，不適刻辭，則移而至於天然光滑之骨臼，（此就骨言，龜甲多刻于邊緣，亦厚而光滑。）其時貞辭當極簡，一骨或僅卜少數之事，故已足用。及貞辭既繁，卜事又多，則骨臼不能容，而改刻於兆面，與紀兆之字雜廁矣。骨臼之小者作半圓形，刻口示口乙之辭，恰正相稱，則不復改刻，故所見骨臼，此辭獨多，而骨之兆面，今尚未見其例也。董氏每謂旁無卜兆為記事之文，其實刻辭在此，兆璺在彼，有何不可？清華所載四大骨，其中間諸辭，何來兆璺，亦得謂為非卜辭耶？（按甲骨中頗多記事之辭，惟必與卜兆占驗有涉，非董所謂記事也。）由於上所述，余頗疑此等卜辭在武丁之初年，或且更早。故不僅如中邑等被祭者，為殻賓等之前輩，即卜人中之羔、犬、婦等，其年事亦當較長，故不見於其他卜辭。然則此等卜辭之具諸特點，實為時代較早之故也。

至余之所以釋夊為豕形無足而倒寫者，亦自有其確實之證據。釋夊為豕，釋𣡕為楙，雖若相合，而字形不類。讀楙為夏，又不能通。郭氏釋夊為𠂆，而置𣡕字於不顧，云：「即是楙字，說為从林𠂆聲，亦無不可。」（骨臼辭九葉）不知从林𠂆聲，將為𣏘字而非楙矣。且郭以𠂆為兩骨相合，而以卜辭口夊為若干包，實是誤解。卜骨實有紀數之文，刻於兆面最高，骨臼之側，其形作乂，較普通文字為大，（見十七葉附圖第五例，及𢿊編一四五一片。他例尚多。）舊多不識其意，余以卜辭五或作乂推之，（粹一一四九以乂族為五族。）知亦五字，則卜骨當以五計也。（明六八五片邊有五字，然彼或是骨柶而非卜骨也。）若𠂆字則本由人形所衍變，盂鼎匃即匃字可證。卜辭匃作𠂆𠂆（續五·六一），毛公鼎匃作匃，則並因人與身一形之變，故借𠂆為人形，猶𠂆之或變為夊也。（鐵四一·三）郭氏引楚王鼎匃作匃，以為卜辭夊字之證，不知彼所從之𠂆，乃

□之小譌，本亦由身字變來也。楚鼎已至六國末年，不可盡據，若此類第足以證說文之誤合勺勹為一之由來而已。然匋字字書所無，當即傿或歊字，其作□仍是人形耳。鄦之所謂包裹緘縢，一無所據，何況□又非勹字哉。如鄦所云□為合兩骨，冎□同是骨形，□象卜骨灼處之黑，益以前人卜兆之說，則古人之作文字，竟恆為卜用之甲骨而發矣。余謂辨識古文字，必從文字本身求之，不可先立一義。蓋文字由圖畫出，其形象自有範圍，有經驗者自能知之。至其偏旁配合，尤宜注意，不可取此舍彼，或彼此矛盾也。隨釋一字，固可信意引申，合釋多字，則自有界限，所釋愈多，界限愈嚴，則自有一系統矣。若先樹一義，漸加抽繹，就其本說，固亦圓融，苟就全部文字，一一考覈，窒礙立見，此其失也。卜辭習見□字，（如《鐵》三九·一二。）或作□字，（如《前》二·二〇。五。）昔人不識，或誤併於祇，（《甲骨文編》二·二四。）實則祇自作□若□，與此迥異也。余由其字，始疑□即□之倒文。其後見《佚存》有『□亥卜口□……甲……不……』（一·七九。）《續編》有『甲戌卜王……□……父乙。』（《續》一·二九七。）俱似祭祀之文，益信□□為一字。又《佚存》有□字，亦當為□之異文。此余倒文之說所出也。□□等形，與卜辭豕字相近，而豚或作□，（《後》上二五·二。）豥或作□，（《鐵》一一·七九。）豝或作□，（《鐵》四一·十。）或作□，（《後》下三三·一。）豭或作□，（《前》七·一六·三。）所從偏旁，均可見其與□□□等形之相似，此余豕形無足之說所從出也。然余雖能定其為豕形無足之

（《前》三·三五·四，六·四□。）不其隻豕，豕作□。

明七一八片云：『甲寅卜，其帝方，一羌一牛，□，犬。』□在牛犬之間，即豕，無疑，得此確證，為之狂喜。□字葉鄭釋九，見《論丂甲七，蓋由不識其字致誤。

倒文，而未確指為何字，則以余之考釋古文字，必求其全部貫通，不欲但為一字或一種用法而隨意立說，故雖時縈於懷而終不欲穿鑿求通，揠苗助長也。

今按□或□即是豕字，其作□或□者倒書也。豕當作□而作□者（無兩足），乃其簡形，猶□之簡形為□，□之簡形為□，□若□之簡形為□也。□或變為□，即小篆𠂤字所從出，猶□（亥之變為□）之變為□也。說文訓為豕之頭，小誤。古文字豕頭與犬不異，必兼狀其身尾，乃可別耳。其實說文𠂤讀若罽，今讀居例切，乃豕之變音。其諸從𠂤之字，如彖彘之屬，皆自有形象，渾然一字，而非從𠂤，則𠂤只是豕之簡體耳。

卜辭用□字，若前舉二例，（及）其用□字于某示幾□，皆其本義，以豕為牲也。其曰『王示殸二□』者，殸讀為豰，豕子也，（此用鄭說。）尤可證□之為豕矣。其曰今□來□者，（例見上文。）當借為遂及燧，燧者苗也，遂有成長之義，故殷人以此記時，若今□之類矣。（□是稱之本字，其義當為穫禾。）卜辭又有二例，曰『丁酉口㝵來□弗其㓨。才……』（鐵百三八、三。）曰『庚辰令□隹來□呂龜二□令。』（前八、三。）來豕二字，似亦紀時之稱，則不僅作□形也。

卜辭之用□字，恆曰王其□，或曰王□于某，以今字釋之，則為遂，然卜辭自有遂字□（從彳），而□當釋遂。王遂與王其遂者，廣雅曰：『遂，往也。』余意卜辭以𨑴為追遂字者，象有足在豕後也。以遂為遂往字者，殆本象豕在道中，而足形為後增也。銅器有□鼎，□

《後上》二五·十二云：「貞，叀小𤘍」，《鐵餘》四·二云：「貞，來庚戌㞢于示壬妾匕𤘍，於」，則皆𤘍豕之𤘍。

舊釋為遂，不誤。彖本豕聲，故金文㒸作㒸，隊作隊。

卜辭有𢓸字，即𨖿，亦即後世追逐之逐，前已引之。又有𢓸字，其辭曰：「辛卯卜，及㞢𢓸」。曾箸録于《鐵雲藏龜》（二一·二七），《前編》（六·二一·四），《續編》（六·一二·一），然于此字均不明晰，故《甲骨文編》誤摹作𢓸（附録二八）。此甲今在凡將齋，余由拓本辨之，固甚分明也。𢓸即卜辭習見之𢓸或𢓸字，它例曰：「壬戌卜，王，貞：㞢𢓸」（《徵》一·五一），句法全同，可證。𢓸字羅氏誤釋為𤘍（《考釋》三四），學者多從之。今按當釋為𨔶，非𤘍或豩字，其作𢓸者，乃真豩字耳。𨔶於卜辭當讀若遂。銅器靜𣪘有鞭𢓸，亦即𨔶字，吳大澂讀為射韝之遂是也。（射韝以革製，故韝從革，此𣪘辭𨔶字從革。）前引《佚存》之㳄字，其讀雖不詳，其字形頗有可說。蓋从卜卜者，从屮屮之變體，從艸從豕，當即《說文》䢔字重文遂之或，又為蒃之本字也。

至若卜辭習見之𣡕，用為紀時者，當釋為𣡕，即《說文》之櫞字。然古文字艸與林通用，𣡕字從林從豕，而㳄字從艸從豕，疑本象豕食艸木之葉之意，故䢔為禾采之皃，則㳄與𣡕殆本一字也。𣡕又從森作𣡕，則多以為地名。（如《續》十·七。）「䢔䢔為艸茥也」。然則殷人紀時當以此為本字，而又為假借。卜辭又有𣡕字（《鐵》二二·七三），𣡕字（《拾》七·五），𣡕字（《簠》六·九三），俱冠以今字，則均𣡕字之所孳乳，而為紀時之專字矣。𣡕從日𣡕聲，𣡕當為從日從𣡕省聲，而𣡕為從日從椽聲，椽即櫞也。

由[?]字所孳乳而為紀時之專字者，又有[?]字，（鐵二二二）當是從日豕聲。然則据[?][?]二字，可以為[?][?]一字之證。據[?][?]等字，又可為[?]為倒文之證。更推之於相關各字與其讀法，俱迎刃而解，是[?]之為豕，可無疑矣。郭氏謂武丁時豕字屢見，無一無足而倒寫者，何以此獨盡為無足倒寫而無一有足正寫者。余則謂但當考豕字之可作[?]形與否，其他可以不論。蓋卜辭中倒寫之例極多，又同一文字在同時期中，往往因用法之殊，書體亦隨之而異。凡此皆非片言所能詳，異日余所釋殷虛文字如能全部發表時，關于商人作書之習慣自易考見也。至[?]若[?]字，葉董二氏釋月本不誤，惟以又一月為紀時則非是。或云又一[?]者，是[?]字，已具前說。[?]既讀為猶若幼，月亦當為豕屬之異名，故與豕數相聯繫矣。

第十八片 甲

壬午……乙

酉易日……

夕翟……

大……

易日，郭沫若氏讀為暘日，謂猶言陰日。（殷契餘論易日解）翟，郭讀為霏，均是。（通纂考釋八五）

第十九片 甲

甲 背面

貞，今夕其亦盧雨。

乙 灼面

□□之夕

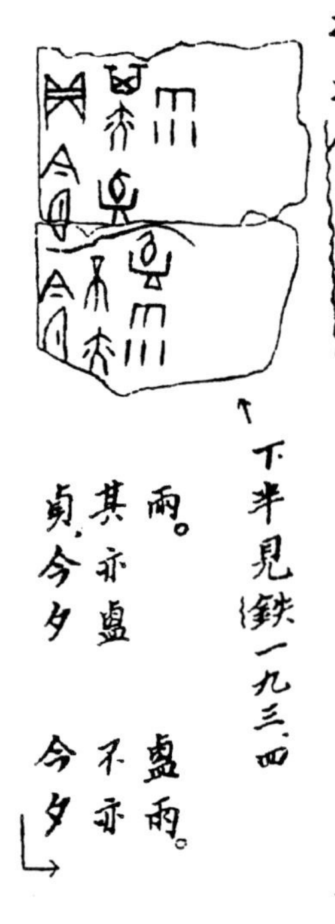

下半見鐵一九三·四

貞，今夕其亦盧雨。

今夕不亦盧雨。

按此鐵雲藏龜一片為一甲之折，今合之如次。惜彼片之灼面未被注意拓印耳。

盧即廬字，盧雨疑與[古文字]雨（鐵六四·一）同。[古文字]當釋卣。廬卣並段為脩（周禮鬯人「廟用脩」，脩即卣也）。脩長也，久也，蓋謂雨之綿長者。

[古文字]字卜辭多作[古文字]（如鐵六六·一），前人未識，蓋字形變譌也。

第二十片 骨

□□卜，今蘁

今……雨。

二告

蘁字舊誤釋為夏，余釋為蘁，蘁屬，而讀卜辭用以紀時之今蘁、來蘁為今秋、來秋，聲之借也。（見古文字學導論下四十，及殷虛文字記五。）其後，柯昌濟氏韡華閣集古錄跋尾刊行，其辛篇亞⿱艹龜爵之□字，亦釋為⿱艹龜，其說多與余闇合。惟謂字象蟋蟀之形，秋蟲鳴秋，故秋字從之得聲，則與余說異。郭沫若氏殷契萃編考釋（一葉二）、陳夢家氏商代神話巫術（燕京學報廿期）均從余說釋⿱艹龜，而解釋字形亦不同。郭以為蟋蟀，與柯氏闇合，陳則以為象龜或蝦蟆。余按象蝦蟆者自有黽字，書法迥異，不得以廣雅誤⿱艹龜為⿱艹黽，而謂⿱艹龜真象黽形也。蟋蟀於古無象形之字，其蟲有足三對，後足特長，尾有二毛，與⿱艹龜字之形亦不類。凡釋字形，當以客觀之實證為據，實證者何，字形之比較也。余以⿱艹龜為龜屬者，以卜辭⿱艹龜龜二字，自頸以下，背腹足尾，無一不同。說文誤⿱⿱艹龜火為⿱龜火，隸書之⿱艹龜，亦與龜相近。此皆實證，而學者不信，得無為主觀所蔽乎？昆蟲兩棲之名，不可悉數，若學者各運巧思，遽立新說，則豈必夏蟬秋螢、蝦蟆蟾蠩而已哉？抑此甲彼乙，以何為準耶？夫文字者古人之陳迹，我人第當就其固有之形象而解釋之。⿱艹龜字似龜，事實昭然，舍此以求，是欲治絲而愈棼之者也。

本片⿱艹龜作□，與龜作□形者（前六、六五、五）偏旁正相似。其端有歧出者，象其喙，蓋龜屬之形與魚同，在繪畫中以上端為其口也。由□之形而小變，如□，已失其喙形，至卜辭習見之書法，如□□之類，則全類角形矣。至其作□形者（鐵一五三、二）乃字形既譌之後，改就側面作喙形，與上端之∨形重出。由此可知殷人已不知作∨形之本義，然亦賴此知本片作□之上端實象喙形。余昔釋𪓐字為黽形而具兩角者。郭沫若氏謂黽屬絶無有角者，董作賓氏貽書亦深以為疑。其後余又嘗疑□形之喙為鬚形（文字記），今按角鬚之説皆非是。又𪓐之異體有作□（前六、五一、三），□（林二、一八、二），□（粹八八、），□（前四、五五、），□（粹八七八），□（庫一一八三。）等形，董氏與余書，以為有翼，而余疑為多一足，並舉三足之黽𪓐為證，均誤。粹編有𧑒字作□（一一五一片），其尾旁之揭起者，實是甲形，前記諸形，均其變譌耳。續編有靁𪓐字作□（六、二二、八），□多一筆與□字同，尤可證其為甲形。特附訂於此。

𪓐之上端既非角，而尾部亦無翼，又非三足，則仍是尋常之黽屬耳，非異物也。余昔疑為説文之䵷，以其有兩角也。兩角之説既誤，此説自難成立。今按𪓐當為觜蠵之象形。説文：「蠵，大龜也，以胃鳴者。」（按此據賈逵説。今攷工記梓人作「胷鳴」，鄭注「蠑螈屬」，與此異。或據之改胃為胷，非也。字林云「大龜似胷」，乃以胃鳴之誤。）「觜，鴟舊頭上角觜也。一曰觜觿也。」余按觜觿即觜蠵，繫傳本不誤，後人強生分別，謂觜觿專指星名，非也。觜蠵為謰語，觜從角，（或更從虫作蠵。）蠵從虫，（或從觿。）以字形言，均不得為大龜，其得此名，必義之引申，聲之假借也。𪓐作□形，既特示其長喙，必為𪓐之特點。觜從此聲，此聲之字，多有尖鋭之義，鳥咮鋭，故稱觜，射雉賦「裂膆破觜」，注：「喙也」，引申之則凡口皆可稱觜。（俗作嘴。）觜蠵之義，當亦與喙有關。星名之觜觿，小三星隅置為白虎之首，亦正以其形之銳也。又說文「萑，鴟屬，有毛角」，而觜下云「鴟舊頭上角觜」，蓋以角鴟耳旁有長毛，似角，而實非角也。然卜辭萑作□，則竟似有角矣。龜字或作□□□等形，亦似有角，自得冒角觜之名，則稱為觜蠵，猶云角鴟耳。觜蠵之合音與龜相近。疑古本以龜字象此類大龜，其後龜字之用日繁，失其本義，乃借觜蠵之聲以名之，而其作觜字者，又取義於其長喙也。釋魚「二曰靈龜」，郭注「涪陵郡出大龜，甲可以卜。緣中文似瑇瑁。俗呼為靈龜。即今觜蠵龜，一名靈蠵，能鳴」。郭氏謂觜蠵即靈龜甲可以卜。今殷虛所出大龜，長尺餘者，不知即此否？蓋殷世自有較小之龜，如缺七二一，其長不過四五寸，似非一種也。龜可以卜，故䶬字從大從䶬，說文引左傳「龜䶬不兆」，䶬為䶬之誤，是䶬象灼龜，亦龜即觜蠵之一證也。甲骨文錄六八七片云「庚申卜，出，貞：今戊歲龜不至丝丙。二月。」此龜字殆用本義，則祖甲時商地無龜，然由其語意觀之，固時有至者也。東山經「深澤其中多蠵龜」，招魂云「露雞臛蠵」，是觜蠵為古代中原常見之物，是名觜觿，疑亦由龜名所借用者也。然蠵既可供食，又供卜用，其種自漸衰微，後世遂不常見。嶺表錄異曰「蟕蠵，俗謂之茲夷，乃山龜之巨者。人立其背，可負而行。產潮循山中。鄉人採之，取殼以貨，要全其殼，須以木楔其肉。龜吼如牛，聲響山谷。廣州有巧匠，取其甲以為梳篦盃器之屬」（太平御覽九四三卷），則為殊方異物矣。

第二十一片骨

甲　兆面

丙戌卜，貞，不丙
一　二　三
二吿
丙戌□　貞……　兩。　二　三

乙　灼面

丙　骨臼

其□……
貞□……
壬午……
乙子卜，㱿，
貞　弓……　亡
……

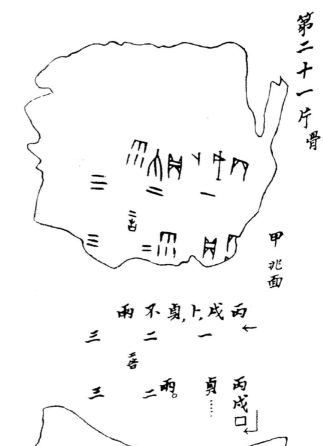

骨臼所刻，大抵□示□屯之辭，其刻他辭者，余所知惟此一例，以拓法精善，故能辨之。此臼較大，故能容兩辭。他骨兆面之上端，往往如此，余疑兆面刻辭，其先自骨臼刻辭蛻化而來，故襲其體制耳。

第二十二片骨

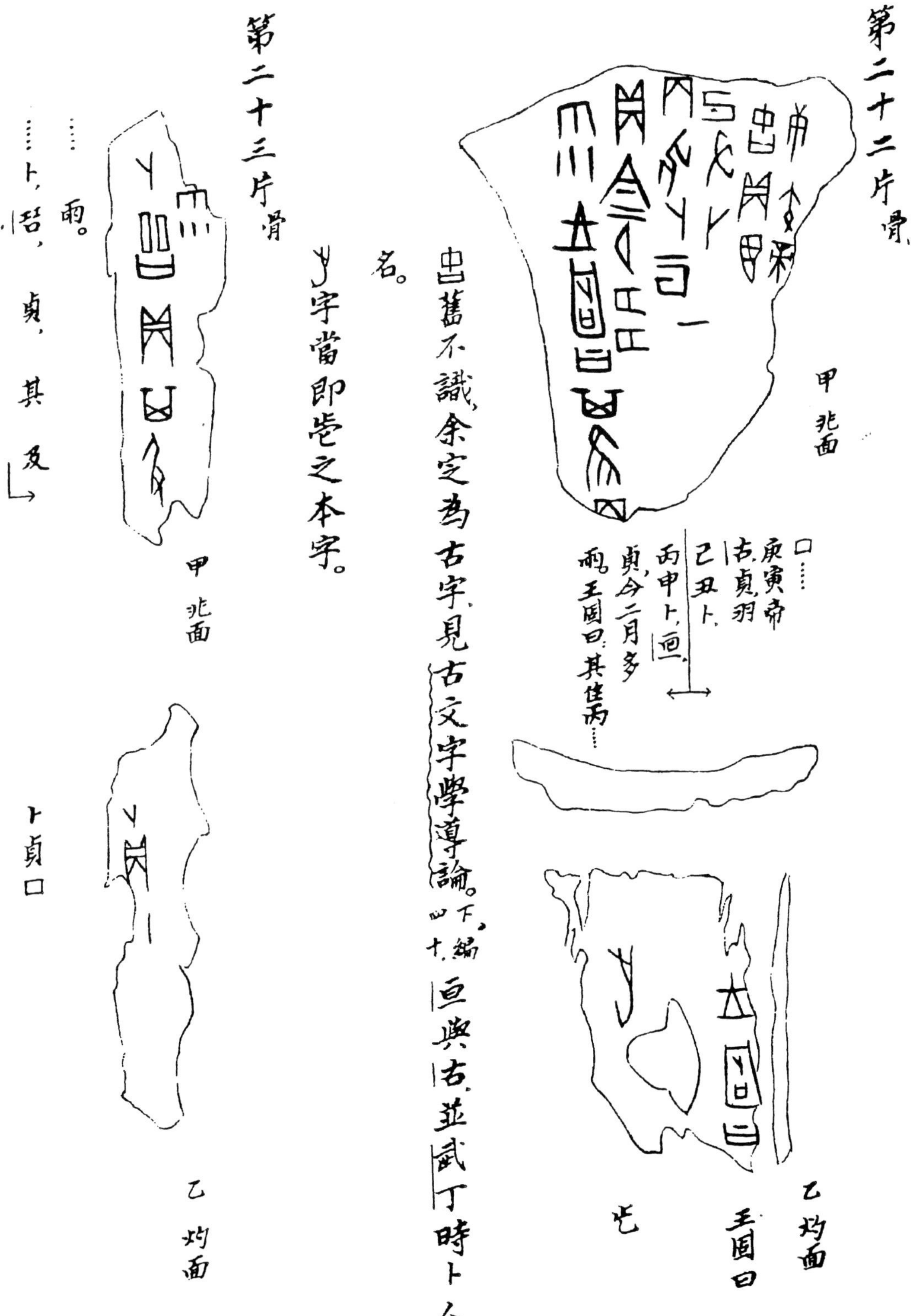

口……
庚寅帝
古貞羽
乙丑卜
丙申卜亘
貞今二月多
雨王固曰其隹丙……
甲兆面
乙灼面
王固曰

古舊不識，余定為古字，見古文字學導論。下編四十。亘與古，並武丁時卜人名。

第二十三片骨

ㄓ字當即㞢之本字。

第二十四片骨

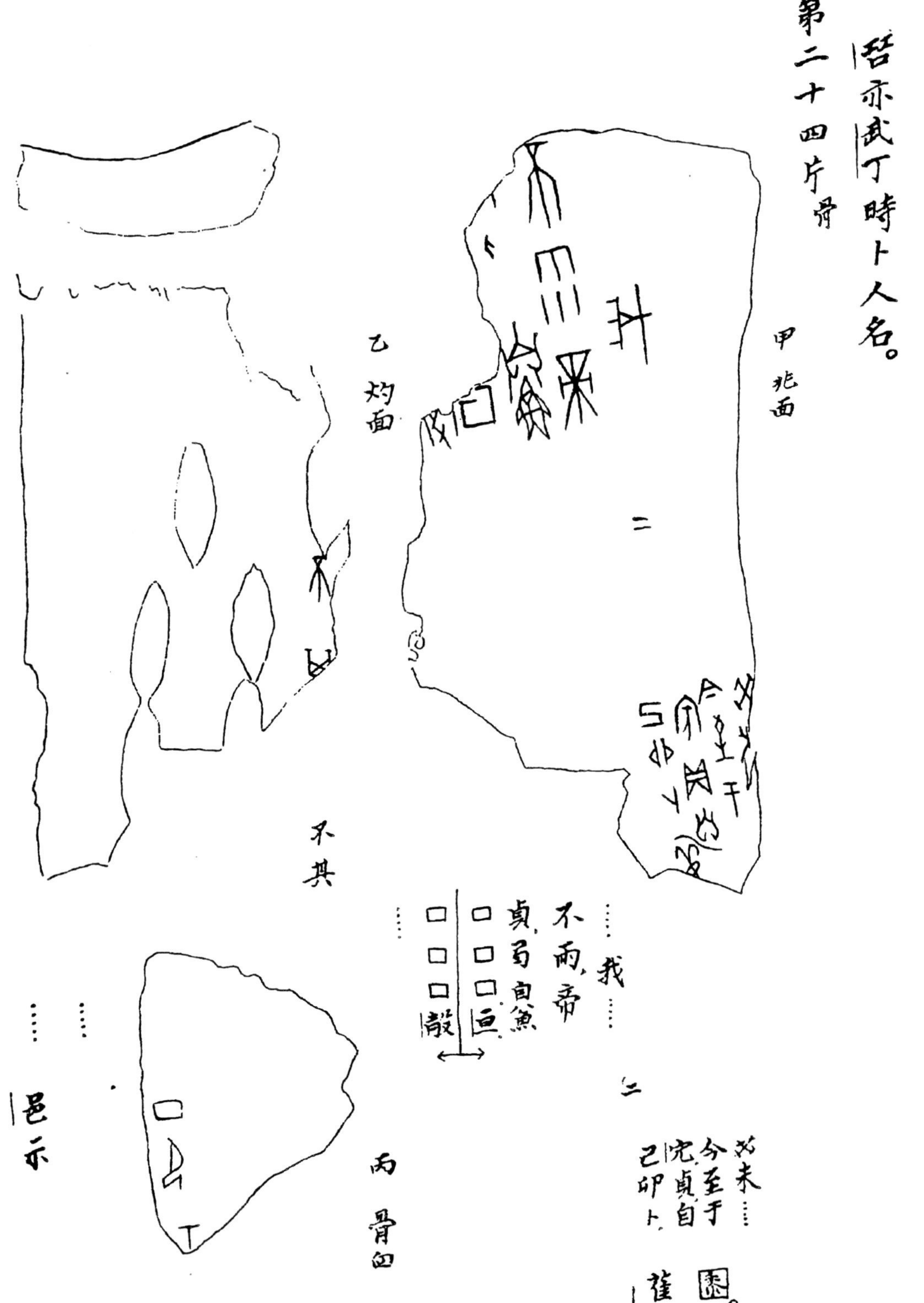

第二十五片骨

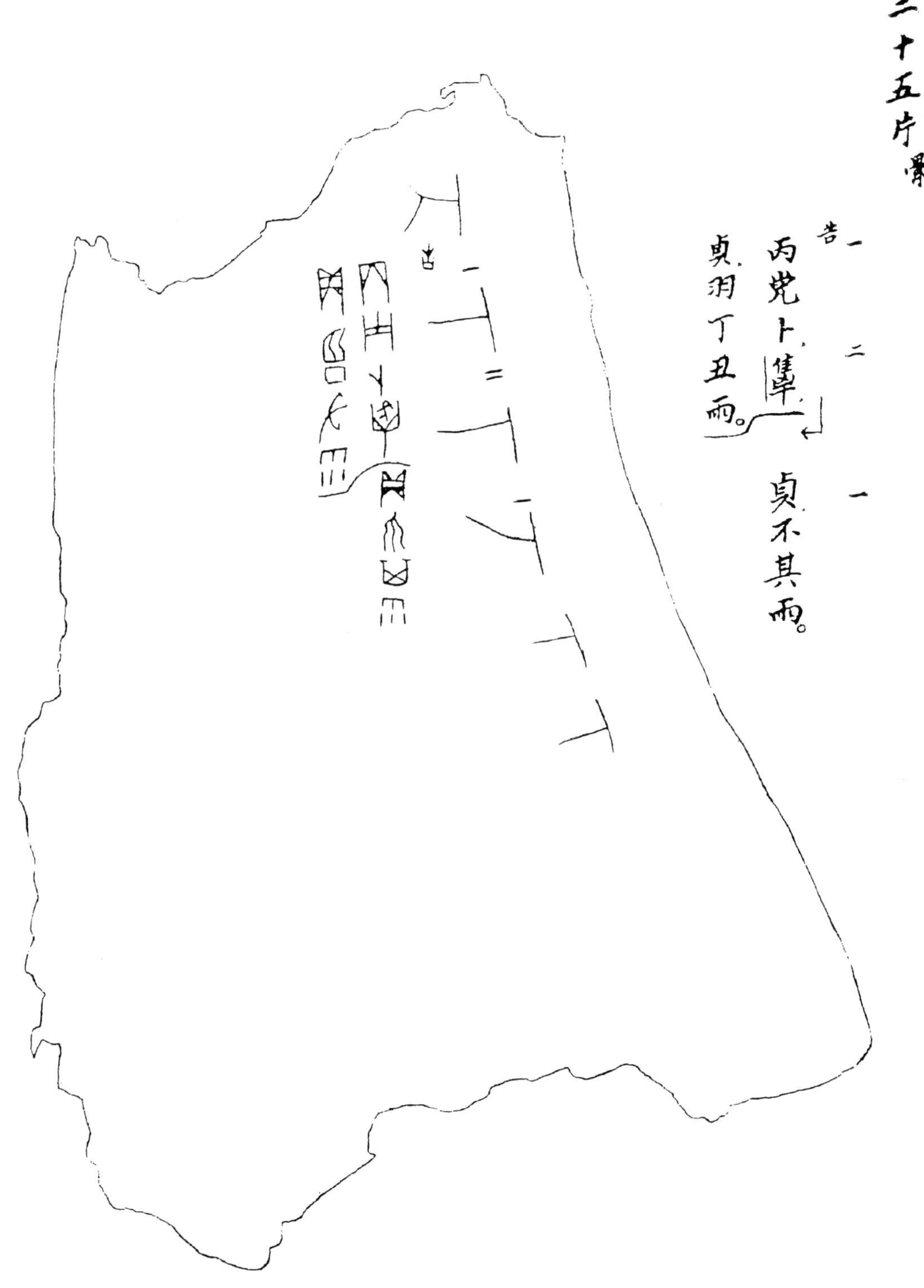

玉篇畢有方千一音，可證千畢一字。

□字在此為卜人名，當在早期。其字羅振玉釋為羅，謂說文解字「羅以絲罟鳥也，从网从維。」卜辭从隹在畢中，𠦒與网同，篆書增維，於誼轉晦。又古羅離為一字。離从隹从离聲。古金文禽作□，下从𠦒，知离即𠦒，而移𠦒中之隹於旁，又於𠦒上加丫，許君遂以為离聲。方言「離謂之羅」，始以羅離為二字，後人遂以為黃倉庚之名，及別離字，而離之本義晦矣。考釋改訂本卷中四九。今按羅說似是而實非。网自作⊠⊠⋈等形，與𠦒迥異。𠦒亦非畢字，然即釋畢，亦不能謂與网同也。余謂𠦒或作丫者，本象罕形，金文有象形文字作□者是也。憲二二三，干爵。其字當釋為干，罕者干之孳乳字也。罕為小網而長柄，與網羅不同。說文訓𠦒為犯，以為入一。又歧出一華字，北潘切訓為箕屬推棄之器，而不及一單字訓為大也。知其為罕形之變，皆其失也。𠦒形又變為离，羅據金文定為一形，其識甚卓，然因之釋□為離，云移𠦒中之隹於旁，又於𠦒上加丫，則非是。𠦒上何以加丫，羅遂未論。余謂布文有蓠石，作□，奇觚室吉金文述十二，二二。及□同上十二，三十。則古自有蓠字，離乃取之為聲耳。離自是形聲字，方言「離之謂羅」，自是聲近通段，與字形無涉也。羅氏欲釋□為羅，而苦於字形不類，故謂𠦒與网同，然從网從隹，則罹字也，說文「罹，覆鳥令不飛走也，讀若到。」亦非羅字，故既曰篆書增維，當作糸，兩氏類編引不誤。於誼轉晦，又以□為離，離羅一字以附合之，其用意良苦，而不知其左支右絀，終於不能通也。余謂□為鳥在罕中之形，金文有□字，憲二三七。

十□（林二、）

二五、十□（通纂附十四、）

觶□字（續殷文存下六四亞隼觶）□字（續殷文存上三七亞隼父丁段）□字（續殷文存上五三亞隼父乙段）□字（積殷文存上二二子隼鏡）又鉨文有□字（鄴中片羽一上三四亞隼玶鉨）均可證。當釋為隼，遹段有□字，當釋為雓，蓋其後起字矣。以象意聲化例推之，當讀干聲。移隹於旁為雗，說文無雓字，玉篇鳱或作雗，然說文并無鳱字，蓋偶遺耳。隼本象以畢取鳥，而後世用為鳱鵲，鳱鴠皆段借其聲。或又借以為鴈字。

第二十六片甲

癸酉卜，貞，王𡧍彖甲，彡夕，亡尤。

此貞王𡧍之辭。𡧍讀為賓，王賓見洛誥。□字舊無釋，董作賓謂是虎字，（斷代研究例三三四）郭沫若釋為㒸，謂是𧱏之別構，（卜辭通纂考釋三一）並非是。余按□之見於卜辭者，如□（前一、一六、三）□（後上八、一）□（續一、五十、五）□（新三五二）□（佚八九〇）□（錄三六八）□（粹二七三）□（鐵八、十）□（明七四二）□（明五〇〇）□（明四九四）□□（續三、二九、三）□□（續三、十九、二）□（絜一一、一）□（林一、十一、十二）□（林一、十一、十五）□（林一、十一、十六）□（粹二七四）□（續一、五〇、六）□（前一、十九、五）□（前一、四二、二）□（靖十、二）等。其獸形率皆大耳哆脣，短身厥尾，與虎象之形截然不同。蓋卜辭作虎字，如□，（佚存九）。其身甚脩，㪅背有起伏，其尾長而上曲，非短尾也。其作象字，如□（後下五、十）

一則狀其長鼻，故口部之上筆特長，異於他口。又其尾長而下垂，亦與短而上舉者有殊也。研究古文字之術，最要在考其衍變，辨其特點。此字之形，以□□□□諸寫法為較早。其所作之獸形，實習見於早期卜辭，如□□□□□□等，（甲骨文編附錄四六）前人亦未能識也。余由此獸之長耳、厥尾諸特點，斷以為兔字。又此字在晚期卜辭中，變為□□□□諸形，其獸形亦見於田獵之辭，余所見者有三例，一曰：「……王卜，貞田榆，生……。王占曰：吉。丝禽……百卌八，兔二。」（前二、三三、二）一曰：「丁亥卜，貞王田𢎹，生來亡災。隻佳百口八，兔二，雉五。」（林二、一八、一六，前二、三〇、一，從通纂六四一片綴合，「佳百口八」，郭誤為「佳鹿八」，今正。）一曰：「……卜，貞王田𢎹，生……禽隻犯十，……兔三，雉六。」（後上十四，十）以辭例言之，兔既與佳雉同列，又次犯後，必非巨獸。以字形言之，則兔或作□，即雍邑刻石（舊石鼓五）兔字及小篆兔字所從出，固甚易知也。更以偏旁考之，則□字昔人所誤釋為逐者，（詳甲骨文編二、二一，逐字。）當釋為逸。（逸本象逐兔，引申為兔之奔逸。）而諸從皀之字，其偏旁作□，與□絕相類，則以上諸文之為兔或㲋字，無可疑矣。考羅振玉氏嘗以□□二字為兔字，謂長耳而厥尾，象兔形。（考釋三七）□為㲋字之誤，□則確是兔字，惜其未能充類至盡也。孫海波甲骨文編則去㲋字而增□□□三字，□為何字雖未知，然非兔形，□則彖字也。□字尤為誤摹，殆不成字，其實即前舉第三例之兔，孫氏蓋由其辭例推定其為兔字，未能辨析其字形也。吳其昌鄭於第一例亦詮釋，參見通纂考釋一。

據前舉第一例之□而釋為虎，以為□之□從虎之證（書契解詁一六六片），其方法實極外誤。蓋取甲以證乙，必甲之本身已為確定者而後可。今以□證□，而□之是否虎字，又以何為證乎？郭沫若於上述第二例之□字釋為兔，甚確（通纂考釋一四一）。第彼辭文不明晰，鄭釋殆亦推辭義而得，故不能通之於他例也。抑卜辭兔字及從兔之字，其數極多，諸家所釋僅有三例，且或誤合他文，謬其形體，是其識之本未審諦也。蓋由圖畫而變為文字，物體鉅細已不能辨，虎象㲋兔，大小齊等，益以變化之繁賾，若干特點，間有淆混，毫釐銖黍之間，辨之綦難。故雖此類極易識之字，猶釋虎釋豕紛紜不已也。

商世先公先王之稱甲者凡七，曰：上甲、大甲、小甲、河亶甲、沃甲、陽甲、祖甲是也。以卜辭考之，則小甲、祖甲之間，當為戔甲、□甲、□甲三人。董氏以戔甲為河亶甲甚是，蓋河亶之合音與戔相近也（董說見斷代研究例）。至其以□甲釋為虎甲，用當沃甲，而以羌甲為陽甲，則與卜辭之世次不合。郭氏謂□甲先於□甲，至為精確。惟釋□為狗，或苟，以當沃，釋□為喙，以當陽，則殊外誤（通纂考釋三一及三五）。尤以釋□為狗一說，學者間多所疑難。余謂羌甲仍當為陽甲，其世系之異，當為史記之錯亂。郭氏旋作申論苟甲一文（殷契餘論），除仍堅持其釋狗之說，於余說則以為紛張過甚。吳其昌從董氏以□為虎，而深斥郭說，然其以沃甲為二大甲，虎甲為羌甲之弟，盤庚小辛之兄，均屬杜撰（見書契解詁一片。一六今按𢆶為羌字，乃不爭之事實，郭之膠執，殊可不必。惟余前認羌甲為陽甲，以𪚥甲當沃甲，而謂史寀其次序，亦是錯誤。當如郭氏以羌甲當沃甲，𪚥甲當陽甲，乃合。蓋羌可讀為羊聲，與沃音相近，御覽引紀年沃甲又作開甲，開與羌聲亦相近也。逸字從兔，當並取兔聲，逸陽為聲之轉，大荒北經注引竹書有和甲，今本紀年以為即陽甲，𪚥和音亦相近也。然則殷本紀之河亶甲等三人，並可徵之卜辭，字雖不同，其世序固一一符合也。

彡夕者連夕祭之也。王賓為祭禮之總名，彡夕為祭法。

第二十七片甲　續一、十八、七，箸錄

庚寅卜，
貞羽辛
其又一
𢆶
□

戉亡囚。
貞王室□
乙未囚

庚寅至乙未六日。又讀如侑。戉者戊之異文，其字本當作𠦃，鐵百七六、二云：乎雀𠬝兄丁十牛，戊用。象戊之形。虢季子白盤云：錫用戉，戉字作戉，即𠦃之變體也。字或作𠦃，甲骨文錄六八七云：今戉。即十日名之戊字，者沔鐘越字作戉，則戊戉本一字也。由𠦃形而小變則為𠦃，增點則為𠦃，子禾子釜作戉，明卜辭變點為橫畫也。古文字往徃增點為迻飾，無意義。

王宜口戉者，戉當讀為劌，卜辭以今戉為今歲。劌，割也，謂割牲以祭也。墨子明鬼引逸古書曰：「吉日丁卯，用代祀社方，用代祀本誤作周代祝，孫詒讓改為用代祀，郭沫若又改代為伐，今從之。郭說見甲骨文字研究釋歲。歲於祖若考，以延年壽。」祖若本作社者，依孫說正。此謂伐人以祭於社若方，歲牲以祭於祖若考也。洛誥云：「戊辰，王在新邑，烝祭歲，文王騂牛一，武王騂牛一。」烝為彝，登新米之祭也。祭即卜辭之歲，以肉祭也。歲文王騂牛一，武王騂牛一者，歲用騂牛於文王武王各一也。此亦王宜之禮，烝即卜辭之王宜彝，祭即王宜歲，歲即王宜戉，下文又言王賓殺禋，辭有詳畧耳。舊以祭歲連讀者誤。鄭玄曰：「歲成王元年正月朔日也。」詩烈文正義。蓋以烝祭上屬，然其解歲字亦誤。蓋商周舊典，漢儒已多不能知矣。

第二十八片 甲

甲午卜，□，貞王宜翌甲戉，亡尤。

戊子卜，大貞王宜人戉亡尤。

人戉未詳。卜辭習見，如云：「丁子卜，即貞王宜人戉亡尤。」續一、三十三。即其例。人或當釋匕，則戊子所祭當為妣癸歟？

第二十九片 甲

囗子卜，貞，王𡧊伐亡尤。

丙午□，貞，□□日其囗囗一囗。

卜辭之例，凡貞其牢之辭必先一日，此丙午所卜，當是用牢於武丁若康祖丁文武丁諸先王之一也。○字舊皆誤釋為丁。有一例云：甲戌卜，貞，武且乙宗○其牢𢆶用。簠一，乙十三，郭沫若謂宗與丁俱祭名，卜辭習見。通纂考釋十九，今謂武且乙宗即武祖乙宗，乃武乙之宗也。○當釋日，讀為旦。蓋前一夕卜次旦其用牢于某人也。日可讀如旦，猶月可讀如夕矣。日月均有三義，本狀其實象，一也。引申為今日今月之称，二也。旦象日出，夕象月出，三也。凡卜辭言其者，皆疑問之辭。

代者代人以祭也。

第三十片，骨 續四，六，三，箸錄

貞𠭯辛卯酌。青

貞勿𣪊。

貞𠭯雨衆。

甲申 一 丙戌

後下十三，七，與此可互補

卜辭有但記日名者，如此甲申及丙戌二例皆是。其所貞之事，當在別處亦或未記耳。貞𠭯雨衆者，衆有祈乞之義，貞祈雨之辭也。貞𠭯辛卯酌者，酌即酒字，古於酒熟之時，有飲酒之禮，後世所謂酎也。此貞酌禮之辭。貞豸牲者，豸讀若刃，牲疑即牂字。其義未詳。

□或作□，卜辭習見，後期卜辭中以□□等形為之。孫詒讓釋為叀，又疑為甫之變體。（契文舉例下十七）羅振玉釋為𢀛。（增訂考釋中三八）余永梁以釋𢀛為非，仍釋為叀。（殷虛文字續考）近人皆從之。余按□□非一字，□當為甫，□當為叀，金文皆如此，本極易別，而諸家混之者，以羅振玉釋卜辭之□為圃，遂謂已有甫字，而卜辭□□二字用法相同，遂誤認為一字耳。卜辭從□之字有□或作□，從□之字有□，王襄分釋為專専二字，（類纂正編十四）甚是。商承祚以□□為𢀛，乃承羅說而誤。（類編五，十二）朱芳圃以為叀，（文字編四，十）孫海波合於專（文編三，十五）則襲余氏之說而誤也。按卜辭之□，實象艸生田中。屮與艸同，故字或作□，（前四，五五，六）然則其字當釋為苗，非甫也。羅氏見金文有□字，遂以卜辭之□當之，而以□合於𢀛，後人知□□之非𢀛，而終不知□之非甫若圃，故雖有□□□之別而不能分。早期卜辭中□作□□□□□等形，學者亦多誤依羅氏釋為𢀛，不知□之為□，猶□之為□，□之為□也。且金文叀字固多作□，尤可為證。今檢前編（二，十七，一）辭云：「……□令取□」則甫叀為二字，無可疑也。余謂早期卜辭用甫字，後期卜辭用叀字，辭例相同而用字各異者，聲有變轉，則所段之字不同。猶秦漢以後，以叔易弔，以俞敏謂𢀛即栅珊，金文作𠥸，甚是。

巳易子之類。又如卜辭中之西字，早期叚甾為之，後期叚由為之。災字或作巛巛，或作𢦔𢦏。則甾叀不必認為一字也。叀古讀當與惠相近，甾聲得轉如叀，與卜之讀為外（如卜丙即外丙。）畧近似。

卜辭甾或叀字之用法，舊說極紛錯。孫詒讓謂以甾馬甾豕諸文推之，似當為搏執之義。王襄謂卜辭習見叀牛叀羊叀物叀𦍩叀彘叀兕之文，叀字有牽縮之義，殆即周禮肆師展犧牲繫於牢之禮。又引漢書注『叀縣也』，謂或即爾雅『祭山川曰庪縣』之禮。（徵文考釋典禮六葉。）余永梁讀叀為剸，『叀牢者剸牢也』。以叀為本字，而以說文『𩠐，截首也』及其重文之剸為後起字。（殷虛文字續考。）又引周書世俘解『斷牛六斷羊二』謂叀羊叀牢叀牛為斷羊斷牢斷牛。（與徐中舒書。）吳其昌襲余王之說，辭極縣冗，其大要謂『叀象牲首囊括之狀，牲首在囊，先必截斷，故叀字引申之義為刑斷牲首』，而以叀牛等為證。又謂叀義既為斷截牲首，故引而申之，遂與擊伐誅戮之義為類。『擊王叀北羌伐』謂王擊北羌討伐之也。『貞叀王往伐𢀛……』記貞卜擊伐𢀛方之辭。『貞叀王征𢀛方』則直以叀代伐，故與征為類。又謂叀伐同義，伐之義得轉行之為伐牲以祭之祭名，故叀之義亦得轉行之為剸牲以祭之祭名。卜辭中如『帝叀亡𡆥』，（按備四、二七、三片，帝乃別一辭之文，吳氏誤讀叀與禘連。）如『貞叀叔祝』，叀與叔祝連文，斯叀字之義，必為祭名。（殷虛書契解詁三七片。）葉玉森謂余氏釋為專即剸，持解甶牛甶𢦏……諸辭似適。至若「貞甶今冬甲子𢦏」（按鐵十三，四中「冬」作來，葉釋冬。）「甶苦」（按當作呂。）「貞甶五月」「甶𢦏」「乙酉卜，兄，貞甶今月告于南室」……各辭中之甶字似非剸說。王氏謂即康牲繫牢之禮，證之「甶葬丝用」「物甶用」等辭，似卜辭云甶某牲，並涵繫而備用之說。惟甶字除剸繫外，似又別涵數說。或為祭名，如「甶今冬𢦏」「甶𢦏」「甶今月告」……諸辭。或用如惠，如「甶𠂤往追羌」，即專命𠂤往追羌方人也。或依孫說釋搏，則「甶苦呂」「甶下𠙵」，即搏苦方下𠙵也。蓋此三說，持解各辭，或較順耳。（前編集釋一上五二。）郭沫若謂叀乃中干之伐之本字，叀葬殆謂伐騂。（通纂考釋十四，金文餘釋之餘釋𢦏。）而謂「叀册用」「叀祝用」等辭之叀字，習見，義未能明。（辨編考釋一。）

余按羅釋惠而謂以文例得知之，實則全不知文例也。孫王余諸家亦僅見叀牛叀羊諸辭而不論其他。吳葉郭三氏已知其不足矣，然終拘牢舊說，不能貫通也。今謂卜辭習見之甶（早期）或叀字（晚期）均為語詞，即叀牛叀羊諸辭，亦非用牲之名也。凡卜辭之言叀某者多與其牢同見。如云「甲兇卜，貞，武且乙升，旦，其牢丝用」，其同片之辭即云「叀葬丝用」（補一十四。）是叀葬與其牢之辭例相同也。如云「其又父己叀牢用」（戩六廿一。）叀牢與其牢尤相近，則叀之意義當與其略同。讀剸訓伐固不當，即讀搏訓繫，亦不能合，蓋家畜本無需搏，卜用何牲尚未定，亦無從繫之也。若甶叀字下不繫牲名而繫他

（多方，『予〔余〕不惟多誥。』）

辭者，尤非訓為語詞不可。』王由北羌伐，』如讀為王擊北羌伐，』貞，由王征呂方，』如讀為貞伐王征呂方，則於一辭中疊出擊伐或伐征兩同意之字。』貞，由今來甲兇來，』貞，由今月告于南室，』諸由字如以為祭名，則於一辭中疊出由來或由告等兩（同）意之字。於文法皆不能合也。

由或叀之得為語詞者，叀古讀當如惠，故金文多以叀為惠，而惠從叀聲。惠字古用為語辭。左傳襄二十六年『寺人惠牆伊戾，』服注『惠伊皆發聲。』其義當與惟字同。書洛誥云『予不惟若茲多誥，』君奭云『予不惠若茲多誥，』句例全同，不惠即不惟也。偽孔傳訓為不順，江聲讀為不慧，俱失之。楊（今人）筠如尚書覈詁謂惠疑當作惟，又引左傳服注謂『古書惟與伊同用為發聲，不見惠字，則惠亦惟之假也。』（覈詁九六。）洛誥曰『惠篤敘，無有遘自疾，』楊氏亦云惠與惟聲近相通，而謂左傳之惠亦當為惟。（覈詁八五。）按楊氏讀惠為惟甚是，與謂惠為惟之假，則誤。語詞豈有正字，作惠作惟，同是段借，寧有更段惠為惟哉？余謂堯典『亮采惠疇，』猶云亮采惟疇。（亮采如云『亮采有邦』。）咎繇謨『朕言惠可底行，』猶云朕言惟可底行。多方云『爾曷不惠王熙天之命，』王疑借為往，猶云爾〔曷〕不惟往熙天之命。文侯之命云『惠康小民，無荒寧，』荒讀為妄，猶云惟康小民，無妄寧。（此篇惠字，前人訓為順，若仁愛者均誤。）然則惠之用為語詞者甚多，不僅楊所舉二證也。

燮二四五四甲午卜貞：彝□日翌大示酉惟牛，小示由㔾。大示卿大示，此一辭中以隹由對文。四三、六五：由王卿，又云貞勿隹王自卿。四三、三五：貞勿隹王羌伐呂。又云：貞由王望口呂。此並一片中以隹由對文，是可證由之必讀如惟矣。

知叀與惠同，讀若惟，則見於千百卜辭中之由若叀字，因不迎刃而解。本片云，「貞由而奉」「貞由辛卯彡」者，貞惟而奉，貞惟辛卯彡也。他辭曰：「王由比羌伐」者，王惟比羌伐也。「貞由王征呂方」者，貞惟王征呂方也。「貞由今來甲兇朿」者，貞惟今來甲兇朿也。「貞由今月告于高室」者，貞惟今月告于高室也。推之「叀冊用」即惟冊用，「由𣅀令」即惟𣅀令。凡卜辭中有此一字而致文義不明者，讀為惟，未有不文從字順者。然則由牛由羊者，詩之「維牛維羊」也。叀物者，詩之「維物」也。卜辭以叀華叀物與其牢對，正猶詩之以「九十其犉」與「三十維物」為對矣。數十年來膠滯難通之點，今始豁然，由此可見治卜辭者首當通其文例，不可顧此失彼，枝枝節節以為之釋也。

第三十一片 骨

續二、一、三、著錄

第三十二片 甲

[癸]亥王卜，貞：酌彡日自[上甲至]
[于]多毓（后）衣，亡巷[自畎]。
王卣曰：吉。才三月，隹王廿[祀]。

酌彡日者，酌是祭禮之名，彡日其祭法也。

此即以卣爲卣者。詳第五片。

卯宰又一

□一卣。𠂤三

乙 灼面

□

□□有（侑）

第三十三片 骨

甲 兆面

貞出（侑）匚（祊）

于王亥。

此貞祊祭之辭。

第三十四片 骨 佚存三五九

貞羊

出喙。

此貞祭貞以羊侑以喙之辭。

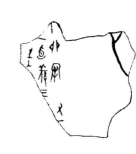

𠤳舊釋兕，吳其昌釋兕，並誤。卜辭自有兕或兕字也。近人於此無釋。余謂當釋爲貞，蓋由頊戚嬰等之偏旁證之。貞本作𠤳，此第小變其形耳。貞與夏本一字。湯既勝夏欲遷其社，不可，作夏社，疑此貞字即夏社。故卜辭之祭，與河岳比隆也。

𠮷字王襄疑吠字。類纂存疑三。商承祚初釋吠，類編二七。後改釋豚。佚存攷釋四九。按其字從口從豕，

此第一行當有□□卜宂四字。

釋吠與從豕不合，釋豚又與從口不合，皆非也。余謂啄當為喙之本字，左傳昭二年深目而豭喙，豕喙異於常畜，故從豕，而卜辭此字又特示其喙狀也。說文喙從彖聲，朱駿聲謂當從彖聲，又以彖為豕之或體，（通訓定聲豫部）今卜辭喙字正從豕，可為朱說之證。喙為豕喙，引申之則鉅喙之畜或獸，皆得稱喙，易曰為黔喙之屬是也。本片出喙者，疑是豕之異名。

第三五片

續一、三六、二，佚九八九著錄

三

二宰。三

丁亥卜，出于河

三

二牛。三

三豕 一

日出于……

丁亥……

巛字舊誤為巳乙，從郭沫若釋為汅，（商釋字非是。）即河也。宰當即庠，其本義為少牢。□字卜辭習見，舊釋為豕。字或作□，作□，亦釋豕。（並詳甲骨文編九、九）其變為□，則釋為牡，或從豕矣。（殷虛書契考釋三四，甲骨文編二、五）余按諸釋並誤。□當象牡豕之形，故並繪其勢。□則作書之時，小變其法，故勢不連綴於小腹，丨又變為丄，（即士字之本字。）□則為𧱐。牡豕為豭，故□當為豭之本字。凡羅振玉所謂牝牡牢牧等字或從羊豕犬之類者均誤。說文𧰨豕也，從彑，下象其足，讀若豭。朱駿聲云當為豭之古文。（《通訓定聲·豫部》）其說極允。蓋亥之變為豖，即得轉為豕。然則豕即亥形之變，而《說文》僅云豕也，下象其足，已失其義。豭則後起之形聲字，遂獨專牡豕之義矣。《說文》家字從豭省聲，段玉裁疑之，謂此篆學者但見從豕而已，從豕之字多矣，安見其為豭省耶，何以不從叚而紆回至此耶？因謂家為豕之居。余謂家固豕居，段所疑者，亦正中輕說省聲之病，（凡省者當本有不省之字，不然皆誤也。）然許說此字未為大誤。蓋卜辭家作[字形]（前四、十五、四），象豭在宀中。以象意字聲化之例推之，當讀豭聲，其但作豕形者，可謂為豭省聲。豭即古豭字也。

第三十六片（續二、一九、一著錄）

……牧。

□□□辛羽（翌）氏（視）牧。

丙寅卜，辛貞，出于東（南）[字形]（門）二羌。

辛為武丁時卜人之名，劉鶚釋戠，孫詒讓釋找，胡光煒釋爭，葉玉森釋殸，均非。字當作[字形]，見續一五九片，象以手牽[字形]，當是牽之本字，作[字形][字形]者其變形也。

林一、十四、四作[字形]，亦從木。後下八、六作[字形]，七片作[字形]，亦筆變為平畫。又變為[字形][字形][字形]等形，則去其形愈遠矣。由此可見古人作篆，亦類草書，十者[illegible]知或同，凡[illegible]言古文字者，固當觀其會通也。

□字，羅振玉釋芻，余昔釋為芟，漢印有□，昔人誤釋為艾字。芟當從艸又聲，即說文訓「擇菜也，從艸右聲」之若字。詩「薄言有之」，有當作芟或若，擇之也。（余說詳唐氏說文注稿，容庚采用於金文編。）至經傳通用之若字及說文從若之字，並當於說文之叒及舜，甲金文之□或□，蓋由隸誤為從右聲之若，而篆文亦受其影響耳。（三體石經已誤以□為古文之叒。）甲骨文編以□當說文之若，而以□為芻，注曰「唐蘭以為若也」。孫氏蓋未解余意。

今按□亦即芻字，羅說不誤，但與余各得其半耳。□象以手取艸，可訓為擇菜，亦可解為芻蕘之芻，（古文聲系訓為牧也，大誤。）由象意聲化之例，為從艸又聲，聲轉為芻，猶又之即寸字也。□形變而為□，又誤為□，說文訓為刈艸也，象包束艸之形，非是。

□舊多不釋。孫詒讓釋佀，讀為呂。（契文舉例下三三）王襄引華石斧說釋氏，謂通作地。（類纂正編五六）郭沫若釋挈。（甲骨文字研究。）余按以字形言，王華之說較近。卜辭別有□字或作□，郭釋□甚是。（金文餘釋之餘三六。）□當即說文□重文之盜，蓋氐本從氏也。□既□字則□當釋氏無疑。□器變為□為□，則為氏，於其下作地形則為氐字矣。此云氏牧，疑讀為眂。他辭云氏眔及氏王族之類，疑當讀為提，提者挈也。郭釋挈，義雖是而字則非矣。

□字舊無釋。（甲骨文編附錄五·二）余謂與□為一字，伊尹得稱伊□，（後上二二·四）則黃尹得稱黃□也。□字卜辭習見，形多詭異。羅振玉因其有□形，釋為赫字，謂「赫從二赤，此從大從

〓者，省二大為一，誼已明也。此字即召公名之奭。尔疋釋訓「奭奭」，釋文本作赫赫。說文奭從皕從大，盛也。赫從二火，故言盛，從皕則無從得盛意，知從皕者乃從〓之譌，奭乃赫之譌字。卜辭從〓，或變作〓〓〓〓等，皆為火之變形，許書又變從百，愈變而愈失其初矣。』（考釋四九）陳邦懷據詩毛傳訓奭為赤貌，以為奭從炏不從皕。謂奭赫不可以為一字，以羅說省二大為一為未允。（小箋十七）郭沫若因此字有與母字通用之例，如：『祖丁奭匕己』，有一例言『祖丁母匕己』（後上二六．六）『大乙奭匕丙』，有一例言『大乙母匕丙』，（新三三．六）遂謂『奭即說文橆注奭或說規模字之奭。其字形，分明於人形之胸次左右，各夾一物，其所夾者乃是乳房。是則字之結構亦與母同意。母之二點亦象乳形，所異者僅母跪而斂手，奭立而張手耳。此必母之古文，專用為母后字以示其尊大，蓋母權時代之遺字。』（釋祖妣十二．通纂考釋二二．）葉玉森謂『此字之別體至夥，除從〓一形外，無象火者。其所從之〓〓〓〓〓〓〓〓〓〓〓，若謂皆火之變態，然卜辭中未見有他從火之字，有一二變態若是者。』又謂『除〓〓〓三形外無象乳者，即此三形可象之物甚多。羅氏之說固紆曲有加，郭氏之說亦新奇太過。』其所釋則以為夾字，『一大人兩臂亦下無論所夾何物而夾義自顯，故夾物之象可任意書之。』（鉤沈，前編考釋一上十六．）吳其昌痛斥郭氏胸次夾乳之說，謂此乃腋下，非胸次也。又謂婦女乳房之形，斷無作〓〓

ㄓㄓ XX XX ㄓㄓ諸形之理。而謂羅說大致碻不可易。書契解詁五片。王襄、商承祚、瞿潤緡、孫海波等俱依羅釋爽若赫，朱芳圃依葉釋爲夾。

余按爽、爽等字卜辭累千百見，多用於王室之禮，祖名與妣名之閒，然學者迄今未識其字，諸所立說，多有違舛，蓋即字形之辨析，尚未精密也。羅以爲從二火，葉郭二家均致之，蓋惟爽、爽等少數之形，畧近于火，不能通之他例也。郭以爲乳形，則葉吳二家已力辨其誤。然吳知ㄓㄓ XX ㄓㄓ XX XX ㄓㄓ等形之非乳，而曾不悟其并非火形，尚沿羅誤，豈非有所蔽而然耶？葉釋爲夾，謂不論所夾何物，義固較通。然彼固未識所挾爲何物，若ㄓㄓ真火形，又豈能挾者乎？且夾象臂挾二人，卜辭自有其字，作夾或省作夾，但挾一人也。則葉說之誤，不辨可知。余意此字象一人挾二皿之形。作爽者象臂繫兩ㄩ、ㄩ，ㄩ爲筐盧也。小變爲爽，爲爽，似火而實非火。其變爲爽若爽，則缺其繫也。或作爽若爽，鐵圅並見則象繫兩皿，ㄩ亚古多通用。夾尊夾毀有爽字，即爽之小異，其變爲

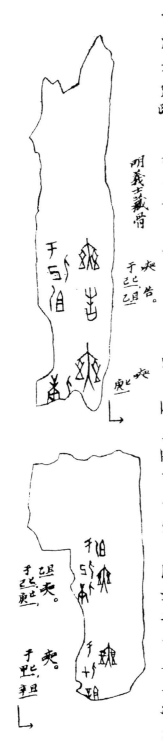

明義士藏骨

于匕乙且乙，爽告。

且乙奭。于匕乙奭匕，

奭。于匕甲且辛

[illegible]，似五亦實非五。或變作[illegible]，更變作[illegible]，其作[illegible]者，微有省變，似木而亦非木也。歸彝有[illegible]字，𠙴亦𠙴之變，而其繫又稍異。或變作[illegible]，四形小異。或逕作[illegible]，亦省其繫。更變為[illegible]，即四形而缺其底，卜辭恆見其例。更變則為[illegible]，有似從ㄨ矣。然則此字異形雖多，究其本原，非𠙴即四，既異乳房，亦殊交火，且所挾有定形，非若葉說之任挾何物，更非挾人之夾字也。

由於字形，余以為此字當釋為許書之夾，小篆但從𠆢者，或如[illegible]而省其四形，或由夾而小變也。彼訓為「盜竊褱物也。從亦有所持，俗謂蔽人俾夾是也。弘農陝字從此」。以字言，從亦持物，何由便為盜竊，許君但以俗語蔽人俾夾而意增之耳。夾有懷物之義，夾有挾人之義，事類畧同，字則迥異，卜辭此字既象挾四，自應釋夾，而葉氏釋夾，是讀說文未熟也。𠬝與夾相近之字，音多相近。如[illegible]從酉聲，又作[illegible]。[illegible]為瑟之古文，金文盨字從[illegible]。及從[illegible]從大之[illegible]皆是。說文盨從䀇而金文從𠙴，以例推之，[illegible]本作[illegible]，然則羅氏以[illegible]為赫固誤，其謂[illegible]為[illegible]之誤，固不為無見也。至[illegible]字，余疑即[illegible]形之變，蓋上象繫，下象四形，四形或變為ㄨ，連繫即為爻形，實非爻字也。

關于卜辭中此字之用法，羅氏謂凡王賓之以妣配食者，則二名間必間以夾字。今按羅說誤，凡曰王賓且某夾匕某者，乃妣之專祭，非配食也。羅氏又云：「戊辰彝即𣪘歸

續三八七·五有其文曰：「口[illegible]西戌，[illegible]」，[illegible]之[illegible]，郭釋[illegible]，[illegible]無關文誤。國片有「大乙，此羊」，蓋大甲之夾也。

[illegible]字疑由[illegible]形所變。

三二二

「遣于戊匕，武乙奭」，奭字雖在二名之下，誼亦相同」。今按卜辭亦有「于匕己且乙奭告」等例。見附圖。羅說殊含混，葉氏謂戊辰彝似舉行妣戊之遣祭而武乙妃祭之，吳氏謂奭字不必定在二名中間，可以自由廁于二名之下，均未明此類辭例。郭謂「夾字用於祖妣之間有匹配義，猶言某祖之配某妣也。戊辰彝則先妣後祖，義亦同」。其言亦欠明瞭。余謂此類辭中之夾字，實一名詞，祖某夾若謂祖某之夾也。故此三字可置於妣某之前，亦可置於其後矣。羅謂「卜辭又云有奭，猶言有妃也，是奭有妃之誼」。又據「名公名奭而史篇名醜，疑名公名奭而字醜。按說文𩲋下云『古文以為醜字』，羅殆未憶及與？古人名字，義多相應，醜訓比，卜辭對父言稱匕，按卜辭且匕相對，羅誤。意奭亦有妃誼。此古誼之僅存者」。今按羅說多牽合附會，以有夾為有妃，本只推測，而假定名公字醜，訓醜為比，實空中樓閣也。吳氏襲用羅說，而於矢彝「今我唯命女二人亢眔矢，奭左右于乃寮」，羅氏考釋所謂未詳者，以為殊可駭異。不知羅以卜辭之奭為妃嬪之妃，自不能通於矢彝。吳讀矢彝銘為「太眔矢奭」，謂奭字不必定用之于夫婦男女之間，凡二人對立，則其間或其下，皆可增以此字。是則可易其辭為「太奭眔矢」矣。蓋彼於羅說未全了解，徒欲以矢彝與婦彝相比附，不知彼銘有眔字介兩名之間，文例本不同也。

郭沫若因此字有與母字通用之例，謂奭即說文之奭，而以其字形為人旅兩乳，因定為母之古文，母后之專字。今按說文𣞤字，卜辭自作𣞤若𣞤，又卜辭有𩁹字作𩁹，（見粹編八四五—八四七）其偏旁作𣞤。金文之較古者作𣞤（無夏卣）若𣞤（般甗）俱與之相近，更後始變為𣞤若𣞤。然則𣞤字本象人兩臂綴有毛羽或草葉之屬，蓋舞者之飾，本不可分截為從林從𣞤，故即許書中亦無𣞤字也。許書多後人肊增，既云『或說規模字』又云『從大卌』者，明不當信也。至母后者，後世以称皇太后，後以說卜辭，殊屬不倫。㐬乳之說尤為無根。然葉吳諸家之攻擊，皆注重於㐬乳形之說，與讀夾為母之不當，而不問郭之何以讀夾為母，亦殊不合。郭氏立說雖誤，然卜辭王賓且某夾妣某之辭，或作且某母匕某，自可注意。余所憶及者，在郭所舉外，尚有二例，一為『卜丙母匕甲』（甲骨文錄二七）一為『且丁母匕甲』（鐵餘十八·一）孫海波於前一例云『匕甲當是大乙之配而外丙之母，所祭為匕甲而外丙從，此子從母祭之例，卜辭僅此一見』（文錄釋文二）。殊為疏舛。蓋郭氏所引二例既可證母夾之通用，子從母祭，又禮家所未聞也。余謂此母字既不當讀為父母之母，若母后，（實則母后之母與父母之母同。）自當別有意義。卜辭母字往往作𡚾，與女無別。金文女字往往曰某母，猶男子之称某父也。從母之字有姆為女師。侮則秦晉閒罵奴婢之称。（見方言三）侮之古文作𠈌，從人母聲，實即奴之古文，從人女聲之㚢字也。然則母字本多異義，不僅父母之称也。余又考卜辭夾字尚有與妾通用之例，如『貞，（鐵餘四一·六）來庚戌㞢于示壬妾匕牝[illegible]』，出以庚日，則是匕庚，匕庚固示壬之夾也。又有『示癸妾匕甲』遺六八，匕甲亦正示癸之夾也。然則母、妾、夾，三者異名而同實，夾不當但讀如母可知矣。余謂此三字中，母妾屬於早期，而夾屬於後期，其變異必由於語音之轉移。古妻妾本不分，禮記謂天子有八十一御妻，二妻、兩妻、旁妻、小妻之類，習見於書傳，而女子自稱曰妾，則娶者為妻，奔者為妾之類，乃後世判之耳。卜辭此三字，其義皆當如妻。妻妾一聲之轉。作母者實即女字，女之古讀當在泥母，與妻聲亦相近。以女妻人曰女，亦曰妻。大明曰：『纘女維莘，長子維行』，莘者太姒之國，昔人說此詩者多疑太姒為繼娶，纘者繼也，則纘女即是繼妻也。夾與妻亦聲之轉，與妾聲尤相近。故此三字得相通叚。然則卜辭所謂祖某夾，祖某母，祖某妾者，皆即祖某之妻也。

至卜辭之伊夾、黃奭，皆在早期，與晚期之叚夾為妻者，自不同，且其禮甚隆，決非祭伊尹及黃尹之妻也。余意此夾字當讀為陟。君奭舉伊尹保衡伊陟臣扈等，曰：『故殷禮陟配天，歷有年所』。舊訓陟為升，未是。陟即上述諸臣，其本字當作夾，蓋夾象懷器之形，引申之自有夾輔之義也。卜辭伊夾與夒岳等同祭，必伊尹無疑。同片上一辭作伊尹，明一人異名也。然則黃夾必是黃尹，亦即保衡或阿衡，與伊尹為二人，昔人混而為一，非也。至太戊時之伊陟，或與伊尹同得稱為伊夾，如言周公之類，或以陟為名，則與礼陟配天無涉矣。卜辭又云：庚申卜，[㱿]，貞𠦪酉……又于且辛……又[爽]，（續一，十二，二）羅振玉据有爽之文，以為有妃，今按此亦早期卜辭，與後期讀妻者不同，凡卜辭侑祭先祖多用牲，則此[爽]字或亦讀若陟，訓為畜名，猶夏小正之執陟矣。羽羽釋為彗，詳見余所撰殷虛文字記。（葉十五）

第三十七片 甲

甲兆面

乙灼面

第三十八片 甲

业于

匕庚

三窜

貞乎

出口

甲兆面

己

卒

佳

貞

口

乙灼面

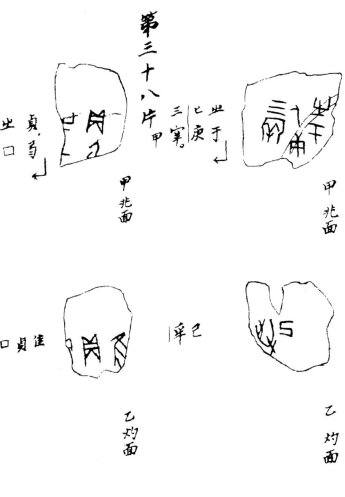

第三十九片 骨

甲 背面

五羊
來(原)五……
宄，貞……
丙口口。

乙 骨臼

口光，帚柤
示一屯。婦

柤亦見亞虎柤父乙壺，殷續上六、四 即相字。[?]當即婦之異，余釋婦，見殷虛文字記。一二葉。

第四十片 甲

口
弓于[?]求十
口丑卜，古貞

[?]字極奇詭，昔人未釋。前編四卷七葉八片云：「[?]未卜，貞：求于[?]十小宰，卯十牛，宰十月用。」殷契卜辭五九二片云：「帝藴于[?]，于土。」[?]當是人名，既與土同列，其祭禮又頗隆重，蓋大示也。

余頗疑[?]即[?]之本字，古从[?]形多變作[?]者。晚期卜辭有[?]字，前四、十九三 或變[?][?][?]

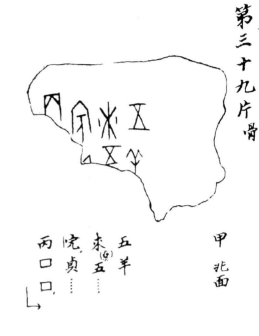

□等形，爲用牲之名。又早期卜辭有□方，晚期則恆見伐□，字或爲□□□等形，疑爲一國，□者從人戴□，□則□之變也。□當即說文□字古文之□，□則即說文死字古文之□。其用爲祭法之□當讀爲詩生民「載燔載烈」之烈。其用爲國名之□若□，則當讀爲列。

□既即□古文之□，則本象骨形，以字形察之，殆是獸頭之骨，而□之從□，殆象人戴獸首。卜辭□在祭禮中既占重要之地位，則或即□之本名，□、□聲相近，故後世段□契等字爲之。

第四十一片骨

勹。

貞，㞢一

庚申

來。

貞，于一

于甲咒……

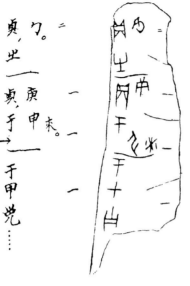

勹卜辭習見，或作□□□□等形，又或作□□□□等，則其繁形也。自羅氏誤釋爲龍，學者咸承之。不知龍自作□□□等形，蚪曲而尾向外，此蟠結而尾向內，其形迥異。余謂此簡體作□，明即□字。而前人莫悟，何也？□字王國維讀作旬，甚是，然謂訓裹之勹即此字則誤。說文勹部之字如匍匐、匓等，均可證爲從勹，□□實旬之古文，旬當從日勹聲，許君僅誤併勹□爲一耳。董作賓謂「句亘皆象周匝循環之形。」（卜辭中所見之殷曆）商承祚謂其初體疑當作□，由十至十也。後寫為□□，遂無義可說。（佚存考釋七）均無根據。劉鶚謂□象虺形，以與鼎彝虺形相近。（鐵雲藏龜序）孫詒讓釋為它。（舉例上二五）雖不如王氏讀句之精確，然由字形言之，解為蛇虺固猶近之也。余考彝器之稱蟠虺文者，象兩蛇糾結之狀，節取其上半，乃作□形，其全形當作□（詳附圖），與□形無關。余所見有父戊卑盤（卑舊釋酉誤。）亞吳盤、舟盤腹內均有一虺蟲之圖，畧如□（詳附圖），當即□形，惟彼為正面，故有兩肉角，□為側面，故只一

又蟠花紋中亦有作□形者，如戰國式銅器之研究圖版三八虺龍地文銅鼎作

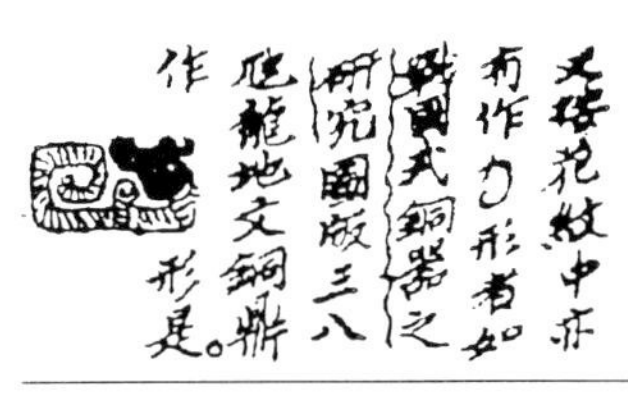

形是。

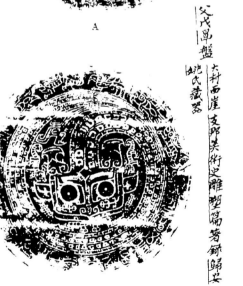

頌齋吉金續錄隸未父盉花紋之一部。其別一部分之蛇形兩端均有首。（容氏以為象首紋誤。）

舟盤 德國駐華大使陶德曼藏

A

父戊卑盤 大村西崖支那美術史雕塑篇著錄歸安姚氏藏器

A

此兩圖采自華裔學誌二卷二期文克氏 Notes on Early Bronzes 亞吳盤余得有拓本

角耳。然則□或□象龍蛇之類，而非龍或蛇。字又變作□，更變而為□，則為云字，雲之本字也。似古人以此為能興雲，則□當是龍類也。史記封禪書『黃帝得土德，黃龍地螾見。』集解以螾為邱蚓，殊誤。蚯蚓豈足為符瑞哉？余謂螾即□之假借字。說文『螭，若龍而黃，北方謂之地螻。』地螻當是地螾之誤。呂覽應同云『黃帝之時，天先見大螻大螾。』大螻二字，疑亦校者据誤本旁注而闌入正文者。然則黃龍地螾即螭，而□實象螭形也。

卜辭中同一文字，往往因用法不同，書法亦有殊異。作□者多用為旬，作□者多用為雲，此作□或□者，其用法又異。此辭云『貞㞢□』，別一辭云『知帚㚸子于匕己，允㞢□』（鐵七，十六）疑讀為惇或慇。詩正月『憂心惇惇。』說文『慇，憂也。』

第四十二片骨

甲　兆面

乙　灼面

貞，沘十牛。

一　不才黽　一告

二告　不才黽　一

不才黽　一

貞，史(使)人于洪。

二告

壬戌卜，院，貞，瞍(奏)求(?)于羔(岳)。

丙寅卜，韋。

此與北面辭連屬，卜辭多有此例。韋亦武丁時卜人。壬戌至丙寅五日。

[glyph]字卜辭恆見，或作[glyph][glyph][glyph][glyph][glyph][glyph][glyph][glyph]等形（詳文編附錄二一）。按卜辭有[glyph]字，孫詒讓釋作謝，謂从古文射而小異（舉例下十六）。羅振玉襲其說，以[glyph][glyph][glyph][glyph]諸形同釋為謝，然羅氏已知[glyph]之非射，故易其說為「卜辭諸謝字，從言從兩手持席，或省言，或省兩手。」

其所以以兩手持席為謝者，祭義「七十杖於朝，君問則席。」注：「為之布席堂上而與之言。」正義：「布席令坐也。」此從兩手持席者，蓋臣於君前不敢當坐禮，故持席以謝也。篆文從䠶聲，乃後起之字。書契考釋五四 然持席以謝，全出臆說。

丙　骨面

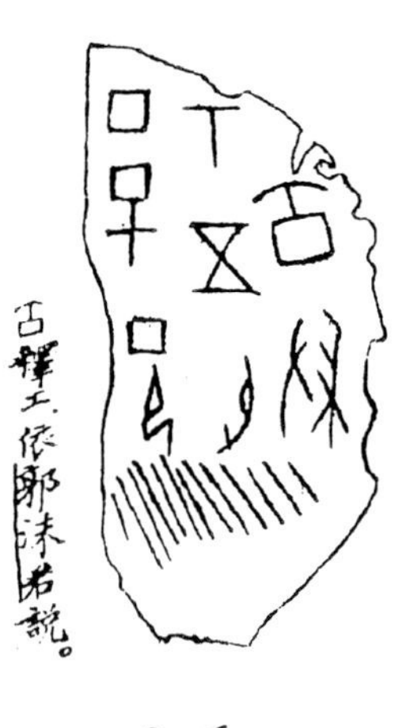

古釋工，依郭沫若說。

工婦
示五屯。
丁子，邑

考殷虛文字者，多好向壁虛構，實羅氏啟之也。葉玉森據卜辭有一例云：「乙亥卜，行，貞：王其卩舟于河，亡㞢。」前二，二六，二 疑卩與丫乂為一字，葉釋 爰舟乃引舟之義。殷契鉤沉 郭沫若據別一例云：「□丑卜，行，貞：王其𠬝舟于滴，亡㞢。」後上一五，八 謂「卩𠬝自是一字，羅振玉釋謝，於義難通。案此與舟連文，當是浮泛之義。疑即是泛之古文，象人以茵若竿浮於水。」通纂考釋一六一 然卩與丫乂同之說，既非事實，茵竿浮水，亦僅由卩舟或𠬝舟之辭推測而得，他無佐證。

余謂卩若𠬝實尋之古文。由字形言，八尺曰尋，大戴王言云：「舒肘知尋。」小爾雅云：「尋舒兩肱也。」按度廣曰尋，古尺短，伸兩臂為度，約得八尺。卜辭偏旁之卩，正象伸兩臂之形。其作丨者，丈形，說文丈作支，從十，十在古文當為丨，以手持杖是為丈。卜辭作卩，則伸兩臂與杖齊長，可證其當為尋丈之尋也。卜辭或作𠬝者，公食禮記：「加萑席，尋』。注『丈六尺曰常，半常曰尋』是席長亦八尺，故伸臂與之等長也。卜辭又有□字，地名。（見殷上一四、前九．三。）前人不識。余謂當是從口□聲，蓋□形小變而為□耳。又有□字（前二．七．四），前人亦未釋。余謂即□之變體。此□及□，當即今隸之尋字。蓋古文□或作丨，（如□為□。）故□與□可併為一字。□或變工，（如□即□。）故□或□可變為從工，則作□形者，可變為□，稍易其形，即為尋矣。卜辭又有□若□（前四．五〇．一、後下．十七．八），前人亦未識。余謂此即小篆㝷字所從出。蓋□字小篆作□，與□相混，故小篆尋作□也。由是推之，則□當即□之異構，從口者或從言也。卜辭又有一地名，作□□等形，前人所未識者，當是㝷字。（㝷木龍燭。）金文齊鎛「與□之民人都鄙」，（見吳都賦。）舊誤釋為邶者，當即鄩字。（疑故鄩地。）說文『㝷，繹理也。從工，從口，從又，從寸。工口亂也，又寸分理之，此與䙴同意。度人之兩臂為尋，八尺也。』其釋字形，至為紆曲，蓋襲小篆之誤而然。今以古文考之，則□象張兩手，兩臂為尋之本字也。作□者，尋常之尋之本字，故後世有㝷字。（馬融傳誤作㝷。）作□者，藉席尋之本字。作□若□若□者，從口□聲，或從言，尋繹之尋之本字。作□若□者，從彳□聲，殆有度廣之義，為□之動詞。

然則卜辭云『□舟于□』及『□舟于□』者，尋舟猶用舟也。小爾雅廣詁云『尋，用也。』或云：『辛丑卜，貞，□氏羌王于門□。』（後下九．四）或云『王于出□。』（後上十二．十一）義當同。或讀如㝷，（尋之後起字。）方言：

『捋取也。』本片云：『臤來于焉，』他辭云：『丙辰卜，㝛，貞臤告隻于口。』（前四、四六）……沚戠臤爯……土方，我受……』（前五、二五、二）二則疑當訓為重。《左傳·哀十二年》：『若可尋也，』服虔注：『尋之言重也。』

𣲏亦卜辭習見之字，或作𣲏𣲏等形，羅振玉釋沈，謂：『象沈牛于水中，殆即貍沈之沈字，此為本字，《周禮》作沈，乃借字也。』據《禮經》祡燎所以事天，貍沈以禮山川，而徵之卜辭，一則曰：『尞于妣乙一宰，貍二宰。』（前一、三二、二）二則曰：『貞尞于土三小宰，卯二牛，沈十牛。』（前七、二五）三則曰：『乙巳卜，爭貞尞于妣乙五牛，沈十牛，十月。』（前二、九）是尞與貍沈在商代通用於人鬼。既有宗廟之事，又索之于陰陽，商之祀禮可謂繁重矣。（《書契考釋》二六）

按羅說之行，二十餘年矣，學者多襲其說，不悟其非。𣲏固象牛在水中，其義近於沈，然字形與沈迥異，且古文自有作沈（《殷契類纂存疑》五八，原作𣲏，誤。尚有他例，惜余忘其出處。）𣲏汏𣲏殸它等形之沈字也。羅所舉妣乙二例皆沔之誤。沔為河，土為社，本片所祭不知為𡗜，抑為岳，要之非人鬼，其他例亦無祭人鬼者。蓋貍沈之祭與地示有關，故就可達地之深處而祭之。羅謂通用於人鬼，是不知禮意也。余謂𣲏從水從牛，為泮，當為泮之古文，猶伴件為一字也。（《殷栔駢枝》說）牛之即半，猶豕之即豢，此泮即泮之證。《禮器》云：『魯人將有事于上帝，必先有事於頖宮。晉人將有事于河，必先有事於惡池。齊人將有事於泰山，必先有事於配林。』鄭注謂：『頖宮，郊之學也。』《詩·泮水》傳：『泮宮之水也。』舊以半天子之學及半有水半無水為訓，均非。泮水當是沈牛以祭之水，於其上築宮謂之泮宮。故魯人先有事于此，若僅是學宮，則與齊之配林，晉之滹沱不倫矣。明堂位云：「米廩，有虞氏之庠也，序，夏后氏之序也，瞽宗，殷學也，頖宮，周學也。」由此可知二義，古人之學本無定地，米廩為藏粢盛之所，序當為射，習射之所，瞽宗祭樂祖之所，則頖宮自為沈牛之所無疑。又頖宮既是周學，則壁雝之異名，王制謂「天子曰辟廱，諸侯曰頖宮」，實難生分別，後人讀泮為半，其誤亦自易明也。明堂位注：「頖之言頒也」，與詩箋「泮之言半也」，自為矛盾。蓋泮為沈牛之義久湮，漢人已不得其解矣。

□字亦卜辭習見，孫詒讓釋桑，（舉例上十七。）又釋臭，（名原下十一。）葉玉森釋昊，（前編考釋一上七一。）均非。郭沫若謂金文圖形文字亦每見此字，酷肖魚脊骨之形，當是脊之初文。小篆訛為乖，後人復誤讀為乘，故字失傳耳。（粹編考釋十。）亦未碻。按卜辭此字或作□□□□等形，其見於金文者，今集錄如次。

再失父丁觶 殷續下六二

再失父丁鬲 殷續上二七

再失父乙鼎 殷續上十八

失再父乙觶 殷續下六二

再失生父乙簋 殷上十九

再失鼎 殷續上九

再失白 殷上二九

冊失？ 殷續附四

數其字形，實非鄦所謂魚脊。而上所引及之父戊卑盤之勺首兩目旁，有肥蟲形之增飾，一望即知與此字相類，惟自第二對足以下小有異同耳。余謂此字之原始象形，實當作 ，其所象為蜥易之類。尾側有一歧者，或以區畫身尾之故，其變為 ，則儼若歧尾矣。然卜辭金文於此字之種種

此即父戊卑般之一部分，為器在丁筱農家時所拓者。此拓本為徐森玉先生見假，殷文存本只存文字。

變形，均由蜥易形所蛻化而成，足證諸家所釋之非矣。說文：「易，蜥易，蝘蜓，守宮也，象形。」今以卜辭考之，則易作彳彡、彡等形，實不象蜥易。而此象蜥易形者，以作圥形為習見，小變而為圥，則即說文訓為「菌圥地蕈」之圥字也。說文以圥為從屮六聲，謬。余謂圥象蜥蜴形，故古陸字作𨺅，原為兩蜥易在阜側為高平地也。說文鼀注云：「圥鼀詹諸也。」金文象詹諸之形，其上半大都與此字之作圥者相似，故後世以為從圥而作鼀字，其實黿鼀一字，鼀亦作𪓿可證。此尤可證蜥易形之為圥矣。方言：「守宮，秦晉西夏或謂之蠦蝘，或謂之蜥易。」本草：「石龍子一名蜥易，一名山龍子，一名守宮，一名石蜴。」廣雅：「蚵蠪蜥蜴也。」蠦龍蠪殆皆圥之聲轉。廣雅：「苦蠪蝦蟆也，」蝦蟆詹諸屬，則苦蠪當即鼀，可證蚵蠪之即圥。

第四十三片 骨

甲

……

……貞于

……申余

乙

……且丁牛。

口酉卜，咸求

第四十四片骨　續一、七、三著錄

唐降。
貞，告，自

陟。
貞，告，自门
戊戌卜，喜，

此貞告之辭。

第四十五片骨

乙卯卜，口
貞，卯子口

此貞御之辭。

第四十六片甲

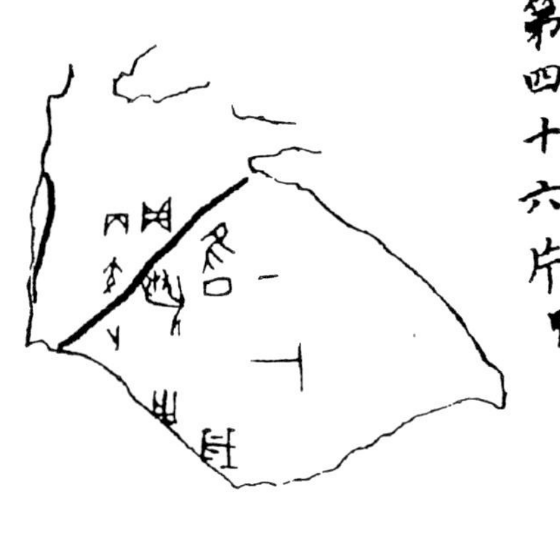

告(疒)
貞，悁(疒)用戠。
丙寅卜，

□在卜辭或作□，前六、六十一、或作□，後下三九、十四等。或作□。後下三七、五、王襄以□□為古蓺字，『象人執木形』。簠室殷契類纂正編四七、□□為古埶字，『許說種也』，石鼓埶作□，從木從土從丮，此省土。同上十二、□為風之本字，引華學涑說謂『米象指風向八方之形，㞢即□之所由譌，今隸夙之從凡，亦一證。說文風篆文從□即十之譌，十為木之省。古文從日，即古日字，金文作□与木形近，故譌從日也。『同上五九』商承祚於□□同王說，而以□□為苣，云『此象人執炬火，屮為木之省，八象火燄上騰之狀，與叀作□同意，當是炬之本字。說文解字「苣束葦燒也」，許君殆未知本有炬字而借苣為炬矣。』『類纂一一九』羅振玉以□□□為一，云『殆苣之本字，或從木省作□』。『增訂本殷釋中五十』葉玉森於□字從華氏釋風而謂說稍迂曲。卜辭叀亦作□，兩手舉叀，則觀火之向，即知風之向，故古風字從𠬞從叀。『殷契鉤沈』郭沫若於□□二字商釋為埶，而王國維讚為極精確者，駁之曰『□字於原辭並無埶義，至說□為埶，尤屬牽強。蓋此實□字之省也。知者，以有辭云「王其田宧□」，『後上十四．二』另一辭文同而字則作□。『同上六．六』彼字商釋為炬，較為可信。』『通纂攷釋二三』商承祚於近作佚存考釋則謂『□與□一字，余曩釋炬埶皆誤。』『殷釋五七』而盡釋為叀。

余按□□□□確是一字，卜辭□或作□可證。至王葉釋風之□字，見於殷契徵文。『佚十一、續四十二六』其辭曰『王宧□』，固仍是從□從木之字也。他辭恆言『王宧□禧』，則□即□字無疑。傅會為風，斯為妄矣。羅商釋炬及苣，於字形全不相合，郭反謂較為可信，失之。商後改釋叀尤誤，卜辭自有叀字，與此初無關涉也。余謂此字當以王釋爇及埶之本字為較近，惜彼誤分為二耳。古屮木通用，故⿰屮丮或作⿰木丮，其本義則人持屮木為火炬也。後人謂是種植之形，則增土而為埶，其形小變則更為埶，而火炬之本義湮。其本義因別孳乳為從火埶聲之熱，詩曰『誰能執熱，逝不以濯』，熱當即火炬，故必濯手也。又孳乳為爇，燒也。然則此本人執火炬之形，為埶之初字，而其義則當於後世之熱若爇。卜辭用於田某地之下者，當解為燒，火烈俱舉也。或以紀時，如云『⿰忄丸入不雨，夕入不雨』，讀為爇入，殆如上燈時候矣。

第四十七片 骨

丙戌……

貞。叀(惟)

豖([illegible])帝。

[illegible]舊釋豕非，此即彖之異文，牡豕之形，而畫其勢於旁耳。小篆變作豖，說文『豖，豕絆足行豖豖，從豕繫二足。』許誤以丨為繫，不知豖訓去陰，猶之劓為斷鼻，是丨者豕之勢也。

第四十八片 甲

第四十九片 甲

㞢宰。
及本
口酉
口

[glyph]當即本字，說文從大從十誤。

彡
己卯卜，
用豕二
母戊。
二

三月冠於日名上，卜辭不多見，前人以為他辭雜入者誤。卜作丅，猶乃之作乃，前人誤釋為丂。甲骨文編五四，兩例並當釋為卜。

第五十片 骨

天……
于……
豕……
皆……
由……

[glyph]字亦見新獲卜辭寫本二六〇片。

第五十一片 甲

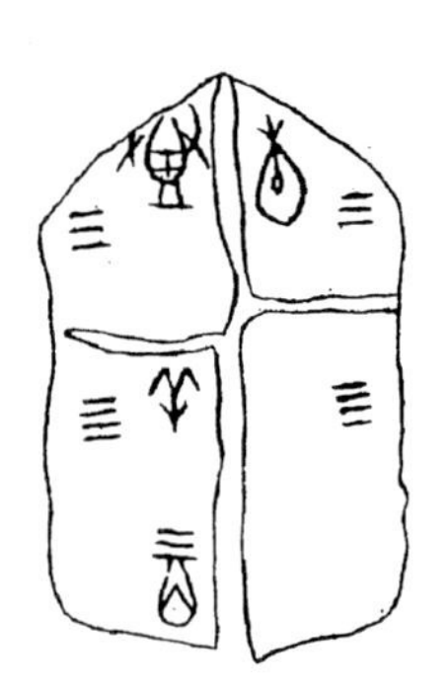

三 三　𩟄 羊 三百　三 三

𩟄字自王襄氏誤與𢍜字混，商承祚襲之，學者遂漫然無別，不知此實從皀與從豆迥異也。卜辭恆云𩟄人口千，與此人口千同，而學者尚讀𩟄為登，可見積習之難返矣。𩟄字象兩手奉皀，皀作皀若皀，即皀字，進食物之形也。以卜辭或用此字推之，當從此聲。考說文饔飴二篆相次，「饔，熟食也，從食雝聲」，「飴，米糵煎也，從食台聲。𩜺籀文飴，從異省」。原本玉篇則於饔下有籀文𩜺，而於飴下有重文饌，並引說文。慧琳音義九二葉七饔注亦引說文籀文從共作𩜺，新撰字鏡食部饌飴二同，饔𩜺二同。是唐人所見說文皆然。今本說文蓋經妄人誤改，以𩜺字所從與說文異之下半相似，誤謂𩜺即饌省，遂刪去饌篆，而移𩜺於飴下耳。今以唐本考之，則𩜺自饔之重文，當即此𩟄字所衍成。𩟄象兩手進食物，而饔訓熟食，𩟄從此聲，亦正與饔聲相近，則𩟄即饔之本字無疑。卜辭多作𩟄，然亦有作𩟄者。後下八三。金文茍𣪘歸𩟄姬𩟄器，一作𩟄，其作𩟄形，即說文籀文作𩜺所從出，然亦可推見本從皀從𦥑，誤作𢍜形也。彼銘正當讀為饔器，舊以為飴器者誤。至卜辭諸𩟄字則讀皆如此，蓋供給之義。

續下四二・四云「癸酉卜，巫寧雚。」佚九九二云「辛酉卜，寧雚巫九豕。」與此辭相類，疑此雚上所缺亦寧字。說文「寧，定息也。」寧雚巫謂祈寧風于巫也。或云「寧戠伊奭一小牢」（粹八六八）則祈于伊尹也。云「乙卯卜，穷貞，寧雚」（續五五八）「其寧大戠」（粹八三七）「甲戌卜，其寧雚三羊三犬三豕」（通纂十六）則皆止祭之辭。郭沫若粹編考釋誤以伊奭為伊尹之配，遂謂殷人神話或者以伊尹之配死而為風師，二〇失之。

第五十二片 甲

……雚（風）一

口巫牲三

口卜，王，貞，└→

王襄不識，余以詛楚文巫咸字定為巫，詳古文字學導論。下八十 然則羅振玉取風之殘文作風者釋為巫，其誤自易見也。彼為𢍜字，當是弄之古文。

第五十三片 甲

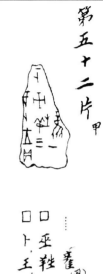

庚。

于南（南）

貞口└→

南即南，詳余殷虛文字記。

第五十四片 甲

貞秊（年）……

戊午……└→

此貞受秊之辭。午字傍有泐文，拓本之背可辨。蓋原有筆畫者，紙被拓入較深也。印出則無可稽索，故印本不如拓本。

第五十五片 骨

續二、三十、三著錄

第五十七片骨

第五十六片骨

自羅振玉釋蘭後，人咸襲其誤，不知其與鹵形迥異也。余釋𦬻，詳《殷虛文字記》。𦬻當是穀名，𦬻年與黍年例同。𥵤舊連釋西。余釋𥵤，段焉西，詳論四方之名。詳《濤古》二五期。

生于𥵤。(西)

貞我𥵤

生于𥵤。(西)

其受

貞不

𦬻(西)。

𦬻年。

受黍

黍年。

其受

黍年。

北受

𠨒(𣛠)于

貞乎

其......

允出。

我出

不隹

口田。(叶)

貞......

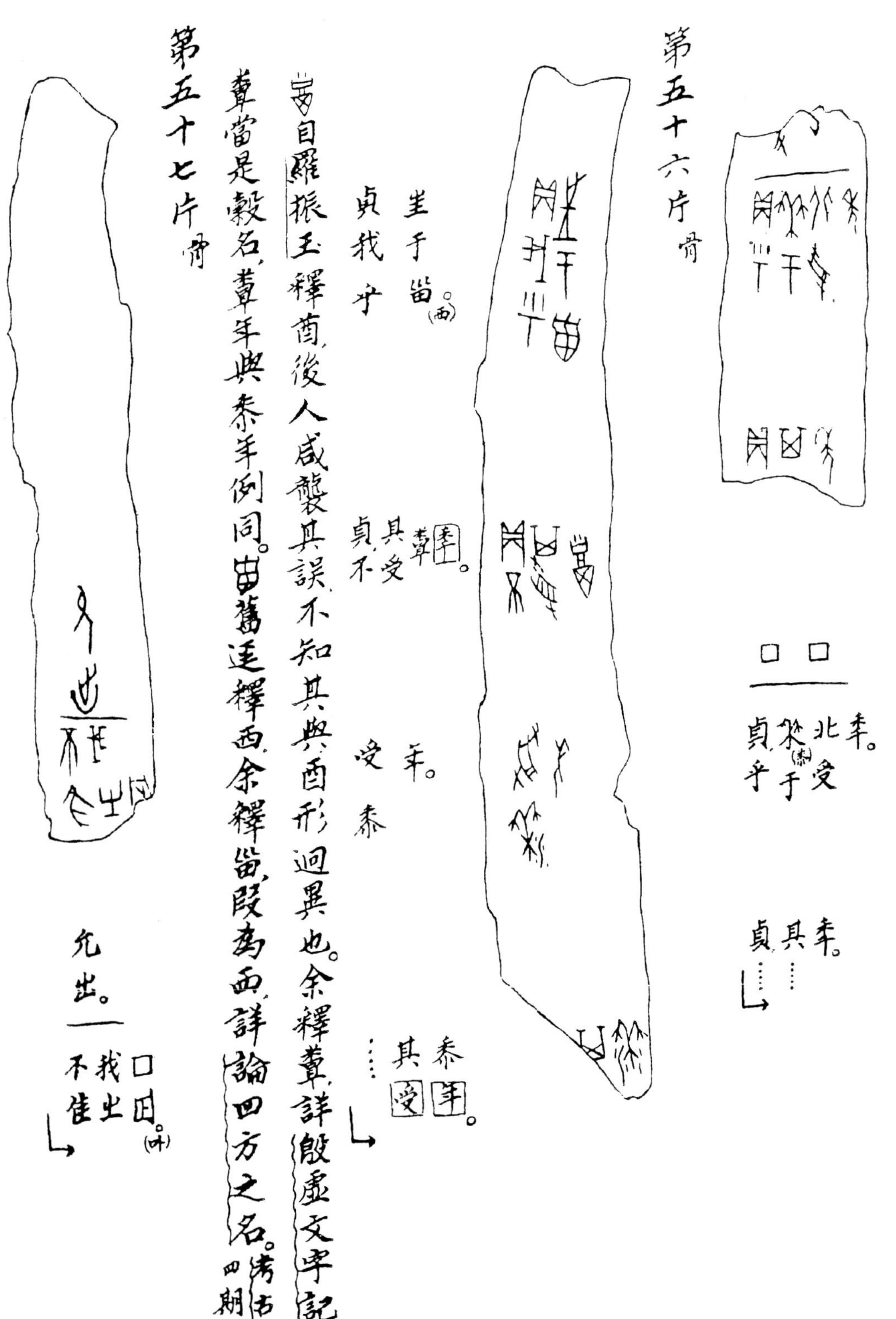

第五十八片甲

卟讀若咎。詳前。此貞有咎或亡咎之辭。

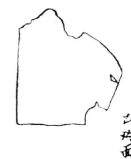

甲兆面

乙灼面

□

貞……子汏隹囚。

第五十九片骨

□

貞其㞢𡆥。

兇其㞢囚。

第六十片骨

貞告土方于𠁁。

受㞢𡴘。

貞告土方于𠁁。

受㞢𡴘。

此貞告方之辭。

第六十一片 骨

貞，告土方于唐。

貞方不口衛。（還）

衛舊不識，余謂是還之本字，卜辭曰「貞𠭰方衛，弓告于且乙」者，後上二九，二「貞𠭰方還，勿告于祖乙也。」「貞𠭰方口衛」者，簠雜十四「貞𠭰方其還也。」此云「貞方不口衛」者，貞方不其還也。字從行從方從西，從方與口同，卜辭以衛為衛可證。衛袁古一字，卜辭衛或省作衛，師遽尊環字偏旁作衛，當即衛之省變。衛從西與目同，伯睘卣睘作睘可證。然則衛即古睘字，亦即還字也。

第六十二片 甲

見附圖

乙酉卜，爭貞：麇告曰：方由今楙凡（同），受㞢（有）又。（祐）

按前編七，二八，四，一辭云「……宄，貞麇告曰：方由今楙凡，受㞢又。」除卜人為宄外，餘全與此同。麇作麇，知此脫下半字。今楙為今椽紀時之稱，詳十七片。𠙵舊不識，余謂是由字，或作𠙵象胄形，與小盂鼎胄字作胄者正合。其作𠙵或山者，𠙵形之省，猶𩣡医白晨鼎胄之作𠙵也。說文有由之偏旁而無由字，後人說者甚多，繫傳引李陽冰云即缶

甲骨文錄六五〇片

十三月

來歸口㞢。三

貞,阜曹

癸卯卜,宄,

甴字,滕於考釋中作甾誤。

字同。今按古有由字,亦未審也。(疑義篇)徐鉉說文注引徐鍇說,謂是甹之省。夢瑛說文部首於甾下注由字。段玉裁補為繇之古文。江藩謂是甲之倒文。鈕樹玉以為訓鬼頭之甶形最相近。鄭珍謂𠧢即由本字,以十合書於內則成由。王煦謂粤古文作㐫,粤由古音通轉,故得為粤。蓋以㐫為由。孫詒讓疑由即用之異文。自戴侗、嚴可均、姚文田、桂馥、苗夔、王筠、朱駿聲等皆用徐說,以甹為由。獨王國維作釋由二篇,以甾為由,與夢瑛同,為近學者所宗。其所持之證,除由作甴與甾近外,僅據原本玉篇用部末𤰔字注云『說文以從由為𤰔字,在言部。今為由字,說文以由東楚謂缶也,音側治反,在由部』一證,較為重要。蓋王意在證明由字古作甴,然由何以得為甾,則除玉篇及夢瑛所書外無証據也。考萬象名義、新撰字鏡等書於從甾之字,俱書作由,是六朝人書甾由二字不夢瑛書甾為〈由〉，音為方九，則亦以甾與缶同，秦陽冰之說也。於此可見其以由照甾篆者為隸變，而非以甾為由從之由也。

別。萬象名義由部『由側治反，又与周反。𠙻古。𠙻古。甾今由。此側治反之由，實是甾字，云『甾今由』者，蓋本是甾字，今書作由也。（萬象名義甾本玉篇。）然則側治反之甾與餘周反之由，顯是兩字。前者在玉篇有甾部，與說文同，後者為說文所無，即因其形似，倒用而入用部。惟以六朝人書甾亦作由，故顧氏於由下既言『說文以「由東楚謂缶也」，音側治反，在由部』，而於由部兼举与周一音，云『甾今由』，蓋俗書字形無別，則惟有以聲音剖義別之矣。夢瑛以由照甾篆，亦當是承六朝唐人之習，非謂甾讀餘周反之由也。玉篇甾由既是二字，則王說根本無據。古文甾由二字之形固相近，然不可謂是一字。（王謂甾不讀側治反，最誤，尸鎛甾字，陳尚陶量作甾，皆即臨甾，是甾之讀可知。）今由卜辭金文觀之，則由即冑字。（冑象人戴冑之形）唐以來所紛紛聚訟者，當以此為定讞矣。

第六十三片　甲

甲　兆面

貞，今告（春）王弓从昆乘

乙　灼面

五殸

此貞王從某人之辭。王從皇乘者，王以皇乘為從也。

殸近人皆寫為𣪊，余依孫詒讓釋殸。此云五殸者，當如他辭之八青九青，余舊讀青殼為穀，辭殷虛文字記。郭沫若曰：「㱿舊釋為南，于用為祭牲之事若難解。近時唐蘭始改釋為㱿，而讀為穀。今案釋㱿是，而讀穀則未為得。如『虫于且辛八㱿，九㱿于且辛』，說為八穀九穀既不辭。如『癸未卜帚鼠（蘭按當釋婦鼠。）虫匕己㱿犬，帚鼠虫匕庚羊犬』（續一·六·六。）㱿犬與羊犬對文，則㱿當是動物名。更有一例曰『𤉲九牢，卯三㱿』（堂野前氏藏骨。）与卯牛卯羊之例同，尤足証㱿之必為動物。由上諸証，余改讀之為穀，說文云『小豚也』。段玉裁云：『左傳晉有先縠字彘子，蓋縠即穀字。釋獸曰：貔白狐其子穀，異物而同名也。』今卜辭既每以㱿為牲，而與羊犬同列，自當是小豚，而非白狐子矣。」（粹編考釋一六五。）余按郭訂正較余舊讀為優，惟尚須畧加修正。卜辭云「宰虫一牛虫㱿」（通二二三），是㱿與牛同稱；云「一羊一㱿」（後上五·一）是㱿與羊同称；云「十豕虫㱿」（續一·七·五）是㱿與豕同称；云「一犬一㱿」（續一·九·七），是㱿與犬同稱，然則㱿或殼，乃畜子之通称，不僅小豕也。莊子駢拇「臧與穀」，崔注「孺子曰穀」。方言八「爵子及雞雛皆謂之㲉」。廣雅釋親「㲉子也」。是殼聲有乳子之義。

第六十四片骨

戠

貞王从止戠。

口从

貞王

㞢⿹戈西習見於武丁時卜辭。㞢金文作[字形]（奇觚三·廿，𠨘敦）象止在水中之形，羅釋洗，葉玉森疑諸，疑𠛱，（㓹沘）疑涎（前編考釋一下五九），均非。林義光以㞢⿹戈西為熒惑（國學叢編一期四冊），尤謬。近人多釋為沚者是。⿹戈西孫詒讓釋戞（舉例下八），林泰輔釋馘（殷甲骨文字抄釋一·三），葉玉森謂從首之⿹戈西與從口之⿹戈口疑為同字，因並讀為國。（㓹沘）孫海波承林說而釋之曰：「象繫首于戈之形。」（文編十二·四）今按⿹戈西從西，實非百或首形，（卜辭首字作[字形][字形][字形]等形，前人未能識。）則戞馘之釋俱不足信。孫謂繫首于戈，然西形與戈不聯。且卜辭習見西字，自為一獨體字，而非附屬於戈者。孫乃置於附錄，不加解釋，昧於偏旁分析之法，其說自難圓通也。葉玉森又謂西或古盾字，則⿹戈西即古文戲，其從日者，乃最簡之形，亦非或。（前編考釋一下五九）今按西與盾字形亦不類。卜辭有盾字，前人未識。如云：「甲寅卜，宂，貞王𠭰大示。」（湔三，二三）「貞𠦪王自圃𠭰大示。」（上白四）𠭰（𠭰）即盾之本字，當讀為循，則西非盾可知。余謂西當為⿱宀⿱西口若害之本字。（卜辭或以西為地名，陳邦福釋際，大誤。）象首有物盖之之形，金文𢧁字於商時彝銘中作[字形]（攈古一·二·四九，亞止寞鼎[字形]，殷文存下二二，亞寞角）[字形]（攈一·二·十五，亞寞角）昔人誤為𢀖夫者，其上所從乃⿱宀⿱西口字，周代金文作[字形]若[字形]者是也。或變為[字形]若[字形]，故寞變為𢧁，則⿱宀⿱西口害一字之明證也。（散盤𢧁，亦作𢧁。）西字當本作西，即西之異構耳。卜辭之用西字，除地名人名外，其云「多⿱宀⿱西口」（藏一一八二，七二，後下四二，前六二九）與「多臣」「多[字形]」等同，疑當讀為奄，奄豎之屬也。（劉盖聲近，商盧即商奄。）云：「□寅卜，𠧟，貞⿱宀⿱西口手人代……」（簠徵）

『貞，弓𡧊人手。』林一，二，六。四一。疑當讀為掩，方言六『掩取也。』其云『貞，𡧊牛百』前三，三三，二，則當讀為劃。𢦏既為𡧊及害，則𢦏當為𢦔或𢦏，其字為說文所無，然從刀之字，古或從戈，如敲盤『用伐𢧵敲邑』𢧵即方言之㓷，則𢦏當即割之異文。卜辭𢦏字除人名外，有一例云『庚辰卜，卜亘，貞，𢦏牛于京。』前二，二六，一，則𢦏必從𡧊或害聲無疑。

沚𢧵人名，卜辭或僅言沚，如『沚其𢦏𢦔』後八，十一，是沚為國名，𢧵蓋其國君之名也。卜辭尚有沚𢦏，前人俱以為與沚𢧵有關，故或謂𢦏𢦏一字，或以𢦏為𢦏省。今按沚𢦏為別一時期之卜辭，其人自名𢦏，與此非一人，固不必強求其通也。菁華云『三至五日丁酉，允出來嬉，自西，沚𢧵告曰：土方𢦏于東啚，𢦏二邑，𢀛方亦特我西啚田……』菁一 由此可知沚為殷𦄅以西之諸侯，與土方𢀛方接壤，故殷人伐土方或𢀛方時，沚𢧵每從行也。

第六十五片 骨

从

貞，盡戊。

貞，于

貞，弓从沚𢧵。

第六十六片 骨

告于唐

□□卜殼，

□丑卜辛

貞乎𢦏(𢦏)

𢀛方。

(八在殼中上)

乎貞

□

不𢦏

此貞𢦏之辭。

[甲骨字形]字舊無確釋。羅振玉釋伐，(增訂考釋中六八)葉玉森謂「卜字𢦏字概作揚戈荷戈持戈形，無作曳兵狀者，且此之所攜亦非戈。予曩釋䫈，謂象人形一足，又手持一物象足，蓋用以代足者，疑即象形䫈字。」(殷契鉤沈)復思此字既作側視形，僅見一足，似不能斷定為䫈。手攜之卜下著于地，或象農器之鉏。卜辭稭字象兩手持耒，此則象一手攜鉏，二字似同時所制，故構造法相同，疑即古文鉏字。(前編集釋六十九)郭沫若寫作𢦏，云「像一人倒執斧鉞之形，舊釋伐不確。」(粹編考釋六)今按伐字作𢦏象以戈擊人，故其刃接於人頭，與此迥異。此人形上作[字形]者，即𦣻，故字或變作[字形](後上二四)。蓋古人作人及猴首均作[字形]，其首變為[字形]為[字形]為[字形]，或逕為[字形]，非首有兩歧，亦非從目也。[字形]象首部側面，故兼及其耳。故卜辭

此明義士氏藏骨，承容庚氏以拓本見借，摹錄如次。戠於此為人名或地名。

……桒禾于示壬。

戊戌，貞其桒禾于示壬。

戊戌，貞其桒禾于示壬。

貞其桒禾于戠。

壬寅，貞其桒禾于羔，求……

壬寅，貞其桒禾于羔，求三小……

口其桒禾于頁，求小宰，卯牛。

羔雨。

余前釋[甲骨字]為頁，此為極佳之證。

卜辭戠字有不示足形者。

[甲骨字]為頁字，[甲骨字]為頊字，此顯從[甲骨字]或[甲骨字]為夒字，下一形較原始，孫海波釋為猱，誤。而此所從者為夒字。然古文於人形，其特示足形，多無深義，如允即夋，兒即𡕒，兇即㚇，則夏亦即頁字耳。葉釋頗，郭釋戠，其頁或夏旁均不誤。葉又釋鉏，則無一是處矣。葉氏之釋文字，自謂若射覆，故多妄誕之思，如謂此人形所持為代足之物，又謂是鉏，並無根據。郭謂倒執斧鉞，其義較優，亦未中的。蓋[甲骨字]之倒為[甲骨字]，字至明顯，當釋戊，非戌字也。古戊戌為

一字，戌為别一字，幹枝之合有戊戌，此決不可混者。然則此字像人曳戊之狀，戊亦戈戉屬之兵器也。由其字形，當有戰勝者耀其威武之意。古文之倒書者，或改為正書，如[illegible]或作[illegible]，則[illegible]可變為戴。古文之從口者，象有器盛之，如魯為從口魚聲，[illegible]為從口冊聲，則咸為口中盛戊，當是從口戊聲。然則戴即顑字，戛即頁戊，即咸也。此云戴𢀛方，當讀如「咸劉厥敵」之咸，「克減侯宣多」之減，蓋顑字之本義。説文以顑為「飯不飽面黄起行也」，則後起之義矣。西伯戡黎之戡，疑即由顑字本義所孳乳之形聲字。

第六十七片 骨

貞亩（唯）王生伐𢀛（邛）……

貞乎伐𢀛（邛）方受㞢又。

此貞伐之辭。

𢀛方之名，卜辭習見，為殷人西方之大敵。𢀛字舊無碻釋。孫詒讓釋昌，舉例上三二王國維曰：「昌無作𢀛之理，惟卜辭吉字或作[illegible]或作[illegible]，與𢀛相似，然無由證𢀛之為一字也。」殷虛文字考釋二五林義光謂卜辭𢀛方[illegible]方並即鬼方，𢀛上之[illegible]象土塊，亦即土字之變，與吉上之[illegible][illegible][illegible]初無大異，則𢀛與吉其初皆為古字，古音與鬼相合，卜辭屢見之𢀛方，自即為經典所恆見之鬼方矣。土方亦即鬼方，土字作𡈽，象土塊形，故古字可以土為之。𢀛方𡈽方不能各為一國。卜辭云「土方征于我東鄙，𢦏二邑；𢀛方亦侵我西鄙田」（菁一）一辭中前作土方，後作𢀛方，蓋古人用字不定，曾未足異。（鬼方黎國並見卜辭說。）葉玉森謂「卜辭𢀛之異體，間作𠮷𢀛，無一作𢀛形者，吉字亦無一作𢀛形者，其非一字可以斷定。又謂𠮷與𠆢𠆢𠆢其形絕異。卜辭土字及從土之字無作𠮷及𠆢𠆢𠆢形者。林氏謂𢀛與吉其初皆為古字，未可遽信。卜辭中之土方𢀛方明為二國，不能強斷為一。且安陽發掘報告獲甲有鬼方二字，則𢀛方非鬼方，亦非土方，可以斷定矣。」（前編集釋一下二五）葉釋𢀛為苦，謂「說文𠯑舌貌，到置之與𠮷相似。𠯑从𠙵象舌，下象其糸，入象其紋，𠮷則消入，疑古舌字。𢀛象舌出口，乃古苦字，味苦則吐舌出口。」（鉤沈）今按說文𠯑字即卜辭𡆣字，偭㹃等字可證，本象席簟之形，許釋舌貌，後起之段借義也。𡆣形與𠮷迥殊，𡆣又非舌，是葉以𠮷為舌，已無根據，（古舌自作𠯑）舌出口為苦，尤屬杜撰，則𢀛決非苦字也。或釋為呂，（予不憶其為誰氏說）然金文呂作𠮵，與此迥殊，亦不足信。余謂𢀛為𠮷在凵中，凵者凵盧也，𠮷為𠮷之倒形。卜辭有𠮷字，舊不能識，（見甲骨文編附錄三三）郭沫若氏因工𢀛建文，工或作𠮷，若𠮷，謂「當是工之異，猶𡈽之作𡈽，𠆢之作𠆢也」（通纂考釋六三）余謂郭以𠮷為工，至精且確。惟工形實後起，由𠮷省變而成，與𠮷為𠮷相似，非工變異為𠮷也。

工倒為工，（後下廿七）當即吕字所從之口。近見柏根氏藏甲骨文字有㠯字，即𢀜，當釋為扛，又有𢦏字，即𢦏，當釋為攻，（并見附圖）其所從之口若工，即口或吕所從，尤為顯明，則吕為從工之字，可斷然無疑。吕象工在口中，以象意聲化例推之，當為從口工聲，今無其字，卜辭用為國名，則當是邛之本名。卜辭有𠫓方，舊不識，余以為巴方，又有蜀，則吕當即邛笮之邛，其地略當四川之邛縣，在殷時當甚強盛，故為西方之鉅患也。

（柏二七片背面）

乙酉卜，㱿，貞，乎𢀜于吕，乎由

（柏四九片正面）

攻氏

第六十八片 骨 續五，三五，五著錄

庚辰卜，㱿，貞王𦎫缶于吕。（蜀）

此貞𦎫之辭。𦎫者敦伐也。卜辭恒見「王𦎫缶于𠂤」之語（如後上九·七、粹一一七五及北大藏骨），知此片于下所敦必蜀字也。凡此皆武丁時卜辭，可見武丁時之兵力，西達巴蜀，故易曰「高宗伐鬼方，三年克之」，則西垂拓土，當以彼時為最盛矣。

第六十九片 骨

第七十片 甲

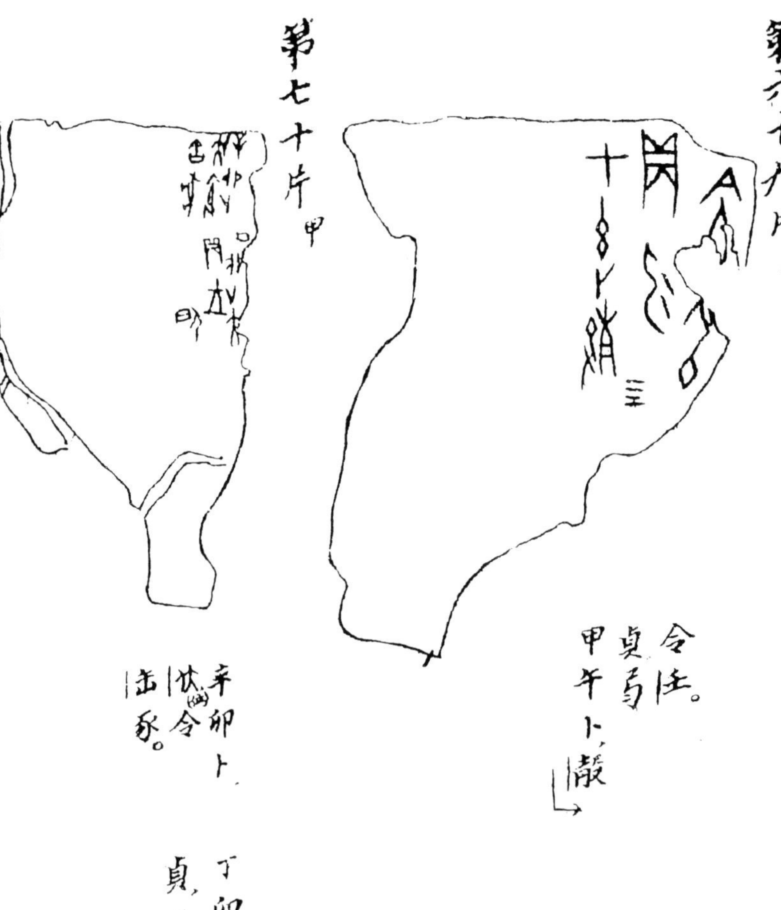

甲午卜，㱿
貞，勿
令往。

此貞令（命）之辭。續五、二二、二文同。

辛卯卜，
伏（囟）令
缶豕。

丁卯卜，伏（囟）
貞，王
𢀛。

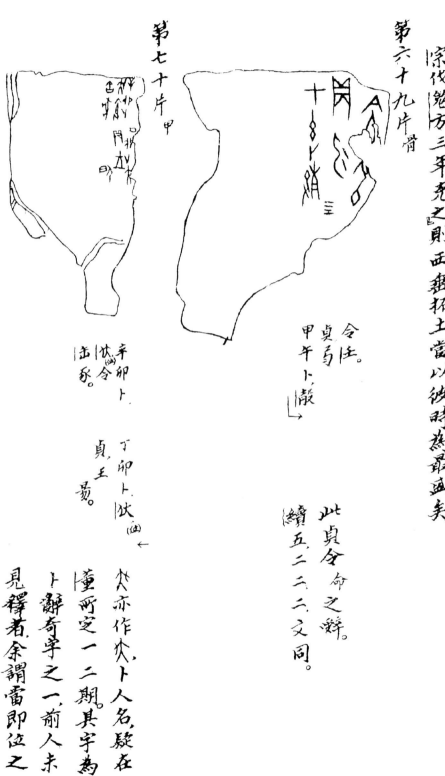

伏亦作犾，卜人名，疑在董所定一二期。其字為卜辭奇字之一，前人未見釋者，余謂當即位之

本字。以字形言，此本即大字而特著其一手，如金文矩字作玞或作趺，從夫者即夫亦即夫也。後世夫字不傳，而其形變譌為仸，古文從大與從立同，如㚘即竝，竝即竝，（㚘即庡字，董作賓以㚘為狀字，大誤。）則夫自得譌為位，即後世之位字矣。金文尚以立為位，立字象人立於地，則位之從人，實為複重，為夫之誤體無疑。金文有竝尊，（殷文存上二六）其字作竝，前人釋班釋辨並未確。余由卜辭㚘或作㚘（後下十九，四）悟竝可作竝，其譌為竝，又變ㄅ為彡，（如彩為粉，粉為粉，于為号之類。）遂作此形，實仍是竝字。此正夫誤為位之鐵證。

昜當是昜之本字，與昊䀎等字同意。字形小變即為昦矣。

第七十一片 骨

貞，㞢七月王入。

此貞入之辭。

㞢七月者，㞢猶是也。古書恒曰之子，卜辭則以記時，如曰之日，之夕，及之某月是也。亦以茲為之，後編下一辭云「㞢未卜貞茲夕又大雨，茲印夕雨」（同片云「于之夕又大雨」）（十八，十三）是之茲通用之證。

第七十二片 骨 佚九九七著錄

第七十三片 甲

甲 兆面

壬辰卜，回，貞：王㞢出于𩫖。

此貞往出之辭。回，武丁時卜人，或寫作㠯，回亘古一字。[illegible]疑當釋妌，即姘字，『說文』女字也。商承祚釋娥，（佚存考釋）誤。

乙 骨臼

示三屯。帰

帚妌

庚寅，

第七十四片 甲

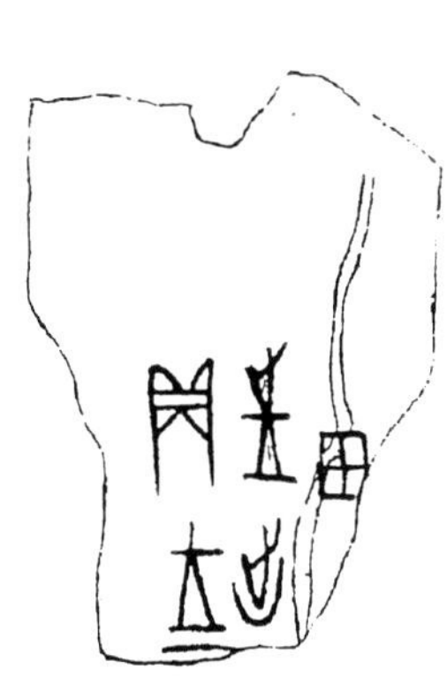

田。

㞢出

貞，王

第七十五片 骨

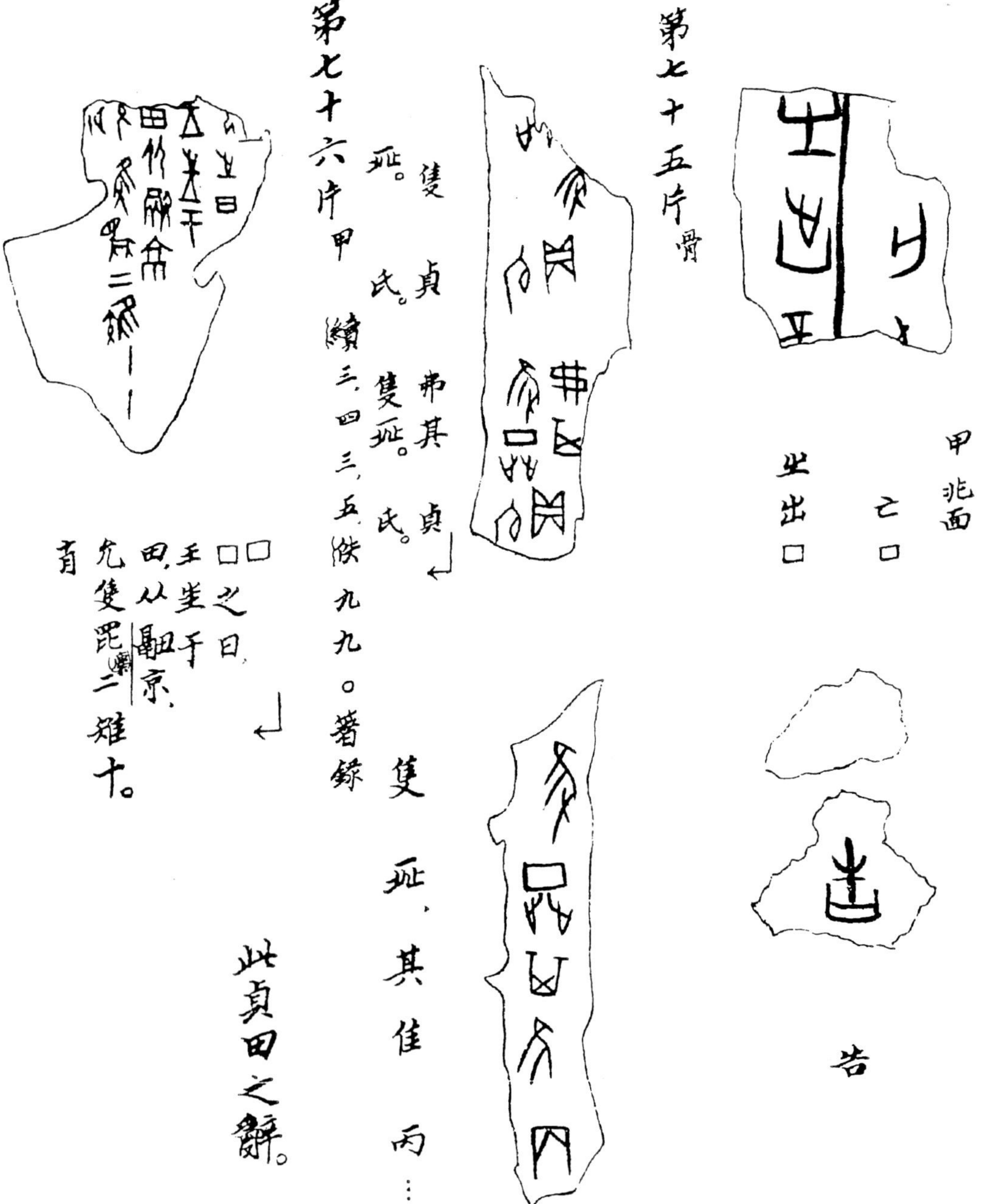

甲 兆面

亡囗

㞢出囗

告

第七十六片 甲

續三、四三、五、佚九九〇著錄

隻 貞 弗其 貞

氏。 隻𧻚。 氏。

𧻚。

隻

𧻚、其隹

丙……

此貞田之辭。

囗囗

囗之日

壬㞢于

田、从𣪺京、

允隻罔二雉十。

肯

第七十七片 骨

……卜　壬午王卜，　辛子，王卜，
……生　貞田噩，生　貞田𡆥，生
……卣　來亡巛。王　來亡巛。王卣　不……
卣曰：吉。　田吉。　雨。……

王卜者，王親卜也。此類卜辭在殷之末葉。啚當從口亩聲。卜辭或作啚、啚等形，昔人未識，金文𨚵彝云「啚卣」，郭沫若誤釋為卷廿卣，實即此字。匋器有啚字，前人亦未識，即啚之變。蓋卜辭亩字或作[illegible]、[illegible]等形，前人誤以為啚，余按卜辭敓亩同類，疑敓亩為斆。敓啚或作啚、啚，猶[illegible]之即[illegible]若[illegible]也。詳余殷虛文字記二八。說文啚古文啚以啚作啚，推之，疑古文本作啚，亩啚聲近，誤認為啚之古文耳。

第七十八片 骨

……口　生來亡巛。　生來亡巛。　田于宮……
……生　貞其田于宮，　其田于噩，
……卜　戊午，王卜，　丁未，王卜，貞　乙卯，王……

第七十九片 甲

二，豸廿　口七
兕百廿七，口
一，鹿二十，豕二，
隻(獲)口二，彘
毕，(禽)允
王獸(狩)湰，
乙未卜，今日
乙未卜，貞，
弗其毕。(禽)
甲午卜，
口其
毕。(禽)吉
兕(麋)

雨
甲申

此貞王狩禽獲之辭。

毕字孫詒讓據金文禽作[illegible]，謂似即[illegible]之省。《舉例》下四一。羅振玉釋為畢，《考釋》四八。學者均從羅釋。今按羅說非是。《說文》「畢，田网也，從華，象畢形，微也。或曰：由聲。」金文畢作[illegible]

等形，明不從田聲。羅氏因謂『卜辭諸字正象网形，下有柄，即許書所謂象畢形之𠦒，後人又加田，於是象形遂為會意。漢畫象刻石凡捕兔之畢尚與𦉪形同，是田網之制，漢時尚然也。』羅意蓋謂𠦒象畢形，畢本與𠦒一字，後人加田以為田網之會意字。然金文之畢實不從田，田在𠦒形之中，明非田野之田。田網之說，本屬附會。至𢆉字本由𢆉字蛻變而成，象罕之形。（詳前二十五片。）罕畢雖同類，其字固有殊也。羅氏釋𢆉為畢，而於𢆉下謂𢆉與网同，足證其無定見。若其所據漢畫象之與𦉪形同者，亦不必定是畢也。卜辭𢆉字習見，釋為畢，其辭多不可通，而學者不悟，殊可怪異。詩云『畢之羅之』，畢是雉兔之網，而卜辭有『𢆉虎』（拾遺六，十三）、『𢆉六象』（後上三十）、『𢆉又麋』（拾遺六，八）、『𢆉兕』（前四，四二）等辭，豈虎兕麋鹿而可以畢哉？後編下四十二云『丙戌卜，王，□，罕，允罕三百又卅八』，□是阱麋之義，允罕三百又卅八者，正是得麋三百四十八也。□即阱麋，又焉用畢，明罕不當讀為畢也。鐵雲藏龜之餘云『王其𢦏羌方罕』（七，一），羌方又豈可以畢者耶？然則罕決不當釋畢，由文義已可定之。余按𢆉即干字，干禽聲近，史記蘇秦傳『禽夫差于干遂』，朱駿聲謂即周語之盱遂。墨子有禽艾，前人傅會為世俘解之『禽艾侯』，殊可笑。禽艾即咸，又咸古讀如感也。干盱禽感並一聲之轉，然則孫詒讓以罕為禽，實較羅為優，惟罕當為禽之本字，而非省文，蓋後世音讀差異，遂加今聲耳。𢆉象罕形，其引申之義為禽，象犬在罕旁，則為獸字，禽獸通名，其用為動辭，則禽是禽獲，獸是狩獵也。卜辭𢦏字，讀為禽，則無不順適。禽虎，延六，豕禽，禽有麃，禽麋，以及王𢧢，禽允禽三百有四十八，皆極易解。王其𠦪羌方禽者，王祈於祖宗，冀有禽獲於羌方也。或云：「……獸隻，𢦏鹿五十㞢六」（𢦏八・一・四）貞狩獵有所獲，而其占驗為禽麃五十有六。或云：「丁卯……獸正……𢦏隻麑百六十二，□百四十，豕十，旨一。」（後下一・四）本片云：「王獸𡐨，𢦏，允隻□二，㒸一，麃二十，豕二，兕百廿七，□二，兔廿，□□七」。則皆貞有所禽，而紀其占驗稱獲，可見𢦏與隻為一事之異稱，故卜辭得通用也。（鐵十・八云：「其田𣲠𢦏」，他辭恒云「某田亡𢦏」，𢦏皆謂田而有所禽獲，猶易言「田有禽」）

第八十片 骨

乙未卜，雀隻虎，弗隻。冃才而。

戊午王隹𢀛豕

𢀛疑亟字所從出。

而舊不識，余謂是而字，作𦓐者即而之變。《説文》：「而，頰毛也。」

第八十一片 甲

癸未卜𡧊貞王才丝𤞷一戉獸。
三
胡
羊一
今眾……
辛卯……
羌

犾犾為卜辭奇字。徐中舒釋麗（沐淦），按麗實從鹿，金文自有其字，與此從犬形者迥異，其說非也。郭沫若寫為𤞷（粹編），今無其字。余按此當是猒及猒之本字。卜辭字或作犾犾（粹五一五），從一犬。金文或作𤞷𤞷（說文），從三犬。或作𤞷（秦公鐘），亦從三犬而變犾作𤞷。或作𤞷（者𣪘鐘），變犾作𤞷。或作𤞷𤞷（𤞷鐘），則從言猒聲。考古雖未形，其字易與肉混。金文或作𦙶𦙶，與從肉無異。𦙶形如更省𦙶為𦙶，則為𦙶，即後世之猒字。說文訓猒為犬肉，則已不知其本義而望文生訓矣。卜辭又有𤞷字（𤞷𨘮十五），當即金文𤞷𤞷等形所從出。其作𤞷形，如省為𤞷（如𤞷又為𤞷），則有似於從甘從肉，金文作𤞷形者亦然。此皆猒字之形所從出。說文以為從甘從猒者也。至常見之𤞷𤞷𤞷，則有似於從口從肉，口為呂字，故說文猒字重文作𤞷，從呂從猒矣。凡古文繁縟者，後世恆變為簡易，𤞷𤞷篆析為二，則為猒，為猒為猒。金文之作𤞷者，省之當為說文猒字古文之𤞷，𤞷蓋𤞷形之譌，𤞷則𤞷之變也。秦公鐘云：𤞷龢萬民，𤞷即猒字，亦即猒字，猷讀如猷，合也，安也。猷協聲相近，是𧫱䋣猶協和也。尸鏄云『𧫱䋣而九事』，𧫱為從言𪐴聲，當為說文𪐴之本字，其讀亦同。尸鏄又有猷字，則春秋以後已不知𧫱猷之為一字矣。郭沫若以𧫱為龖，𧫱為讋，見青銅器研究下二五，亦非。古龍字與此迥殊。

第八十二片 甲

于……

鹿，雉

㢿隻（獲）

貞，子

𢊁近人有釋為麐者，蓋謂麃當具二角，而此只一角故也。實則甚誤。麐字卜辭自作[illegible]。鹿字小篆作𪊋，亦只一角，可知此仍是麃字。

第八十三片 甲

甲北面

夕……

貞，口

卜，㱿

戊寅

五

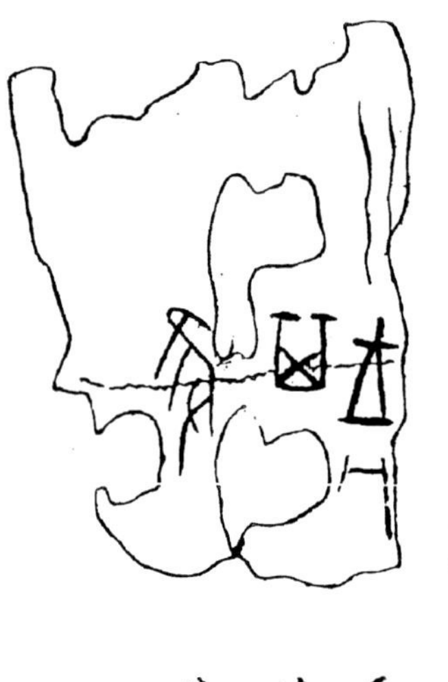

乙均面

王固曰……

其

隻。

第八十四片 骨

𢦏子卜，貞犬征㞢𠬪。

己亥卜，争貞，□㞢𤉲𢀛，帚㞢𠂤，亡𠂤。十月

貞𢀛令。

此中間一辭貞夢。

□字孫詒讓釋禹，舉例下四二。甚碻。字或作□，故易誤為□耳。商承祚列□于□下，同釋為羅及離，謂從𠂆者象鳥正視之形，類編七．十五。殊為怪誕。聞宥非之，而謂□實畢之繁文。殷虛文字孳乳研究。其所謂畢，亦承羅說之誤，實當是𠬪。葉玉森舉「貞□弗其羅」，當作隹，見後上十二．十一。「貞□弗其畢」，當作畢，見鐵二四○．四。二辭，證□非隹，亦非畢，顧無所決定。吳其昌氏謂從□從人為禽，見解詁一八八片，一九四片。則竟不知禽之從今聲，殊可異也。孫氏所見卜辭只有鐵雲藏龜，材料少而印刷不精，其作契文舉例，前無所承，錯誤自所不免，然頗有精到之說，為羅王以後所不及者。今人治卜辭，惟以羅說為宗，尠有讀孫書者矣。

第八十五片 甲

𢦏丑卜，完，貞隹……

貞王□？

第八十六片 甲

甲兆面

乙灼面

辛 貞 其

此貞疾之辭。

第八十七片 骨

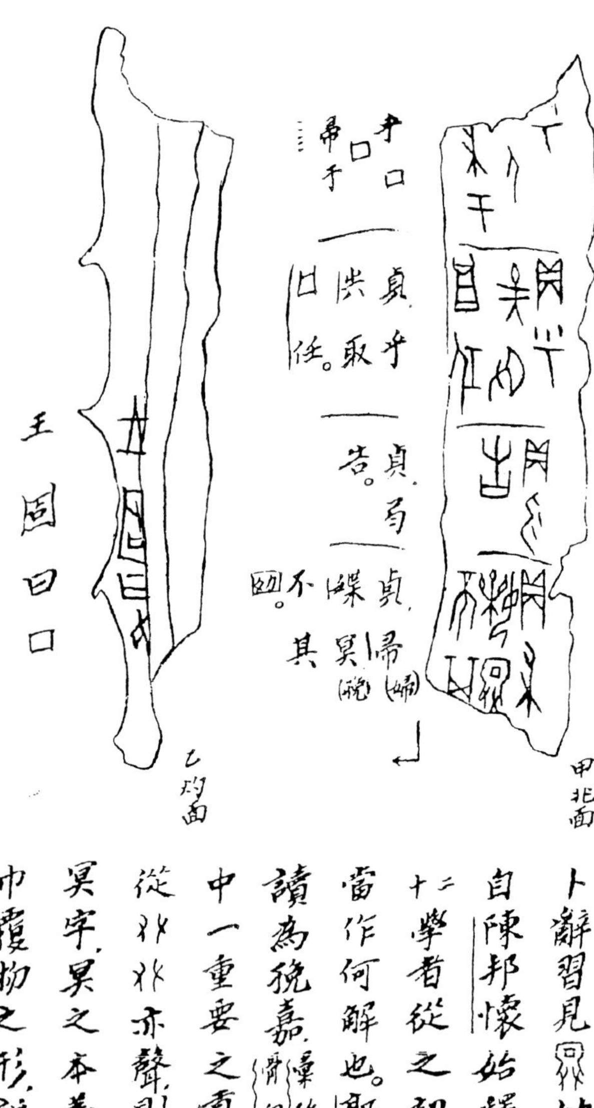

甲兆面

此貞娩之辭。

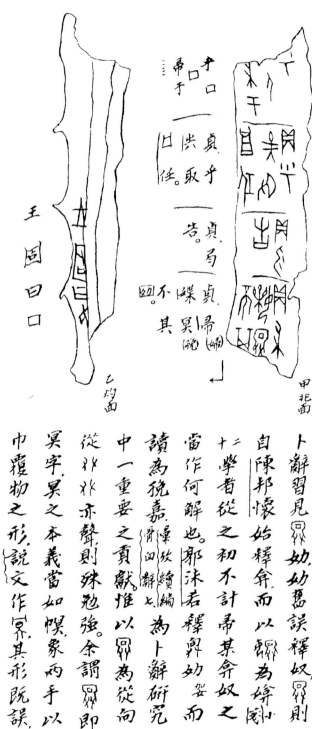

卜辭習見冥妫，妫舊誤釋奴，冥則自陳邦懷始釋弇，而以冥為娩（小箋），學者從之，初不計帚某弇奴之當作何解也。郭沫若釋冥妫（娩）而讀為娩嘉（彙考續編），為卜辭研究中一重要之貢獻（骨臼辭七）。推以冥為從向從廾廾亦聲，則殊勉強。余謂冥即冥字，冥之本義當如幎，象兩手以巾覆物之形，說文作冥，其形既誤，逆讀，從日從六冖聲。曰數十十六日而月始虧，幽也。穿鑿可笑。卜辭𡧊字當釋娩，冥或娩之用為動詞者，並段為娩，生子免身也。余前作卜辭文學一文中釋冥為冥，讀若娩，而未詳其說，今故補之。郭氏粹編考釋亦逕釋作冥，則其近時之見解，或與余意符合矣。

第八十八片 骨

此與鐵百九三當是一片之折，今復合之。

貞帚㞢好勹(旬)
貞不其勹(旬)
貞勹(旬)
貞不其勹(旬)
壬□卜㝛貞帚。

此貞勹之辭。勹疑讀為彴或徇，巡也，宣令也。

第八十九片 甲

三

□帚好

帚好者婦子也。好為女姓，即商人子姓之本字。此武丁之婦，同姓不通婚姻，周之制也。好今讀呼皓切，字音之變。

第九十片骨

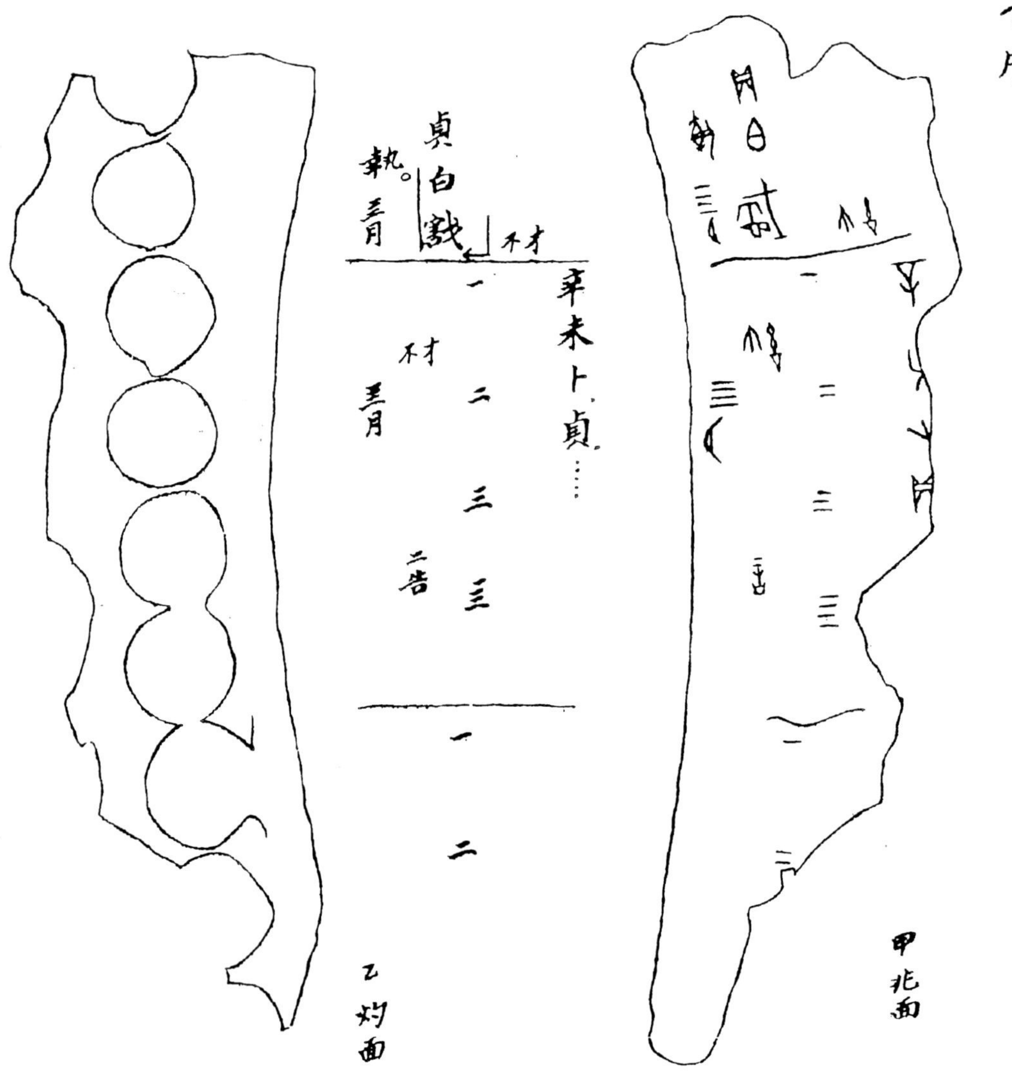

此貞執之辭。

第九十一片 骨

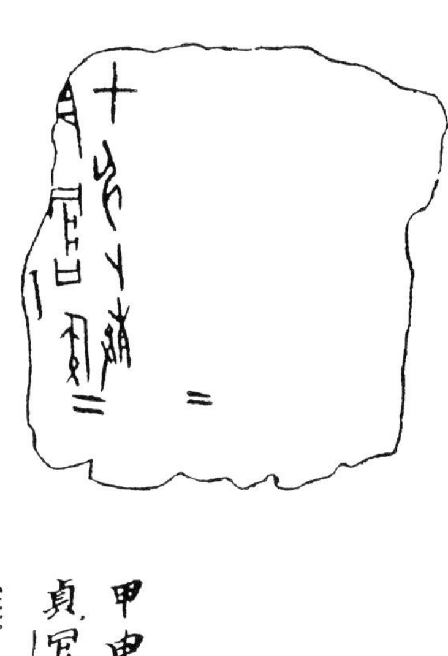

甲申卜，㱿貞：□侯。二 二

□字，孫詒讓疑為庸字，據毛公鼎庸作□，王國維說□號季子白盤作□為證。（舉例上三六）維從孫說，並以名伯虎敦之𩫖字為證。（殷虛文字考釋二七）丁山謂庸與□形絕遠，□與□形尤不倫，而以□為象帷幕交覆中施皇邸之形，當即冡之初字，疑□有作□誤為□，再誤為冡。（□釋）郭沫若謂□□為牆之異文，𩫖乃祗之古文，均非庸字，與此等字亦不類，攷金文簋字，鑄公簋作□，旅虎簋作□，交君簋作□，乃象下器上蓋而中從五聲。簠亦名匿，足證筐簠同器，亦為同字，則此字蓋匿之古文，亦象下器上蓋而從□聲也。又据桃山獸骨有□侯，謂□即□，從午聲，魚陽對轉也。（通纂考釋一一三）余按□□固非庸字，然□為□在甾中，□乃移□於甾下，□象□在□中，□為合字，盦之象形，其義甚相類，惟王氏牽涉𩫖字則誤矣。丁山謂□是帷幕，不知□是筥盧之形，從無帷幕之義，其所謂一誤再誤而為冡字，則更是玄想矣。郭氏援簋作□□等形，為下器上蓋之證，然据季宮父簠之□從匚𢼸聲，則□為□即□之變，當釋為□，非器形也。郭以簠亦銘匡，遂謂此從爿聲之字為匡字，其據點實極脆弱。若[匚吕]字則似從8，疑即㠯之異文，即從午亦未必與[匚吕]為一字也。余謂爿者俎案之屬，故𣝗字從之。[匚吕]則像爿在合中，與會倉同意，依象意聲化之例，當是從合爿聲。說文有牄字，從倉爿聲，引書鳥獸牄牄，或以為蹌之俗字，然俗字必有所取義，如蝨魚之名，悉增蝨魚之旁，是牄之從爿，又何為乎？此可見牄實古字。公羊傳定十四年有頓子牄，左傳作牂，則說文以為爿聲者，必有所本。余疑牄即𦉥字所孳乳，後人罕覯𦉥字，遂改[匚吕]為倉耳。卜辭𦉥為國名，疑即蔣國，周滅殷後以封同姓者，地在河南固始西北。

第九十二片 甲

第九十三片 甲

甲 兆面

畐父

學。

举羌二

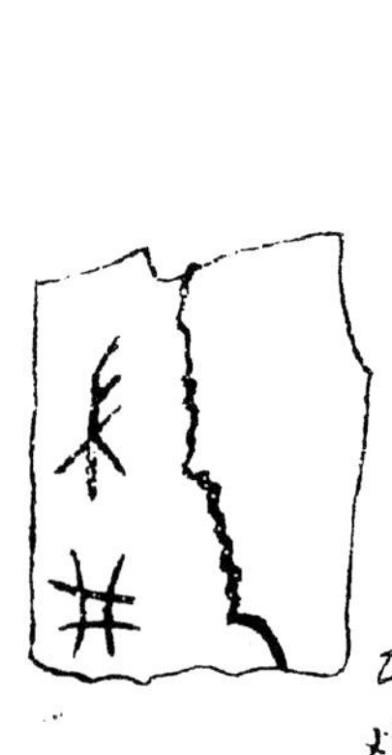

乙 灼面

帚井

畐父人名，亦見前編五，三 四，一，二

又七，三 四重出。

第九十四片 骨

第九十五片 甲

第九十六片 甲

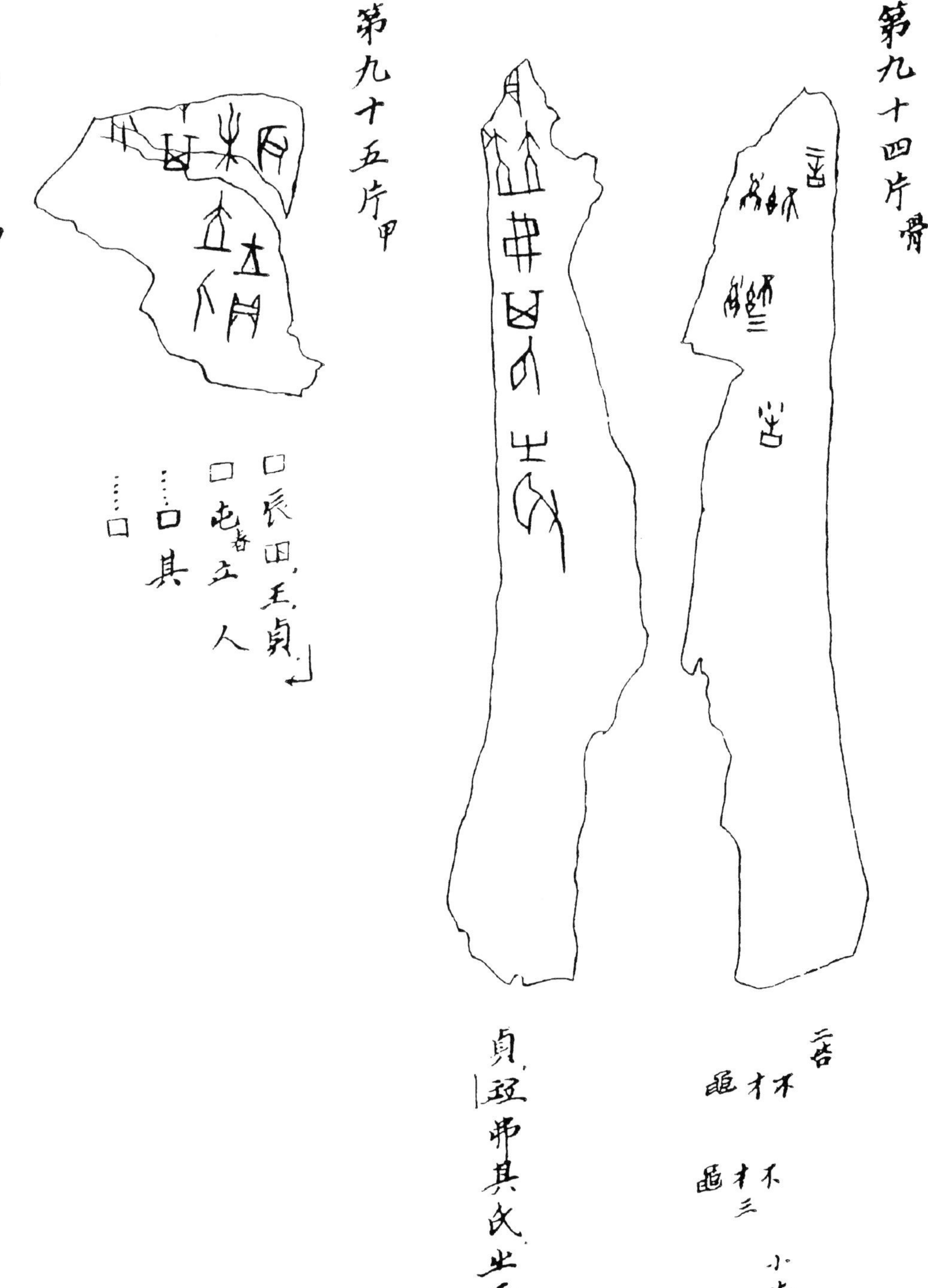

二告
不才
不才 二
小告

貞，[illegible]弗其氏，㞢取。

□辰田，壬貞，
□屯（春）立人
……□其
……□

第九十七片 骨

第九十八片 甲

第九十九片 甲

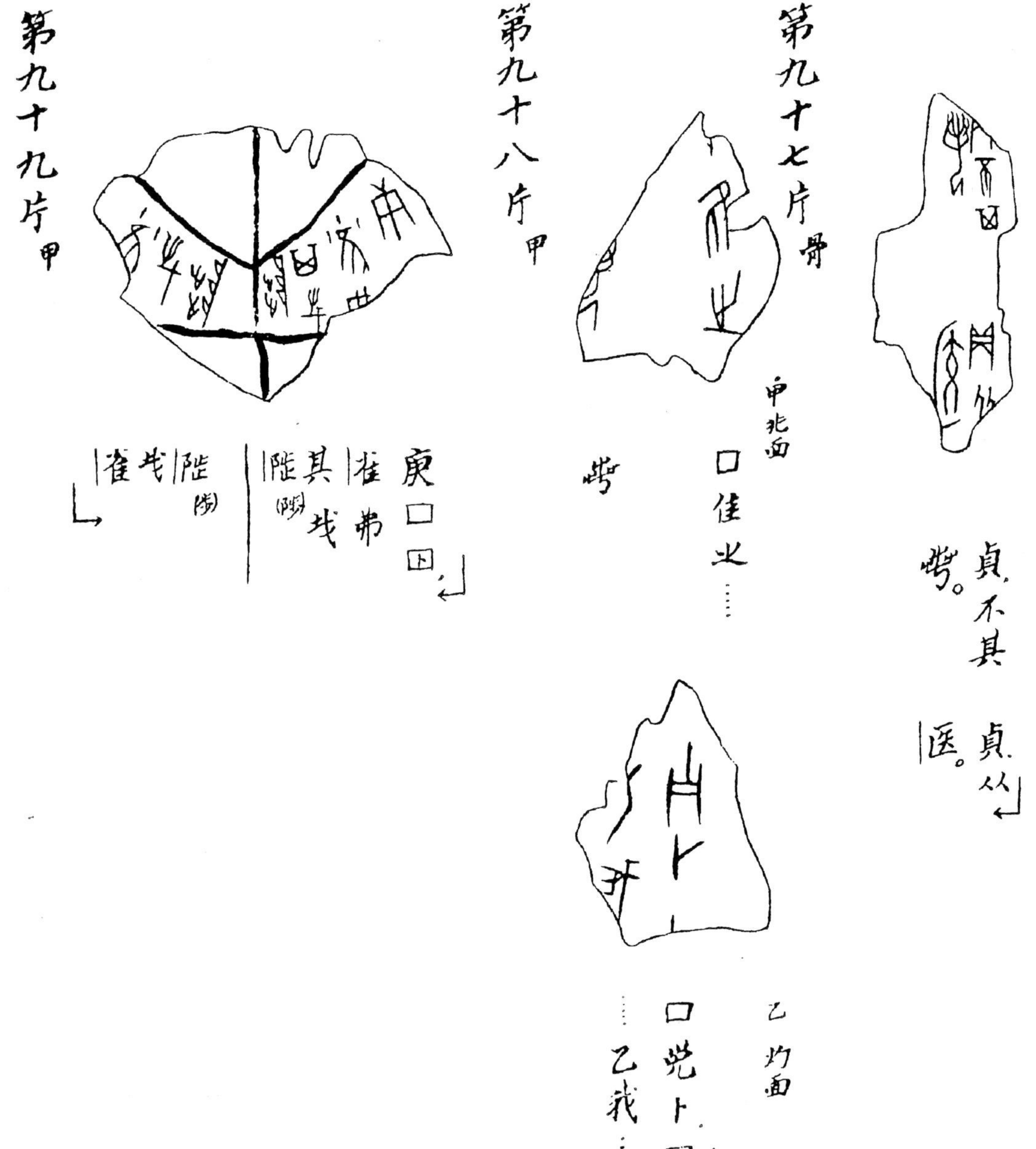

第一百片 甲

壬申卜，
乙亥乙酉
用。

□⿱口幸五
乂……

⿱口幸字葉玉森謂象縶其首，（集釋五，三五）他人未見釋者。余謂即幸之異文，亦即睪字所從出。卜辭執字或作〔字形〕（北大藏甲一）或作〔字形〕（續三，三六，一）或作〔字形〕（簠六，一七三）是則⿱口幸本當作〔字形〕，蓋不僅縶其手，并縶其首也。〔字形〕或變為〔字形〕，則有似于從口，或飾點而為〔字形〕，則變為〔字形〕，有似于從目，說文以為從目從幸，令吏將目捕罪人也，誤。

第一百一片 甲

□丑卜……
羽（翌）辛……
卓（尚）其……

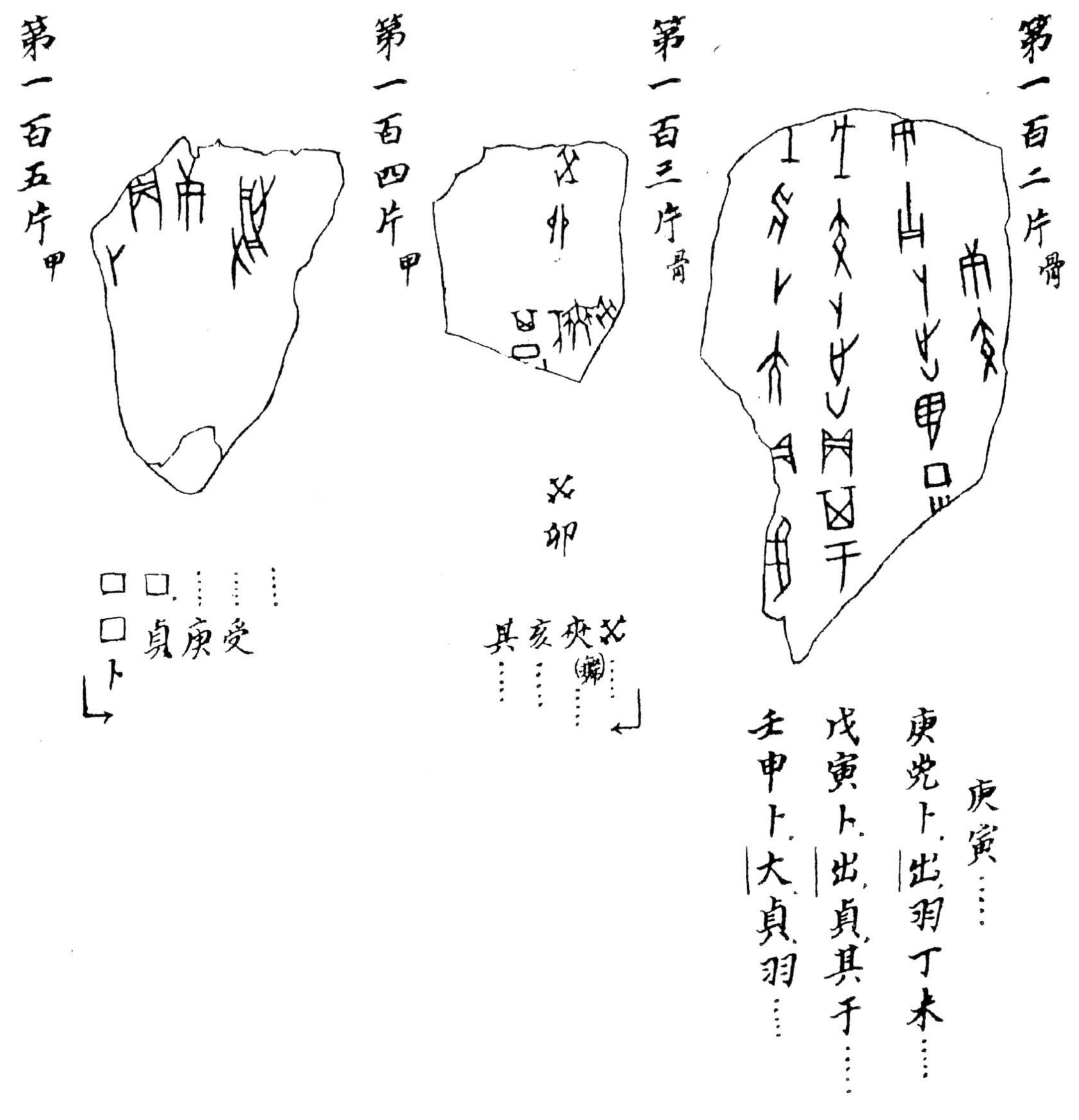

第一百二片 骨

庚寅……
庚兇卜，出，羽丁未……
戊寅卜，出，貞，其于……
壬申卜，大，貞，羽……

第一百三片 骨

癸卯

第一百四片 甲

癸……
夾（婦）……
亥……
其……

第一百五片 甲

……
……受
……庚
□，貞
□□卜

第一百六片 甲

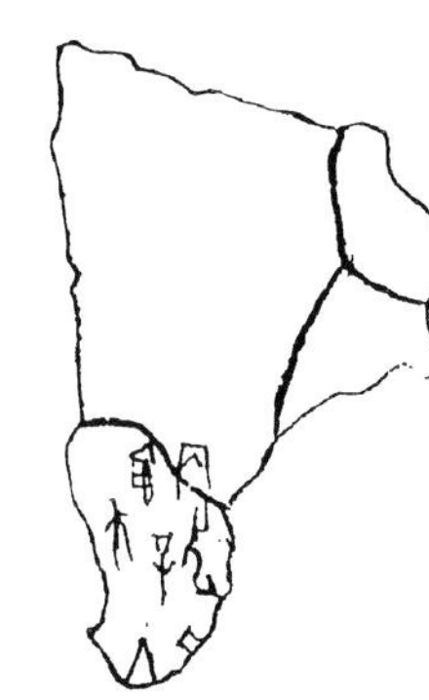

丙申卜……
羽(昱)辛酉……
大吉

[illegible]
三
不才[illegible]

第一百七片 甲

小告
庚兇
卜亘
貞王
……

第一百八片 骨

二
二
貞弗……

整理説明

該書有兩個版本，其一是一九三九年輔仁大學出版的叢書本，書封面有陳垣署題：輔仁大學叢書　天壤閣甲骨文存。扉頁有沈兼士題：天壤閣甲骨文存並考釋　唐蘭著。書後版權頁記「民國二十八年四月發行，共二百部。印刷所　北平彩華珂羅版印刷局，發行所　北平輔仁大學，經售處　北平隆福寺街修綆堂、文奎堂、琉璃廠來薰閣」，裝訂兩冊。其二是北京圖書館出版社二〇〇〇年重印本，封面題「天壤閣甲骨文存並考釋」，扉頁書名右題「唐蘭撰」，左題「北京圖書館出版社」。其餘内容全部翻印輔仁大學叢書本，裝訂一冊。

故宫博物院圖書館現藏輔仁大學叢書本七部，此次整理，從中選出最好的一部去掉版框放大影印出版。

（劉　雨）

中國文字學

目録

前論

一　中國文字學是什麽

中國人對文字的研究，遠在紀元前幾個世紀已經開始，現在所知道的最早的字書應該是《爾雅》和《史籀篇》。此外，在《左傳》、《周禮》等書裏，已經有討論文字的風氣了。後來，爲了戰國時各地文字的雜亂，有些學者曾提出過「書同文」的理想，到了秦始皇帝二十八年（紀元前二一九年）在琅邪臺刻石時，叙説「皇帝之功」，就有一條是「同書文字」，這一個學者們的理想，總算是達到了。那時，李斯作《倉頡篇》，趙高作《爰曆篇》，胡母敬作《博學篇》，和這種整齊文字的運動當然是有關的。到了漢代，由於研究《倉頡篇》，便發生了所謂「小學」，劉歆《七略》把小學放在《六藝略》裏面，一直到近代，研究小學和研究經學的地位，幾乎是相等的。

把文字學叫做「小學」，這個名稱是西漢人定的。據《禮記·内則》説：「六年教之數與方名，……九年教之數日，十年出就外傅，居宿於外，學書計。」可見古代入小學是兼學書數兩科的，單把文字叫做「小學」，實在不很恰當。但是，我們知道古代没有「文字」的名稱，孔子説：「必也正名乎？」本可叫做「名」，《左傳》説：「於文止戈爲武。」也只叫做「文」，一直到琅邪刻石纔發現了「文字」二字，鄭康成説過「古曰名，今曰字」，可見用「字」來代表「文」或「名」的意義是晚起的。漢朝人既怕叫做「名」和公孫龍之徒的「名家」混淆，又不能叫做「文學」和司馬相如等辭賦家合在一起，又不願意就用晚起的字而叫做「字學」，所以就想出了「小學」，這樣一個似是而非的名稱。

《漢書》説：「張敞好古文字。」又説杜林：「其正文字，過於鄴、竦。故世言小學者由杜公。」顔師古《漢書注》對於張吉尤長小學的注解，就説「小學謂文字之學也」。唐、宋以後人，也常常説到「字學」，但「文字學」的名稱，卻不經見，一直到清末，章太炎等纔把「小學」叫做「文字學」。

二　文字學的特點和它同語言學的差別

文字學是研究文字的科學，在一個中國人看來，這個名詞是很恰當的。但由西方輸入的科學名詞，還沒有一個可以配合的名稱。普通所謂Philology，本是研究希臘拉丁古語的學科，我們只能把它譯做語言學，或者更確切一些，是古語言學。Etymology 是語源學，Palaeography 是古文字學，Hieroglyph 是象形文字學，沒有一個字，能相當於中國的文字學。

因爲中國的文字是特殊的，在一切進化的民族都用拼音文字的時期，她卻獨自應用一種本來含有義符的注音文字。在最古的時候，中國文字本也是圖畫文字，但至遲在三千五百年前，已改成了注音文字，而這種文字一直到現在還活着，被全中國的人民，以及她鄰近的地方使用着。我們既不能把它們和埃及、巴比倫等已經久已死亡的古文字一例看承，又不能把只有二十多個字母拼音的西方文字來比類，所以，這一種西方人所不能理解的特殊的學科，我們只有把它叫做「中國文字學」(The Science of Chinese Characters)。

口上説的語言，筆下寫的文字，兩者顯然是不同的。因爲西方人的語言和文字差不多一致，研究語言也就研究了文字，所謂古語言學或古文字學，有些人甚至於想把它叫做文獻學，所以，只有語言學(Science of Language)特別容易發展。反之，中國文字是注音的，語言和文字在很古的時期就已經不一致，從文字上幾乎看不到真實的語言，所以，在中國，幾乎可以説没有語言學。但是，中國人把文字統一了古今的殊語，也統一了東南西北無數的分歧的語言，所以，從紀元以前就有了文字學，而且一直在發展。西方的語言學，中國的文字學，是兩個不同的學科，充分表現出兩種傾向不同的文字裏所造成的極明顯的差別。

有些學者把Philology 叫做語言文字學或語文學，這是很錯誤的。文字學固然不能包括語言學，同樣，語言學也不能包括文字學。在文字學裏，不能研究到「果蠃」的語源，「殷」讀爲「衣」的失去韻尾 n 一類問題；但在語言學裏也不能研究到從二的字古都從一，「卩」字本象人跽形一類的問題。每一種科學總應該有明晰的範圍，真正的語言學是在十九世紀建立的，中國的語言學剛在開始，我們相信它會有很大的發展，但千萬不要以爲這一套新興的科學是萬能的，忘記了中國文字的特殊情形，把語言和文字的界限混淆了，而抹殺中國兩千年來固有的文字學。

三　中國文字學的範圍

每一個文字具有三個部分：一、字形；二、字義；三、字音。在漢代，小學剛剛發展的時候，分別還不很顯著，後來，每個部分都逐漸擴大，所以，宋末王應麟《玉海》已經分成三種：一、體制；二、訓詁；三、音韻。到清朝的《四庫全書》，就把小學書分成訓詁、字書、韻書三類。清末以來的文字學，也總包括形、音、義三方面。

但是，形和義是比較不易分的，聲音部分，由於漢末的反語，魏晉的韻書，齊梁的四聲，唐末的四等，元明以後的今韻學，和宋人創始而清代學者研究頗有成績的古韻學，這些時常不斷的發展，早已成爲一種獨立的，專門的學科。因之，民國六年時，北京大學的文字學，分由兩位學者擔任，朱宗萊做了一本講義，叫《文字學形義篇》，錢玄同做的是《文字學音篇》。後來，許多學者常采用這個方法，只講形義，避免了不太內行的音韻。漸漸音韻學獨立了，不再掛文字學的招牌，於是，只講文字學形義篇，就變成了瘸子了。

我在民國二十三年寫《古文字學導論》，纔把文字學的範圍重新規定。我的文字學研究的對象，只限於形體，我不但不想把音韻學找回來，實際上，還得把訓詁學送出去。

我的分類法，單從目録學說，已是很合理的。過去小學書的名稱，凡是用「文」或「字」或「文字」並用，大抵總是字書。我曾經把三類小學書的經典的名稱，做過一個有趣的分類。例如：

一　許慎《說「文」解字》

二　呂忱《「字」林》

這是文字形體學裏最早的兩本書，我們可以把它叫做「《說文》、《字林》之學」，當然也可以摘取兩個字叫做「文字學」。

三 《爾「雅」》

四 《「倉」頡篇》

這是文字意義學裏面最早的兩本書，我們可以依照六朝人的簡稱，叫做「《倉》、《雅》學」。

五 李登《「聲」類》

六 呂静《「韻」集》

這是文字音韻學裏最早的兩本書，我們可以把它叫做「聲韻學」。

由此，我們可以知道文字學本來就是字形學，不應該包括訓詁和聲韻。一個字的音和義雖然和字形有關係，但在本質上，它們是屬於語言的。嚴格説起來，字義是語義的一部分，字音是語音的一部分，語義和語音是應該屬於語言學的。

四 中國文字學的新領域

文字學把訓詁，音韻兩部分除去以後，一般人總以爲它的範圍要縮小了，實際上並不如此。過去有些文字學裏雖然還附有音篇，有些早就只論形義，不講音韻。至於義篇，因爲没有現成的理論系統，一無憑藉，大抵寥寥幾章，只是形篇的附庸（容庚把六書當做義篇是錯誤的）可有可無。所以，民國以來，所謂文字學，名義上雖兼包形、音、義三部分，其實早就只有形體是主要部分了。

這些文字學形篇都講些什麽呢？它們大體上可以分做兩部分，一部分注重構成的理論，把宋以來的六書説演述一下，從《説文》篆文裏找一些例證，像朱宗萊那樣把六書分成十九類的説法，在那時很流行。另一部分只注意字體的變遷，容庚用甲骨金文等實物來對照一下字體，也頗有人效法，因爲這是比較容易討好的。（沈兼士先生的《文字形義學》，上篇除了《文字之起原及其形式和作用》一篇外，都是文字形義學之沿革，那是文字學史的範圍，寫了一百四五十葉，還只到了戴侗。下篇據目録有一、造字論；二、以鐘鼎甲骨爲中心的造字説；三、訓詁論；四、國語及方言學；五、文字形義學上之中國古代社會進化觀；六、字體論等，可是沒有寫出來。）

這樣的文字學，先天上已經夠貧弱的了。因爲它們的理論根據，只有六書，而六書説的條例，建立在西漢末年以後，那時所見的材料，只是殘缺的《史籀篇》，傳寫的古文經，和有些人改寫做隸書的三千三百個小篆的《倉頡篇》。材料既少，時代又晚，所得的結論，當然很靠不住。但是，兩千年以後的學者，還只根據本身問題很多的《説文》裏所保留的一些材料，怎麽能有進步呢？

另外一方面，宋以後出土的古器物很多，有許多人曾經去研究款識文字，雖則那些研究的方法，大都是非科學的，但材料的豐富，是僅僅研究《説文》的人所想不到的。尤其到了清代末年，匋器，古鉩，貨布等都有大量的發現，所以古文字學裏一部重要著作，吴大澂的《説文古籀補》出現了。接着又發現了殷虚的甲骨卜辭，這是一個無盡的寶藏，近代最卓越的古文字學家孫詒讓已能見到這一部分的材料，孫氏所著《名原》，想根據這類新出材料來闡明文字構成的理論，雖還不能完全脱離六書的羈鎖，他的見解往往是正確的。可惜自他以後，就沒有人再注意到這一方面。羅振玉、王國維只能算是文獻學家，他們的學問是多方面的，偶然也研究古文字，很有成績，但並沒有系統。容庚、商承祚等在古文字上的成績，是蒐集、整理、排比、摹寫，更説不到理論和系統，此外，更自鄶以下了。

《古文字學導論》開始溝通了這兩方面的隔閡，在奄奄無生氣的文字學裏攝取了比《史籀篇》早上一千年的殷虚文字，以及比古文經、《倉頡篇》多出了無數倍的兩周文字，六國文字，秦、漢文字，從這麽多而重要的材料裏所呈露出來的事實，使我修正了傳統的説法，建立了新的文字構成論，奠定了新的文字學的基礎。在另一方面，也儘量使古文字的研究，脱離了猜謎射覆的途徑，走上了科學的道路。

三十年前，我的同鄉老儒金蓉鏡先生寫信給我批評孫詒讓「祧許慎而祖倉頡」，在老先生的眼光裏，這就是不可恕的罪狀。在那時，我也還是忠實的守家法的漢學家，治經宗鄭玄，小學宗許慎。但到現在，我也走孫詒讓的舊路，不過我們只拿歷史材料做根據，一切舊的偶像全摧毁了。在打不破《説文》系統，跳不出六書牢籠的學者看來，誠然是大膽妄爲，離經畔道，但在我們看來，只有這樣，文字學纔有新的生命，新的出路，也只有這樣，纔可以成爲一種真正的科學。

此外，近代文字的研究，也是很重要的。隸書、草書、楷書，都有人做過蒐集的工作。楷書的問題最多，別字問題，唐人所釐定的字樣，唐以後的簡體字，刻板流行以後的印刷體，都屬於近代文字學的範圍。西陲所出木簡殘牘，燉煌石室所出古寫本經籍文書，也都是極重要的材料。

從明代的華化西洋人創造了中國語的拼音字，以至現代的國語羅馬字，拉丁化新文字，這種想推翻中國舊文字的運動，也是值得討論的。中國新文字究竟應該用拼音呢？用注音呢？正是文字學上最大的問題。

現在，我們把久已獨立的音韻學謝絕了，也把應該獨立而還没有找到出路的訓詁學放開了（二十年來，卓越的訓詁學家，我所知道的，只有沈兼士一人，這一科是太冷寂了。本書初執筆時，沈先生尚健在，忽然傷逝，執筆泫然），剩下只講形體的文字學，但是它的範圍，非但没有縮小，倒更充實，更擴大了。

五　中國文字和世界各區域的文字

我們如望遠處看，中國文字學應該是整個文字學裏的一部分，正和中國語言學是整個語言學的一部分是一樣的。誰都知道，世界最古的文字有三種，一、蘇馬利亞人和巴比倫人的楔形文字；二、埃及的圖畫文字；三、中國文字。有些人企圖把這些文字説成一源，這是可笑的荒謬。但他們都由圖畫演進爲文字，有許多地方總是相類的，我們可以由之得到文字進化上若干共同的原則。

有些人把文字進化分做四個階段，一、圖畫字；二、義符字；三、聲符字；四、字母。他們以爲中國人跟埃及人、蘇馬利亞人、巴比倫人一樣，只改良到第三個階段就停止了。他們説中國人没有用字母，所以在原始時期上停留了二千年，文字的繁難，形成了中國文化進步的阻礙。

這種錯誤的觀察者，他們不知道文化不會停留在那一點上的。遠在紀元以前，中國人就懂得合音，後來發明反語，把聲和韻分開，這種發明，將有一千八百年。在這時期内，中國曾經有過璀璨的文化，使她的鄰邦高麗、日本、安南等都采用了她的文字。可見中國文字足够適應那時的需要，它能一直應用到現在，一定有它本身的價值。

指摘中國文字的人，同時也往往指摘中國語言，像：單音節、没有語尾、没有形式變化等，認爲是低級的語言，可是現在的語言學家大都已不這樣想了。中國文字變爲注音文字，而不變爲拼音文字，顯然和她的語言有關。一個字既然是一個音節，有一千多個聲音符號（其中大部分就是意義符號），就可以把這個民族的語言通統寫出來，又何須另外一套拼音的方式呢？

但是當鄰邦采用中國文字的時候，和她本國的語言就不能適應了。日本人借用漢字來表音，例如「弦」字，《和名類聚抄》說「此間云由美波利」，狩谷望之引《持統記》作「由八利」，不論「由美波利」或「由八利」，總是日本古代語裏代表「弦」的意義的語音，這和中國人翻譯匈奴或西域的語言時所謂「撐犁孤涂」或「蒲萄」之類是一樣的。可是日本語音本來簡單，所以借用漢字，就有許多是習用的，後來受了梵文的影響，把漢字歸納成片假名、平假名，就只有最簡單的四十七個音符，成爲一個新系統了。

腓尼基人的創造字母，顯然也是借用別的民族（有人說是埃及）的文字來適應他們自己的語言。據說他們善於經營商業，所以能歸納出這樣一個簡單的系統。因爲埃及人和屬於閃族的腓尼基人的語言，都是輔音占優勢，元音有些不定，並且好像黏屬於輔音，所以他們的文字，往往只把輔音寫出來。他們的語言，既是多音節的，又是複輔音的。複輔音的字，最容易分析，譬如英語的Script顯然可以分成五個單位，假如把元音疏忽了，那就是五個字母。所以這種歸納出來的字母，本來就没有元音，到希臘人再借用這個系統來寫她的語言時，把用不着的輔音字，改爲元音字母，纔成爲包含元音輔音的一套字母。

中國人對語音的感覺，是元音占優勢，輔音比較疏忽，和含、閃語系正相反。一個中國字的聲音，由中國人的說法，是聲和韻的結合，聲是輔音，可是有時帶着介音，韻是元音後面帶一個韻尾輔音。中國語的韻尾輔音，大體很微弱，只是一種聲勢，所以逐漸在消失。（有些字没有韻尾，但據學者們的推測，也是原來有尾而後來消失的。）聲韻雖然並列，韻的部分總占優勢。我們可以看見：一、形聲系統裏，韻母大體相同，而聲母不大固定。（如「同」從「凡」聲，「唐」從「庚」聲，「䜌」字在金文可讀做「蠻」，也可讀做「蠻」之類。）二、許多聲母也常會消失到只剩元音，和韻尾輔音一樣。中國文字既然一個字代表一個音節，而這種音節以元音爲中心，輔音黏附在元音的前後，似乎是不可分的，那就無怪遠在三世紀時最大發明的反語，只能分析聲韻，而没有清晰的字母了。

中國文字没有發展爲拼音的，而只是注音的，在學習時雖然不如拼音的方便，但是它能代表古今南北無數的語言，這是拼音文字所做不到的。中國文字不僅是由古代圖畫文字變成近代文字的唯一的僅存的重要材料，也是在拼音文字外另一種有價值的文字，是研究文字學的人所應當特别注意的。

世界上舊有的及現在還存在的文字，種類很多。其中有些是和中國文字有親族關係的。中國西部有儸儸、麽些等文字，史禄國教授曾給我看過太平洋裏一個島嶼上的銘誌文字，有些字（如「亯」字）的寫法，和中國古代完全相同。至於契丹、女真、西夏等文字，和漢字的關係，更是大家都知道的。

現在，各種文字，幾乎都有專家在做研究，還没有人作綜合比較的工作，但我相信將來總可以發展成爲文字學，一門新興的科學。有二千多年歷史的中國文字學，在這種研究中是應該占最重要地位的。

六　中國文字學史略

中國人研究文字，據現在所知，是周朝開始的。《爾雅》據説是周公做的，所記草木鳥獸蟲魚的名稱，很多是新造的形聲字，倒很像是西周前期的，釋詁、釋言、釋訓等篇，就一定是秦、漢間人所增加的了。《史籀篇》舊説是周宣王時太史籀，王國維以爲周、秦間的西土文字，現存的「商鞅量」在秦孝公時，跟小篆很接近，《説文》所引的籀文則和春秋時銅器和石鼓文較接近，我把石鼓定在秦靈公三年（紀元前四二二），較「商鞅量」早七八十年，《史籀篇》的成書，最晚也得在戰國初期。《左傳》裏有三處解釋文字：「止戈爲武」、「反正爲乏」、「皿蟲爲蠱」，假使這些記載是可靠的話，春秋時已有這種風氣了。六國時人對於文字是很注意的，《周易》的彖傳等，有許多解釋，是訓詁學的藍本。《周禮·保氏》有六書的名目，《韓非·五蠹》説：

> 倉頡之作書也，自環者謂之私，背私謂之公。

倉頡作書的傳説，那時正在流行，這都是文字學最初的雛形。六國時文字雜亂太甚，也就産生了「書同文」的理想。

秦始皇統一了天下，也統一了文字，李斯作《倉頡篇》，趙高作《爰曆篇》，胡母敬作《博學篇》，顯然要用此宣傳小篆，作字體的範本。漢初人把三篇併合了，仍舊叫做《倉頡篇》，摹仿這一類字書的有《凡將篇》、《元尚篇》、《急就篇》、《訓纂篇》

等，只有《急就篇》，一直到現在還保存着。

這種字書都是爲小孩子諷讀而編的，所以叫做小學。西漢時爲小學召集過兩次大會，一次是宣帝時徵齊人來正《倉頡篇》的俗讀，張敞從他們學了，傳到杜林，做了《倉頡故》和《倉頡訓纂》，漢人認爲他是小學的創始者。第二次是平帝時徵爰禮等百餘人説文字未央廷中，以禮爲小學元士，揚雄采作《訓纂篇》。此外，揚雄還注過《方言》十三篇，是近於《爾雅》，而又注明各地方不同的語言的一部字書。

這時候，最重要的一件事，是古文經的重新發現。古文經的來源，有兩類：一類是傳世的古書，如：《周易》、《毛詩》、《左氏傳》等，一類是孔子宅壁中拆出來的舊本，如：《古文尚書》、《禮古經》、《古文論語》等。流傳到劉向父子校中祕書，纔發現它們的可貴。劉歆因而創立他的古文經學。從文字形體來看，這都是六國晚年的抄本，而且往往是重抄的，所以免不了有錯誤。杜林據説寶藏過一卷漆書《古文尚書》，他的弟子衛宏曾做過一本詔定《古文官書》，是辨別古今字體的書。

那時的今文經學家喜歡解釋文字，不過都很可笑，如「馬頭人爲長」、「人持十爲斗」、「士力于乙者爲地」、「八推十爲木」之類，在《春秋》緯裏所存最多，都是根據已經變爲簡易的通行的隸書來説的。他們甚至於以爲秦朝的隸書就是倉頡所造的，他們以爲文字是「父子相傳」，不應當有改易，所以他們不相信古文字，當然更不相信古文經。

古文經學家建立了一個文字學系統，就是「六書」，在《周禮》裏本來只是一個總名，現在給分別出來了。六書有三種説法，最初見於《漢書·藝文志》，那顯然是抄襲劉歆的《七略》的。又見於鄭衆《周禮注》和許慎《説文解字叙》，鄭、許都是劉歆的再傳或再再傳的弟子，所以可以認爲劉歆一家之學。不過，我很懷疑，這説法未必是劉歆獨創的。秦、漢之際有一本書叫「《八體六技》」，八體固然是秦書八體，六技決不是王莽時的六書，分析古文奇字等名稱的六書，而應是象事象形的六書。六技或許是六文之誤，六朝人常説到「八體六文」，六文就是六書。劉歆的説法，可能是抄這本書的。

根據古文經，《史籀篇》、《倉頡篇》，以及別的古書裏的材料，和「六書」系統，許慎寫成中國文字學裏惟一的經典：《説文解字》。他的主要動機是要澄清那時一班俗儒鄙夫的謬説，雖則他生在那個環境裏，未能免俗，像「一貫三爲王」、「推十合一爲士」、「甲象人頭」、「乙象人頸」，説字的方法，比之那班今文經學家是不相上下的。他認爲文字是有條例的，先有「文」，「文」是「象形」、「指事」，原始的文字。而「字」是由孳乳而産生的「會意」、「形聲」等新文字。他用五百四十部來貫串一萬多個文字，用篆書爲主體來解釋文字，因爲他想這樣可以得到造字時的本義。

「五經無雙許叔重」是賈逵的弟子，當時就負盛名，馬融很敬重他。他的書據後序是和帝永元十二年（西元一〇〇）寫成的，到安帝建光元年（西元一二一）纔獻上，不到一百年，他的書就流行了，鄭玄注《周禮》、《禮記》，應劭作《風俗通》，都引用過，連雄才大略的曹操下的命令裏也引用過《説文》。

《説文》由目前看來，錯誤很多，但是它曾支配了中國文字學一千八百年。北齊顔之推説：

客有難主人曰：「今之經典，子皆謂非，《説文》所言，子皆云是，然則許慎勝孔子乎？」主人撫掌大笑應之曰：「今之經典，皆孔子手迹耶？」客曰：「今之《説文》，皆許慎手迹乎？」答曰：「許慎檢以六文，貫以部分，使不得誤，誤則覺之。孔子存其義而不論其文也。……大抵服其爲書隱括有條例，剖析窮根源，鄭玄注書，往往引其爲證，若不信其説，則冥冥不知，一點一畫，有何意焉。」——《顔氏家訓·書證篇》

清儒段玉裁説：

自有《説文》以來，世世不廢，而不融會其全書者僅同耳食，强爲注解者，往往眯目而道白黑。其他《字林》、《字苑》、《字統》，今皆不傳，《玉篇》雖在，亦非原書，要之，無此等書無妨也，無《説文解字》，則倉、籀造字之精意，周、孔傳經之大恉，薶緼不傳於終古矣。——《説文注》

這種稱譽也不算太過分。這本書無論如何是研究古代文字的一個鑰匙，即使在將來文字學上，也還是有重要價值的。

從後漢到晉是小學最發展的時期。接着《倉頡篇》、《訓纂篇》，後漢賈魴作《滂喜篇》，晉人合稱《三倉》。樊光、李巡、犍爲舍人、孫炎等都有《爾雅注》。魏張揖作《埤倉》和《廣雅》，晉郭璞作《方言注》、《三倉注》、《爾雅注》，這是「《倉》、《雅》學」的極盛時期，後來就衰落了。

聲韻學起得最遲，漢末劉熙作《釋名》，是聲訓的第一本書，後來有韋昭的《辨釋名》。魏孫炎作《爾雅音義》，開始采用反語（即反切），這是中國語言學裏最大的發明。接着李登作《聲類》，是第一本韻書，晉吕静作《韻集》，後世的韻書，是從《韻集》的系統來的。

文字學以許慎《説文》和晉吕忱的《字林》合稱，《字林》已亡佚，據《封氏聞見記》，《字林》也是五百四十部，可是字數多了。據《説文序》，連重文有一萬零五百十六字，《字林》卻有了一萬二千八百二十四字。據《魏書・江式傳》説：「文得正隸，不差篆意」，可見《字林》是用隸書寫的。唐時人《説文》和《字林》總是同時習的，所以現在《説文》裏，常有《字林》混在裏面。

俗文字在文字學史上應該有重要的地位，但過去没有人注意過，這是重古輕今的毛病。顔之推説：

《通俗文》，世間題云：「河南服虔字子慎造」。虔既是漢人，其書乃引蘇林、張揖，蘇、張皆是魏人。且鄭玄以前，全不解反語，《通俗》反音甚爲近俗。阮孝緒又云：李虔所造，河北此書，家藏一本，遂無作李虔者。晉《中經簿》及《七志》並無其目，竟不得知誰制。然其文義允愜，實是高才。殷仲堪《常用字訓》亦引服虔《俗説》，今復無此書，未知即是《通俗文》，爲當有異。近代或更有服虔乎？不能明也。——《顔氏家訓・書證篇》

學者文人所注意的是《倉》、《雅》之學，這些從經史百家裏搜集來的文字，大都是漢以前古字的詁訓，不能代表近世新興的語言。漢以後，基於事實的需要，許多人就去蒐集代表新語言的文字，《通俗文》是這一類書裏最早發現的。據顔氏的推論，當然不是服虔做的，可是殷仲堪既引過服虔《俗説》，可見這種字書在殷氏前（西元四〇〇年以前）已經出現了。顔氏説：「文義允愜，實是高才。」又説：「河北此書，家藏一本。」可以看出這本書的精善和流行的廣遠。後來如王義《小學篇》、葛洪《要用字苑》、何承天《纂文》、阮孝緒《文字集略》，一直到燉煌所出唐人著的《俗務要名林》、《碎金》之類，都屬於這個系統，可惜不受人重視，所以大部分材料都已散失湮滅了。

六朝是文字學衰頽，也是文字混亂的時期。北方在後魏時有陽承慶《字統》二十卷，一萬三千七百三十四字，大概是解釋字形的。南朝在陳時有顧野王的《玉篇》三十卷，一萬六千九百一十七字，雖則依傍《説文》的系統，卻集録《倉》、《雅》派的訓詁，這是最早的一部字典，也是最好的一部。可惜現在所傳是孫强增加字本，又是略出本，注文大部删去，日本所存原本，不過十分之一二。隋諸葛潁有《桂苑珠叢》一百卷，周武后時有《字海》一百卷，或許是《玉篇》的一系。

聲韻學在六朝時不斷地發展，到隋朝陸法言作《切韻》，成爲這一派韻書的經典，和文字學早就分家了。唐人因六朝文字混亂，又有一種整齊畫一的運動，這是字樣之學。顏師古作《字樣》，杜延業作《羣書新定字樣》，顏元孫作《干禄字書》，歐陽融作《經典分毫正字》，唐玄宗開元二十三年（西元七三五）作《開元文字音義》，自序説：

> 古文字唯《説文》、《字林》最有品式，因備所遺缺，首定隸書，次存篆字，凡三百二十部，合爲三十卷。

林罕説「隸體自此始定」。中國文字史上第一次同文字是秦時的小篆，結果失敗了。這第二次定隸書（即現在所謂楷書），卻成功了。楷書體到現在還行用，已經經過一千二百年了。後來張參作《五經文字》，唐玄度作《九經字樣》，宋張有作《復古篇》，一直到近世的《字學舉隅》，都屬於這個系統。

唐時普通人已不會寫篆字，李陽冰中興篆籀，是由書法得來的。他「刊定《説文》，修正筆法」，作三十卷，常自發新説，在晚唐時，這個刊正本很流行。他的侄子李騰集《説文》目録五百餘字刊石，名爲《説文字原》。五代時蜀林罕據李陽冰重訂本作集解，又取偏旁五百四十一字，作《説文字原偏旁小説》。郭忠恕説：「林氏虛誕。」郭氏自己也寫過一本《説文字源》，夢瑛寫的《字原》，錯誤也不少。南唐二徐都研究《説文》，徐鍇作《説文繫傳》，很攻擊李陽冰，徐鉉後來歸宋，和句中正等校定《説文》，今世流行的就只有二徐本的《説文》了。

宋時二王的《説文》學，論實是訓詁學。王安石用空想來解釋一切文字，這本是普通人容易犯的毛病，不過他讀書多，附會巧，好像言之成理，而且他在政治上的地位極高，所以《字説》二十卷曾風行一時。唐耜作《字説解》一百二十卷，陸佃、羅願等都是信仰新説的。但是罵他的人很多，所以終於失傳。同時王聖美（子韶）創右文説，以爲形聲字的聲符，大抵兼有意義，卻是訓詁學裏一個很重要的法則。

宋代是文字學中興的時期，主要進步有二：

一　古文字材料的蒐集和研究。

古文字材料的蒐集，遠在漢時已經開始，不過那時還只有抄寫的一法，所以許叔重《說文序》儘管説到鼎彝而没有徵引過一個字。只有古文經，被文字學家許叔重引用到《説文》裏，又被書法家邯鄲淳的弟子輩寫入三體石經。後來大批的汲冢古文，可惜没有保存下來。

一直到唐朝，書法家或經學家所謂古文，主要的還只是流傳下來的抄本古文經和三體石經。經過六朝的大混亂時期，有僞造的隸古定《尚書》，好奇的人杜撰的古文雜體，也有寫錯的，也有認錯了，以訛傳訛的（例如把行字古文衍誤認爲道），還有許多是從後世字書韻書裏找較特殊的字體，把楷書變爲篆形的，這些材料都匯集到五代時郭忠恕的《汗簡》裏，宋真宗時，夏竦集《古文四聲韻》，還只是這些材料。

由於宋時金石學的發達，隸書的研究，古文字的研究都開始了。皇祐以後，像楊南仲、章友直、劉原父、蔡君謨、歐陽永叔等都好鐘鼎文字，而以楊氏最有名。到元祐壬申（西元一〇九二），吕大臨作《考古圖》，同時又做了《考古圖釋文》（清代學者誤以爲趙九成作），這是古文字學裏的第一本書。他綜合出若干辨識古文字的原則，如：「筆畫多寡，偏旁位置左右上下不一。」他説從小篆考古文，只能得三四，其餘有的從義類推得，有的省，有的繁，有的是反文，有的知道偏旁寫法而不知道音義，由這樣，又可考其六七。他用這種方法認識了幾百個字，給古文字學開了一條道路。後來王楚作《鐘鼎篆韻》、薛尚功作《廣鐘鼎篆韻》，元時楊鉤作《增廣鐘鼎篆韻》，字數陸續有增加。

自從漢人建立了六書理論後，除了許叔重就没有人用過。鄭樵第一個撇開《説文》系統，專用六書來研究一切文字，這是文字學上一個大進步。他寫了《象類書》十一卷，以獨體爲文，合體爲字，立三百三十母爲形之主，八百七十子爲聲之主，合千二百文成無窮之字。他批評《説文》「句」、「半」等部，以爲只是聲旁，不能作形旁，所以把五百四十部歸併成三百三十部，這是以子之矛攻子之盾的方法。另外，他又做過一部《六書證篇》，卻又只有二百七十六部，不知異同如何。這兩種書都失傳，他的學説只存在《通志・六書略》裏面。清代《説文》學者因爲他批評許慎，都不願意稱道他，但未嘗不受他影響。我們如其重新估計一下，他所作的六書分類，瑣屑拘泥，界畫不清，固然是失敗的，但不是無意義的。漢儒的六書理論，本是演繹的，没有明確的界説，經他歸納過一次後，這種學説的弱點，就完全暴露出來了。

六書學在《説文》以外，開闢了一個新的門徑。元時有楊桓的《六書統》、《六書泝源》，戴侗的《六書故》，周伯琦的《六書正譌》，元、明之間，有趙撝謙的《六書本義》，明時有魏校的《六書精藴》，楊慎的《六書索隱》等。楊桓和戴侗都想利用古文字材料。楊桓把六書分成六門，子目瑣屑而重複，他大膽的嘗試用古文大篆來替代小篆，但是那時的材料不够，知識更不够，勉强拼湊成一個系統，當然靠不住。後來魏校繼承他這個系統，更加蕪雜。他們兩人是清代學者常常攻擊的。戴侗的書分九類，只用數目字，和天、地、人、動、植、工事等來分類，立四百七十九個目，其中一百八十八個是文，四十五個是疑文，二百四十五個是字。文是獨立的原始字。所以，照他的説法，一切文字，可以攝入二百多個指事象形的文或疑文的項下，綱領清楚，系統完密，遠在鄭樵、楊桓之上。他於《説文》在徐本外，兼采唐本、蜀本，清代校《説文》的人所不能廢。但他用金文作證，用新意來解説文字，如「鼓」象擊鼓，「壴」字纔象鼓形之類，清代學者就不敢采用，一直到清末，像徐灝的《説文段注箋》等書纔稱引。其實，他對於文字的見解，是許慎以後，惟一的值得在文字學史上推舉的。

明朝是文字學最衰頹的時候，連一本始一終亥的《説文》都没有刻過。明末趙宧光作《説文長箋》，只根據李燾的《説文五音韻譜》，清初顧炎武批評趙宧光淺陋，可是他也没有看見過《説文》。一直到明、清之交，汲古閣毛氏根據宋本重刊（據段玉裁説，毛斧季五次校改本，自署是順治癸巳，那是順治十年，西元一六五三），學者纔看見徐鉉本《説文》。乾隆四十七年（西元一七八二），汪啓淑纔刻徐鍇的《説文繫傳》。

跟着漢學的復興，清代《説文》學有了從來所没有的昌盛，小學比任何一種經學發達，而在小學裏，《説文》又特別比其他字書發達。王鳴盛説：

> 《説文》爲天下第一種書，讀徧天下書，不讀《説文》，猶不讀也。但能通《説文》，餘書皆未讀，不可謂非通儒也。——《説文解字正義序》

這種過分的崇拜，使學者囿於一家之説，從整個文字學史來看，並没有很大的進步。段玉裁《説文注》有些新見解，是第一個以《説文》學者享有盛名的，受抨擊也最多。桂馥的《説文義證》，搜集例子，確很豐富，可惜刊行較遲。嚴可均的《説文校議》，對於「偏旁移動，只是一字」，和「省不省只是一字」，用整理古文字的眼光來懷疑《説文》本書的體例，在許學裏算是最傑出的。王筠的《説文釋例》，要替古人作例是不容易做好的事，只有把《説文》的缺點揭露出來。不過他肯把他研究的方法和盤托出，對初學者不失爲一本有興趣的書。至於朱駿聲的《説文通訓定聲》，只是訓詁學上一本有用的書而已。有些《説文》學者專做些辨字正俗的工作，只要《説文》不載的字就是俗字，一定要在《説文》裏找出本字，這種尚古癖，在我們看來，是沒有什麼價值的。

古文字在明以後倒還有人蒐集，如李登的《摭古遺文》、朱時望的《金石韻府》、清汪立名的《鐘鼎字源》、閔齊伋的《六書通》之類，但除了古印外，沒有新材料，轉輾稗販，真僞雜糅，都是不足道的。到清乾隆十四年（西元一七四九）《西清古鑑》刻成後，鐘鼎文字纔重被人注意，到現在雖然不過二百年，已經有了最劇速的進步，使以前的文獻成爲無足重輕了。隸書首先被人注意，如：顧藹吉的《隸辨》。其次是漢印，有袁日省的《漢印分韻》等。其次是金文，嚴可均作《説文翼》，輯鐘鼎文字，依《説文》次序編輯，可惜沒有刊行。莊述祖的《説文古籀疏證》想建設一個新系統來代替《説文》，但是從不可靠的材料，主觀的看法，今文經學家的沒有條理的玄想，要造一個空中樓閣，把一切文字推源於甲子，這是不可能的。

從阮元作《積古齋鐘鼎款識》，並且刻入《皇清經解》以後，款識學盛行一時，成爲漢學的一部分。陳慶鏞、龔自珍之徒，穿鑿附會，荒謬不經，徐同柏、許瀚等算是較平實的。一直到同治、光緒時，古器物的發現愈多，如：古鉨、封泥、匋器、貨布等都有大批的材料，吳大澂除作《字説》外，蒐集鐘鼎文字和這些新材料作《説文古籀補》，這也是劃時代的一本著作。後來丁佛言的《説文古籀補補》，强運開的《説文古籀三補》，卻只是依樣葫蘆而已。

光緒二十六年（西元一九〇〇），殷虛卜辭的發現，在文字學上又揭開了一個新的時代。孫詒讓從研究金文作《古籀拾遺》、《古籀餘論》，研究甲骨作《契文舉例》，綜合起來作《名原》，是這個時代的前驅。羅振玉作《殷虛書契攷釋》建立了殷虛文字這一個學科，他認爲金文、古鉨、陶器、貨布等材料，應當分開來蒐集整理，二十年來，他的兒子羅福頤以及他的門人後學，已編了不少的材料書和字彙。林義光作《文源》十二卷，用六書分類，很瑣碎。日本人中島竦作《書契淵源》，以金文爲主，只寫了關於人身的一部分，因爲方法是演繹的，免不了穿鑿附會的地方。

因爲金石學的發展，清代學者也研究碑誌的別字，楊守敬又做過《楷法溯源》。行草書則自《草書韻會》、《草字彙》之類外，還沒有好的字彙。關於俗文字，自翟灝作《通俗編》以後，也有幾十家，有些著作，都擴展到方言一方面。

由中國文字學的歷史來看,《説文》、《字林》以後,可以分成五大派:一、俗文字學;二、字樣學;三、《説文》學;四、古文字學;五、六書學。前兩派屬於近代文字學,後三派屬於古文字學,在文字學裏都是不可少的。清代學者只復興了《説文》學和古文字學,可是其他的,尤其是宋、元人的六書學,還没有重建,蒐集新材料,用新方法來研究文字發生構成的理論,古今形體演變的規律,正是方來學者的責任。

七　中國原始語言的推測

中國古代語言是什麼樣子，我們很難知道。因爲語言的本身，既没有法子保存下來，而中國注音文字的特質，又使我們不能很確實地指出這些文字在古代的讀法，至多，我們只能根據某一些文獻，做些推測而已。

有些人把中國語言列爲單音節語，是很錯誤的。中國的文字，一個字只代表一個音節，但是她的語言，卻不是單音節的。這種錯誤是由於没有把「字」（Character）和「語」（Word）分析清楚的緣故。「字」是書寫的，一個中國字，是一個方塊，也只代表一個音節。而「語」是語言的，在語言裏是一個不可分析的單位，寫成文字時，有時可以只是一個字，但碰上雙音節語或三音節語，就必須寫兩個或三個字。

這種情形，如其用翻譯名詞來講，是很容易清楚的，像「葡萄」，我們決不能拆開來，那一點是「葡」，那一點是「萄」，儘管寫做兩個方塊字，實際只是一個「語」。「葡萄」是漢代的外來語，但是上古的中國語，也就是這個樣子。例如「參差」是一個語，決不是既「參」又「差」，「蟋蟀」是一個語，決不能此「蟋」彼「蟀」，可見「參差」、「蟋蟀」之類，都是中國的雙音節語，因爲我們每個文字只能代表一個音節，所以不能不寫成兩個方塊字，其實這兩個字是不可分的，我們從來没有單用過「蟋」字，或者「蟀」字。

但是，舊式的訓詁學家，往往不懂得「字」和「語」的分別，被字面所誤，把雙音節語拆開來，一個一個去解釋。例如：「窈窕」，是雙音節語，形容淑女的美，有些人卻要解釋成「善心曰窈，善容曰窕」。「果臝」是雙音節語，轉音是「栝樓」、「瓜蔞」，也可以寫作「果蓏」，本是指某一種果實，有些人卻要解釋做「在木曰果，在地曰蓏」，或「有核曰果，無核曰蓏」。但是

「果贏蒲盧」，當做細腰蜂解釋時，這兩字總還是不能分的。又如「猶豫」也本是雙音節語，可是從《老子》就說「豫兮若冬涉川，猶兮若畏四鄰」，分做兩處，那就難怪要把兩個多疑的獸名來解釋了。「狼狽」的意義本等於「狼跋」、「刺癶」，也是一個雙音節語，由於字面是兩個獸，段成式《酉陽雜俎》卷十六附會着說：

或言狼狽是兩物，狽前足絶短，每行常駕兩狼，失狼則不能動，故世言事乖者稱狼狽。

後來人就更説到「狼狽爲奸」了。

這種雙音節語，宋張有《復古篇》把它們叫做「聯綿字」，明方以智《通雅》把它們叫做「謰語」，有時是雙聲的，如「參差」，有時是疊韻的，如「窈窕」，有時在聲韻上見不到聯繫，如「權輿」。對於這種雙音節語，我們要捨棄文字的表面，而只取它們的聲讀，如「果贏」只代表Kuoluo或Kala，因爲它們的意義，必須從語音上去領略的。

中國古代語言裏，雙音節語的數量相當多，可惜到現在爲止，還没有人把它們整理出來。三音節語據我所知道，像：「攝提格」、「赤奮若」、「昭余祁」、「醫無閭」、「華不注」之類，數目特別少，四音節以上，更不容易見了。這種語言的特質，使我們的祖先沿襲了方塊字，一個字只代表一個音節，遇到複音節語，就隨便借些同音字來寫了。

中國語言裏，還有一個特點是「詞」的豐富。不過一般人對於「語」（Word）和「詞」（即複合語〔Composite Word〕）的分別，也不很清楚。在普通字典裏，既然把雙音節語拆開變爲兩個無用的單字，而在許多搜羅駢字的詞彙裏，卻又不能分出哪一類是語，哪一類是詞。符定一的《聯綿字典》把「上帝」、「中國」認爲聯綿字（即雙音節語），固然是可笑的荒謬。就是王了一先生的《中國現代語法》，把「糊塗」和「身體」、「保養」、「故意」、「桌子」、「石頭」、「這麽」、「那麽」、「芥菜」、「兄弟」、「妻子」、「先生」、「妹妹」、「慢慢」之類，都叫做雙音詞（上册一一——一四頁），我們也覺得甚不妥當。雙音節語在語言裏是一個不可分析的單位，雙音詞是可以分析的。王氏所舉的「糊塗」，實際是雙音節語，誠如他所說，並不是「黏上而又用墨抹去」的意思。孫奕《示兒編》引《呂氏家塾記》：「呂端之爲人糊塗」本注讀爲「鶻突」。劉大白《辭通序》裏有一條說：

荒唐、混沌、恢台、豁達、澒洞、鶻突、糊塗之類，都是疊韻謰語而以雙聲轉變，意義相同或相類的。可見這兩字是不可分析的，那就不應該是雙音詞了。

中國語的主體，既都是單音節語、雙音節語，而不常有三音節以上的語，語的範圍就有了限制，同音字也特別多，所以就在「詞」的一方面發展。我們翻開《詩經》來，如：

「關關」、「雎鳩」，在河之洲。「窈窕」、「淑女」，「君子」、「好逑」。

「參差」、「荇菜」，「左右」流之。「窈窕」、「淑女」，「寤寐」求之。

「窈窕」和「參差」是雙音節語，「關關」是前人所謂「重言」，我們叫做重字複合語，因爲我們如用一個字，意義也是一樣的。「雎鳩」和「荇菜」，「淑女」、「君子」和「好逑」，都是別類複合語。「左右」和「寤寐」都是集義複合語。

王了一所舉「妹妹」、「慢慢」等例是重字複合語，重字完全在說話人的高興。大部分的字，都可以重一下，就是雙音節語也可以，像「肅雝」可以是「肅肅雝雝」，「糊塗」也可以是「糊糊塗塗」。所以我們不能夠承認它是雙音節語。

至於王氏所舉「芥菜」，那就等於說「荇菜」了。這和「飛機」、「火車」、「輪船」、「銀行」之類是一樣的，王氏把前者稱爲雙音詞，後者稱爲複合詞，是不可解的。「先生」和「後生」有別，「先生」指年老的人，「後生」指年輕的人，等於「王子」是王的子，「公子」、「君子」是公或君的子。原來都是別類複合語。至於把「先生」當作師長，更變作成年男子的尊稱，「君子」當作有德行的人之類，等於把「老婆」當作妻室，「丈人」當做妻父，這只是詞的變異，一個意義的引申。我們沒有理由說「先生」（師長）完全和先生出來的意義無關，也沒有理由說「老婆」的原意，不是老了的婆子，那末，總還是複合語。「這麽」、「那麽」的「麽」，雖只代表語音，但既可分「這」與「那」，也就是別類複合語了。

王氏所舉「身體」、「保養」、「兄弟」等詞，我們都叫做集義複合語。有些是意義相同或相近的，例如：「方國」、「室家」，有些是對立或相反的，如「父母」、「成敗」、「東西」。至於在兩字裏偏重一字，像把「兄弟」當「弟弟」講，又是後代的變例了。

此外，「桌子」、「石頭」、「花兒」之類，我們稱爲附着複合語，發生較遲，在古書裏似乎只有「眸子」，六朝時有「日子」，

「頭」和「兒」，恐怕都要唐以後纔有了。如其我們説「桌面」、「石臼」、「花盆」，就不需要附這些字，所以我們也認爲是一種複合語。把「妻」叫做「妻子」，也屬於這一類，「耳」叫做「耳朵」，「故」叫做「故意」，「扮」叫做「打扮」，也都是附着一個字上去。

總之，王氏所謂「雙音詞」，把雙音節語的「糊塗」包括在内是錯誤的。此外，他還分八類，再有所謂「複合詞」。我們認爲雙音詞就是兩字的複合語，可是只分四類：一、重字複合語，二、别類複合語，三、集義複合語，四、附着複合語，第四類是晚起的。不過我們認爲「成語」、「典故」都是「慣用複合語」，所以一共要有五類。

重字複合語，大都是用在修辭方面的，用途最廣的是「集義複合語」和「别類複合語」。後世，俗語則盛行「附着複合語」，文談則盛行「慣用複合語」。《荀子・正名》説：「單足以喻則單，單不足以喻則兼」。兼名就是複合語。《尹文子・大道》説：

> 語曰「好牛」，又曰：「不可不察也」。「好」者物之通稱，「牛」者物之定形，以通稱隨定形，不可窮極者也。設復言「好馬」，則復連於「馬」矣，則「好」所通無方也。設復言「好人」，則彼屬於「人」矣，則「好」非「人」，「人」非「好」也。則「好牛」、「好馬」、「好人」自離矣。故曰：名分不可相亂也。

中國語的特點，就在「以通稱隨定形，不可窮極者也」。因爲中國語差不多限在雙音節以下，數量有限制，所以就在複合語方面發展，尤其到了唐以後，幾乎無語不複。常用的字，雖不過五千左右，但把所有的詞搜集起來，就決不止五百萬條。我們如其寫本語彙，是可能做好的。但如要寫詞彙，不是掛一漏萬，就永無成功之日了。

現在，我把「字」、「語」、「詞」三者的區别，再比較一下。

一、「字」　是書寫的單位。一個方塊只代表一個音節。

二、「語」　是語言的最小單位。單音節語，可用一個方塊字寫下來。雙音節語用兩個方塊字寫下來，三音節語就用三個，但不能從字面把它們分開。

三、「詞」　是複合語，由兩個以上的單語組合成的。它們雖可以發生新意義，但總可以拆開來，從字面上追求它的意義的嬗變。

有些學者以爲一個方塊漢字是可以讀成兩個音節的，那末，「果蠃」、「科斗」等雙音節語寫做兩個字，豈不是多事。楚人把「虎」叫做「於菟」，吴人把「筆」叫做「不律」，都寫做兩個字。「薺」是「蒺藜」，「椎」是「終葵」，可見單音節語寫一字，雙音節語就寫兩字，那末，一個字就不該有兩個音節。章太炎據《説文》有「悉𧊵」、「焦僥」，認爲古人造「𧊵」字不造「蟋」字，造「僥」字不造「僬」字，是「𧊵」兼「悉𧊵」二音，「僥」兼「焦僥」二音，他竟不知道除了可以畫出來的事物（像鳳字）外，雙音節語本都是假借字，「倉庚」就是一例。後人造形聲字時，凡遇到「二名」（不一定雙音節語），常常只在一個字上加了偏旁，例如把「忍冬」寫成「荵冬」，難道「荵」字也兼「荵冬」二音麽？《淮南子・主術訓》：「趙武靈王貝帶鵕鸏而朝。」高誘注：「鵕鸏讀曰私鈚頭，二字三音也。」這雖然是單文孤證，卻是主張一字兩音的人的最重要的根據。但是我們只要看高誘把「鵕鸏」讀爲「私鈚頭」，就可知道這不是它的本音。帶鉤本是胡服，《戰國策・趙策》叫作「師比」，《史記・匈奴傳》作「胥紕」，《漢書・匈奴傳》作「犀毗」，《東觀漢記》作「鮮卑」，都是胡語的譯音，顔師古所謂「語有輕重耳」。《淮南子》的「鵕鸏」，高誘如把它讀成「私鈚」，那就和「師比」差不多，但是聲音不合。如其單看「鵕」字讀私閏切，可以説是「私」字的轉音，鸏和比卻距離太遠了。可是高誘還要附會，就在「私鈚」下加上一個「頭」字來對「鸏」字，那末，「鵕」字就相當於「私鈚」二音了。班固與竇將軍箋説：「犀毗金頭帶。」《楚辭・大招》注説：「鮮卑帶頭。」可見「頭」字和譯語的本身是無關的。「私鈚」兩字是疊韻，讀快了只是一個「私」字的聲音，高誘既然把「鵕」讀做「私」，也就可以硬讀成「私鈚」二音。所以這個讀法，只是附會，而並不是某一個字本來可以讀兩個音。況且，翻譯名詞，常較原文簡短缺略，譬如「佛」就是「佛陀」，我們不能説「佛」可以讀作「佛陀」，所以即使帶鉤原名就叫「私鈚頭」，翻譯成「師比」時，我們不能説「比」字音鈚頭兩音，譯成「鵕鸏」時，當然也不能説「鵕」字音私鈚兩音，或「鸏」字音鈚頭兩音。所以一字兩音之説，根本是無稽的。

古代中國語言既然大體是單音節語和雙音節語，語根的探索，似乎不會太困難，因爲中國古代的原始語音不會太多。假使我們能考出古代有多少韻母，多少聲母，就可以懸想那時語音的全貌。中國文字既是一個字代表一個音節，而原始文字聲音完全相同的，像「公」和「工」之類，並不很多，所以我們如能考出所有的原始文字，能够弄清楚他們的讀法，就可以知道古代中國的原始語言究竟有多少個不同的音節單位。

我們在這裏所遇到的煩擾，韻母比聲母要少得多。從《切韻》系統裏的聲母來説，一等字只有十九個（韻表上有一部分列在四等，其實只是一等），二等字在齒音裏，少去四個，另外又加了四個。三四等韻除了這四個聲母和二等相同外，另有二十九個。合併四等，共有五十二類的聲母（脣音也許還可分析，在這裏不詳論）。但是在諧聲系統裏就有許多現象是不易解釋的。「貪」字音他含反，怎麽從居音反的「今」字爲聲呢？「唐」字徒郎反，怎麽會由古行反的「庚」字得聲呢？這是由K諧T或D的現象。「⿰革頁」匹各反，「霸」也是匹各反，顯然都從古核反的「革」字得音。「别」憑列反，應當從古瓦反的「冎」字得音。這是由K諧P或B的現象。「屈」字九物反，又區物反，卻從尺聿反的「出」得音，從「出」的字。還有「咄」當没反，這是由T或TS諧K的現象。「豹」字博教反，從之若反或市若反的「勺」字得聲。「馰」字除了音豹，音酌，還可以音「的」，都歷反。這是由T或TS諧P的現象。古孟反的「更」字，從兵永反的「丙」字得聲，是由P諧K的現象。徒刀反的「匋」字，從方久反的「缶」字得聲（《説文》從包省聲，而説：「案史篇讀與缶同。」據改正。金文「缶」字讀如「寶」，博抱反）；多則反的「㝵」字，本從博蓋反的「貝」字得聲。徒紅反的「同」字，本從扶芝反的「凡」字得聲。這都是T或D諧P或B的現象。這種現象，到處都有，尤其是研究古文字時，簡直是俯拾即是。不過這種例子是很散漫的，有些字前人常用會意或别的方法來解釋，賸下來的也就不去注意了。只有來母字的問題，比較是最複雜而顯著的，例如從「各」聲的字，《廣韻》在盧各切裏有了洛、烙等二十三字，洛故切裏有了路、露等十一字，這就很容易引人注意的。現代的語音學是由印、歐語的研究發展出來的，學者們先有一個複輔音的成見，遇到這些難解的問題，他們就立刻提出來中國古代語有複輔音了。

這個説法是英國人伊特金斯（Edkins）創始的，高本漢在《漢語詞類》裏説：

> 關於起首的複合輔音，……有一種K：L和P：L的轉换。例如「各」古音kak：「洛」lak，「變」古音pian：「巒」liwan，這時似乎要疑惑，那種複合的輔音，還是存在於K（P）音的字，還是存在於L音的字，或是兩者當中都有存在着。這樣的三種解釋，由因推果，似乎都是有可能性的：
>
> A　「各」klak：「洛」lak；
>
> B　「各」kak：「洛」klak（glak）；
>
> C　「各」klak：「洛」glak。
>
> ……在許多事例裏，這三種的説法當中，有一種決定是最可取的：C的説法。

A的說法在幾個例子裏要排除的，……第一，有個「藍」字，古音lam，……我們一方面有了「監」古音kam，另一方面又有暹羅語k'ram（靛青）較古的gram，那末，上古音lam前面的舌根音是確實的：上古音glan（靛青）。此外，……羅布淖爾上的樓蘭城，在張騫旅行的報告上已經是「樓蘭」了。這個外國語詞的譯文必定是密合於那時的語音的，「樓」lou字具有和「寠」g'iu字相同的音符，顯示着一個舌根音，又此城在可哈洛斯底文的記載中稱爲kroralmna，所以lou是漢朝的glu，在這兩種的例子上，都足以排除A的說法。

馬伯樂曾經指明「變」pian這個語詞符合於暹羅語的plien，這說似乎是可信的，如果是對的，那便是一個事例足以排除B的說法的。……這種種確是使我們贊成C的說法，於是我們得到「各」klak：「洛」glak等。——張世禄譯本一〇三—一〇五頁（原書擬音有較詳細符號，在此無重要關係，從略。）

後來，他在Grammata Serica（《中日漢字形聲論》）裏，就大量應用這個C式來擬音。

在我們看來，這種見解是很粗糙的，不成爲一個論證。在現代中國方言裏没有複輔音的痕迹，在《切韻》系統的反切上字裏也看不出複輔音的現象，《切韻》系統的反語是從《聲類》、《韻集》來的，我們可以上推到漢末（西元三世紀初），但是，反語的方法，遠在孫炎以前，民間就流行着。梁玄帝《金樓子》說：「宋玉戲太宰屢遊之談」，用「屢遊」二字來作反語，即使不是真的宋玉寫的文章，也一定是漢人所託的。況且「終葵」爲「椎」，「不可」爲「叵」，顯然是反語的前驅呢。從反語的方法來說，決不容許有複輔音的。

這種說法，流布得很廣，許多學者都輕忽的，不加思慮的接受了這新奇的意見。其實，如果拿台語來比較，靛青是k'ram，變是plien，以及林語堂所舉孔是klong等只有兩三個零碎的材料，可以證明漢語有複輔音嗎？這實在是太危險了。我對於台語一無所知，但我總不能相信在不很相同的兩個語系裏隨便舉些例子來比較。即使靛青的名字，由中國語傳入暹羅，或者本是暹羅語，而被漢語借用。在借用的時候，新的主人未必能完全準仿原來主人的語音，例如：「人力車」jinrikisha這一個名詞是從日本人讀漢字的聲音譯爲英文的，我們決不能說中國人會把「力」字讀做riki，「車」字讀做sha。所以，在台語裏原有複輔音，不妨把Kl來對照K或L，在漢語裏没有複輔音，也不妨把K或L來對照Kl。至於「樓蘭」的譯名，拿一個古代中亞語來對照是更危險的。第一，如說張騫譯文一定很密合，「樓」是glu，那末，「蘭」一定要對照

raimna，這可能嗎？「樓」和「窶」有相同的音符，所以是glu，那末，「樓」和「數」也一樣是相同的音符，《漢書・東方朔傳》還有一個戴器叫做「窶藪」，我們爲什麽不説是slu，或則簡直説gslu呢？譯文對照的不可靠，上面已經屢次説過了。高氏的説法，實在只是先有一個成見，興到筆隨，並没有仔細考慮過的。

講到諧聲，我在民國二十六年曾寫過一篇古無複輔音的短文（在那裏面所説來母古讀如泥母的一點是錯誤的），舉出十幾條例子是K，T，P，X，G，D，S，B，M等，常常有幾個都在和L轉變的，近來董同龢先生的上古音韻表稿也舉了「䜌」、「翏」、「龍」三例，説「在這樣的情況下，將以『䜌翏龍』的聲母是bl呢？dl呢？還是gl呢？無疑的，顧此必又失彼」。他又批評高氏説：

> 當高氏以「䜌」爲bl-以及「翏」爲gl-的時候，他就是忽略了「䜌」與「翏」對所有跟他們接觸的各系字的關係是平等的。「䜌」與「變」的關係是bl-：pl-，「翏」與「膠」的關係是gl-：kl-；但是「䜌」與「孿」則不過如bl-：sl-，「翏」與「謬」又不過如ml-：gl-。他是何所據而作此輕重之分呢？到了「龍」這個例，他到底被迫放棄了C式。但是我也不知道他爲什麽又只承認「龍」跟「寵」的關係。「龐」既誤認爲l-母字，「龏」又是無緣無故的擺在「廾」的系統之中去了。我覺得凡是這一類的現象，當然是用A式爲最合宜。——二九—三十頁

董氏的批評是很精細的，但是他先接受了複輔音的説法，所以只在高氏所提三種標寫複聲母的型式上着想。他覺得「A式是可以無往而不利的」，又覺得也還有B式C式的可能，結果，他没有決定了什麽。

董氏討論諧聲，而把這樣重要的問題，輕輕地從手上滑了過去，是很可惜的。他一看見兩個不同類的聲母，就很簡單地以爲這在上古也許是複輔音。上古的複輔音有多少呢？他没有想過。有那一種複輔音有歷史的證據呢？他没有提出來。只因許多變例在近代語音學上不好講，既有這一條捷徑，索性都算做複聲母就交了差了。從帶L的字説，他也並没有分開哪些字，原來就是來母，如「龍」、「翏」等字；哪些字原來本不是來母，像「各」、「卯」等。這從諧聲系統説，本是很容易區别的。

聲母原來在來母的字，不一定和别系發生關係，例如「良」字（《説文》從亡聲是錯的），只有一個「娘」字讀到娘母去了。

「兩」字，簡直没有别讀。就拿有問題的「龍」字來説，在《廣韻》裏面是：

一東	L二十四字	B一字	
三鍾	L九字	K一字	
四江	L二字	B一字	S一字
一董	L九字		
二腫	L二字	TS一字	D一字
一送	L一字		
三用	L三字	K一字	

再拿「䜌」字説，在寒韻一字，桓韻十四字，仙韻三字，獮韻二字，换韻一字，線韻四字，都屬來母。只有删韻「彎」字和「蠻鸞」字，潸韻「矕」字，諫韻「孿」字，願韻「𢍰」字，線韻「變」字和「孿」字是例外。由此，我們可以斷定來母的字，只能是一個L。如其因爲從䜌聲的字有「變」字，而把「䜌」字擬做bl-，不但如董氏所説，對不起「𢍰」k-，「彎」ˑ-，「孿」s-，等字，成爲不平等的待遇，實際上更對不起的是其他的從「䜌」的來母字，爲什麽平白無故地它要在L上加一個b呢？

高本漢所用C式的不通既如此，董氏所謂無往不利的A式呢？我們如其從諧聲系統來看是這樣的：

「各」klak：「洛」lak；

「卯」mlog：「柳」liog；

但是：

「录」lok：「剥」plok；

「䜌」luan：「變」pliwan。

我們姑且不管它們寫法的不同，只看這樣寫出來，來母字的責任減輕了，但如原始字不是來母，責任又加重了。要是像：

「萬」miwan，「𧭁」xwad，「蠆」t'ad，「厲」lad。

這「萬」字又該何去何從呢？我們知道「萬」字古時就是「蠆」字，那末到底應該是ml-呢？還是tl-呢？假使是ml-，怎麼「蠆」會有t-的音，假使是tl-，它自己又怎麼變成了一個m-呢？

如果我們再來看B式呢，那是：

「各」kak：「洛」klak；

「卯」mog：「柳」mliog；

而：

「彔」plok：「剝」pok；

「䜌」pluan：「變」piwan。

來母字依然要負荷那些不平等的待遇，和C式並沒有不同。

如其我們一定要維持這個複輔音，也可以再作一個第四式，D式：

「各」kak：「洛」klak；

「卯」mog：「柳」mliog；

「录」lok：「剝」plok；

「䜌」luan：「變」pliwan。

這至少比高氏三式都合理，可是我們需要嗎？

事實上，不是來母的字，如「各」、「卯」等的諧聲字，變換爲來母的數目常是很多（各聲的來母字就有三十四字），而本身是來母的字，變換做別的聲母的字總是很少，這種現象是第一值得我們注意的。其次，漢以後，變換來母的例，還是常有。例如：《山海經》、《戰國策》、《史記》等書都已記載的北方的「橐駝」，有時寫做「馲駝」，這是一個雙音節語，所謂雙聲謰語，「橐」或「馲」應該讀作t‘ak，是決無疑問的，但到了《博物志》、《異苑》、《後漢書》，已都作「駱駝」，「駱」字從「各」聲，在這裏當然只是ak，不會是klak。到了《廣韻》，「驝馲」二字，都有託落兩音，可是「駱」字沒有「託」音，可見它更不會是tlok，但是，「橐駝」在漢以後變成了「駱駝」了。這和複輔音有什麽關係呢？「轒轤」變爲「轆轤」，「屬鏤」和「屬盧」變爲「鹿盧」，我們不能想像「轒」跟「屬」，或「轆」跟「鹿」有dlok的讀法。「沐猴」、「母猴」、「獮猴」、「馬猴」，都是一語之轉，《詩話總龜》卷三十八說：「馬留蓋優人呼沐猴之名。」現在粵語也把「猴」叫做「馬留」，和宋時的俗名相同。玄應《一切經音義》卷十一：「鵂狐，鵂鶹也。關西呼訓侯，今山東呼訓狐也。」「鵂狐」、「鵂鶹」、「訓侯」、「訓狐」，都是一聲之轉。可以證明「猴」可以讀作「留」，「鶹」可以讀作「侯」，但是不能證明「侯」聲或「留」（從卯聲）聲的字有複輔音的讀法。

我們如果假定非來母字的諧聲字，有些大量地變成來母是複輔音的，如「各」kak：「洛」klak；我們就不能再假定來母字的諧聲字，變成別系聲母的，也是複輔音的，如「樂」lak：「濼」p‘lak、「鑠」sliak、「藥」gliak、「嚛」xlok之類，這是十分矛盾的。因爲造新的形聲文字，至少有一種習慣性，造文字的人既可廣泛地應用K、T、P、S、M等聲母的字來諧Kl-、Tl-、Pl-、Sl-、Ml-等等的複輔音這就很够了，又如何再用L聲母去諧各式各樣的複輔音。錯誤和例外，總是偶然的，可是，來母字讀做別的聲母，分配得很廣而均匀，像「龍」、「里」、「婁」、「坴」、「林」、「翏」、「樂」、「䜌」等，都是同時可以讀成幾個別系聲母，雖則每一個讀法的數量是不多的。所以即使「各」、「卯」等字系內的來母字可以假定是複輔音，對於「龍」、「里」等字所諧的非來母字，我們還只能說是一種聲母的轉讀，決沒有複輔音在內。

可是，如事實所示，「橐」、「馲」、「轒」、「屬」、「猴」等字的讀爲來母，和複輔音是無關的，所以就是「各」、「卯」等字的諧聲字變换爲來母，也不能是由於複輔音的關係。再者，從理論上説，來母字既然可以轉讀做别系聲母，那末，别的聲母爲什麽不可以呢？對於中國語有複輔音的假定，本是語言學家一種無可奈何的辦法，在中國語言裏的廣泛的聲母轉讀，對於西方語音學家的眼光裏是新奇的，他們不願意承認不同系的聲母（例如K跟T，P跟L等），可以轉讀，在困難時，就用複輔音來搪塞，像《西遊記》裏的觀音菩薩一樣，就可以無往而不利。

其實，和諧聲系統同樣重要的，還有一個中國文字的異讀問題。例如「角」字在説「角里先生」時，「谷」字在説「谷蠡王」時都讀作「禄」，「羹」字在説「不羹」時音「郎」，主張複輔音的人也許更振振有辭，説，這是很好的證據，可是在諧聲字裏没有讀入來母的，所以高本漢的Grammata 也没有寫做Kl-。「角」字有「禄」音，來源是很古的，「宫商角徵羽」的「角」，《倉頡篇》寫作「觮」，原本《玉篇》音古學反，陸法言《切韻》卻是盧谷反，這字遠在周初的銅器裏已經發現了。假使這個從录聲的「觮」字原就表現一個kok 的音，那就把lok 讀做kok，如説是複輔音，又和「剥」字的pok 不能相容。我們只能説它原是一個lok，所以這是：

「角」kok：「觮」lok。

我們可以説kok 能讀爲lok，同樣，lok 也可以讀做kok，這裏並没有複輔音的存在。更有趣的是這種異讀字，大都没有變來母諧聲，而有大批來母諧聲字，像「各」字之類，卻從來没有來母的異讀，假使中國語本有複輔音的話，這便是怪事了。要照我們的解釋，則任何聲母都有轉讀來母的可能，但並不是每個必須轉讀。「各」字所以没有L的音，正因爲它本來没有這個異讀。「炮烙」又作「炮格」，「伯格長」又作「伯落長」，金文把「洛于官」來代替「格」字，可見較早的讀來母的「各」聲字，還是有本來的讀法的。

當然，異讀不一定是見母和來母的關係，例如「樂」字就有五教反或五角反的異讀，所以高本漢把它寫做nglok，但是他不曉得「濼」字也有匹各反的異讀，他在「濼」字只寫了glok，我們如其把「梁山泊」讀爲「梁山濼」，是不會有人贊同的，但如其説「濼」是p'lok，我們又不懂得爲什麽古人不爽快地寫個「泊」字，而要用這個「樂」聲。更重要的，如：金文的「令」

字，大家都知道和「命」字是一個字，而且金文的「鈴」字就從「命」，可以知道周時的「命」字，還讀來母。顯然在晚周以後，要把「令」和「命」分開（如「既不能令，又不受命」），纔把它們讀成兩個聲音（命令猶螟蛉），所以令聲的字入明母的只有「命」字，但是高氏在這裏只把「命」字認爲會意，不説複輔音了。金文的「立」字，常常當做「位」字用，現在「位」字讀做于母，可是從「位」得聲的「涖、莅」等字，依然是來母，讀于母的只有一個「位」字，更可見這只是異讀了。

來母以外的異讀，也是常見，如：「禚」字讀爲之若切，類乎近代俗字的「做」字從「故」聲，這種都不是偶然的。甲骨金文「噩」跟「喪」是一字。「御」字甲骨作「𠨰」，從午聲，而後世有「卸」字。從「午」得聲的「許」字，在若干地方，和「所」字通。我們可以看見Ng和S的關係。甚至於前面所説K、P、T等聲母各種變换的關係，我們都不能認爲複輔音，只能認爲是「聲母」轉讀。當然，這種轉讀，除了少數例外，總是有親疏遠近的。

中國語言何以有這麼多的聲母轉讀呢？我不想多作假設。但是，我就聽到過有人把「順」念做「忿」，這種異讀的偶然流布，在廣大的區域，綿長的歷史内，當然可能造成這種混亂的局勢的。中國語言的元音部分，在古代大概比較固定，而輔音部分卻非凡含糊或疏忽，所以容易流動。例如：韻尾的輔音可以脱落（像入聲）；也可以轉變。（如：若干閉口韻的讀入祭部，脂部，咍韻的變爲收-i尾以及陰陽入的對轉。）聲母輔音也還有脱落，如「影」、「喻」等母，那末，當然也可以轉變。我想一個語言學家，如其肯虛心地，不單抄襲西方人的看法，他總會覺察出中國語言的特點，就在這輔音比較容易流動的一層。

如其説中國語言還有特點，那恐怕就是聲調了。中國語言與其説是單音節語，不如説是「聲調語」，因爲聲調的不同，可以表示詞性的不同，正等於「曲折語」的語形變化。中國語言的輔音種類本不多，聲母最多分到五十多類，有許多是包含介音的，如：精系一等和四等相同，只是後者有介音罷了。但是韻的分别是繁複的，陸法言《切韻》分了四百二十九類，《韻英》分了五百八十類，近人根據《廣韻》反切來分類，把許多舊分類例如脣音字等淹没了，也還有三百三十九類，這麼多的韻是怎麼分的呢？韻的分析，除了元音不同外，第一是韻尾的不同，最多可以分成九類。第二是介音，三四等的合口，還有複介音。第三就是聲調的變化了。

舊時的古韻學者，段玉裁説古無去聲，孔廣森則説古無入聲，黄侃又説古音祇有平入二音，但是，現代學者大抵已相信古代就有四聲了。其實所謂「四聲」，入聲韻尾不同，只陰陽聲韻各有平上去三聲。《文鏡祕府論・調四聲譜》中有六字總歸一紐是：

皇晃璜　鑊　禾禍咊　傍旁徬　薄　婆潑紴

光廣珖　郭　戈果過　荒恍侊　霍　咊火貨

可見以前人早知道陰陽入相配，不過那時歌韻已代了模韻的地位，所以用它來和《唐韻》相配了。

陸德明《經典釋文·序録》説：

> 夫質有精粗，謂之好惡，心有愛憎，稱爲好惡。當體即云名譽，論情則曰毁譽。及夫自敗敗他之殊，自壞壞徹之異。此等或近代始分，或古已爲别，相承積習，有自來矣。余承師説，皆辨析之。

顧亭林據《離騷》「好蔽美而稱惡」與「固」字叶韻，證明美惡之「惡」也可以讀去聲，就説上古没有這種辨法，這是不對的。後古文字來看，一字兩讀的方法，很古就已有了。例如「受」字，在古文字裏畫出兩隻手傳遞一隻舟，上面的手，表示受予，下面的手，表示承受，這一個字應屬兩方面，後人怕没有分别，把受予義又加上手旁作「授」，表示這去聲字和上聲的「受」是不同的。「買」字見於殷時金文和卜辭，是上聲字，加上「出」字，變成「賣」字，讀去聲，顯然也是後起的。可是我們決不能説古人連「授」跟「受」，「買」跟「賣」，都没有分别。「⿰米翟」字訓穀，加上入字是「糴」字，入聲；加上出字是「糶」字，去聲。「姓」字從女，因爲母系社會的關係，所以反過來，「甥」字從男，一個是去聲，一個是平聲。古人寫「正」字的意義，就是出征，可是正月讀如政，後來避秦始皇的諱，改讀做征，可見「正」字古時有平去兩種讀法。由此可見四聲是古代就有的，所謂「動静異音」，也並不完全是後世纔分别的。

受尊

有些學者抱怨中國文字不進化，不能達到拼音文字，不能達到發明字母的階段，以爲是字形的阻礙，其實没有瞭解中國語言的特質。中國文字是配合她的語言的。這種語言，音節單簡。元音顯得特别重要，輔音容易流動。韻類最複雜，而没有複輔音。有聲調變化，没有形式變化。現代中國語也没有改變了多少。雖則也有人在抱怨中國語言的不够進化，但是我總覺得除了自然的力量，我們對於改進語言的本質是徒勞的。所以，要改進中國文字的時候，還必須顧慮到它和語言的關係。

八　關於中國文字起源的傳說

中國人對於文字起源，大概在戰國時就注意到了。《易・繫辭》說：

> 上古結繩而治，後世聖人易之以書契。

《莊子・胠篋篇》也說：

> 子獨不知至德之世乎。昔者，容成氏、大庭氏、伯皇氏、中央氏、栗陸氏、驪畜氏、軒轅氏、赫胥氏、尊盧氏、祝融氏、伏戲氏、神農氏，當是時也，民結繩而用之。

《胠篋篇》裏說到田成子十二世有齊國，寫成的時期，許已在秦、漢之際。《繫辭》裏有些話常附會作孔子說的，應當是戰國晚期作品，總比《胠篋》早些。

結繩是有些民族在没有發明文字時，用以輔助記憶的。中國，一直到宋以後，南方谿洞蠻族，還有用結繩的。據說，臺灣、琉球等地，遠至非洲、澳洲，都有這種助記憶的方法。南美洲的祕魯，尤其著名。這種方法的地理分佈很廣，歷史也很悠久。有些民族，利用繩子的顏色和結法，還可以精密地記下一些事情。

《易・繫辭》在說到庖犧氏時，又說：

作結繩而爲網罟，以佃以漁。

好像「結繩」是漁獵社會裏的事情。《繫辭》所説，本只是推想，並非歷史，中國古代究竟有没有這種事情，是很難説的。戰國時人也許是根據一些古代傳説，也許聽見過某一種未開化的民族用這方法，就以爲我們的祖先也一定如此。但根據若干文字的解釋，好像這種傳説也許是可信的。

鄭玄《周易》注説：

結繩爲約，事大，大結其繩，事小，小結其繩。

李鼎祚《周易集解》引《九家易》也説：

古者無文字。其有約誓之事，事大，大其繩，事小，小其繩。結之多少，隨物衆寡，各執以相考，亦足以相治也。

這是説「結繩爲約」。又郭象《莊子注》説：

足以紀要而已。

「要」和「約」字雖不同，在語言上是相同的。《説文》：「約，纏束也。」是約字的本義。《周禮·司約》説：

掌邦國及萬民之約劑，……凡大約劑書於宗彝，小約劑書於丹圖。

鄭玄注説「約劑」是「言語之約束」。但在《士師》裏：

凡以財獄訟者，正之以傅別約劑。

鄭玄又説是「各所持券也」。我們覺得「約」字的起源，大概還是繩結子，在没有文字以前，契券就是繩結。至於「要」字，《左傳》文公六年「由質要」，注是「契券也」。《周禮・職金》：「入其要。」鄭玄注是「凡數也」。《士師》：「歲終則令正要會。」鄭注是「定計簿」。《小宰》：「聽出入以要會。」鄭注是「月計曰要，歲計曰會」。可見「要」也是契券，而且是計數目的。周厲王時的散盤，最後一行説：

厥左執綏史正中農。

「執綏」就是後世的中證，「綏」字從糸旁，和「約」字相同，可以推想這些計數目的契券，原來應該是繩結子。

但是，結繩究竟不是文字，劉師培根據鄭樵的《起一成文圖》，認爲結繩時代的文字，不但不懂得文字，也還不懂結繩的方法。鄭樵本只想把文字歸做一源，雖也是無稽，卻並没有把結繩牽涉在裏面，本來，用繩子打結，怎麽能打出一丨丿㇏等字形呢？

到戰國末年，學者間還盛傳着倉頡作書的故事，我們所見到的，有：

一　《荀子・解蔽》：「好書者衆矣，而倉頡獨傳者一也。」

二　《呂氏春秋・君守篇》：「奚仲作車、倉頡作書、后稷作稼、皋陶作刑、昆吾作陶、夏鮌作城，此六人者所作，當矣。」

三　《韓非子・五蠹篇》：「倉頡之作書也，自環者謂之私，背私謂之公。」

四　《世本・作篇》：「沮誦倉頡作書。」——《廣韻・九魚》引

五　李斯《倉頡篇》：「倉頡作書，以教後詣。」——居延所出漢木簡

六　《淮南子・本經訓》：「昔者倉頡作書而天雨粟，鬼夜哭。」

到王充《論衡》裏更常常稱引，而産生許多故事，如：

倉頡四目。——《骨相篇》

倉頡以丙日死。——《譏日篇》

倉頡起鳥迹。——《感類篇》

《孝經援神契》裏説「倉頡視龜而作書」，到《皇覽·冢墓記》裏更有了他的葬所。倉頡作書，在那時是普遍的故事。沮誦只有《世本》上説過，我很疑心沮誦便是祝誦（見武梁祠畫象），也就是祝融。至於《法苑珠林》卷十五説：

昔造書之主，凡有三人，長名曰梵，其書右行。次曰佉盧，其書左行。少者倉頡，其書下行。梵、佉盧居於天竺，黄史倉頡在於中夏。梵、佉取法於净天，倉頡因華於鳥迹，文畫誠異，傳理則同矣。

顯然是釋子們的附會，是梵文盛行以後的故事了。

古人把「圖」跟「書」分開，「河出圖，洛出書」，就是明證。傳説中的倉頡本只造文字，没有説能畫。《吕氏春秋·勿躬篇》説：

大撓作甲子，黔如作虜首，容成作曆，羲和作占日，尚儀作占月，后益作占歲，胡曹作衣，夷羿作弓，祝融作市，儀狄作酒，高元作室，虞姁作舟，伯益作井，赤冀作臼，乘雅作駕，寒哀作御，王冰作服牛，史皇作圖，巫彭作醫，巫咸作筮，此二十官者，聖人之所以治天下也。

《文選·宣貴妃誄》注引《世本》也説「史皇作圖」，這和「倉頡作書」本截然是兩回事情。可是《淮南子·脩務訓》説：「史皇産而能書」，把「圖」變成了「書」，注家隨文生義，所以高誘說：

史皇、倉頡，生而見鳥迹，知著書，號曰史皇，或曰頡皇。

把「史皇」和「倉頡」就混而爲一了。其實《淮南子》這個「書」字是錯字，應當作「畫」，《周禮·外史》疏引《世本》「倉頡作文字」，是用「文字」來解釋「書」，《藝文類聚》引《世本》「史皇作畫」，是用「畫」來解釋「圖」，可以爲證。《淮南子》下文又說：

昔者倉頡作書，容成造曆，胡曹爲衣，后稷耕稼，儀狄作酒，奚仲爲車。

可見他本没有把「史皇」當做「倉頡」，只是把「畫」字錯成「書」，給注家誤會了，糾纏了一千七百年，没有人能校正，是很可怪的。

大概戰國末年的學者，對文化起源非常注意，常常有某人作某物的傳説，《世本》裏還專有一個《作篇》，「倉頡作書」和「史皇作圖」，都不過是其中的一部分。

關於倉頡的時代，孔穎達《尚書正義》説：

其倉頡則説者不同，故《世本》云：「倉頡作書。」司馬遷、班固、韋誕、宋忠、傅玄皆云：「倉頡，黄帝之史官也。」崔瑗、曹植、蔡邕、索靖皆直云：「古之王也。」徐整云：「在神農、黄帝之間。」譙周云：「在炎帝之世。」衛氏云：「當在庖犧、蒼帝之世。」慎到云：「在庖犧之前。」張揖云：「倉頡爲帝王，生於禪通之紀。」……如揖此言，則倉頡在獲麟前二十七萬六千餘年。是説倉頡，其年代莫能有定。

大概漢初的人都説倉頡是「黄帝史」，漢末以後，纔把他的時期望前推，慎到作《慎子》四十二篇，後世所傳的是漢以後僞託，所以和衛氏等説相近。有了張揖的説法，加上和「史皇」的混淆，到了《路史》一類的書，就湊成一大套的神話了。

可是本來作《易・繫辭》的人，把書契的起源，卻是估計得很遲。他説作書契的人是「後世聖人」，顯然不是「古聖」，他又説「古者庖犧氏之王天下也，……始作易八卦」，顯然不是「後世聖人」。許慎《説文解字序》把庖犧造八卦和造書契的故事聯結起來，而把「後世聖人」直接改做「黄帝之史倉頡」，和作《繫辭》的人的看法，也不致於距離太遠。

魏、晉之間的人把古史拉長了，他們不滿意這種説法，所以僞造孔安國《尚書傳》的人，爲了把「三墳」附會做伏羲、神農、黄帝的書，就不得不説伏羲是「畫八卦，造書契，以代結繩之政」，把造書契一事提前了，也不惜把《繫辭》的文字硬改了。

但是從來還没有人説八卦就是文字，這種附會，大概是宋以後的事情。鄭樵《六書略・論便從》：

> 文字便從不便衡，坎、離、坤，衡卦也，以之爲字則必從。故☵必從而後成水，☲必從而後成火，☷必從而後成巛。

這三個字裏，水字是最容易使人相信的，六國文字的水旁，往往作☵，也還有作☵的，但我們要看商代只作[illegible]（《説文》同畎），有時加點，而大都不加，就不能附會了。離卦和火形，根本不像，古文的火字，有些像舊小説插圖裏的火花，所以容易和山字相混。坤卦字在漢碑裏作𠃊𠃊 儿等形，《周易音義》説「坤本又作巛」，王念孫父子以爲借川字，是很對的，因爲這巛形無論怎樣也不像地字啊。

把三畫的乾卦來象天字，只有搬出草書[illegible]字來了。但即使我們承認了這些似是而非的例子，對於震、艮、巽、兑，總還没有辦法。楊萬里説由天、地、水、火，可以知道雷、風、山、澤的字也應該一樣；項安世也説，拿水字來推，八卦的字，應該都用三畫；宋以後人假造的《易緯乾坤鑿度》，索性把八卦當做天地等八字的古文，這種全無依據的説法，更不足道了。

不過，八卦的一畫和一字的一畫，很難區別，所以即使它們本身不是文字，也常被認爲是文字所取材的一種形象。可是，照我的意見，八卦的起源，是用算籌（卜算子）來布成爻（古文作㸚，即象三爻），古文「學」字，也就像兩手布爻的形狀。這種方法由巫發明，所以「巫」字古作

爻盉　《鐵雲藏龜》一五七葉與戊

巫姜簋　史懋壺路彝

[illegible]，本也是兩個算籌交加的形狀。這種算籌，有骨做的，也有玉做的，所以「巫」字從兩個工字。後世改爲竹籌，就造了「筮」字，而加上兩個手形表示筮卦的就是「筭」字了。《呂覽・勿躬》和《世本・作篇》都說「巫咸作筮，巫彭作醫」，這兩事是巫術的中心，到春秋時，南方的巫的力量還很大，所以：「南人有言曰，人而無恒，不可以作巫醫」。而屈原說：「我將從彭咸之所居」，就指巫彭和巫咸。《周禮・筮人》說：

> 掌三易以辨九筮之名，一曰《連山》、二曰《歸藏》、三曰《周易》。九筮之名，一曰巫更、二曰巫咸、三曰巫式、四曰巫目、五曰巫易、六曰巫比、七曰巫祠、八曰巫參、九曰巫環，以辨吉凶。

這裏說的本來是九個巫的名字，和《山海經・海内西經》的：

> 巫彭、巫抵、巫陽、巫履、巫凡、巫相。

《大荒西經》的：

> 巫咸、巫即、巫肦、巫彭、巫姑、巫真、巫禮、巫抵、巫謝、巫羅。

都差不多。所謂「二曰巫咸」，就是巫咸所作的筮法，鄭玄不明白這一點，解釋爲「咸猶僉也，謂筮衆心歡不也」，就莫明其妙了。

巫咸是殷時人，見於《尚書》，《歸藏》說黄帝涿鹿之戰曾叫巫咸卜過，這恐怕也是後世所依託的。八卦的起源，既是巫者用算籌排列出來的方式，用來做事物的象徵，就和文字無關，而且巫術的盛行，恐怕就在殷時，文字久已發生，所以八卦的卦畫，決不是文字所取材的。

九　中國文字是怎樣發生的

如其我們要在古文獻裏探討文字的起源，《繫辭》作者的説法，倒是值得推許的。

上古結繩而治，後世聖人易之以書契。

這就是説「書契」之前，别無文字或類似的東西，話雖籠統，卻也没有可指摘的地方。「書契」是什麽呢？歷來大家都只解釋了「書」，許叔重《説文解字序》説：

倉頡之初作書，蓋依類象形，故謂之文，其後形聲相益，即謂之字。文者物象之本，字者言孳乳而寖多也。著於竹帛謂之書，書者如也。

他的意思，「書」就是寫下來的文字，但是「契」呢？鄭玄在《繫辭》裏注的是：

書之於木，刻其側爲契，各持其一，後以相考合。

又在《周禮・質人注》裏説：

書契取予市物之券也。其券之象，書兩札，刻其側。

又《周禮・小宰》注裏説：

書契謂出予受入之凡要，凡簿書之最目，獄訟之要辭，皆曰契。《春秋傳》曰：「王叔氏不能舉其契。」

這都把「契」跟「書」混在一起。《九家易》説：

百官以書治職，萬民以契明其事。

把職事分開了，可是又説：

契刻也。……金決竹木爲書契象。

依然混合了。《詩經》説：「爰契我龜」。契只是刻的意義，羅振玉把卜辭叫做「殷虚書契」，這也是用錯的。「書」和「契」，本來完全是兩回事，原始人民，可以没有文字，但往往已經有了「契」，如：《魏書・帝紀叙》説：

不爲文字，刻木紀契而已。

《隋書・突厥傳》説：

無文字，刻木爲契。

《舊唐書・南蠻傳》説東謝蠻也是：

俗無文字，刻木爲契。

一直到近代南方的苗傜，也還有刻木爲齒的事實。可見鄭康成把「書之於木，刻其側爲契」，來解釋「書契」是錯誤的。《説文》：「契大約也。」没有接觸着本義。券字注説：

契也，從刀关聲。券别之書以刀判，契其旁。

可見契券之所以稱「契」，是因爲刻其旁，「契」字作動詞用，是刻的意義，所以《釋名》説：

契刻也，刻識其數也。

「刻」和「契」，聲相近，本是同一語言，例如：《爾雅・釋詁》「契絶也」，郭璞注是：

今江東呼刻斷爲契斷。

《吕氏春秋・察今篇》：「遽契其舟」，高誘注是「疾刻舟識之」。契字也可以寫做鍥，例如《左傳》定公九年：

盡借邑人之車鍥其軸。

杜預注就説：「鍥刻也。」由此我們可以知道刻木的行爲就叫做「契」，因之所刻的木也叫做「契」了。劉熙説：「刻識其數也。」這是很重要的。因爲數目在記憶上是最困難的。尤其是人們的契約關係，兩方的記憶也許不同，數目是最易起爭端的，所以得刻木來作一種信約。像非洲、澳洲的土人，常在竹木上刻條痕來記數目，這就是最原始的、最簡單的「契」。在我們古籍上所看見的材料，如：

一　《老子》：「是以聖人執左契而不責於人。」

二　《曲禮》：「獻粟者執右契。」

三　《易林》：「符左契右，相與合齒。」

四　《列子・說符》：「宋人有游於道，得人遺契者，歸而藏之，密數其齒，告鄰人曰，吾富可待矣。」

可以知道戰國秦漢的「契」，分左右兩半，而湊合的地方刻成齒形。——這種方法，也用在建築或器具，《文選・晉紀總論》說：「如室斯構而去其鑿契。」五臣注：「鑿契鑴也。」鑴即《集韻》的「榫」字。所以，「契」可以用齒的多少或大小來表示數目，本可以不用文字，等到「書兩札，刻其側」，就和「符書」或「傅別」一樣，已不是原來的「契」了。

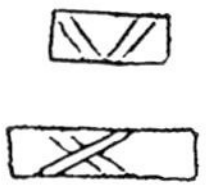

甘肅西寧縣周家寨所出仰韶期骨契

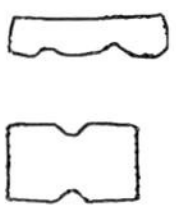

采《甘肅考古記》

安特生《甘肅考古記》裏，說他在甘肅西寧縣的仰韶期遺址裏，曾發現很多長方形的骨板，有些是素的，也有是刻劃過的，他疑心所刻的是原始文字。我在《殷契佚存》的序裏已指出這是古代的骨契，並不是文字。這種骨契上所刻，有兩種記數的方法。第一，就有刻齒的方法，在一塊骨板的一邊上，刻了兩個缺齒，不知道代表的是什麼，另外一塊兩邊正中都有一個缺齒，而且正相對，我疑心這是併合若干契，捆紮時的上下兩塊，這種缺齒像人的細腰，所以契券也可以稱爲「要」。

另外一種在骨契上刻的線條，卻很像是古文字裏面的「五」和「六」兩字。因爲中國文字的「一，二，三，亖」，原來都是積畫，到了五以後，卻變成兩條直線，作種種的交叉形：

五×　六∧　七十　八八

由此可見古代數目本是以「四」進和「八」進做單位，而不用「五」，所以「九」字就是從象龍蛇形的字借用了。「十」字用「一」

字豎起來，和「廿」等，又是四進。

十丨　廿凵　卅山　卌山

這種記數的方法，最初可能和繩子有些關係，假如用一根骨籌而把繩子橫繞，一道代表「一」，到四道代表「四」，於是用兩道作交叉形來代表「五」，歧出形來代表「六」，十字形來代表「七」，分開的兩道斜線代表「八」。假如直繞呢，一道就代表「十」，不過從「廿」到「卌」，一面聚頭，和「一」到「四」不同。這是比較可以講得通的。

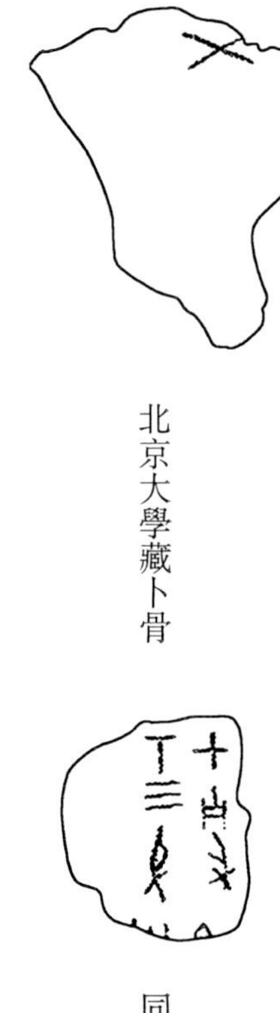

北京大學藏卜骨　　同骨之臼

現在，仰韶期的骨契，大概是摹仿這種所繞的形式而刻上去的，而我們的文字又是從骨契裏得到這些記數字。到殷虛所出獸骨裏，常見在骨臼下刻了個×字，是修治卜骨的人記數用的，可見在那時已是用「五」進了。

不過，由「契」上得來的數目字，就只有這幾個，一般人把「書」也認爲是契刻的，卻是錯的。好奇者把倉頡讀成「創契」，居然會有人相信，真是咄咄怪事。他們總以爲古代没有筆，書寫便是契刻。但從殷虛發掘出來的，卻明明有書寫而未刻的卜骨，並且有朱書的玉器，很顯明的都是用毛筆寫的。在銅器文字裏也可以看見「聿」字就是古代「筆」的象形。

子妻簋

文字的產生，本是很自然的。幾萬年前，舊石器時代的人類，已經有很好的繪畫，這些畫大抵是動物跟人像，這是文字的前驅。但是繪畫只能描寫印象，表現自然，不能完全表現出作者的思想和感情，所以不是文字。經過很長的時期，人類由漁獵社會，進入了農業的社會，有了相當安定的居處，由小的部落積累成國家，有了劇烈的戰爭，交通一天一天的繁複起來，人與人間的關係也密切起來，許多歧異的語言混合起來，有了較普通較廣泛的語言。在這個時候，有人畫出一隻老虎，任何人見了都會叫做「虎」，畫出一隻「象」，任何人見了都會説「象」，有了圖畫，加上了統一的語言，如其那時的文化已經發展到那種需要，就立刻有了文字。

文字本於圖畫，最初的文字是可以讀出來的圖畫，但圖畫卻不一定能讀。後來，文字跟圖畫漸漸分歧，差別逐漸顯著，文字不再是圖畫的，而是書寫的。書寫的技術，不需要逼真的描繪，只要把特點寫出來，大致不錯，使人能認識就够了。

最初的文字，是書契，書是由圖畫來的，契是由記號來的。可是，單有記號，單有圖畫，都還不是文字，文字的發生，要在有了統一的語言以後。

十　文字發生的時代

《易·繫辭》説："後世聖人易之以書契。"後世是什麽時候呢？戰國末年人把作書歸倉頡，漢初人以爲是黄帝史官。又有人説《管子·封禪》既有十二家封太山，像：無懷氏、虙羲、神農、黄帝等，可見在黄帝以前。但是虙羲、神農等傳説，都起於六國以後，不甚可靠。對於文字發生時代在文獻裏没有什麽明確的憑據。我們要估計，還得用别的方法。

從文字本身説，我們目前能得到大批材料的只有商代的文字，這裏包括了甲骨卜辭和銅器銘文，卜辭是盤庚以後的作品，器銘卻只有少數可確定爲商末。商代文字裏還保存着很多的圖畫文字，過去有些學者因爲不容易認識這些文字，就把它們認爲是"文字畫"——類似於文字的圖畫，乃是一個很大的錯誤。因爲我們如其説商代還在文字畫時期，文字只剛在發生，那就必須説商代還是一個未開化的社會。但是，事實上，商代已有很高的文化，我們從歷史上，從遺留的實物上都可以證明。這種錯誤的觀察者，第一，忽略了一切文化中的保守性，他們不知道這些圖畫文字僅僅是局部保留下來的，並不是原始時期的。其次，他們簡直忘記了形聲文字。在卜辭裏已經有大批的形聲文字（在《古文字學導論》裏，我曾舉出許多從"斤"聲的字，在《殷虚文字記》裏，還有更多的例子），銅器文字也是如此。第一代商王的名字是"湯"，卜辭寫作"唐"，就是一個形聲字。形聲文字的産生總在圖畫文字的後面。我把有了形聲文字以後的文字，稱爲近古期，未有形聲，只有圖畫文字的時期，稱爲遠古期。那末，我們所見到的商代文字，只是近古期，離文字初發生時，已經很遥遠了。

我在《殷契佚存》的序裏還説過，《甘肅考古記》上所載的辛店期匋器所有的所謂"圖案"，實際上應該是一種文字。安特生所舉的四個圖形，馬形和商代金文最相似。馬四足，鳥兩足，好像不同，但是商銅器文字裏也還有畫兩足的鳥形。

另外一個陶尊，間雜在花紋裏的犬形，雖然還是四足，可是頭部的書寫技術，把耳朵連下顎作一筆，而把上顎連頸跟頭頸一筆，正是中國古文字的特點。羊形在圖裏不全，我們推想它應是「苋」字的本來寫法。中間還有一個六足的蟲形，是「求」字，也就是「蝨」的原始字。《説文》：「蝨，多足蟲也。」或體作「蛬」，這是後人已不知道「求」字就是多足蟲的形象，所以加上虫或䖵的偏旁。《説文》把「求」字反當做了「裘」字的古文，學者間早都知道它是錯的，就只不曉得，「求」就是《周禮・赤犮氏》注的肌求，也就是多足蟲的「蛷」，這個字正像「蠼螋」的形狀。

辛店期的時代，大概應相當於我們傳説中的「夏」代，或許還早。我們相信夏代一定有過很豐富的文化，可惜，我們所能看見的材料太少了。但是，只要能考出有一兩個文字，我們也很够證明在那時候已有了文字。

況且，古文字裏，獸形只畫兩條腿，側立人形和鳥形都畫一條腿，所描寫的對象是静止的狀態。由技術上説，這種古拙的畫法，比畫四條腿的牛馬，兩隻脚的鳥形還要早些。那末，辛店期匋器上所有的，似乎只是我們古代文字中的一個支系，而我們的文字發生還遠在其前。

從歷史來説，歷史是文字很發展以後纔能産生的。中國的上古史，目前雖已没有完整的記載遺留下來，但是我們如果説距今四千年前已是有史時期，並不是過分的。卜辭裏所記先公先王，一部分是在夏時；《古本竹書紀年》、《世本》、《史記》對夏、商兩代的世系、年數和史事，都有過詳細的記載；春秋時銅器銘辭記載禹的功績，孔子稱述堯、舜、禹；許多虞、夏的文化，在春秋以後還保存着；這種種都可證明夏代已經是有史時期。同樣，我們可以説夏時代，文字一定已很發展。

再從曆法的發明來説：我們知道商朝盤庚以後，用的是太陰曆，有大小月，也有閏月（十三月和十四月），有六十甲子記日和記旬的方法，這已是一套很完整的曆法了。（卜辭有月食，是不是預先算出來的，還没有證明。）曆法當然不是短期裏就能發展到這樣的。我們知道商代建丑，周代建子，而在傳説裏，建寅是夏代的曆法，所謂「三正」，孔子所謂「行夏之時」，現在我們還可以讀到《夏小正》。雖然在傳説裏還有黄帝曆、顓頊曆等，不一定可靠，但如我們相信夏代已是有史時期，就一定得説夏代已有很完備的曆法。但再望前古看呢，曆法没有完備時，人們用的是記日的方法，和記月的方法。從甲到癸，他們認爲有十個太陽，輪流着從扶桑出來照耀人世，從子到亥，他們又認爲有十二個月亮。這種方法大概就是「羲和占日」和「常儀占月」。記日法是十日爲一旬，一月分上中下三旬，没有大小月。十二月爲一年，又没有閏月。這種粗疏的方法，所用「十日之號」和「十二月之號」，都是原始文字，而也都是假借來的，例如「戊」跟「戌」都是兵器，「巳」和「子」都象小孩，可見這種文字遠在夏以前已經有了。

從卜辭的研究，我們知道了王亥的故事，也知道四方的名稱，就是《尚書·堯典》裏的記載，也不是虛構的。由此，我們可以推想春秋時的三墳五典八索九丘之書，也可以推想到像郯子論官裏所記的故事，也一定有些依據，像「爽鳩氏」這種氏族、地望，都是可以指出來的。而這些記載如果有些可信的話，都遠在夏以前了。

所以，無論從哪一方面看，文字的發生，總遠在夏以前。至少在四五千年前，我們的文字已經很發展了。

文字的構成

十一　六書説批判

六書是戰國末年的文字學理論，一直到西漢末年以後，纔有詳細的叙述，那是劉歆的《七略》，後來班固采録於《漢書·藝文志》的：

古者八歲入小學，故《周官·保氏》掌養國子，教之六書，謂：象形、象事、象意、象聲、轉注、假借，造字之本也。

其次是鄭衆的《周禮·保氏》注，鄭衆是鄭興的兒子，鄭興是劉歆的弟子，但是六書的次序名稱都和劉歆不同。

六書：象形、會意、轉注、處事、假借、諧聲也。

再後是許慎《説文序》，這是條例最詳細的。許慎是賈逵弟子，賈逵的父親賈徽是劉歆弟子，所以這個説法，還是本諸劉歆，不過又經過修正了。

《周禮》八歲入小學，《保氏》教國子先以六書：一曰指事，指事者，視而可識，察而見意，上下是也。二曰象形，象形者，畫成其物，隨體詰詘，日月是也。三曰形聲，形聲者以事爲名，取譬相成，江河是也。四曰會意，會意者，比類合誼，以見指撝，武信是也。五曰轉注，轉注者，建類一首，同意相受，考老是也。六曰假借，假借者，本無其字，依聲託事，令長是也。

三家説法的異同是非，清代學者討論得很多，是永遠不能解決的聚訟。如其我們用歷史家的客觀的眼光來看，就另是一樣了。劉歆或班固是首先對六書加以解釋的（即使還另有所本）。照他們的説法，六書是造字之本，也就是造字的六種方法。象形、象意、象聲三種，本已包括了一個字的形、音、義三方面，不過他們把圖畫實物的文字，和少數記號文字分開，所以多出了一種象事。至於轉注和假借，實在只是運用文字來表達無窮的語言，跟産生新文字的方法，他們混合在一起，就和詩有六始，把「風雅頌」跟「比興賦」混在一起是一樣的。

鄭衆和許慎，無疑地都是修正劉説的。《後漢書・鄭興傳》：

世言《左氏》者多祖興，而賈逵自傳其父業，故有鄭、賈之學。

《周禮》和《左傳》都屬古學，所以這兩個六書説的不同，顯然就是鄭學和賈學的不同。關於名稱的修正，兩家比較相近，他們都只保留象形的一個「象」字，而把其餘的三個改去了。除了會意，兩家所改相同外，一個是處事和諧聲，一個是指事和形聲。關於次序，卻很不同。鄭氏似乎把象形、轉注、假借，作爲三種造文字的方法，除了象形同時就是文字外，還有會意、處事、諧聲三種文字。學者都説鄭氏次序是錯的，只有葉大慶《考古質疑》説：

古人制字，皆有名義，或象形而會意，或假借而諧聲，或轉注而處事。

用這個説法。許氏的意思，大概依照發生的前後來排列的。《説文序》又説：

倉頡之初作書，蓋依類象形，故謂之文，其後形聲相益，即謂之字，字者，言孳乳而浸多也。

他顯然把「依類象形」，跟「形聲相益」來劃一個界限，一曰指事，二曰象形，都是「文」；三曰形聲，四曰會意，都是「字」。再加上了轉注和假借兩樣方法，把六書分成三類。後來徐鍇所謂「六書三耦」，我們可以説就是許叔重的原意。

許叔重雖則分别出文跟字的前後，可是意義還欠明了。他説：「其後形聲相益，即謂之字。」是説倉頡自己呢？還是説倉頡之後呢？如果我們懂得漢人説話的心理，就會知道「其後」兩字，實際是説後世，「形聲相益，即謂之字」，決不是倉頡自己益的。因爲漢朝人一説到「字」，在他們心目中就是後起的，所以鄭玄説：「古曰名，今曰字。」但是許氏序裏，「文」跟「字」的界限，並不處處謹嚴，後人容易誤會，所以常有人根據他的説法，説形聲會意，都是倉頡造的。更常有人誤解六書是倉頡造字的六種法則，就是造字的最原始法則。像江聲的《六書説》就以爲六書是「不始於周，而始於造字之初」，陳澧《書江艮庭徵君六書説後》説：

> 戴東原謂指事、象形、形聲、會意，四者爲字之體，轉注、假借，二者爲字之用，段懋堂謂宋以後言六書者不知轉注假借所以包括詁訓之全，乃謂六書爲倉頡造字六法。如江氏之説，則轉注誠造字之法，而非詁訓。又假借如本有正字，而經典相承用假借字者則用字之法，若西字來字本無正字，假借鳥栖來麥之字，安得謂非造字之法乎？則謂六書爲造字六法，又可譏乎？

這種過分的推之於古的辨法，其實並不是許氏的本意。

從班固、鄭衆指出了六書的名目後，到許慎纔建立了義例，這是一個很重要的發展。有了義例，六書説纔能成立。而且，從許慎到現在，一千八百多年，人們所研究的六書，至多只能作小部分的修正，大體上没有變動。

因爲許氏給與六書的界説過於簡單而不能確定，所舉的例，每一條又只有兩個字，所以後來人的解釋，人各一詞。六書之學，簡直可以汗馬牛，充棟宇，在這裏，我們不想作詳細的討論。我現在想指出的，只是許氏的義例的本身問題。

首先是指事，許氏舉的例是「上」、「下」，他的本意是很清楚的。指事文字原來是記號，是抽象的，不是實物的圖畫。這些記號可能在文字未興以前，早就有了，在文字發生時，同時作爲文字的一部分，所以許氏的意思，它們是在象形文字以前的。圖畫跟記號，究竟哪一樣在前，我們且不去討論。由我們現在看來，這種記號引用到文字裏，它們所取的也是圖畫文字的形式，所以依然是圖畫文字的一類，也就是象形文字。我們看見「一」字，就讀出數目的「一」，和看見「虎」字就讀出「虎」字是一樣的。所以我們無需單爲抽象的象形文字獨立一類。

在會意下，許氏所舉的例是「武、信」，「止戈爲武」見於《左傳》，「人言爲信」見於《穀梁》，似乎是很有根據的。但從現在的眼光看，這種說法都是錯誤的。古文字只有象意，沒有會意。象意字是從圖畫裏可以看出它的意義的。「武」字從戈從止，止是足形，我們決不能把它當做停止的意義，因爲停止的意義，在圖畫裏是沒有的。「武」字在古文字裏本是表示有人荷戈行走，從戈形的圖畫，可以生出「威武」的意義，從足形的圖畫裏，又可以看出「步武」的意義，可是總不會有「止戈」的意義。至於「信」字，只能是從言人聲的一個形聲字。

「比類合誼，以見指撝」，這種會意字，在秦以前的古文字裏，簡直就沒有看見過。戰國末年，就當時所見錯誤的字形而作的杜撰的解釋，漸漸地多起來，如：「自營爲私，背私爲公」，「一貫三爲王」，「推十合一爲士」，「刀守井爲荆」，以至於人藏禾中爲秃等，從古文字學來看，沒有一條是對的。許氏把「會意」放在「形聲」後，顯然，他認爲這種方法是後起的，只是他看不見更好的古文字材料，對許多迂曲荒謬的解釋，也只有接受，就是這樣，《說文》裏的會意字，也還不很多。

不過，理論有時也會影響到事實，像兩男夾一女的「嬲」字，在《三倉》和嵇康《絶交書》裏已發見了。「追來爲歸」，「小大爲尖」，「四方木爲楞」，「大長爲套」等等，新的會意字陸續製造出來，可是要比形聲字，數量依舊極微細。這種新字，雖然只是兩個字義的會合，用的只是些記號，和圖畫文字不一樣，也總還是象意字的一種變型。

轉注是問題最多的一個名目，許氏說：「建類一首，同意相受。」舉的例是「考」、「老」，《說文》訓「考」是「老也」，訓「老」是「考也」，所以「同意相受」是容易解釋的。「建類一首」，卻很麻煩。裴務齊的「考字左回，老字右轉」，固然是笑話，有些人把釋詁來解釋轉注，忽略了字形，以爲建類一首不是部首（雖然考字在老部），恐怕也不是許氏的本意。有人以爲「考」跟「老」只有聲音的關係，有人以爲「考」跟「老」只是互訓的關係。總之，這條的界說不清楚，例子也不好，所以愈討論愈糊塗。

「假借」照理說是很容易講明白的，許叔重所謂「本無其字，依聲託事」，解釋得很好。可惜他把例舉錯了。他所舉「令長」二字，只是意義的「引申」，決不是聲音的「假借」。像：「隹」字爲鳥形的借爲發語辭，「其」字爲箕形的借爲代名詞，這纔是真正的假借。

許氏六書説，在義例上已有很多的漏洞，在實用時，界限更難清晰。許慎自己在《説文解字》所收的一萬多字裏，就没有徹底去分過類，一直到宋代，鄭樵纔替他做了這工作，《六書略》説：

六書無傳，唯藉《説文》，然許氏惟得象形諧聲二書以成書，牽於會意，復爲假借所擾，故所得者亦不能守焉。

其實《説文》裏有清晰的界限的，只有形聲一類，可是有一部分「亦聲」的例子，依舊和會意有些牽纏。

鄭樵《六書略》用許慎的理論，作許氏的諍臣，以子之矛，攻子之盾，確有許多創獲，在文字學史上是值得推許的。可惜他還是給許氏的義例縛住了，没有看見它本身的缺點，因此，在不容易分類時，只好用「聲兼意」一類遷就的辦法，一個文字就同時可兼兩書了。鄭書分類很龐雜，由六書來説，他的分類是：

象形
　形兼聲
　形兼意
指事
　事兼聲
　事兼形
　事兼意
會意
轉注
諧聲
　聲兼意
假借

實際上是十二類。其實，用這個方法，除去轉注假借外，每一類還都可以兼其餘的三類，如：

象形　兼事　兼意　兼聲
指事　兼形　兼意　兼聲
會意　兼形　兼事　兼聲
諧聲　兼形　兼事　兼意

不過形兼事和事兼形之類，似乎是一樣的，所以鄭氏没有這樣分。

這種分類，和六書説的基本思想不合。假使象形是原始文字，就不應該兼聲，諧聲文字又本來就兼了形，形兼聲在理論上就講不通。凡是分類，需要精密而無例外，要是分爲四類，而每一類依舊得牽纏其餘三類，這種類就大可以不必分。可是由於六書本身的缺點，這種分類法從宋朝到現在，大家都還沿用着。不過分的方法不盡一樣，有時一個字還可以兼三書四書，像朱駿聲的《説文通訓定聲》多分出七類，就有一類是會意形聲兼象形，王筠的《説文釋例》多分出十三類，有一類是指事兼形意事聲。有些人又把形兼事跟事兼形之類都分開，有一位自作聰明的學者，竟把六書仿八卦，成爲齊齊整整的六六三十六類了。

十二　三　書

如果研究文字學的目的，只在佞古，我們當然不可以輕易去議論「六書」，江艮庭輩所謂始於造字之初的「六書」。但是六書説能給我們什麼？第一，它從來就没有過明確的界説，各人可有各人的説法。其次，每個文字如用六書來分類，常常不能斷定它應屬哪一類。單以這兩點説，我們就不能只信仰六書而不去找别的解釋。據我們所知，六書只是秦、漢間人對於文字構造的一種看法，那時所看見的古文字材料，最早只是春秋以後，現在所看見的商、周文字，卻要早上一千年，而且古器物文字材料的豐富，是過去任何時期所没有的，爲什麼我們不去自己尋找更合適更精密的理論，而一定要沿襲秦、漢時人留下來的舊工具呢？

我在《古文字學導論》裏建立了一個新的系統，三書說：

一　象形文字。

二　象意文字。

三　形聲文字。

象形象意是上古期的圖畫文字，形聲文字是近古期的聲符文字，這三類可以包括盡一切中國文字。雖則因爲我們的歷史太長，文字的來源很多已不清楚，寫法也日趨單簡，有些簡直像是記號，但總還不是記號文字。至於純粹拼音的聲符文字，在最近期内恐怕還不能成爲主要的文字。

象形文字畫出一個物體，或一些慣用的記號，叫人一見就能認識這是什麽。畫出一隻虎的形象，就是「虎」字，象的形狀，就是「象」字，一畫二畫就是「一 二」，方形圓形就是「□○」。凡是象形文字：

一　一定是獨體字。

二　一定是名字。

三　一定在本名以外，不含别的意義。

例如古「人」字象側面的人形，一望而知它所代表的就是語言裏的「人」，所以是象形字。古「大」字雖則象正面的人形，但是語言裏的「大」，和人形無關。我們可以推想，古「大」字是象大人的意義，因爲小孩子總是頭大，身體的比例小，而大人則身體的比例大了，頭反覺得小了，所以，大人的「大」是由小子之「小」，比例得來的。由大人的「大」，又引申做一般的「大」，這個字已包含了人形以外的意義，那就只是象意字。凡是象形文字，名和實一定符合，所以我又把它們叫做「名」。

象意文字是圖畫文字的主要部分。在上古時期，還没有發生任何形聲字之前，完全用圖畫文字時，除了少數象形文字，就完全是象意文字了。象意文字有時是單體的，有時是複體的。單體象意文字有些近似象形文字，不過象意字注重的是一個圖形裏的特點，例如古「尸」字象人蹲踞，就只注重蹲踞的一點，「身」字象人大腹，就只注重大腹的一點，此外可以不管，這是象形字和單體象意字的分別。複體象意文字有些近似形聲文字，不過象意字的特點是圖畫，只要認得它原是圖畫文字，從字面就可以想出意義來，就是象意文字。即使它們後來已歸入形聲文字的羣裏，我們也依然叫做象意文字（當然有些文字絕對不會誤認爲形聲的）。象形和象意同是上古期的圖畫文字，不過象意文字，不能一見就明瞭，而是要人去想的。有些象意字，只由於習慣的用法，解釋起來相當地困難。例如「莫」是古暮字，象太陽在叢莽中，爲什麽一定是黄昏時候，而不是早上呢？可是古人就用這幅圖畫來代替這個語言，這就是「約定俗成」。上古的象意字，相當於近古的形聲字，數目是很多的，「物相雜謂之文」，所以我又把它們叫做「文」。

形聲字的特點是有了聲符，比較容易區別。不過有些聲化的象意字，雖然也併在形聲字的範圍裏，就它原是圖畫文字的一點，我們依舊把它列入象意字。有些形聲字因爲聲音的變化，已經很難認出它諧什麽聲，例如：「梓」字從辛聲（《説文》從宰省聲，其實宰字也從辛聲。又「亲」字從辛聲，「亲」跟「梓」是一聲之轉），「好」字從子聲（卜辭用爲殷人子姓的子，可見本讀爲子），雖然由目前的聲韻學看來不很像，可是從字形方面，不能找出解釋，也依然是形聲字。真正的形聲字都是近古期的新文字，是用聲符的方法大批産生的。《説文》説：「形聲相益，即謂之字，字者言孳乳而浸多。」所以我們就把形聲叫做「字」。

象形、象意、形聲，叫做三書，足以範圍一切中國文字，不歸於形，必歸於意，不歸於意，必歸於聲。形意聲是文字的三方面，我們用三書來分類，就不容許再有混淆不清的地方。假使單從名稱上看，我們的三書有些近於劉歆、班固，不過没有要象事，因爲這只是象形的一小部分。也没有用象聲，而采用許慎的形聲，因爲純粹的象聲文字，事實上是没有的。如其象實物的聲，例如「烏」這個語言，象烏鴉的噪聲，可是寫出來的「烏」字只是象形字。假如這個語言是圖畫所畫不出來的，就只好用假借的方法，找一個聲音相同的文字來替代它，這倒是「象聲」，但又是「本無其字，依聲託事」了。所以一稱「象聲」，便無文字。除非後人在這個假借字上加上偏旁，纔可以變爲新文字，可是只要一加偏旁，又是形聲字了。

在實際上，我們的象形，不是一般的所謂象形，我們的象意，更不是一般的所謂會意。以前所謂六書，不能範圍一切文字，因之，要有兼兩書兼三書的字，名爲六書，至少要分十多類，分法也各人不同。現在，三書可以包括一切中國文字，只要把每一類的界限、特徵，弄清楚了，不論誰去分析，都可以有同樣的結果。

十三　圖畫文字

從李騰寫《説文》部首而稱爲《説文字原》以後，一般人往往認五百四十個部首爲字原，有些人拿來教學生，以爲只要認識這五百四十個基本字，就可以認識一切的字了。章太炎的《文始》，大體也是根據部首，找出了初文和準初文一共五百一十個，從字音的衍變來解釋一切文字，以爲都起源於這五百多個文字。

這種學説的立足點是非凡脆弱的。《説文》部首很靠不住，有些字是壓根兒没有的，例如「丿乀」之類，正和梅鼎祚《字彙》裏的「亠」字（徒鉤切）一樣，只爲分部而杜撰出來的。有些只是形聲文字，如：「蓐」跟「犛」之類。《説文》部首，根本不是字原，也不能在那裏去找初文，這種研究，是徒勞無功的。

真正的初文，應當是象形文字，由象形文字，可以分化成單體的象意字，也可以成爲複體的象意字，更可以加上形符或聲符而成爲形聲文字，一切文字没有象形文字作根據，就寫不出來。

象形文字是「名」，「名」有兩種，抽象的是「玄名」，實體的是「實名」。在語言裏，實名不容易表達出來，除了擬聲方法外，只好用比方。凡是圓的東西，語言裏就往往用圓的聲音，像：「環」、「丸」、「宛」等，在文字裏雖然寫得不同，在語言裏本來只有一個語源。因爲像：「方」、「圓」、「大」、「小」、「長」、「短」、「高」、「低」等各種抽象的觀念，在語言裏倒是不會覺得困難的。

在文字裏，大不相同，比較容易畫出來的，還是實名，玄名是很有限的。除了數目字别有來源以外，像「上」和「下」，「方」跟「圓」（□○）之類，可以畫出來的，寥寥可數。

有些學者總想從一點一畫上去尋討文字的根源，鄭樵的《起一成文圖》説：

衡爲一，從爲丨，邪丨爲丿，反丿爲乀，至乀而窮。折一爲㇕，反㇕爲厂，轉厂爲𠃊，反𠃊爲┘，至┘而窮。折一爲㇕者側也，有側有正，正折爲∧，轉∧爲∨，側∨爲＜，反＜爲＞，至＞而窮。一再折爲冂，轉冂爲凵，側凵爲匚，反匚

> 爲コ，至コ而窮。引而繞合之，方則爲□，圓則爲○，至○則環轉無異勢，一之道盡矣。

如其文字的起源，真是這樣機械，一切文字就都可用公式來替代，文字的歷史就簡單多了。可是鄭樵所舉，大都不成字，這種系統，沒有事實的根據，只是一種玄想罷了。

父癸鼎　刀爵　剛爵從二刀形　亞
䝷鼎　《鐵雲藏龜》拾遺十葉　妣己觶　盂鼎歪字

象形文字是由圖畫演化來的，每一個圖畫文字的單位，原本是一個整體，並不是由一點一畫湊起來的。例如「刀」字的古文就畫一把刀，「止」字的古文，就畫一個脚印，從什麼地方能把它們分析成一點一畫呢？不過文字往往傾向到簡易一方面，尤其是契刻，線條比肥筆簡易得多，所以後來肥筆大都變成線條，實體大都變成匡廓，到了卜辭裏，線條已占優勢，到籀文小篆，字形逐漸固定，筆畫更加整齊，就慢慢地走上可以用點畫來分析的路，中國文字也就好像是一堆記號了。

用點畫來分析文字，顯然是很晚的事情，不過學者由後證前，看慣了後起的線條型的文字，就容易想到這一個方法。並且《說文》的編次，始一終亥，從來都認爲是有意義的。一字注：

> 惟初太始，道立於一，造分天地，化成萬物。

和伏羲畫八卦，《老子》所謂「一生二，二生三，三生萬物」等故事連合起來，使人認爲一切文字都起於「一」字，鄭樵等的文字一元論，就是由這種謬誤的思想產生的。

近時學者更想在古文字裏找出公式化的筆畫，小點代表什麼，十字形代表什麼，交叉形又代表什麼。可是，古文字本沒有固定的筆畫，像：「周」字古作囲，在空隙處偶然也加上了點。「西」字古作⊗，交叉形有時就寫作十字形。而且，每一種筆畫也沒有固定的意義，例如「金」字所從的點，不管是土壤或金屑，總和「雨」字裏的水點不同。「鬼」字頭上的十字形，是隱約的面容，和「東」字腹上的十字形，代表囊橐上所縛的繩索也不同。在古代人隨便畫的圖畫文字裏，要想找尋現代人心目中的基本筆畫，和文字一元論的錯誤是差不多的。

學者間更大的錯誤，是把圖畫文字説做文字畫。我們説圖畫文字，是用圖畫方式寫出來的文字，如照沈兼士先生等的説法，叫做文字畫，則只是近似文字的圖畫，還不能算是文字，兩者間的區别是很大的。

古文字研究是從宋人開始的，他們的主要根據是《説文》，但因許慎没有看見過戰國以前的文字，又因爲他雖説到鼎彝而没有著録一個字，所以宋人所能認識的古文字，都是和《説文》系統接近的文字，古一些的商周文字，就完全没有辦法，免不了有以意爲之的地方。薛氏《鐘鼎彝器款識》在子孫父己彝下引吕氏《考古圖》説：

> 銘文純作畫象，蓋造書之始，其象形如此。後世彌文，漸更筆畫，以便於書。其文有若大小人形者，蓋謂孫與子也，小者孫，大者子。

今本《考古圖》不載。《考古圖釋文》在析字下注：

> 李陽冰云：「木右爲片，左爲爿，音牆」。《説文》無爿字，牀牆斨之類皆從爿，則此字有析木之象，當爲析。父己人形彝有非字，皆有大小人形，不知何義。竊意非字或亦𠁥字省文。

又在卷末象形欄裏畫出所謂大小人形，並没有説到孫與子，和薛氏所引不同。《考古圖》板本很多，薛氏所引和今本不同，許是後來改定的説法。我們看吕氏在《釋文》裏首先把父己人形彝裏的非字釋作古猛反的丬字，而在析下又説或亦𠁥字省文，可見他漫無定見，只在那裏瞎猜。析、孫、子三字釋文，本非定論，中間一形，明明是子，偏説做孫，尤其可笑。不過總還是子抱孫，後來改爲析子孫，子字是對了，可就成了孫抱子了。這種本來糊糊塗塗的釋文，焉知後來馬馬虎虎地用了八百年呢。

把大、黽二字釋做子孫，中字釋做旂形或斿形，䣜字釋做架上三矢形，尊形跟橐形，都由於没有認識這些字（大字應該是可以認識的）。這一類不認識的字，到容庚附録在《金文编》後邊，大都也就是一般人所謂文字畫。

文字畫的名稱，大概是沈兼士先生創立的，他説：

到了銅器時代的後期，文字畫的形式，似乎漸漸地蛻化成爲象形文字。我們試看商代彝器的刻辭，不是已經有了直接而且顯明的表示語言之文字嗎？其中雖然夾雜些

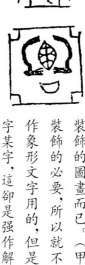

……等文字畫的遺形，但其作用，似已消失，不過當作一種裝飾的圖畫而已。（甲骨卜辭，雖然也是商代的東西，但是因爲不像鐘鼎彝器那麼有裝飾的必要，所以就不用圖案化的文字畫了。）這種文字畫，其簡單者，後來也有徑變作象形文字用的，但是鐘鼎家往往喜歡把一切文字畫的遺形，都要牽强附會，認爲某字某字，這卻是强作解人了。——《文字形義學》九葉

沈氏所謂文字畫，本是「在文字還沒有發明以前，用一種粗笨的圖畫來表現事物的狀態、行動並數量的觀念」，這種形式，怎麼能蛻化做象形文字呢？他並沒有詳細說明。我們推想他所以作此說的主要原因，還是受《說文》的影響太深，認爲象形文字只是那些線條式的簡化過的文字，對於這種比較近於原始的圖畫文字就只好認爲文字未發明以前的文字畫了。

他又說：

文字之形式，直接與繪畫成爲一個系統，證之於埃及文字畫，巴比倫亞敘利亞楔形文字，中國古代鐘鼎款識中留存之圖案化的文字畫，及六書中之象形文字，莫不皆然。——同上八葉

又把埃及古文字稱爲文字畫，也是錯的。因爲文字畫一個符號包括很多的意義，也沒有一定的讀法，並不是可以分析做一個字跟一個字的，印第安土人是在這種階段的。至於埃及文字，每個字都已可讀，也應當是圖畫文字而不會是文字畫了。沈氏承認商代彝器已有直接表示語言的文字，而把那些前人不認識的字歸之於文字畫的遺形，是一種裝飾的圖畫，他卻不想在一篇銘誌文字裏只能有圖案化的文字，怎麼會攙入了「裝飾的圖畫」呢？他說甲骨卜辭不用圖案化的文字畫，但據我們所知，他所舉的三個例子，前兩個正都見於甲骨卜辭。第一個是「龏」字，和安陽所出的銅器文字正同，都是把形符廾或㗊省略了的。第二例是亞醜兩字的合文，卜辭裏有醜字，把一個或更多的字寫入亞字或別的文字的裏面，更是商、周器銘裏所常見的。

文字畫的理論是不徹底的，繁複一些的不容易認識的圖畫文字，便被認爲文字畫，簡單而可認識的，就是文字。沈氏把文字分爲四級：

一　文字畫
二　象形文字
三　義字
四　表音字

在象形文字裏又分兩類，一類是寫實，一類是象徵。他説寫實一類的形式和文字畫有密切的關係，「其不同之點，即筆畫漸變簡單，結構漸成定形而已」。究竟要簡單到怎麽樣程度，是怎樣的一個定形，纔是象形字呢？是不是以線條型爲簡單，以《説文》所録的小篆爲定形呢？這個界限本就不好定。所以容庚的《金文編》裏有些字（像「咸」、「集」之類），都是近於圖畫的文字。後來有人替王辰編《續殷文存》，纔大膽把一切近於圖畫的文字都算是圖繪而不算是文字，徹底倒是很徹底，只是一切簡單不過的文字如「大」字、「魚」字，也都重新列在形聲還未固定的圖繪項下去了。

其實對於圖畫文字，吕大臨的看法是很對的。他説「造字之始，其象形如此」，那就是原始的圖畫文字，「後世彌文，漸更筆畫，以便於書」，那是由於文字簡化，整體的圖形，變爲線條式的筆畫，兩者之間本是不可隔絶的。主張文字畫的人，不知道象形字就是圖畫文字，從繁到簡，從流動到比較固定，都是一種歷史的過程，不能劃分的。他們忽略了歷史的聯鎖，就把早期的文字誤認爲文字未發生以前的圖畫了。他們往往把字形不固定，字音不固定爲口實，説商代文字是没有凝固的文字。不懂得文字的形體、聲音、意義，都是永遠在流動的，自來就没有凝固過。況且他們也没有想一想商代的文化發展的程度怎樣，是不是離文字發生時期很近。在我們，甚至於不需要任何證據，只要一瞥商代輝煌的文化，就不會説那時人還在寫没有發明文字以前所用的文字畫的。

十四 象形文字

前人對於象形文字，分類的方法很多，除了那些很不合理的分法外，大體還有三種：

一 由象形字所象來分類的　鄭樵把象形字分成正生和側生兩類：

正生　分：天物、山川、井邑、草木、人物、鳥獸、蟲魚、鬼物、器用、服飾等十類，都是象實物的字。

側生　分：象貌、象數、象位、象气、象聲、象屬六類，都是抽象的名字，也有是託名標識字。

二 由象形字兼別類字來分類的　鄭樵叫做兼生，有「形兼聲」、「形兼意」，連純象形是三類。朱駿聲還有象形兼指事、會意形聲兼象形等。

三 由象形字構造性質來分類的　段玉裁把象形字分做獨體象形、合體象形兩類。王筠《說文釋例》，分象形爲正例、變例兩類。朱宗萊《文字學形義篇》分做純象形、合體象形、變體象形三類。

象形在舊六書説裏本應該是容易分析的一類，但我們看這些前人的分類，依然要感覺到眩惑。在三書説裏，象形的界限是最謹嚴的，我們所謂象形文字，只限於段玉裁所謂獨體象形一類，這就是王筠把它叫做象形正例，朱宗萊所謂純象形的一類。這裏既沒有什麽合體跟變體，也不取什麽兼聲和兼意，所以，前面所舉第二第三兩種的分類方法，是用不着的。

我們所需要的，只有第一種分類方法，不過，鄭樵所分太雜亂了，現在只分四類：

一象身　就是鄭樵所謂「人物之形」，《繫辭》説：「近取諸身，遠取諸物。」畫圖的人對於自己這一類描寫得很多，所以五官四肢等幾乎每一部分都有象形字。

二象物　包括鄭樵所謂「天物之形」、「山川之形」、「草木之形」、「鳥獸之形」、「蟲魚之形」等類，凡是自然界的一切，只要能畫出來的象形字，都屬於這一類。

三象工　人類的文明，是建立在發明工具上的。遠在舊石器時期（如周口店猿人），就會製造工具，所以我把一切在人類文明裏利用自然界萬物所製成的器物都列入「象工」，這裏包括了鄭樵的「井邑之形」、「器用之形」、「服飾之用」等。

四象事　這一類就是班固的象事，也就是許慎的指事。因爲這一類文字所畫的都是抽象的形態、數目等，没有實物，所以前人要在象形外另列一類。許氏舉「上下」二字爲例，鄭樵已把它們歸入象位了。鄭樵雖把指事字解釋錯了，但把象貌、象數、象位諸類，都認爲是象形字，卻是很對的。我們認爲玄名、實名同是象形，其間界限，不容易分析。方形的□，是虚象，井字跟田字是實象，如但就圖畫的技術説，方形和井形、田形有什麼不同呢？

凡是象形字，雖則都是原始字，可是它們的發生時代不會一樣，兕和象的圖畫，也許兩萬年以前就有了，「㫃」字象旗形，「鼎」字象鼎形，就一定要文化較高的時候纔發生，那就晚得多了。

有許多人也許要懷疑，象形文字和象意文字，既然同是圖畫文字，爲什麼一定要分兩類呢？我們的主要目的，當然在用象形文字來統攝一切的文字。但從圖畫的發展來看，象形字的起源，也該比象意字早。最古的洞穴藝術，只畫出（或刻出）動物的絶對投影，它們是在静止的狀態下，所以四足的動物，總只畫兩足，我們的文字，就是如此。洞穴圖畫裏所常見的有野牛、大象、馴鹿、馬、野豬等，而我們的原始文字，也以這些動物的象形字爲最多。例如「象」字，在西班牙一個洞裏用紅赭石塗畫的一幅單彩畫跟我們的銅器文字，正是一個很好的對照。《韓非子·解老篇》説：

西班牙桑唐德省卡斯梯羅洞畫
采裴文中《舊石器時代之藝術》

象且辛鼎

> 人希見生象也，而得死象之骨，按其圖以想其生也，故諸人之所以意想者，皆謂之象也。

韓非生在戰國末年，北方已經看不見象了，因而他把「象」字解釋做想象的語根。其實，「象」作想象解是很晚的。在古書裏的「象」字都用作效法形狀的意義。《説文》把「象形」解釋做「畫成其物」，《書・咎繇謨》説：「予欲觀古人之象。」都是圖像。《易・繫辭》説：「象也者像此者也」，又説：「見乃謂之象。」正和韓非所説相反。我以爲「象」字的語源，應該是圖象、形象、象似，原始人類把大象描畫下來，別人看見了都知道是「象」，這「像」的語言就流傳下來了。象是這類動物中最大的，也是最容易畫的，恐怕是古人最早選擇的畫範，所以這一個語言就和這個動物發生了這樣密切的關係。

總之，每一個象形文字，可以分化出很多的文字，它雖和獨體象意字相仿，可總比後者發生得早，由於歷史的看法，我們也應該把它們區别成兩類。

十五　象意文字

如果我們簡單地説，文字等於圖畫加上語言，那末，一部分象形文字在兩萬五千年前的舊石器時代，就可以算是發生了。因爲那些住在巖窟裏的原始藝術家，當然能使用少數語言，當他們畫出了一隻象，而又能把它叫做象，那末這個象的圖畫，應當就是文字了。但是事實上還不能叫做文字，因爲這一類單純的實物圖畫，數目並不太多，不能代表一切的語言，他們根本不會想到使用這些圖畫來代表語言。

真正的文字，要到象意文字發生纔算成功的。在圖畫裏我們可以把複雜的事物畫出來，但所畫的只是一刹那的境象，不能够清清楚楚地講出一個故事的始末。在語言裏，和圖畫正相反，它可以把一件具有時間性的故事，從頭至尾，原原本本，敘述出來，可又不能給人以同時所發生的各種印象。在人類進化到有廣大的國家，統一的語言，而一般人希望把語言用圖畫的方式記録下來時，文字就發生了。

采《人類史話》

在巖窟藝術裏要描寫出一個射鹿的故事，一個人手裏張弓搭箭，射一隻迎面而來的牡鹿，要是用簡短的語言敘述出來，就是「人射鹿」，要把語言改變爲文字時，人和鹿都有象形字，我們只要把彎弓搭箭去射的一點分析出來，就成爲「射」字了。從這個圖裏面，我們把它分析做單位，也就是三個文字了。這個圖畫中的片段，「射」字，就是象意文字，我們可以把它用在任何地方，不論是射人、射馬、射虎、射狼，因爲這只是行動裏的一個單位。這字包括一隻手，一張上了弦的弓，一枝箭，但只表現了一件事，一個意義。

如果我們想把這個故事説得更詳細些，所射的是一隻鹿，就可以把數目字加進去。如果要説大鹿，就和圖畫不同。圖畫裏鹿的大小，可從人形比例看出來，在語言裏，「大」跟「鹿」，各自成一個單位，所以得另外寫上一個「大」字，「大」的形狀是畫不出來的，就只好把大人的「大」，當做一般的「大」了。又如果要説牡鹿，在圖畫裏，除了用角形表示外，還可把鹿身上的生殖器描寫出來，到語言裏又是兩個單位，因而把牡牛的「牡」，引申做一般的「牡」了。「大」和「牡」，都是象意文字。

「大」字畫正面的人，在圖畫裏跟畫側面人形的「人」字是不應該有區別的，例如「龜」字就有正面側面兩樣畫法。但在文字裏，這個正面的人形就不當作「人」而當作大人，也就引申作「大」的意義，所以只有「人」字是象形，而「大」字卻是象意字了。「士」字古作⊥，本象陽性的生殖器形（高本漢等把祖字的古文「且」，説是生殖器，是錯的。《説文》「推十合一謂之士」，當然是後世附會的説法），是象形字，「牡」字畫一個牛頭，旁邊有一個生殖器，表示這是牡牛，又引申做一般的「牡」，就是象意字了。

象意文字是這樣被創造出來的，由於記録語言的需要，在可以畫出來的名字（即象形字）之外，每個表示動作跟表示區別的字，都盡量在圖畫中找出一個單位來做代表。這些單位，有時是單體的，如：爬在地下的人是「匕」字，跪在地下的人是「卩」字，有長頭髮的人是「長」字，有大肚子的人是「身」字。有時是複體的，如：人荷戈是「戍」字，用戈斫人是「伐」字，把孩子盛在箕裏扔出去是「棄」字，把孩子留養在家裏是「字」字。單體的是單體象意字，複體的是複體象意字。兩個以上的同樣形體，如其是一個不可分的單位，例如：「晶」（古星字）便還是象形字，要是用獨體字累積起來的，如：「艸卉」的單體是「屮」，「林森」的單體是「木」，「从㐺」的單體是人，那便是重體象意字。

在聲符文字未發生以前，圖畫文字裏只有極少數的象形，此外，就完全是象意字了。象意字往往就是一幅小畫，像：「璞」字本畫出一座大山

《殷虚書契》七卷卅一葉

大鼎

的腰裏，有人舉了木棍把玉敲下來放在筐子裏。「鑄」字本畫出兩手捧一個鬲在鑪火裏烘烤。但是，文字跟圖畫究竟有時不同，所以有些畫法是極簡單的，畫一個眼睛就可以代表有人在瞧（如「相」字），畫一張嘴，就可以代表有人在説話（如「問」字），畫一個脚印，就可以代表有人在走路（如「武」字），傳的久遠一些，寫的更簡單一些，人們把原來的意義也忘了，就有「止戈爲武」一類的新説出來，時代愈久，新説愈多，又有許多新字是依據這種新説的原則推演出來的，本來用圖畫表

達的象意字，現在變做用兩個或更多的文字來拼合，這種變體象意字，便是前人所謂「比類合誼」的會意字了。

十六　六　技

象形字是圖畫，但是可以畫出來的東西是有限量的。象意字還是圖畫，用以表達一切事物的動作和形態，但是能畫得出的，也有限。我們知道凡是文字建築在圖畫上的，文字的形式總有限，決不能適應語言的需要。

原有文字不够用，第一個辦法是創造新文字，這是「分化」。同是一隻手，分成ナ又（左右）二字，後世許多文字用這個例，如「行」字變爲彳亍，「子」字變爲孑孓，「言」字變爲言言，「兵」字變爲乒乓，這是一種方法。「見」字眼望後看就變成「艮」（眼的古文），望上看就變成「𦣠」（望的古文），望下看就變成「臥」（臨和監字都從臥），這又是一種方法。有了「又」字，又有「手」字，有了「疋」字，又有「足」字，有了「彳」字，又有「廴」字，有了「乖」字，又有「久」字，有些是故生分別，有些是誤爲兩歧，這又是一種方法。

文字形體的「分化」，相當於語言意義的「引申」。中國語言，因爲音節短，語言的數量有限制，「引申」的方法用得最廣，例如：「一」，本是一個數目，我們可以用作第一（如一號門牌）、每一、某一、別一、偶一、略一、獨一（如「一夫紂」即「獨夫紂」）、整個（如一國）、專一（如一心）、統一（如「孰能一之」）、一樣（如「其揆一也」）等種種的意義。又如説：「人」本是指「萬物之靈」的一物，可以作「衆人」講，也可以作「別人」講，也可以作「人民」講，也可以作「人道」講。所以語言不多而包含的意義無窮。在文字裏，承受了語言中這一個方法，就可以不必增加很多的新字。朱駿聲《説文通訓定聲》説：

> 轉注一字具數字之用，而不煩造字。

又説：

> 轉注者，體不改造，引意相受，令長是也。

他所謂「轉注」，實際只是「引申」，「引申」的結果，有時也和形體有關，例如：「隻」字本是古「獲」字，象手裏捕獲一隻鳥，後來引申爲捕獲一隻鳥是「隻」，捕獲兩隻鳥是「雙」，再引申而把「隻」代表「單」，「雙」代表「兩」，於是捕獲的意義，只好用從犬蒦聲的「獲」字了。但是這種「引申」，總是語言先變，文字是追隨着語言的。

「引申」是不需要新文字的，可是要在固有文字裏有憑藉纔成。如其在語言裏原只代表一些聲音，像：感歎語的「烏虖」，發語的「粤、若」，代名的「朕、余」，否定的「不、弗」，託名標識的「甲、乙、丙、丁」，「子、丑、寅、卯」，語助的「焉、哉、乎、也」，「的、了、嗎、呢」，雙音節語的「科斗、活東」，翻譯語的「撐犂孤涂」，既不能用圖畫方法畫出來，又沒有意義相近的文字可以引申，那就只好找同聲的字來「假借」了。許叔重說假借是「本無其字，依聲託事」，解釋得很好，但是所舉「令長」兩字的例錯了。縣令的令，可由命令的令引申，官長的長，可由長老的長引申，所以朱駿聲要改以「朋來」兩字爲例，但是多少貝爲一朋，變爲朋黨，依然只是引申。

「分化」，「引申」，「假借」，是文字史上三條大路。「分化」是屬於形體的，「引申」是屬於意義的，「假借」大都是屬於聲音的，不過也有借形體的，例如：「魚枕謂之丁，魚腸謂之乙，魚尾謂之丙」，這種名稱都是由和字形相近而起的。「鉤乙」的乙，「藻井」的井，都是借的字形。

有這三種方法，使我們上古的圖畫文字，曾經過一個很長的時期。

當然，圖畫文字的短處很多。

一　字太多，不易記，不易寫，也不易識。

二　由於簡化，許多圖形早就混淆。如「凵」和「口」，「山」和「火」，「人」和「刀」，「大」和「矢」之類。

三　由於生産的發展，社會關係的複雜，文化的進步，語言的逐漸繁複，許多新語言用圖畫表達不出，引申假借的方法，也不能用的太多，因爲一個字如其有幾十個用法是很不方便的。

這些弊病，使古代人民需要更多的新文字，但是要容易學，容易寫的。代表語音的形聲文字就因此發生而替代圖畫文字的地位了。

形聲文字是怎樣發生的呢？中國文字不變爲拼音，而變作形聲，是由於在圖畫文字裏面早已有這種傾向。例如：

一合文　金文把「亞矣」二字連寫，亞字的末筆，即作爲矣字的首筆，就好像一個字。卜辭把「卜丙」二字，一左一右，合書，也像是一個字。「雍己」兩字的雍，卜辭只寫作□，而藏在己字上邊的缺口裏面。金文在「韋」字的方匡裏更裝一個「典」字；當然更像一字了。不過這總還要讀做兩個字的，像：「方甲」兩字合文作田，「二千」兩字合文作[illegible]，後來似乎都變做一個字了。前者變成現在的甲字，後者六國時代曾用過，讀法不清楚。至於「羽日」兩字的合文，後來就變爲「昱」字；「之日」兩字的合文，後來就變爲「㞢」字。「小隹」是「雀」，「〇鼎」是「員」，可見合文就是形聲字的前驅。

二計數　數目字在中國語言裏很占優勢，二人是「仁」（現代語是「倆」），五人是「伍」，十人是「什」，人字的聲音都可不説出來，只説數目字就行了。三匹馬是「驂」，四匹馬是「駟」，兩龠的重量是「兩」，兩端帛是「兩」，兩個輪子的車是「兩」（今作輛），兩隻鞋是「兩」，兩股繩是「緉」，數目是到處可以代表別的名稱而把它們省略的，例如：「之子于歸，百兩迎之。」就知道是一百輛的車，而不需要再把車字明説出來。在這種語言裏，當然會産生出形聲字來的。

三聲化　中國語言裏的動字、區別字，大都和名字的聲音相同，而只有小差別。名字是「食」，動字是「飤」。名字是「子」，區別字是「字」，名字是「魚」，動字是「魰」，區別字是「漁」（漁本象魚在水中），因之，寫爲文字時，有許多象意字，可以只讀半邊，我們稱爲象意字聲化。

這三種情形，尤其是象意字的聲化，在圖畫文字的晚期，幾乎已普遍地存在，它們已很像形聲字，所以真正的形聲文字一觸即發了。

真正的形聲文字的發生，和社會文化的發展有密切的關係。我們看卜辭裏地名和女姓的形聲文字特別多，就可以推想到形聲文字初起時，也許還在母系社會時期，如傳説中所示：炎帝姓姜，黃帝姓姬，黃帝的兒子十四人，倒有十二個姓，一直到虞舜姓姚，因爲「釐降二女于嬀汭」，後來他的子孫就姓「嬀」，都可以證明中國古代有一度是母系社會。凡是這些部落的領袖都是女人，「井」部落或「子」部落，爲了免得人把它們當做水井或孩子的解釋，就都加上一個女旁，以指明這是女姓，是他們母親的姓。（那時的女子都是跟母親住的，下一代的孩子，對於她的弟兄就是「舅」和「甥」的關係，所以這兩字是從男的。）此外，牛、羊、馬、豕、犬等的專名，以及草、木，我們可以想到是畜牧和農業的社會。至於從金的字，起得很晚，那是銅器很發達以後纔有的。從心、從言的字，起得就更晚了。

新文字的發生，根於事實的需要，因爲産業的發展，文化的進步，增加了無數的新語言，只用圖畫文字和引申假借是不够表達的，那時的聰明人就利用舊的合體文字、計數文字、聲化文字的方法來創造新文字。這種新文字一發生，就很快的發展起來。每一類新文字，往往就等於一本專門名詞的詞彙，我們的祖先創造這些新文字，和現代科學家造「氫」、「氮」、「鋅」、「鎳」等字的方法，是始終一貫的。

形聲文字一發生，就立刻比圖畫文字占優勢了。原來是聲化的象意字，以及少數的合體字之類，也完全被吞併，而作爲形聲文字了。有些圖畫文字，經過演化而成爲形聲文字，有些簡直淘汰掉，於是圖畫文字漸漸地無聲無響，它們的時代過去了，雖則還有極少數的遺留，整個文字系統是形聲文字的了。這種文字的大改革，大概發生在三千至四千年前，一直行用到現在。

由舊的圖畫文字轉變到新的形聲文字，經過的途徑有三種：

一是「孳乳」，許叔重説：

> 其後形聲相益，即謂之字。字者言孳乳而浸多也。

「孳乳」是造成形聲文字的主要的方式，大部分形聲字是這樣産生的。假如有一條河叫做「羊」，一個部落的姓也叫做「羊」，一種蟲子也叫做「羊」，古人就造出了從水羊聲的「洋」，從女羊聲的「姜」，從虫羊聲的「蛘」。吉象是吉羊，可以寫成「祥」，憂心是養養，可以寫作「恙」。又如：目小是「眇」，木末小是「杪」，水少是「淺」，貝少是「賤」。無論是引申出來的意義，或假借得來的語言，都可以孳乳出很多的新文字。

二是「轉注」，這是六書裏原有的，許慎説：

建類一首，同意相受，考老是也。

從唐以來，解釋的雖很多，大抵不是許氏的原義。他說「建類一首」，顯然指同部的字，但他不舉牛部、羊部、艸部、木部等字，而單單舉老部，可見不但同部，也還要「同意」。我們由此可想到轉注和普通由孳乳來的形聲字正相反。因爲孳乳的方法，是由一個語根作聲符，而加上一個形符來作分別的，主要的意義在聲符，從文字的形體上看雖有差別，在語言裏是完全一樣的。由轉注來的文字，主要的意義卻在形符，「老」字和「𠃬」字、「丂」字、「句」字、「至」字等。本來不是一個語言，只因意義相同，造新文字的人就把「𠃬」、「丂」、「句」、「至」等字，都加上一個「老」字的偏旁，作成「壽」、「考」、「耇」、「耋」等字，所以轉注是以形符作主體的。我們可以把「蘭」字勉强解釋做「草也」，可決不能把「艸」字解釋做「蘭也」。因爲「蘭」是專名，是孳乳字，是不能轉注的。但是我們可以把「謂」字解爲「言也」，也未嘗不可以把「言」字解爲「謂也」，「黸」字解釋做「黑也」，也未嘗不可以把「黑」字解釋做「黸也」，因爲這都是同義字，這就是轉注。在語言裏一語數義，到文字裏別之以形，內含的意義太多了，各各添上形符來作區別，這是孳乳字。反之，數語一義，寫成文字時統之以形，同意語太多了，找一個最通用的語言作形符來統一它們，所謂「建類一首」，就是轉注字。形聲字裏有許多特殊的例，像：「叛」字從反半聲，而就訓反，「弒」從杀式聲而就訓殺，其實只是轉注。

三是「緟益」，《説文》：「緟，增益也。」我們所以稱爲「緟益」，就是説這總是不需要的複重跟增益。因爲文字既不是一手創造的，當然不會有一定的條例，在幾千百年綿長的時期的演化裏，主要的趨勢，固然只是孳乳和轉注，但是，例外的，特殊的，不合理的緟益，也不在少數，最後甚且要喧賓奪主，我們如其從歷史眼光去看，這是很重要的。

緟益字的造字者，總是覺得原來文字不够表達這個字音或字義，要特別加上一個符號。這些原來的文字，或許是圖畫的，或許就是形聲字，或許是由引申假借來的，實際是很可以表達的，不過因爲時代的不同，人們思想的不齊，所以要有這種特別的緟益。

在圖畫文字裏增加上聲符的，如古人畫了一個有冠有羽的雞形，後來文字變成簡單了，怕人不認識，就加上了一個「奚」字的聲符。鳳鳥的文字，本來也是象形，後來加上了「凡」聲。耕藉的「耤」，本象一人雙手持耒起土，後來纔加上了「昔」聲。鑄字本就象兩手奉鬲在盛火的器皿上，後來纔加上「𠃬」聲。「豸」字本就象「貍」形，後來纔加上「里」聲。這一類的例子，不算太多。

增加上形符的字就比較多了，例如：「罒勹」字本象吐絲的蠶形，後人加上虫而作「蜀」，又加虫而作「蠋」。「萬」字本象蠍子形，後人加上虫而作「蠆」(《説文》作「蠆」，又作「蠤」)。「𤇾」字本象交立的火炬，後人加上火而作「熒」。「厷」字本象肱形，後人加肉而作「肱」。「冎」字本象骨形，後人加肉而作「骨」。「𢍏」字象兩手捧丰(葑本字即蘿蔔)，後人加手而作「奉」，又加手而作「捧」。「文」字作「彣」，「章」字作「彰」，「采」字作「彩」，「麗」字作「麗彡」，「或」字作「彧」，「产」字作「彥」，「㐱」字作「參」，「而」字作「耏」，「長」字作「髟」，「青」字作「青彡」，「周」字作「彫」，「工」字作「工彡」，「尋」字作「尋彡」，「聿」字作「聿彡」，「井」字作「形」(《説文》作形)，「景」字作「影」，這些所加的彡字，幾乎全是不需要的。

後起的形聲字，大都增加了不需要的形，「梁」字已從木，還要寫作「樑」，「忍冬」等於耐冬，卻要寫作「荵」，「鳳皇」寫作「凰」，是從鳳字扯過來的。《顏氏家訓》説：

金華則金畔著華，窻扇則木旁作扇。

陸德明《經典釋文》説：

豈必飛禽即須安鳥，水族便應著魚，蟲族要作虫旁，草類皆從兩屮。

郭忠恕總結起來説：「其蕪累有如此者。」《廣韻》一東菄字下注：「東風菜，俗加艹」，蝀字下引《爾雅》的「科斗、活東」，又説「俗從蚰」，一部《廣韻》裏這種字不知有多少。遠自周初，就把文王、武王寫成王字旁的「玟珷」，一直到近代，市招上把「燒賣」寫成「燒饋」(歐陽修《歸田録》説「酸餡」俗寫做「餕餡」)，「上鞋」寫做「鞝鞋」，所以中國文字可以以萬計了。

分化、引申、假借、孳乳、轉注、緟益，我把它們叫做「六技」，是説明古今文字構成的過程的。分化、引申、假借是一類，自有文字，就離不開這三種方法。由圖畫文字變爲形聲文字後，又增加了孳乳、轉注和緟益三類。文字的構造，因而顯得愈錯綜，也愈複雜了。

十七　形聲文字

中國文字在近古期以後，幾乎完全是形聲文字。《說文》九千多字裏面，朱駿聲《說文通訓定聲》的《六書爻列》所載形聲就占了八千五十七字，約十分之八。鄭樵《六書略》計：

象形類　六〇八字，
指事類　一〇七字，
會意類　七四〇字，
合計一四五五字。

而諧聲一類，卻有二萬一千三百四十一字，差不多是十五倍。文字數量愈多，形聲文字的比例愈大見在形聲文字時代，圖畫文字被遺留下來的是極少數，新製的就更少了。

不過，有許多的形聲字，實在是兩朝元老，經過改裝的圖畫文字。從象形文字變來的，有兩類：

一、把物形的某一部分直接變作聲符，應作爲「聲化」的一類。例如「狽」字本象一個獸，尾梢粗，後來就把尾梢改成「貝」字，從犬貝聲。「鼉」字本象帶尖嘴的鱷魚，現在把身子作爲黽字，而嘴跟頭變成「單」字，從黽單聲。這種字的來源，大都由於形體的錯誤。

父丁斝　父戊卣　狽簋

二、用緟益的方法，或加形符，或加聲符，如上所說。

從象意文字來的，也有用緟益方法的，不過大多數是「聲化」，這種聲化的象意字，在文字的性質上，我們還算它們是象意，不是形聲。用攴（扑）來驅羊是「⿰羊攴」字，用殳來打声（磬的象形）是「殸」字，這都是動字；宀內有缶是「宝」字，林中有示是「禁」字，這都是區別字；從歷史上看，此類在形聲文字前都早已存在了。在《說文》裏，它們往往分佈在廾、又、寸、殳、攴、臼、𠬪、止、行、彳、宀等部。

由孳乳、轉注、緟益三種方法産生的形聲文字，纔是純粹形聲字，孳乳字分佈得很廣，玉、石、牛、羊、艸、木等部都是，轉注字分佈在老、鬼、黑、白等部，緟益字比較零碎，分佈卻也很廣。當然，分佈的區域是有出入的，如：水部「漁」、「汙」等字是聲化象意字，「江」、「河」等字是孳乳字；火部「燬」、「焜」等字是轉注字，「煙」、「煴」等字是孳乳字，「燎」、「熛」等字是緟益字。

如其從形聲文字的構成位置來説，賈公彦《周禮疏》分做六等：

一，左形右聲，如：江、河；　二，右形左聲，如：鳩、鴿；

三，上形下聲，如：草、藻；　四，上聲下形，如：婆、娑；

五，外形内聲，如：圃、國；　六，外聲内形，如：聞、問。（原作「闠闠」似誤，今改。不過，嚴格説只有「莽」、「衎」之類，纔能算内形外聲。）

形聲文字的位置，有時還可移動，如：「⿱龍木」可作「櫳」，「桃」可作「⿱兆木」，「穌」可作「⿰禾魚」，「弻」可作「弼」之類，所以完全用位置來分，是不可能的。中國文字的位置，大部由於習慣，照理論説，位置不同，還是一字，如：「翊」訓飛貌，現在用於輔翊，而「翌」字用於翌日，但「翊」和「翌」究竟是一字，可是像《説文》裏，「衍」字和「洐」字，就歧而爲二了。因爲習慣往往有了固定的位置和筆順，實際是中國文字裏最大的弊病。

鄭樵把形聲字分做正生、變生兩類，在變生裏又分子母同聲、母主聲、主聲不主義、子母互爲聲、聲兼義、三體諧聲六類。子母同聲，跟子母互爲聲，是兩邊都可以認爲聲母的字，不過總有一邊是更切近的，例如：「啎」字《説文》從午吾聲，石鼓的「吾」字作「⿺辶啎」從啎聲，詛楚文作「俉」，從吾聲，可見《説文》的説法是對的，不過現在把「啎」字讀入去聲了。「嘏」字《説文》從古叚聲，是由一等的「古」，讀入二等的「叚」。又如：「⿰令丁」讀郎丁切，顯然是從丁令聲，「⿰比攴」讀攀糜切（《廣韻》符鄙切，又匹支芳鄙二切），顯然從支比聲。「靡」忙皮切，應是從非麻聲，「⿸辰會」丞真切，只應從會辰聲，《廣韻》黄外切是錯的。（《切韻》、《唐韻》均無此字）。至於徒冬切的「蜼」，《廣韻》自作「⿰虫鳥渠」，從鳥虫聲，而魯水切的「蜼」是從虫隹聲，鄭氏誤併了。

母主聲一類，只是分部的不當，「瞿」字仍是從隹䀠聲，只入隹部就行了。「黌」字只應入𦥑部而是黃聲，「料」字只應入木部而斗聲，「禁」字只應入示部而林聲，「綴」字只應入糸部而叕聲，我們只須分析哪一邊是形，哪一邊是聲，就可以不牽涉到母跟子的問題了。至於主聲不主義一類，鄭氏纔舉四個字作例，把「庚」訓踞，「尼」訓昵，「匏」訓瓠，「魏」訓闕，界説似乎不很明瞭。

鄭説中比較重要的有二點：第一是聲兼意的問題。許叔重早就有「亦聲」的例，段玉裁説：「亦聲者，會意而兼形聲也。」桂馥説亦聲有兩種，一種是從部首得聲的，一種是解釋所從偏旁的意義的。其實前一種都是《説文》分部的不當所引起來的，例如：「胖」字明明是從肉半聲，「鉤」字明明是從金句聲，許氏卻要放在半部跟句部。也有是錯誤的，如「單」和「干」，古文本是一字，只是讀tan跟kan的不同，正是聲母轉讀的一個例子，許氏説「從吅，從甲，吅亦聲，闕」。甲不成字，吅也不是聲。所以「亦聲」的字，實際上只是一種。

不過《説文》没有注亦聲的，聲兼意的還是很多。如：「衷」字從中聲，當然是兼意義的。「祥」字從羊聲，古人多以「吉羊」爲「吉祥」，所以徐鍇就説：「從羊亦有取焉。」從宋王子韶創右文説，一直到近代劉師培、沈兼士，把「以聲爲義」的一個條例，推闡得非常詳密。我們有理論説，每一個形聲字的聲符，原來總是有意義的。有人認爲專名像「江」、「河」之類的聲符，就没有意義，其實工聲如杠之直，可聲如柯之曲，古人命名時不會没有意義的。人姓也似乎不一定有意義，但是李耳、李悝爲什麽姓「李」呢？金文咸⿰女李鼎有「⿰女李」字（前人未釋），從女李聲，我們可以知道這是一個古姓，不是從李伯陽纔有的。但是這個部落在最原始的時候，所以叫做「李」，是由於那地方産李樹呢？是由於神話説是李樹的子孫呢？還是偶然的指李樹爲姓呢？不論怎樣，總是有一個起源的。既是一個姓，姓就是這個字的意義。總之，形聲字的聲符所代表的是語言，每一個語言不論是擬聲的、述意的、抒情的，在當時總是有意義的，所以每一個形聲字的聲符，在原則上，總有它的意義，不過有些語言，因年代久遠，意義已茫昧，所以，有些形聲字的聲符也不好解釋了。

關於三體或四體的諧聲，後人分析做二形一聲，三形一聲，和二聲，共有三類，這實在是錯誤的。我認爲形聲字在造字時，只有一形一聲（當然有些聲母本身已是形聲字），絶對没有同時用兩個形或兩個聲的。這種被人分析做三體四體的字，有些是錯誤的，如：「彘」字，在古時是象意字，是一支箭（矢）貫在豕腹上，顯得這是野猪了。《説文》裏把它錯成从彑，从二匕，矢聲，就成了所謂三形一聲了。形聲文字，不是一個時期造的，它是由於歷史的累積而成的。如：「寶」字，《説文》裏是從宀、玉、貝，缶聲。金文裏有「𡧍」字，是從宀缶聲。又有「寊」字和卜辭的「寚」字，都是象意字，因爲古代中國民族住在西方，是有玉的地方，後來到了東方，是有貝的地方，那時用玉和貝爲寶，所以《盤庚》上説：「具乃貝玉」。那末，金文作「寚」字的是「從宝缶聲」，作「𡪢」字的是從寊缶聲，作「寶」的是從寚缶聲，這是屬於由象意字變來的緟益字的一例。還有純粹是複體的形聲字，例如：「尃」從甫聲，「溥」從尃聲，「薄」從溥聲，「欂」從薄聲，我們決不能説「欂」字從木、艸、水、寸，甫聲，那末，「碧」字爲什麽不説從石珀聲，而要説做從玉石白聲呢？因爲《説文》上漏列的字很多，所以常有這種牽强的解釋，例如：「汈」字從水刃聲，「梁」字從木汈聲，「粱」字從米汈聲，《説文》裏把「梁」字釋爲從木，從水，刃聲，就成爲二形一聲，「粱」字就是從梁省聲了。如果許叔重看見了陳公子甗借作稻粱用的「汈」字，就不用費這些心了。石鼓文有「栨」字，可見「𩐁」字本該是從韭栨聲，《説文》因爲漏了「栨」字，就只好説「從韭，𠂔次皆聲」了。一個字而諧兩個聲母，這真匪夷所思了。所以我們説形聲文字只有一形一聲，凡所謂二形一聲、一形二聲的字，如其不是錯誤，就都是緟益字或複體形聲字。

形聲字有些是經過省變的。如「弑」字從杀省式聲，是省形，「琁」字從玉旋省聲，是省聲。省變本是文字演化裏應有的一種現象，凡是省文，一定原來有不省的寫法。可是《説文》裏的省，卻不一定如此，往往不省就不成字，如：「𢼸」字從人攴豈省聲，「豈」字從豆𢼸省聲，更是如環無端，叫人莫知所從了。所以段玉裁已懷疑許氏的省聲，嚴可均、王筠更都認爲錯誤，假使不是後人妄改，那就一定是許叔重不得其説，從而爲之辭。

那末，形聲字除了由圖畫文字聲化或緟益來的以外，只有單體和複體之分。如其從聲音來區別，像楊桓的分本聲、諧聲、近聲、諧近聲四類，那是諧聲系統的問題，也就是音韻學上的一個問題了。

十八　記號文字和拼音文字

截至目前爲止，中國文字還不能算是記號文字，因爲我們認識一個「同」字，就可以很容易地認識「銅」、「桐」、「筒」、「峒」等字，可見這還是形聲文字。另一方面，雖有許多人主張漢字革命，廢除方塊字，而且也有了一兩套拼音方法，可是拼音文字總還没有能通行。

圖畫文字和記號文字本是銜接起來的，圖畫演化得過於簡單，就只是一個記號。如「鼎」字本是象形，在武丁時的卜辭裏寫作□，就絲毫看不出鼎的形狀來了。卜辭「山」字跟「火」字不分。「足」字跟「正」字混亂，都由於圖畫已簡單得和記號一樣的原故。假使我們的文字始終停滯在圖畫文字的階段上，那末，遺留到現在，將只是無數個獨立的記號，恐怕要混亂到很難辨別了。

中國文字和有些別的古文字一樣，走上了聲符文字的途徑，不過因爲它是注音的，每一個音位需要有一個專爲代表它的聲符。並且，因爲同音字太多的關係，在同一音位裏，也有兩個以上的聲符，如：「同」跟「童」都是徒紅切，「公」跟「工」都是古紅切，所以聲符的數目，在一千以上。在形聲文字的初期，一個人只要記住幾百個由圖畫文字遺存下來的近似記號的文字，再熟悉這一千多聲音符號的讀法（圖畫文字遺留下來的幾百字當然大都已包括在內），就可以完全認識這些形聲文字。

可是文字形體，永遠是流動的，商、周文字，已經有很大的不同，到了小篆，許多圖畫形式，大抵已經變質了。到隸書，這種情形更加甚，「奉」字本從丰聲，「秦」字、「舂」字本從午聲，「春」字本從屯聲，「泰」字本從大聲，「奏」字本從兩手舉夲，現在上半字全寫作「𡗗」，這種混亂的情形，使隸書更近於記號，一般人對於古文字知識有限，就只知道隸變是文字傳譌和混淆的由來，把小篆奉爲萬世不刊的經典了。

現在所謂楷書，或真書，其實就是隸書，從漢到唐，字體就没有凝定過，一直到刻板印書的發明，正字得了普遍流行的機會，纔算漸漸固定了。可是演化的暗流，依然在進行，「文子爲孪」一類的俗字，從唐到現在，也並没有廢絶。拿「俗字」、「簡字」，和楷書隸書比，正和隸變的情形相同。「鷄」字本從奚聲，「難」字、「漢」字本從𦰩聲，「觀」字、「權」字本從雚聲，「戲」字本從䖒聲，「對」字本從丵聲，「樹」字本從壴聲，現在全改爲從又，如「鸡」、「难」等，這一類近來頗有人提倡過的手頭字，是聲符文字的更大一次的破壞。

不過，這些手頭字的數目，總是有限的。（有些字依然是形聲字，如「優」作「优」，「燉」作「炖」。）有些人提倡簡體字，是錙銖必較地計算着每一字可以多少筆，不知如果是徹底改造的簡體字，在文字學上是反動的。我們需要聲符文字，不需要記號文字，需要較固定的寫法，不需要時時省變，人各爲政的寫法。我有一位朋友，自己印行了手編的一本簡字字典，但在他另外寫文章時，卻寫得並不一樣，原因是忘了。在不用簡字時，每一個字只須記住一個寫法（中小學生對於行草往往是覺得頭疼的）。有了簡字，就要記住兩三個寫法。假使這種運動可以成功，把聲符文字倒退到記號文字，把比較固定了的正字，變成參差不齊，隨時不同。那個時候，一個人也許要記住一兩萬個不同的記號，這大概是不可能的事吧？

從另一個角度看，由於讀音的變易，我們得承認現在的中國文字，確是不容易認識的。因爲原來的聲符，在目前大都不能代表它們的讀法，我常舉「隹」字作一個例子。如：

隹錐職追切　惟維唯以追切　雖睢息遺切　誰視隹切　帷洧悲切　倠許維切　椎直追切　推叉隹切

嶉醉綏切　淮户乖切　匯苦淮切　魋㢈杜回切　崔倉回切　堆都回切　膗素回切　摧昨回切

[illegible]推他回切　嗺臧回切　蜼力軌切　趡千水切　唯似水切　陮徒猥切　匯胡罪切　皠璀七罪切

摧子罪切　鵻隼思尹切　準准之尹切　[illegible]而尹切　鷕以沼切　婎香季切　蜼以醉切　碓都隊切

繀蘇内切　奞息晉切　閵良刃切　進即刃切　奞私閏切

同是從隹聲（有一兩個是新定的，如閵跟進之類。），而有三四十個不同的讀法，再加以有些文字的混淆，如：「睢」字從目隹聲和「雎」字從隹且聲相近，「萑」字從艸隹聲跟頭上有角的「雈」字（胡官切）相亂。有誰能把這些字音，記得清清楚楚，一字不差。所以這種標聲方法，在現在確是很不方便的。

從明代的西洋天主教士就想用羅馬字拼音來認識中國字，清代末年，中國人自己造的拼音字母逐漸發展，到民國七年（一九一八），教育部纔公布了一套注音字母，不過還只是注在漢字字旁的一種符號。到民國十五年（一九二六），由大學院公布了一套國語羅馬字，纔正式提出想廢去方塊漢字而變成用拉丁字母拼出來的拼音文字。到了民國二十三年，纔有「拉丁化新文字」。

中國文字果真能摒棄了行用過幾千年的形聲文字而變爲直捷了當的拼音文字嗎？一個民族的文字，應當和它的語言相適應，近代中國語言雖則漸漸是多音節的，究竟還是最簡短的單音節雙音節爲主體，同音的語言又特別地多，聲調的變化又如此地重要，在通俗作品裏含糊些，也許還不要緊，用拼音文字所傳達不出來的意思，只要讀者多思索一會，或者簡直馬虎過去就完了。但是要寫歷史，要傳播艱深的思想，高度的文化，我們立刻會覺得拼音文字是怎樣的不適於我們的語言。我聽到一個故事，有一位推行國語的前輩，在十餘年前用國語羅馬字寫成的一本日記，重行找到後，讀起來，有許多地方自己也完全不記得了。當然，國語羅馬字還是較精密的拼音文字（雖則並不容易學），但並不能解決我們語言本身的困難。在説話時，由於當時的環境，聽的人是容易領悟的，可是專名和引書，在突然用到時，即使在談話裏也不很容易聽懂。「天堂」跟「添糖」，「歎口氣」跟「探口氣」，在國語裏是一樣的，把語言記録成拼音文字，上下文再一含混，事過境遷以後，當然自己都不懂得。文字本都是寫給别人看的，思想和環境不同的人，再要是時代不同，怎麽能懂得呢？也有人以爲中國語言所以不適宜於拼音文字，只由於没有完備的詞彙，他們没有覺察中國語言的單語雖不多，複合語卻不可勝計，一部詞彙，寫幾百萬條也不會完，即使有一天寫出來，新的詞又會絡繹而出，所以對於拼音文字是没有幫助的。我們由歷史的觀點來説，過於前進的拼音文字一樣是走不通的，中國文字現在可以走的路，是怎樣去改進這些注音文字。

文字的演化

十九　什麽叫演化

一般人不知道文字是時常流動的，他們往往只根據所見到的文字，以爲古來的文字就是如此，《説文序》：

諸生競逐説字解經，諠稱秦之隸書爲倉頡時書，云：「父子相傳，何得改易？」乃猥曰：「馬頭人爲長，人持十爲斗，蟲者屈中也」。廷尉説律，至以字斷法，「苛人受錢」，苛之字止句也。若此者甚衆，皆不合孔氏古文，謬於史籀。俗儒啚夫，玩其所習，蔽所希聞，不見通學，未嘗睹字例之條，怪舊藝而善野言，以其所知爲祕妙，究洞聖人之微恉。又見《倉頡篇》中「幼子承詔」，因曰：「古帝之所作也，其辭有神僊之術焉」。其迷誤不諭，豈不悖哉。

「俗儒啚夫」不懂得文字有流變，他們的理由是：「父子相傳，何得改易。」在漢代今文經學家所做的緯書裏，我們可以看到「土乙力爲地」一類的怪話，都是根據隸書寫法來説的。就是許叔重所采的「一貫三爲王」，「推十合一爲士」，又何嘗不是根據小篆寫法來解釋文字所産生的笑話。

從漢以來，根據隸書説字的不知有多少，「泉貨」是白水真人，「董」是千里艸，一直到現在人説：「人未余」，「立早章」，這是民間不懂字學的人説的。《邵氏聞見後録》：

王荆公晚喜説字，客曰：「覇字何以從西？」荆公以西在方域主殺伐，累言數百不休。或曰：「霸從雨，不從西」。

荆公輒曰：「如時雨化之耳。」

「覇」字從西，就是隸變。又說：

崔偓佺淳化中判國子監，有字學，太宗問曰：「李覺嘗言四皓中一人姓，或云用上加一撇，或云用上加一點，果何音？」偓佺曰：「臣聞刀下用，榷音，兩點下用，鹿音，用上一撇一點，俱不成字。四皓中一人，甪里先生也。」

這是「有字學的人」，卻不知「角」字可讀作「鹿」音。根據隸書把「角」字寫作刀下用，而説讀鹿音的是兩點下用，不知寫篆書時如何下筆。那就難怪有些人斤斤然分「余」和「佘」，「秏」跟「耗」了。《諧鐸》記一個女孩子説倉頡造錯了字，「射」從寸身，應該是「矮」字，「矮」從委矢，應該是「射」字。有一位人類學者曾和我説，中國文字可和埃及文字比較，如「食」字的亼形是屋子，皀形是坐在那裏的一個人，因爲他是根據正書的印刷體的。

在近代學者們間，流行着的一種錯誤觀念，是把比較整齊的周以後文字認爲是文字，以爲這是凝固了，有定型了，而前於此的是流動的，無定型的，所以只是文字畫。他們的目光，雖比隸書楷書遠些，也只是五十步與百步之别。

父子相傳，怎麼會改易呢？一種文字，怎麼會變成别一種很不相同的文字呢？驟然看去，本是可驚怪的。圖畫的形式，怎麼會變爲線條，成爲記號呢？引筆的篆書，如何會變成一波三折的隸分呢？隸書怎麼會變成楷書，章草怎麼會變成狂草或行書呢？其實每一種改易的開始時，總是很微細的，不易辨覺的小差别，筆畫的肥、瘦、長、短、斜、正，在有意無意之間所産生的極小的差别，時間一久了，經過若干人的摹仿和改易，這種差别更明顯起來，就變成一種新體了。一般人不明白文字有它們本身的歷史，給見聞囿住了，只看見某一段時期内可以看到的文字（好像只看見某人一生中的三四年的容貌），自然不覺得它們是會改變的，就容易發生這類錯誤的觀念了。

這種文字史上常見的很細微的差别，和改易的過程，我們把它叫做「演化」。「演化」和「分化」不同，「分化」是産生出新文字來的，「演化」的結果，有時也會變成「分化」，但它的本身是無目的的，只是不停地改易而已。「演化」是逐漸的，在不知不覺間，推陳出新，到了某種程度，或者由於環境的關係，常常會引起一種突然的、劇烈的變化，這就是我們在下章所説的

「變革」。「變革」是突然的、顯著的，誰都會注意到的，但最重要的演化，卻容易被人忽略。

漢字以形體爲主，但是一個漢字，往往有兩三個或更多的寫法，假使這種差别發生在同一時期的同一種字體内，那總是「演化」的原故，不懂得「演化」，就不能研究文字學，尤其是中國文字學。

二十　繪畫・鍥刻・書寫・印刷

文字起於圖畫，愈古的文字，就愈像圖畫。圖畫本没有一定的形式，所以上古的文字，在形式上是最自由的。

用繪畫來表達的文字，可以畫出很複雜的圖畫，也可以很簡單地用朱或墨塗出一個囫圇的仿佛形似的物體，在辛店期彩繪的陶器裏，我們可以略微看見一些迹象。商代的銅器，利用款識來表現這種文字，有些是凹下去的，有些是凸起來的，也有些是凹凸相間的。凹的現在通稱爲陰文，凸的是陽文。這些款識，是先刻好了，印在范上，然後把銅、鉛之類鎔鑄成的，陰文在范上是浮雕，在范母上卻是深刻，陽文在范上是深刻，在范母上還是浮雕。深刻當然比浮雕容易得多，而且鑄成銅器後，陽文遠不如陰文清晰美觀，所以除了少數的銘字偶然用陽文，大部都是陰文。可見在那時雕刻的技術，已經很有進步了。銅器上的文字，原來的目的，是要人看的，在後世發明了拓墨的方法，把這種文字用紙拓下來，就等於黑白畫。

萬戈　這是陰陽文相間的，即□形。

母丁鼎　這也是陰陽文相間的，即□形。

圖畫文字本是寫實的，但是各人的愛好有不同，手法有工拙。有人不但畫得很工緻，還要加上裝飾，有人只畫出一個實體，有人只描出一個輪廓，有人更産生了筆順（如豕、犬等字把耳和下頦併爲一筆），這就有了無數的差别。用的時代久了，文字的自然選擇，總是傾向在簡易的一方面，所以，用線條的文字逐漸通行，其餘的形式就一天一天地被淘汰了。

許多鍥刻文字，是寫好了再刻的，我們在甲骨上還發現過一些寫而未刻的卜辭。但是到了鍥刻技術成熟以後，就不一定非寫不可。我們在卜辭裏看見許多比米粒還小的文字，當然不能先寫後刻。它們鍥刻時，又不照筆順，或先刻每一字的横畫，或先刻每一字的竪畫，有時只刻了一半就放下了，就成爲缺横畫或缺竪畫的文字，這純粹是鍥刻的方便。我們也看見了許多練習鍥刻的甲骨，可見後期的卜人，已經把刀當作筆用了。刀自然不如筆的方便，圓圈是不容易畫的，所以作爲太陽形的「日」字，有時畫作正方形，有時畫作五角形。粗筆是不容易刻的，「天」字本和「大」字一樣，都象正面的人，而又特別指出它的頭部來，這個特大的頭部，在卜辭裏有時改作正方形，有時索性變成一畫，和小篆一樣，以致容庚之流要把它分成兩個字了。武丁時代的卜辭文字，結構異常整齊，像：「鼎」字作[illegible]，「[illegible]」字作[illegible]，離開圖畫文字的形式很遠，而較晚的時期，反不致於這樣失真，這顯然是初期鍥刻技術不佳的關係。

我們所見的甲骨刻辭，不下十萬片，還有在陶器上玉器上刻的字，商代的鍥刻技術大概可算是登峯造極了。但到了周初，卻驟然衰落，原因不清楚，但是現時存在的周初文字，都是銅器，在銅器上鍥刻文字，顯然比甲骨陶器要困難得多。有些銅器在冶鑄時范壞了，文字不很清楚，也有的根本没有鑄出來，周代的銅器裏就有把漏去的文字補刻，如周初的駿卣上的第一個字，也有把筆畫刻上了幾筆，如散盤裏面的爽字。到春秋時更有整篇的銘辭是鍥刻的，戰國後這種現象更加甚，而兵器上爲最多，文字多草率，也多細如黍粒，仿佛商末的甲骨了。

同是商代的文字，在甲骨上跟在銅器上顯然不一樣，因爲甲骨只是鍥刻的，但是銅器由於是范鑄的，在製范時可以細細地加工，所以還可以保存繪畫或書寫的技術。原始文字是用繪畫的，但在文字被大量地應用以後，繪畫的意味就逐漸減除，而變成書寫了。因爲繪畫方式最適宜於極少數的文字，纔可以自由發展，到了長篇文字，互相牽制，漸漸要分行布白，每一個字就不能獨立發展，在同一篇文字裏，筆畫的肥瘦，結構的疏密，轉折的方圓，位置的高下，處處受了拘束，但卻自然而然地生出一種和諧的美，這就是書法。我們看商代的銅器刻銘時，常會覺得每一種刻銘的書法，往往有它自具的風格。周代也是如此，我們甚至可以從書法來斷定銅器的時代，因爲那時的書法，還没有典型，大部分都是隨時的仿效，所以每一個時代最流行的風氣是容易看出來的。

遠在商周時，側垂的筆畫，已經有頓筆加肥，折鋒旁出的筆勢了，隸書的波磔，楷書的捺，都是這樣的。這是文字由繪畫改變爲書寫後的一種新發展，這種技術，只是用柔毫的筆纔會產生的，中國人能把書法發展爲一種藝術，就因爲筆的緣故。春秋以後，新的筆法更多了；有的作垂筆時，起始先頓筆作圓點而再提筆下垂的，有些像後世所謂薤葉篆；有的在每一筆畫中間作肥筆而首尾都是瘦筆的；也有在筆尾較肥的，有些像後世的垂露篆；也有起首肥而漸瘦的，就是後世所謂科斗書。再加有些筆畫裏附上半圓點，有些附上鳥形蟲形，更有的簡直把文字嵌在鳥形或獸形的圖案内，就是所謂鳥蟲書。一部分的篆書以結構繁密爲主，就成爲《史籀篇》一類的字體。而由大篆到小篆，又都間架整齊，筆畫圓渾，骨肉停匀，是後來所謂玉筯篆。在貴族社會裏，時間是不很寶貴的，因之可以産生很好的藝術，書法也是有閑纔能講究的。到戰國末年，貴族社會崩潰，在商人社會裏，書法也不講究了，鍥刻文字筆畫草率，簡體跟破體盛行，就形成了隸書。

隸書是草率的篆書，草書又是草率的隸書，六國末年就産生了隸書，漢初就産生了草書。隸書、草書，本都是潦草苟簡，只求實用的，但行用稍久，人們又在那裏面發展出書寫的藝術，一波三折，失去了草率的本意，漸漸地隸書、草書又都是很難學好的書法了。隸書又産生了今隸，草書又産生了行書，這是現在還通行的書寫技術。

鍥刻文字從戰國初年的雍邑刻石（即石鼓）起，主要的對象，由銅器轉移到碑刻。銅器不易鑄，地位又窄小，不足以發揮書寫者的天才，到雍邑刻石的文字，每篇幾十字，每字快有兩寸見方，這種偉大，是前所未見的。因之，有了詛楚文，更有了秦始皇時的幾個刻石。穹碑巨碣比較銅還是容易得的，所以漢代的銅器，不過記些年月工名，而宏篇巨製，就以碑爲主了。

漢人刻碑的主要目的是叫人看這碑的，從《天問》裏的畫象，到漢人的畫象石室，也是如此。到了漢末，蔡邕等立石經，更後魏正始中立三體石經，本意都是叫人看，是給他們每一種經典的標準本，免得轉輾傳抄有錯誤。所以石經剛立，總有許多人去碑下校對或抄寫。那時以後，造紙術發明了，就有人想到把紙蒙在碑上，用墨打拓出來，可以省去校對抄寫的麻煩，因之就發明了拓墨的方法。

拓墨方法可能六朝早就有了。嶧山碑據《封氏聞見記》的説法，就因拓得太多而被野火燒了的。唐時人於是立刻用棗木翻刻一本，就是杜甫所謂「嶧山之碑野火焚，棗木傳刻肥失真」，這種拓印本，實在是中國印刷術裏最早的歷史。

書寫文字，人人都不同，所以文字用的時代略久，就容易混亂。漢末的隸書石經，唐代的正書（也稱爲隸書）石經，目的固然在統一經文，也可以統一字體。書寫體本是永遠流動的，小篆定了，就産生隸書，隸書定了，又産生正楷，正楷定了，又産生簡俗字。

可是，隸書出，篆書跟着就廢棄，正楷通行，隸書也就不用，而正楷却一直流行到現在，簡俗體並不太流行。這是特殊的。我以爲歷代政府都願意支持正楷，雖是一個主要的原因，印刷術的發明跟進步，也足以使正楷體容易固定。

印刷體和書寫體，有時是有歧異的，例如「曾」字就有幾個寫法。可是無論如何，印刷體總還可以作標準用的。書寫體是藝術的，但印刷體是實用的，所以「印刷體」在文字學内的地位，是相當重要的。

二一　行款・形式・結構・筆畫

《法苑珠林》把梵文認爲是右行的，佉盧書是左行的，而倉頡書是下行的。梵文即婆羅門書，從左至右，和現在西方文字一樣。佉羅書即佉盧虱吒書，隋言驢脣，是從右至左的。中國文字從上至下，所以稱爲下行。（現在一般人把中國文字認爲右行，西方文字認爲左行，是錯的）。其實中國文字是下行而又兼左行的，一到兩行以上的文字就是如此（不過甲骨金文裏也有右行的），至於題署匾額，那就往往只有左行了。從中國文字的性質説，每一個字都是從上寫到下的，當然以下行爲適宜，可是它們又是從左寫到右的，爲什麽行款倒是從右寫到左呢？這恐怕只是習慣的關係，覺得這樣纔便利。

古代圖畫文字的行款是很自由的，有些文字夾在別的圖畫的空隙裏，有些文字形式，完全跟着器物上的部位而定；有的字形特別大，如：「⿱大或」字本畫一個正面的人形，一手拿戈，一手倒拖着一個屍首，占的地方很大。所以有時在一個較大的字形下，可以並列兩行。有些平列的銘文裏，簡直叫人不能分出哪一部分是應該屬左或屬右的。下行的文字也是如此。有時把一個有空肚子的字，如「韋」、「亞」等字，裝進了別的文字，最多可以裝到二三十字。

這種自由式的文字，到了長篇大段以後，就受了拘束了，我們在卜辭彝銘裏所見，大概每字的長短還是自由的，而寬度卻慢慢地畫一起來，就是可以分出行來了。在文字的形式上，因之發生了巨大的影響。第一，原來正寫的字，像：「虎」、「⿱吅豕」、「象」、「馬」、「豕」、「犬」等字，因爲太横闊了，就被豎了起來，頭在上，尾在下，變成側寫的了。（後來「目」字、「毌」字，也是由正寫而轉爲側寫的）。其次，許多四面發展的字，如：「亯」字本象在高牆上四面都有小屋（王静安先生以爲四合房是錯的），就是「射雉于高墉之上」的「墉」字。又如：「韋」字本象在一座圍牆外，四面都有足迹，這些足迹代表很多的人在包圍或是保衛這個都邑。在這種行款裏覺得不相稱了，所以把兩旁的房子或足形都省去了，只留着上下，成爲現在的樣子。

在甲骨上常看見的干支表，是當時習字用的，最普通的是六旬、三旬兩種，每旬一行，每行二十字，行格都很整齊，可見中國文字已漸漸變成方塊了。周初的盂鼎（康王二十三年）銘文十九行，除了幾處合文外，都是十五字一行，有些字的筆畫多到二十多，最簡單的如一字只有一筆，都同樣地占了一個方格，已經是很整齊的文字了。西周時有許多銅器都是在銘文裏畫出方格的，陽文的有克鼎等，陰文的有宗婦鼎等，小克鼎雖也有方格，所寫的字卻往往出格外。春秋時的秦公簋，似乎是用活字排在范上纔鑄出來的。這種方塊字的傾向，使許多太繁重的文字，尤其太長的字，不得不減省或廢棄，如：「⿱登甫」字，就不得不改成「⿱癶甫」字了，因而更奠定了中國文字形式上的特質。

從大篆到小篆的幾個刻石，由方形漸漸改爲長方形，而隸書卻又變成扁形，過於長的篆書把有些脚儘量地拉下來，而隸書像沈君闕卻又把脚儘量地伸出去，都是矯枉過正。草書本來也是每一字自爲起訖的，後來連續起來，就打破了方塊的系統了。隸書演變爲行書，又演變爲正書，後來楷書裏又摻雜了正書的體勢，所以六朝以後的書法，長形、方形、扁形，就各有宗祖了。

文字的形式，在古代也是很自由的，有許多文字時常倒寫，像故宫博物院藏有一個盉，銘文是「⿱夂天」，在大字上畫了一個向下的足形，我以爲是「⿺辶屰」字（即逆字）的倒文，馬叔平先生不信，因爲從盉形的位置來看，只是「⿱夂天」字。又如鐃上有「専」字，也是倒書的，前人都不敢識，也給位置限住了，而不信我的倒文的説法。其實這種例子很多，並且常在一篇全是正書的文字裏，忽然夾上一個倒書。甲骨卜辭裏偶然也有。春秋時更有一個鼎銘是順逆相間的。

在古文字裏，正寫反寫本是很隨便的，在甲骨上刻的卜辭，兩邊是對稱的，右邊的左行，所有文字都左向，左邊的右行，所有文字都右向，所以除了一部分兩邊完全相同，反正都是一樣的文字，每個字都可以反過來寫，反「人」還是「人」，反「正」還是「正」，一直到春秋時代的銅器銘文，還有全是反寫的。

文字逐漸定型後，左右方向也連帶着固定了。有些字原來是有差别的，現在不容易分别了，就拿字的正反面作分别，如：「反正爲乏」、「反人爲匕」之類，也有是本無其字，爲要附會某一個語言而創造的，如：「反彳爲亍」，以代表「躑躅」，「反子爲孒」，以代表「蛣蟩」。也有代表反面的意義，如：「不可爲叵」，在語言裏是不可的合音，在文字裏則是「可」字的反文。

在方塊文字没有凝定時，有些複體的文字，往往把每個單體分離得很遠，占了好幾個字的地位，使人不知道它原只一個字，當然這種情形，總是發生在商代的。例如：把「牧」字拆成牛攴二體，「𡴆」字拆成屮子異三體，我曾討論過，把它們叫做「字母式排列」。這種方法，正是合文的相反一方面，可是並不十分普遍，所以中國文字没有變爲字母。

此外，一個字的偏旁配合，有時是很隨意的。例如：「柳」字寫作「⿱木卯」，「杞」字寫作「⿱木己」，「期」字可寫作「⿱日其」，也可寫作「⿱其日」，「榜」字可寫作「⿸旁林」，「⿱罓貝」字可寫作「⿱貝罓」，「⿱夫林」字可寫作「⿱𦥑林」之類。後來有好些字因配合不同而生出歧義，例如《説文》只有一個「翊」字，現在把「翊」解爲翊贊，把「翌」解爲翌日，就成兩字了。《説文》裏這種情形已經很多，嚴可均曾提出來，説：

> 其得一字數義，必可省併者十之七八。

但是習慣是不容易打破的，我們可以把「和」寫作「咊」，但決不能把「宵旰」的旰，寫成「水旱」的旱，所以文字總是愈久愈多的。

行款跟形式是屬於文字的外形的，結構跟筆畫的變化，則是内在的。結構的演化是古今文字變異裏很主要的部分。例如「馬」字從正寫的圖畫形式改爲側寫以後，頭部和頭上的耳形，變得像是一個目形，又漸漸把項背間的鬉毛移上去，寫得和目形中的横畫接連起來，變成現在小篆隸書裏馬字的上半。馬字的身體漸漸縮短，兩足跟三歧的尾，漸漸不能分，在漢時已被誤認爲四足一尾，到隸書裏更變爲四點帶一鉤，和「火」字的變爲四點一樣。不過在六國文字裏往往把「馬」的身體部分取消了，而只在馬頭下加兩横畫，這是簡體。我們認爲每一個字，都有它本身的一本歷史，主要的就是結構的演化。

許多特殊形式的古文字，原來是整個的圖畫，不能分割的。後世文字，形式上處處要整齊，所以往往把兩個單體中間的關係切斷了，變爲各個獨立的。例如：「保」字的圖畫文字是一個人把手反過去背負一個小孩，這反過去的手形，是一個累贅的寫法，並且不合於各個獨立的原則，所以後來就不畫了，只剩了人旁一個子字，也有在子下再加一筆，或至兩筆，成爲現在的「保」字。「企」字本畫一個人，也附帶畫出他的脚，後來轉過來脚趾朝上，並且把脚截下來，成了從人從止了。「戍」字和「伐」字的分别，一個是人形荷戈，一個是以戈斫人的頸，可是都變做從人從戈了。「足」字和「疋」，本是一個字，像整條的人腿，可把脚趾轉朝上，而「足」字又把腿跟脚分開了。「桑」字本像三枝形，現在把枝截下來，變成三個又字形了。「伊」字本象人持杖，「偁」字本象人舉再，現在把它們拆開，並且從左邊移到右邊，成爲從人尹聲或從人爯聲了。

有些演化是很細微的，「大」字本可以先畫兩臂，再畫頭身跟左右足，後來有人寫爲先畫頭跟左臂，次畫右臂，次畫左右足，就把身子隱去了。再變而把兩脚分開，愈分愈遠，如像脚生在臂下，就跟六字差不多了。小篆裏，凡是從大字的偏旁寫在上的就作□（如「奄」、「奎」等字），寫在下的就作□（如「奕」、「奘」等字），讀作他達切，《説文》也因之分爲兩部了。「人」字寫在下的時候（如在「兄」、「允」等字内），有的把手和身足分開了，有的爲勻整起見，把人的腰背象弓一樣彎起來，《説文》也分兩部，而在「儿」字下注引孔子曰：「人在下，故詰屈」，不知這是周末的演化。「食」字本象食器，下面有底座，從商時已把底座變成半個橢圓形了；再到春秋以後，分兩筆來寫，左筆長，有些像乚形，右筆短，只是一直；更後又把右筆移低一些，就像從匕；到了近代，更受了「良」字的同化，有些人寫爲從人從良了。「帀」字中間一直，可以斜曳，而且把它移低了，接在左邊的斜筆上。「酋」字在六國文字裏，把上面的八變成□，下面的酉，拆成丌跟口，所以從前學者往往誤識爲「音」字。（其實這是受隸書的影響，篆書音字不接近）。古文「□」字跟「南」字本只是一個字（詳見我所著《殷虚文字記》等書），作□，後來有的把上面的裝飾分開作□，變成「青」字；有的變成「南」，《説文》可又拆開爲從□羊聲了。

筆畫的長短斜正，也是演化中的一個重要因素。古「戈」字象戈形，簡化作□，頂上的半畫，可以向下移而稍斜，中間一直向右斜曳，底下的一畫，又可以向上移而作右高左低的斜曳，就變成小篆裏的戈字了。武丁時卜辭裏有一個卜人叫做「□」，所從的牛字，可以作□，也可以作□，這位卜人常常把自己名字的末兩筆，一直向右斜曳，一横作右高左低的斜曳，演化的方法和戈字完全一樣，無怪郭沫若要把它誤認爲從爪從戈了。「癸」字的古文在交叉形的四端都是一個小畫，到後來都變成斜曳。「巫」字本作□，現在變成工字兩旁都作人形。「才」字的古文，本作下垂的尖角，上有柄形，後來中間一直曳長，尖角縮到字的中間，在金文裏往往在一畫下附一大點，但是後來變成一畫下附一短畫，而這個短畫也變成斜曳。「禽」、「萬」等字所從的「禸」，在古文字裏多是在下垂直筆中加一個横畫，後來把横畫變成□，又把横畫右端下垂，而本來下垂的直筆，卻上曲而向右。「身」字在大肚子下加一個横筆，演化爲由右至左的斜曳筆。「七」字怕和「十」字混亂，把下半向右彎而再下垂。「彳」字有時斜寫，到小篆裏變爲余忍切的廴字。

古「先」字上面像樹枝形，兩斜筆本是相對的，後來寫得參差了，就變成從止。但是「奔」字、「出」字，本多從止，後來都變從中形了。許多方形，兩旁出了一些頭就變成H字了，也有四邊都出頭就變成井字了。「厌」字從厂，右端揚起後，變成尸字，更變爲户字。「西」字本只作⊗，因爲外匡分兩筆寫，左邊頂上出了一些頭，後來又加上小橫筆，變成卤字，又作鹵，後來又把這小橫筆曳長詰屈，卻又和下邊分開，就變成小篆的鹵字了。

許多文字是被割裂了的，「高」字本象高臺上有房子，小篆卻分成三截，中間作圓圈。「尾」字本像人帶着一條尾巴，小篆卻把尾巴毛分開作爲四個小點了。「亢」字本從大而在兩腿間有橫筆，現在分開了，上半像入字，下半像几字，而說是象頭頸了。「谷」字和「去」本是一字，上邊也從大（這個大是器蓋的象，不是人形），現在分裂成仌字的模樣了。此外像「熏」字本從火束聲，現在變爲從中從黑，「艮」字本像人回首向後，現在變爲從目從匕，這都是誤斷的結果。

隸書破壞篆形，草書破壞隸體，大都是結構和筆畫的演化，「亠」和「宀」，都是因起筆出些頭而變成一點的。「屮」字變爲「之」，「刀」旁變作「刂」，「火」旁變作「灬」，「手」旁變作「扌」，是隸變。草書變得更多，有許多楷書卻又受了草書的影響，像「幾」字變作「㡬」，「於」字變作「扵」之類。總之，寫字的人，偶然在筆下有一些輕微的變異，往往就可以在字體上發生了影響，甚至於產生了新字。

二二　趨簡・好繁・尚同・別異

文字演化，從理論上說，應該是對着簡易的目標前進的，不過，有些時候，人們又覺得是繁複的好，由繁而簡，由簡而繁，總是跟着風氣跑的。

文字從圖畫變來，在圖畫裏畫得很肥實的物體，後來都變成了線條；在物體上畫的文飾，後來也大半省略（例如虎身上的毛斑），有些字省下一部分，如「𩫏」字從四面角樓，只畫兩面，「韋」四邊的脚印，也只留了兩邊。「正」字是征字的古文，象兩隻脚印向一個城邑去（有時在這方框裏，也有兩隻脚印，那就有了四個脚印了），「各」字是「佫」字的古文，是兩個向着城來的脚印。「正」字和「各」字，就已都只是一個脚印了。「璞」字像在山洞裏採玉的一幅圖，「酗」字像一幅漉酒的圖，後來都只採取小部分。這都是「趨簡」的傾向。

有些圖畫文字常是有意增繁的：卜辭裏有一個「⿰其丮」字，本只要畫一個人雙手捧着箕就可以了，在金文裏這是常見的；但這個寫字的人一高興，把這個人頭上加辛字（原是由僕人所戴的帽子形變成的），髀下垂了一條尾巴，羅振玉因此認錯了，説是「僕」字，不知只是「⿰其凡」字的繁文。「東」字本象兩頭紮緊的一個橐形，在可以裝東西的大腹上，普通畫十字形或交叉形以象繩索，可是父乙尊的「東」字腹上橫直都畫了三道。「龜」字的背甲，有時只畫一個十字，有時可以多到十五格，所以研究古文字，得抓住一個文字的特點，而不能沾沾於筆畫的異同。

在趨簡的潮流裏面，有些人好繁是免不了的，「宝」字可以有玉有貝而作「寶」；「福」字可以從示從富，也可以從示從偪（即畐字）；「毁」字可以從皿作「盤」，所以變成了「簋」。這種風氣一直延續到春秋戰國，《史籀篇》是這種繁文的一個代表，《説文》裏的「齋」字籀文作「𪗋」，就可以作一個例子。

除了形體的增繁，筆畫也有這種傾向，例如：上面有一平畫的字，總是再加上一短畫，《説文》在古文帝字下注：

古文諸上字皆從一，篆文皆從二，二古文上字。辛、示、辰、龍、童、音、章，皆從古文上。

其實只是在一畫上添出一畫，並不是從上字。所以「元」字古文即「兀」字，「天」字在卜辭裏也一樣可以再加一畫。還有垂直線中間，常常可以較肥，或加一點，這一點又引長做一畫，如「十」字古文只是一豎，本没有橫畫的。上平的字，有時也加八字，例如「尚」字最古就只作「冂」，「冢」跟「豕」本只是一個字。「八」字形的中間又可以加一點，這一點可以引申做橫畫，也可以引申作直筆。垂直線可以變成「内」字如上文所舉，也可以兩旁加點，如「丁」字變成「示」。字的下端如果是橫畫，下面也可加兩點，後來都變成「丌」字。字的中間有空隙，就常常可以填進一個或幾個點去，如「周」字古文作「⿵冂王」，這四個空隙裏常有被填了點的。這種裝飾性的繁複，一直延續到春秋戰國之際，鳥蟲書是一個最顯著的代表。

小篆比大篆簡易，可也有反而繁複的，如「甲」字本只作「十」，現在改作「甲」，連「早」、「戎」等字都從了「甲」了。六國古文承襲東方古文字來的，比小篆要簡單得多，如：「馬」、「爲」等字下半字都可以省去。隸書比篆書簡易，因爲有一部分是承襲六國文字的。草書又比隸書簡易，更發展而爲真書和行書，真書又發展出一種簡體字。

但是秦漢以後的文字，也有加繁的。那就是緟益字，「暴」字加日作「曝」，「然」字加火作「燃」，「岡」字加山作「崗」，「梁」字加木作「樑」，這種新字的發生，大抵是認爲舊有文字的意義已不够明瞭。近人胡懷琛作《簡易字説》，創一種怪論，把「莫」作「暮」，「采」作「採」，也算是簡易字，所以要把「河豚」寫做「鮰鯙」，「玩弄」寫成「抏挵」。也有人把「的」字再造出

「逌」、「詥」等字。這種矛盾的心理，使「趨簡」跟「好繁」兩種傾向，可以同時存在。

許多簡化繁化的字，是受了同化作用的關係，「戈」字下畫斜曳，「釆」字末筆也斜曳，這是同化。「爵」字柱形下加兩點，作尒形，「𤕫」字本象一人張口側耳，是「聞」的本字，由於張口有些象爵的流，所以頭上也添了一個尒形。這是增繁的同化。「雞」字右旁本從「隹」（有冠的雞，非從山），「鳳」字本從「雚」或「雈」，現在變從「隹」或「鳥」，那是簡省的同化。「午」字寫成「幺」字的樣子，從午的「御」字，有的會從幺。「十」字變成了「甲」，「戎」、「早」、「卓」等字都跟着改。「二」字變成「貳」，又省作「弍」，後來就造出「弌」、「弎」二字。「鳳皇」的皇變成「凰」，「烟煴」的烟寫作「壹」，從吉，所以又造了一個從凶的「壺」字。凡同化的字，往往是由類進作用來的。

「高」、「亯」、「京」、「畗」等字，上半都作亠，「壴」、「声」、「青」等字，上面原多從中，現在都把上半分開插入橫畫而作屮，垂直形的變中或變十，上畫平跟下畫平的加八形，這是同化。隸書裏「泰」、「奉」、「奏」、「秦」、「春」等字的上半相同；「簋」字好像從艮，「食」字好像從「良」，「鄉」字也好像從良，這也可以說是同化，當然，說是淆混，是更恰當的。

「玃」跟「猴」從犬，「豹」跟「貘」從豸（豸本象貍），「黿」跟「鼉」從黽，「蟬」跟「蠆」從虫，「球」跟「璣」從玉，很多形聲字的偏旁總是似是而非，文字的類別，因之漸少，這也是一種同化。

別異是文字增多的主要原因：一個特殊的寫法，夤緣機會，往往可以變成別一個文字。「人」是側面形，「大」是正面形，很早就分作兩個字。「人」字又變作「儿」，「大」字又變作「亣」，只是寫法微有不同而已。「女」字變爲「母」，後者比前者多兩點，在古文字裏本是通用的。「子」字沒有畫出手來是「了」字，在古文字裏實在沒有分別。「自」字跟「囟」字，「小」字跟「少」字，「兀」字跟「元」字，「月」字跟「夕」字，都是後來纔分開的。「中」字本作「𠁩」，像旗常，上下有四斿，也有省去斿的（詳我的《殷虛文字記》），把有斿的作中間的中，無斿的作伯仲之仲，顯然是後起的。

由於意義而歧異的字，如：「隹」的變爲「唯」跟「惟」，「立」的變爲「位」，「令」的變爲「命」，「鼎」的變爲「貞」，「正」的變爲「征」，以及草木蟲魚諸名字的增加偏旁，雖然，有些是無需的，可總是很正當的。

由兩個意義相對而生分別的，如：手分ナ跟右，因之「子」分爲「孑孓」，「行」分爲「彳亍」，這是一類。反「人」爲「匕」，反「正」爲「乏」，反「可」爲「叵」等，又是一類。別「授」於「受」，別「買」於「賣」，別「糴」於「糶」，別「捧」於「奉」，別「承」於「拯」等，又是一類。

由於讀音而歧異的字，一種是改易寫法，如：「玉」字本無點，加一點讀若肅；「角」字讀若録，寫法很多，現在通行的是「甪」；以及「余」變爲「佘」，「庫」變爲「厙」之類。一種是增加聲符，如：「古」加爲「嘏」，「反」加爲「叛」之類。一種是改作新字，如：「首」改爲「頭」，「烏」改爲「鴉」，「槖駝」寫作「駱駝」之類。一種是改易聲符，如：「鸚䳇」變爲「鸚鵡」，「鷦䳺」變爲「鷦鷯」，「藥」變爲「葯」，「作」變爲「做」之類。

中國文字是主形的，形體愈複雜，認識愈困難，所以單單是寫法上的歧異，在文字學上是一種障礙。在六國末年有過一次同一文字的運動，儒家的《中庸》裏就有這種思想，到秦始皇時算達到了，但同時卻孕育了一種新文字——隸書，結果，作標準文字的小篆反而失敗了。

六朝以後，寫法又因歧異而混亂，我們只要看《碑別字》、《金石文字辨異》、《六朝別字記》等書，已可以知道一些概略。《康熙字典》的字數，據最近王竹溪先生計算，共四萬七千零二十一個（其中有些重出），如其我們把甲骨、金文、石刻、陶器、貨布、鉩印、磚、瓦、木簡，以至晉、唐寫本，宋、元刻本裏所有不同的寫法，都作爲一個單位去搜集，恐怕至少要比《康熙字典》增加十倍。由於六朝的混亂，隋以後有字樣之學，又是一種同文字的運動，《開元文字音義》是這種運動裏面一本重要的書。這本書雖已失傳，但這個運動卻是成功的。由於印刷術的發生，這種釐定的字體，一直到現在還用作標準。

當然，別異的暗流，從未停止過，寫本書裏有簡俗字，俗文學書裏也有簡俗字，甚至於較重要的書如小字本《晉書》（海寧蔣氏藏本）也還免不了。最近，又有人在提倡簡字和手頭字了。由同而異，由異而同，文字演化的歷史，永遠是反復其道的。

二三　致用・觀美・創新・復古

文字原來是致用的工具，所以總是愈寫愈簡單，像卜辭裏把「巤」字寫作□，「鼎」字寫作□之類，成爲很整齊的線條，已經和記號一樣了。可是有些人是有藝術天才的，即使鍥刻工具，很不適用於圖畫，在卜辭裏還有近於圖畫的文字。商代銅器上的文字，有時就把它變成圖案，有時是嵌在圖案裏面，作爲圖案的一部；有時把緑松石嵌成文字。不過這種方法，大都只能用在文字較少的場所，況且不能處處適用，所以主要的還是在書法上求美觀。

如其要講書法，商朝的銅器文字，已經可以找出很多的不同型的範本。周朝初年，尤其講究，成王時期，幾乎無一不佳。康王時雄偉有餘，昭王時微見詭異，到穆王時卻似乎只有秀麗了。中間似乎稍衰頹，到厲王、宣王時，有一部分依然很開展，有天朝的丰度。春秋以後地方文化逐漸抬頭，東方的鳥蟲書，是最講究裝飾的，西方的籀文，在石鼓文裏，也還可以看到一些大概。北方的燕、齊，南方的徐、楚，在書法上也是可分畛域的。

到了戰國末年，一般文字又趨向在致用一方面。秦國未統一以前，像呂不韋戈（始皇五年，西元前二四二年），所刻文字也很草率。統一以後，泰山瑯邪諸刻石，是曠世大典，用的是典型的小篆，說不定真是相斯的手迹，但是一般的權量詔文，依然有許多是草率的。秦朝因爲享國太短促了，小篆的命運既不長，隸書草書代之而興，這當然都是致用的文字。可是到了東漢，張芝、鍾繇一班人出來，隸草又變成了藝術，在點畫使轉上去求觀美了。曹喜造懸針篆，蔡邕造飛白，劉德昇造行書，邯鄲淳工於科斗文（即古文經），宋、齊以後，有些人寫雜體書，由三十六種加到一百二十種，可是大都是湊數的，並不爲人重視，庾肩吾所謂：「並無味之奇珍，非趣時之急務。」所以，即使是古文跟飛白，唐以後也已失傳，主要的書法，實際上已集中在真行草三體了。

唐以前一個書法家，同時須負起釐正字體的使命，庾元威論書：

余見學阮研書者，不得其骨力婉媚，惟學攣拳委盡；學薄紹之書者，不得其批研淵微，徒自經營嶮急。晚途別法，貪省愛異，濃頭纖尾，斷腰頓足，一八相似，十小難分，屈等如勻，變前爲草，咸言祖述王、蕭，無妨日有訛謬，星不從生，籍不從來，許慎門徒，居然嗢噱，衛恒子弟，寧不傷嗟，詿誤衆家，豈宜改習。

這是不講字學的書家，又說：

余少值明師，留心字法，所以座右作千畾字，不依羲、獻妙迹，不逐陶、葛名方；作蒓羹，不敩《晉書》，不循《韻集》。

一個書家如其能留心字法，所寫就可以真正，雖然，名家的碑帖裏，還免不了有些不合標準的字體，後來考試時是不能用的，但比那時的普通寫本已大不同了。

唐時有些書生以鈔書爲職業，所以有一種經生書。初期雕板印書和寫本是一樣的，明以後又專有一種由顏字變來的印刷體，横畫瘦而右側盡筆時微頓，直筆多肥，撇上肥下瘦，捺上瘦下肥，千篇一律，以至現在的鉛字，這種印刷體和書寫體在字體上，也常有微細的不同。近年，用毛筆的人漸少，一般人都用金屬的筆，在書法上自然會有很大的影響。

文字的演化，本來總是日新月異的。商代的「斤」字畫出一把有柄的斧斤形，可是周代的「斤」字，變得很不同，向左變成向右，一筆變成兩筆，已是現代「斤」字的母體。我們不曉得商、周兩代的「斤」字爲什麽這樣不同，可是很够證明文字隨時都會發生新體。

文字的新體有兩類，一類是新的寫法，一類是新字。商代的卜辭，可以由它們寫法來分期，周朝到六國，秦、漢的銅器，也可以由它們的寫法來分期。六國小鉨的書法跟漢印的書法，誰一見都可以分别。魏碑跟唐碑的書法，也很容易看出它們的不同。

説到新字，《爾雅》這一本書，就大部分都是新創的形聲字。「麇罟謂之罞」，在卜辭裏本畫一個網，下面有一個麇頭，現在作「罞」字，顯然是從网矛聲的一個新的形聲字了。周初這種新字一定很多，連文王武王也特别造了玟珷二字，就可以想見了。漢初的《倉頡篇》還只有三千三百字，揚雄的《訓纂篇》，加了二千零四十，一共是五千三百四十字，許慎説：「羣書所載，略存之矣。」班固又加十三章，七百八十字，一共有六千一百二十字，説：「六藝羣書，所載略備矣」。但到許叔重作《説文》卻有一萬多字，這四五千字是什麽地方來的呢？固然，有些字是經典常用而字書漏列的，可是大部分總都是新字，例如「敊」字可寫作「豉」，把「尗」叫做「豆」是漢代的事，「豉」當然是新字了。

新字的來源有：

1　譌字　如：「賔」變爲「賓」，「菥」變爲「菰」；　又如：以「𡋲」爲「寅」，以「衍」爲「道」；

2　别字　如：「余」改作「佘」，「行」改作「行」；

3　譌體　如：「前上爲草，能旁作長」，又如：「席中安帶，惡上安西」；

4　别體　如：「叠」或爲「疊」，「對」或爲「對」；

5　簡體　如：「學」省爲「斈」，「卷」省爲「弔」；

6　合文　如：不用爲「甭」；

7　新象形字　如陸法言《切韻》所采「凹凸」二字，王仁煦譏爲字妖，又如采自佛經的「卍」字。

8　新象意字　如：兩男夾一女的「嬲」字（見《三倉》及嵇康《絶交書》），又如：「百念爲憂，言反爲變，不用爲罷，追來爲歸，更生爲蘇，先人爲老」；

9　新形聲字　如：「景」加彡旁作「影」，「華」改化聲作「花」。

再加有些人隨意杜撰，如：吴孫休爲他的兒子造了「𩅟」，「𩃬」等八個字，後人因之也常爲姓名造新字，所以新字總是一天比一天多的。

自然，復古的傾向，也是隨時可以看到的。卜辭裏「𪔂」字跟「鼎」字，晚期的寫法倒比早期的還接近圖畫文字，這就是復古的緣故。金文裏常有很晚的文字而是象形的，如羅振玉所藏的魚鼎匕，總是春秋以後的銅器了，但是匕字很象人形，有商代文字的遺風。漢以後，六國文字已不通行，學者也還要學古文經裏的科斗文。晉以後連隸書都不會寫了，也還有人勉强來寫篆書。今隸盛行以後，隸書八分也成爲古字，行書盛行以後，章草、草書也成爲古字，只有好古的人纔去寫了。

一般人不會寫古文字，六朝以後纔有人用隸書來仿寫古文，於是有所謂隸古定，在文字裏又增多了一類。宋楊備得了一本隸古定的《尚書釋文》，就書刺皆以古文。洪氏《隸釋》是依照隸書寫的。清人研究《説文》，把小篆寫成楷書，許多經學小學的著作，都是用這一類文字寫的，近如章太炎、孫詒讓的書還都如此，是一般人所看不懂的，也是字典裏所没有的，其意雖在復古，結果卻變成創新了。

唐人所見古文字材料不多，唐高宗時的碧落碑，就用古文經跟石鼓文和别的材料湊合起來的。唐人寫古文往往如此，五代時的《汗簡》，就是一本總集。宋時雖發現了一些銅器，可是文字還是不多，楊桓、戴侗輩還是免不了拼湊的辦法。清末古文字材料比較已很多，吴大澂之流利用來寫古書，依然不够，所以還需用偏旁拼湊的辦法，這種復古，也總有新的意匠夾在裏面。

二四　淆混・錯誤・改易・是正・淘汰・選擇

圖畫文字把物體詳細畫出來，本是不容易淆混的，演化得愈簡單就愈容易淆混，在卜辭裏「丁」字和「日」字一樣，「甲」字和「七」字一樣，口齒的「口」，和凵盧的「凵」一樣，「山」字和「火」字一樣，「足」字和「正」字一樣，「午」字空心像「幺」字，「凡」字出頭像「井」字。

金文也有這種毛病，「手」形跟「毛」字難分，「之」字跟「生」字難分。「氏」字跟「人」字有時也不易分。容庚曾把「壬申」釋成「土巳」，也是由於淆混。至於古文「大」字往往變同「矢」，「人」字往往變同「刀」，「匀」字往往變同「勹」，這是淆混又兼錯誤的例子。

隸書以後，「日」字跟「曰」字，「己」字跟「巳」字，「苟」字跟「茍」字，「𦱖」字跟「若」字，肉旁和月旁，木旁和手旁，冫旁和氵旁，心旁和巾旁，淆混現象，還是很多。

遠自商、周，文字已免不了錯誤，「帚」字本象可以做掃帚的一種草形，但那些小枝有時會寫做了足形。「𤎖」字是很深的款足鬲，下面有火，後來把鬲的身脱闋了，變成兩個人字的樣子（後來又變作弓形），而鬲底跟足形卻變作一個羊頭連在火上成爲「羔」字，所以在商、周之際的金文裏都用「䰞」字，到《説文》裏，「䰞」又錯成「𩱦」，從美，而另外一個寫法作「𩰲」，回復鬲形是對的，省去了火也未嘗不可，但是上面的雙弓，卻是無中生有，永遠留住這錯誤的痕迹了。「甾」字本畫出一個厚脣的器，後來變成從北從田，「𡿺」字原來就從甾，「冀」字象人頂一個甾，在《説文》裏錯成了從北從異，到陳常陶釜的「甾」字更寫成三個人形而下面從田了。「奔」字本畫三個脚印，錯成從卉。從貝的字，後來往往從目。「俎」字本象置肉俎上，錯成了「宜」字。「𨈏」字本象引弓注矢，錯成了從身。這種例子很多，假如我們不相信古人已有錯誤，就没有法子去研究古文字。我們只要一看這許多錯誤的事實，就不會再像前人那麽迷信《説文》，用秦漢的小篆，作辨字正俗的工具了。

「馬頭人爲長，人持十爲斗」，隸變的錯誤，是盡人所知的。「蔡中郎以豊同豐」，以及《小學篇》「陳」改爲「陣」，《字林》「準」改爲「准」，譌體反大見流行。「荼」變爲「茶」，「早」變爲「皂」，也都已習非成是了。字書上的譌别，盈千累萬，這是以形體爲主的中國文字的大弊。

許慎說：「五帝三王，改易殊體」。錯誤是無心的，改易是有意去改的，「甲」字的由「十」形變作「[illegible]」，以致「早」、「草」、「戎」、「卓」等字都跟着改易。「癸」字本作「[illegible]」，改用從癶從矢聲的籀文後，《說文》裏只有「葵」還作本字。「乂」字改作「五」，「亖」字改作「四」，「單」字改作「单」，「罰」字改作「罸」，以及「刀」改爲「刁」，「沈」改爲「沉」，這種例子也是舉不完的。顏之推說：

大同之末，訛替滋生。蕭子雲改易字體，邵陵王頗興譌字，朝野翕然，以爲楷式。畫虎不成，多所傷敗，爾後墳籍，略不可看。

所謂譌體是「前上爲草，能旁作長」之類，大概由行草演化而來，嚴格說起來，是不能算改易的。「是正文字」本是小學家的一種工作，《漢書》：

《倉頡》多古字，俗師失其讀，徵齊人能正讀者，張敞從受之。

又《杜林傳》說：

其正文字，過於鄴、竦，故世言小學者由杜公。

這和《後漢書》裏劉陶等的「是正文字」只是校勘書籍的意義是不同的。經過六朝文字的混亂，學者常有是正文字的企圖，《顏氏家訓·書證篇》：

世間小學者不通古今，必依小篆，是正書記。凡《爾雅》、《三倉》、《說文》，豈能悉得倉頡本指哉？亦是隨代損益，各有同異，西晉以往字書，何可全非，但令體例成就，不爲專輒耳。考校是非，特須消息。至如「仲尼居」三字之中，兩字非體，《三倉》尼旁益丘，《説文》居下施几，如此之類，何由可從。古無二字，又多假借，以中爲仲，以説爲悦，以召爲邵，以閒爲閑，如此之徒，亦不勞改。自有訛謬，過成鄙俗，亂旁爲舌，揖下無耳，黿鼉從龜，奮奪從雈，席中加帶，惡上安西，鼓外設皮，鑿頭生毀，離則配禹，壑乃施豁，巫混經旁，皋分澤片，獵化爲獦，寵變成竉，業左益土，靈底著器，率字自有律音，强改爲别，單字自有善音，輒析成異，如此之類，不可不治。吾昔初看《説文》，蚩薄世字，從正則懼人不識，隨俗則意嫌其非，略是不得下筆也。所見漸廣，更知通變，救前之執，將欲半焉。若文章著述，猶擇微相影響者行之。官曹文書，世間尺牘，幸不違俗也。

他不主張完全用小篆來是正書記，而主張參酌今古，折衷於正俗之間。唐以後盛行字樣之學，顏元孫《干禄字書》也説：

若總據《説文》，便下筆多礙，當去泰去甚，使輕重合宜。

所以他的書裏每字分俗、通、正三類：

所謂「俗」者，例皆淺近，唯籍帳文案，劵契藥方，非涉雅言，用亦無爽，儻能改革，善不可加。

所謂「通」者，相承久遠，可以施表奏箋啓，尺牘判狀，固免詆訶。

所謂「正」者，並有憑據，可以施著述文章，對策碑碣，將爲允當。

和顏黄門的用意相近。但到了宋張有的《復古篇》，以及清代的《説文》家，又完全以小篆爲主，要去是正文字。《説文》有「巍」無「魏」，不作魏字，傳爲美談，這正是顏氏所謂「不通古今」的小學家。《説文》本身，已多譌字，「痽」字本只作「隹」，和「雁」是一字。「戎」字本不從甲，「皇」字本不從自，此例甚多，學者如根據它們來是正文字，就更不得其正了。有些人妄想古字應如何寫法，例如説：「易」是日月爲易，因作「[图]」字；「貞」字古文應從貝，而造出「[图]」或「[图]」二字來；又如説「東」是棟的古文，中間應從太極圖。從來是正文字的人們，這一類的怪説也常有得看見的，結果，只有多添出一些怪字而已。

甲骨卜辭在目前所能看見的，已有三千左右的不同的字，並且常有新材料增加，我們估計當時的文字決不止此，因爲一定還有許多文字在卜辭裏是没有機會遇到的。就是這些已見的材料裏，不論甲骨銅器，總有許多文字是現在所没有的，在字書裏找不出來，例如卜辭常見的一個國名叫「犭覃」（從前誤釋爲猶），金文常見的「㲋」（從前誤釋爲熊），所以，我們可以推想那時行用的文字，數量不會比後來的少。

一個時代，有一個時代的文字，某些字慢慢地廢掉，某些字慢慢地興起，但是字的數量是不會相去太遠的。李斯作《倉頡》七章，趙高作《爰歷》六章，胡母敬作《博學》七章，每種都不過一千來字，這都是爲教小孩的，所以後世村塾裏都把千字文來作識字的基礎。（崔寔《四民月令》説「命幼童入小學，學篇章」，篇章是「六甲、九九、《急就》、《三倉》之屬」，六甲是書，九九是數，《急就》、《三倉》是識字。梁武帝《答陶弘景書》：「吾少來乃至不嘗畫甲子，無論於篇紙」，可見甲子只是習字，不是認字。甲子一共只有二十二字，聰明一些的兒童，一天就可以認識。但是一個認方字的兒童，在一兩個月内記憶五六百個字是不成問題的）。並不是秦代文字只有這些。

漢興，閭里書師合《倉頡》三篇，斷六十字爲一章，五十五章，三千三百字，中間還有些重見的。史游的《急就篇》，現在還存在，三十一章，二千零三十四字，也有複字。一直到元始中揚雄作《訓纂篇》順續《倉頡》，又把《倉頡》的重複字换掉了，共八十九章，五千三百四十個不同的字，許叔重説：「羣書所載，略存之矣」。班固又加七百八十字，而説「六藝羣書，所載略備矣」。可見當時通用的字是六千左右。

張懷瓘《書斷》説：

> 和帝永初中（似當作永元中），賈魴又撰異字，取固所續章而廣之，爲三十四章，用《訓纂》之末字以爲篇目，故曰《滂熹篇》，言滂沱大盛，凡百二十三章，文字備矣。

《隋書·經籍志》：

《三倉》三卷，郭璞注。秦相李斯作《倉頡篇》，漢揚雄作《訓纂篇》，後漢賈魴作《滂喜篇》，故曰《三倉》。

庾元威論書則説：

……五十五章爲《三倉》上卷，至哀帝元嘉中，揚子雲作《訓纂》記《滂喜》爲中卷，和帝永元中賈升郎更續記《彦（盤音）均》爲下卷。皆是記字，字出衙人，故人稱爲「三倉」也。夫《倉》《雅》之學，儒博所宗，自景純注解，轉加敦尚。

跟前兩説初看似乎不同，不過賈魴的《滂熹篇》既取於《訓纂》末字，那末，庾氏所謂「揚子雲作《訓纂》記《滂喜》爲中卷」，仍只是《訓纂篇》爲中卷（記字可能是訖字之誤）。賈升郎大概是賈魴的號，《彦均篇》大概是賈魴本人所做的，和班固所做的《太甲篇》、《在昔篇》相類，後人都併在《三倉》下卷，不能分別，就把《訓纂》末滂熹兩字來作三十四章的總名了。

庾元威又説：

許慎穿鑿賈氏，乃奏《説文》，曹産開拓許侯，爰成《字苑》。《説文》則形聲具舉，《字苑》則品類周悉……且書文一反，草木相從，凡五百六十七部，合一萬五千九百一十五字。

前記《三倉》總數一百二十三章，共七千三百八十字，現在《説文》據叙上説「九千三百五十三文，重一千一百六十三」，共一萬零五百十六字，又多出三千一百三十六字，所以説「許慎穿鑿賈氏」。晉吕忱《字林》據封演《聞見記》是一萬二千八百二十四字，後魏陽承慶的《字統》是一萬三千七百三十四字，曹産的《字苑》（《隋志古今字苑》十卷，曹侯彦撰）是一萬五千九百一十五字，顧野王《玉篇》是一萬六千九百一十七字，到《今本玉篇》就是二萬二千七百多字，再到司馬光《類篇》是三萬一千三百十九字，《康熙字典》就是四萬七千零二十一字。

做字書的人，總是愈多愈好，不管是古字、廢字、俗字、誤字，以及從没有人用過的字，完全杜撰出來的字，完全收羅在一起，所以時代愈晚，字數愈多。但是在《説文》的一萬多字裏，我們已可看出大部分是無用的字。我們現在可以收集出一本比《康熙字典》還加出幾萬字的新字彙，但是日常應用的，永遠只有五六千個字。

有許多字，在前世是盛行過的，給時代淘汰了，目前早已成爲廢字。有些字起源雖則很晚，在學者眼光裏是俗字，如：「茶」、「花」、「打」、「抛」、「這」、「們」等，在自然選擇裏卻被留下了，成爲最常用的字。

淘汰跟選擇，在中國文字歷史裏，曾經不斷地發展。我們還可以把用不着的文字儘量地淘汰，選出並保留若干重要的文字，用最少的文字來作記載，並包括一切思想或語言的工具，我相信中國文字是可以做成這樣的。

文字的變革

二五　古文字（殷商系·兩周系·六國系）

商以前的文字，一直到現在，我們還没有見過，岣嶁碑是假的，紅崖所畫跟華族文字恐怕没有什麼關係。甘肅所出陶器，有幾處可能是很古的華族文字的旁支，可惜在目前所見的材料太少了。殷商文字，已經是形聲文字，我們可以想象遠在殷商以前，很早就發生了文字，但是就以商代説，我們可以證實的，也只在盤庚以後。

現在我們所能看見的殷商文字，主要的當然是甲骨卜辭跟銅器銘刻。甲骨上有寫的，也有刻的，有刻好後塗朱的。還有骨製的器具，如：「柶」。跟鹿角製器的刻辭，又有獸頭上的刻辭。銅器文字都是范鑄的，有陰文跟陽文的分別。此外有一些玉器、石器跟匋器，都是刻的，只有一塊玉器上是寫的。還有一個骨柶跟一些兵器，都是刻完後用緑松石嵌起來的。

卜辭的材料較多，學者間已經作分期的研究，武丁時代許多雄偉整齊的書法，到了帝辛時代細如黍米的文字，是人所習知的了。「王」字在早期只作「大」，頂上一筆是後加的，我們雖然不敢相信那時的帝王忽然想起戴帽子這一個神奇的故事，這一畫的增加，究竟可以做時代畫分的疆界。其餘的文字，我們也往往可從形體上知道應該屬於那一期。

銅器銘刻就不如卜辭那麼清楚了。有些關於氏族徽識的部分，往往是很古的圖畫文字，是由很古的社會裏遺留下來的，但是我們不能確切地斷定它們的時代，因爲這種舊寫法是一直可以到周初還存在的，我們在商器裏由銘辭可以推斷出來的時代，都已在商末了。

卜辭在書法上總有一點特殊的意味，大概是鍥刻不是書寫的緣故。銅器的書法，可以分出很多的形式，有方峭的，也有圓潤的，可惜我們對於它們的時代先後，地域分佈，都還不很明白。

兩周系的主要材料，還是銅器。周初的銘刻，顯然是繼承商代的，後來漸漸整齊起來，更雄偉起來，到康王時就有像盂鼎這樣的重器而且有幾百字一篇近於典謨誥誓的大文章了。西周文字，幾乎每個王朝都不很一樣，並且有生稱的王號，跟許多史實，如昭王伐楚荆等，我們可以找出若干時期很顯明的標準銅器，在修辭上，文字上，早期跟晚期的分别也很顯著，例如「貝」字，早期還跟商代相近，有些貝殻的形狀，後來就變成目字下垂兩筆了。

文字的演化，在短時期内是不容易覺察的，可是商文字和周文字是不同的，周初文字和厲、宣文字又是不同的，像厲王時的克鼎，已是有方格子的篆書了。散盤書法雖較不同，行款也是很整齊的。虢季子白盤的書法，簡直要使人懷疑它不是宗周時代了。

春秋以後，王室的勢力衰落，多個國家都在發展它本國的文化，除了秦國還繼承西周文字，北方的大國如齊跟晉，南方的像徐跟楚，都有過很高的文化，虢、鄭、魯、衛、陳、宋、邾、莒、滕、薛，幾乎各有各的文字，最後一直發展到吴、越。

春秋時齊國文字跟徐國文字，都是開風氣之先的，楚國也自有一種雄彊的風格。吴、越跟晉都可以作後勁，那時盛行的鳥蟲篆、奇字和錯金書，都在這三個國家。

六國系的文字，比起兩周來，就豐富多了。從材料來説，銅器也還不少，洛陽金村，安徽壽縣都有大批的出土。兵器是六國器的重心，符節是這個時期新有的。遠在商朝就有的銅器上的范母，現在變成了小鉨，不論公私都用得着，成爲一種鉨印文字。齊國燕國的匋器工人，有時在匋器上印了一個鉨，有時刻一些字，成爲陶器文字。貨幣在這時開始盛行，三晉用「布」，燕齊用「貨」，即所謂「刀」，楚國用「爰」，有仿貝的錢，所謂蟻鼻，最後也有圜錢，又專有一種貨幣文字。此外還有些零星的銀器、玉器、石器等。

金石盤盂都是有爲而作的，真正的古代文化，應該靠竹帛來記載的。可惜竹帛容易腐朽，在歷史上除了漢時的孔壁，晉初的汲冢，兩次都有大批的竹簡發現外，此外都是很零星的，到了唐以後，簡直就絶迹了。孔壁的竹簡，即是所謂古文經，汲冢的竹簡，有《紀年》，有《穆天子傳》。近年疑古的人們，往往不相信古文經，最近長沙發現的楚國古物裹除了大宗的漆器外，就有一塊帛書，上面有彩色的圖，又有長篇的文字，總算供給了我們一個可信的材料。北京大學得到了一個長沙出土的漆書帶鉤，也證明了漆書這一樁事實。長沙發見的是楚文字，汲冢是梁文字，孔壁是魯文字，漢人把孔壁發見的戰國末年人所寫的經書，誤認爲孔子手迹，又斷定孔子所寫的一定是原始古文，所以把古文經推尊得太過分了，把文字發生的時代都紊亂了。他們把用漆寫出，粗頭細尾的字稱爲科斗書，成爲書體的一種，一部分被保存在《説文》和三體石經裏面。

六國文字，地方色彩更濃厚了，以致當時有同一文字的理想。但除了圖案化文字外，一般有一個共同的趨勢，那就是簡化。用刀刻的，筆畫容易草率，用漆書的，肥瘦也受拘束，就漸漸開隸書的端緒了。

二六　大篆・小篆・八體・六書・雜體篆（秦系・漢以後的篆書）

秦系文字是直接西周的，秦民族既然處在周地，無形之間就承襲了她的文化。宋世出土的秦公鐘，近代出土的秦公簋，鑄於春秋後期的秦景公時（西元前五七六——前五三七），離厲、宣時將三百年，可是文字是一脈相承的，只是稍整齊罷了。秦公簋的笵，關於銘辭部分，似乎是用一個一個活字印上去的，比之克鼎上作方格，也是一種新的作風。

在材料方面，秦系並没有六國這麽豐富，我們還没有看見過陶器貨布等材料，虎符是將并天下時纔有的，權量較發展，印詔書的瓦量，有文字的瓦當也都起得很遲。貨幣或者只有圓錢，私鉩還很難辨别出有没有秦式的，相傳的一些玉璽，是用鳥蟲書的。只有石刻，是這一系所獨出的（壇山刻石和孔子題季札墓都是後世僞託），徑方二寸以上的文字，每篇都有七十來字的長詩，一共有十石的石鼓（這是俗名，應該稱爲雍邑刻石）。這真是前古未有的偉迹。

這是歷史上最煊赫的一個刻石，從隋朝在天興縣的三時原發現以後，書法家欣賞它的字體，文學家吟詠這一個古迹，辯證注釋，可以彙集成一部大書，可是對於它的時代，幾乎没有定論。剛一出土時，人們因爲它的字體跟《史籀篇》相近，認爲是史籀寫的，又因史籀相傳是周宣王太史，就斷定爲周宣王時。一直到鄭樵纔從文字來證明它是秦刻石。可是馬定國等又把它定爲後周，一直到近代還聚訟紛紜。自從古文字學發展後，秦刻石已没有問題了。況且出土的地點，也本是秦地。只是年代還有爭論，震鈞、羅振玉、馬叙倫等主張是文公（西元前七六五——前七一六），馬衡主張是穆公（西元前六五〇——前六二一），郭沫若主張是襄公（西元前七七七——前七六六），馬叙倫跟郭沫若還反復辯難過。我從一開始就不相信襄公、文公二個年代，據《史記》文公十三年，「初有史以紀事」，據《呂氏春秋・音初篇》，秦穆公時纔有《秦風》，遠在襄公、文公時就有這種詩篇是不相稱的，它們的文字書法，也決不是春秋初期的作品。

一直到最近，我纔發現了一個原則，在銅器裏用「朕」字時，不用「吾」作代名辭，到用「吾」字時，又不用「朕」字，「朕」字在前，「吾」字在後。秦景公時的秦公鐘、秦公簋都還用「朕」字（西元前五七六——前五三七），而惠文王時的詛楚文卻用「俉」字（西元前三一八年五國攻秦後），石鼓文用「避」、「余」、「我」三字而不用「朕」，所以應該在景公之後，跟詛楚文接近。因爲要說成秦民族在春秋初期用「吾」，後期用「朕」，到戰國中葉再用「吾」是不可能的。

由於石鼓的出土在三時原，吾車石說：「即邀即時」，時就是時，所以我也相信這原是時裏的刻石。現在襄公文公的說法既無可能，而三時原上除了文公的鄜時外，還有靈公的吳陽上時、吳陽下時，所以我以爲這是靈公時的作品，靈公三年作上下時，是西元前四二二年。

現在，我們可以研究它的書法，它顯然比秦公簋來得更整齊了，我們普通所謂玉筯篆，這可以說是創始者，《書斷》說：

> 乃開國古文，暢其戚銳，但折直勁迅，有如鏤鐵，而端姿旁逸，又婉潤焉。若取於詩人，則雅頌之作也。

但從另外一個觀點說，翟耆年《籀史》：

> 篆書行筆當行於所當行，止於所當止，今位置窘澀，促長引短，務欲取稱，如「柳」、「帛」、「君」、「庶」字是也。意已盡而筆尚行，如「以」、「可」字是也。……以器款「隹」字參鼓刻「惟何」、「惟鯉」之惟，則曉然可見矣。蓋字畫無三代醇古之氣，吾是以云。

我們只要把秦公簋和石鼓文相同的字，對照一下，如「帥」、「鼄」等字，簋文是自然的，石鼓文就板滯而無生氣，哪一種文字晚出，就很容易知道了。

《漢書·藝文志》載《史籀》十五篇，注：「周宣王時太史，作大篆十五篇，建武時亡六篇矣」。叙録裏又說：「《史籀篇》

者，周時史官教學童書也，與孔氏壁中古文異體」。我們雖看不見《史籀篇》，在《説文》裏還保存了幾百個字，是儘量繁複的一種文字，和西周厲、宣期文字不一樣，可是和春秋時到戰國初期的銅器文字卻很接近，秦公簋石鼓文也都是屬於這一系的。王静安先生以爲這是西土文字，固然是有理由的，但他把《史籀》的篇名認爲是由「太史籀書」一語裏摘取兩字爲篇名，而不是人名，卻近於玄想，全無根據的。《漢書古今人表》有史留，周壽昌以爲就是史籀，王先謙贊同周説，以爲「表次時代稍後」。其實《古今人表》把史留放在春秋戰國之際，正是《史籀篇》的真確時代，我疑心《藝文志》注裏面的周宣王應該是周元王，元跟宣音近而誤（西元前四七六——前四六九），後來凡説宣王，都受這個誤字的影響，只改正這一個字，那末，史留就是史籀，一切問題都可迎刃而解了。

總之，由春秋時到戰國初期的文字，就是所謂大篆，《史籀篇》只是大篆的一種罷了。從秦系文字來説，由景公時的秦公簋（西元前五七六——前五三七），到靈公三年的吴陽上下畤刻石（西元前四二二），有一百幾十年，文字都是同一系的，但從此再過七十八年到孝公十八年的時候，商鞅造的量，跟戟上的刻銘，書法體勢就大不同了。商鞅的書法，纖細剛勁，這或者和鍥刻有關係，但筆畫究竟簡單多了，接近六國文字，也開了小篆的風氣。由此年後更二十六年（西元前三一八），而五國攻秦，纔有詛楚文，又是接近六國文字跟小篆的，一直到吕不韋戈，都是這樣。

新郪、陽城兩虎符，已經完全是小篆了。陽城符説：「右在皇帝，左在陽陵」，可見已是併天下以後，但新郪符卻是「右在王」，王静安先生説此符當爲秦并天下前二三十年物，據我所考，則在秦始皇十七年滅韓置潁川郡以後，廿六年稱皇帝之前，這十年裏面（西元前二三〇——前二二一），可能就是剛置潁川郡時的新制，這時李斯早已用事了。

小篆在向來傳説中，都推是李斯草創的，班固在《倉頡》、《爰歷》、《博學》三篇下説：

> 文字多取《史籀篇》，而篆體復頗異，所謂秦篆者也。

許慎則説：

> 皆取《史籀》大篆，或頗省改，所謂小篆者也。

後來羊欣采古來能書人名就有李斯、趙高，說是善大篆，王愔《文字志》也有李斯、胡母敬、趙高三人。我們雖不必因《倉頡篇》等字書而把創小篆歸於這三個人，但是小篆確是經過有意的省改的，而且確在這一個時期內，是可以論定的。唐以前人崇拜嶧山碑，石本毀失後，木刻尚能盛行。現在可以看見的還有泰山刻石、瑯邪刻石，跟會稽刻石的徐鉉臨本，這種豐碑巨碣可能是李斯等寫的，而且在當時一定很重視，可以作同文字的標準。但如普通的權量詔版，恐怕只是郡縣小吏所寫，是隸書一類，一般人一概歸之相斯，只是佞古罷了。

《漢書·藝文志》有《八體六技》，《說文》：

> 自爾秦書有八體，一曰大篆、二曰小篆、三曰刻符、四曰蟲書、五曰摹印、六曰署書、七曰殳書、八曰隸書。漢興有草書。《尉律》：「學僮十七以上始試，諷籀書九千字，乃得爲吏。又以八體試之，郡移太史，并課最者以爲尚書史，書或不正，輒舉劾之」。今雖有《尉律》不課，小學不修，莫達其說，久矣。

我們不知道所謂秦書八體，是不是當時官定的。李斯們既然要統一文字，罷其不與秦文合者，又取《史籀》大篆省改而作小篆，又稱秦篆，那末，假如是官定的字體，就不應該有大篆。這八體的出現，不能在秦并天下以前，因爲那時還沒有小篆跟隸書，可是也不能很晚，因爲蕭何的律裏已采用了。

李斯創議的書同文字，在二十六年并天下以後（西元前二二一），蕭何作律，不知在何時，假定與叔孫通創立朝儀同時，在漢高帝六年或其前後（西元前二〇一），相去纔二十年，可見李斯統一文字的主張，雖則當時就實行，卻未能徹底，這是時間太短的緣故。在秦盛時，一般人不敢違抗，秦一敗亡，舊文化又完全出現了，所以秦書八體的說法，應該是秦漢之際纔有的。

1 大篆　從前學者總把大篆跟《史籀篇》混而爲一，是錯的，《史籀篇》只是用大篆寫的一本書，限《倉頡篇》是用小篆寫的一本書，情形正同。《說文》所采籀文出於《史籀篇》，而徐鉉本艸部有大篆從茻的五十三字，這五十三字的中間就有一個「莑」字是籀文，可見籀文跟大篆，並不是完全相等的。

段玉裁說：「不言古文者，古文在大篆中也」。也不很對。大篆只是秦漢間人就他們所看見的較古的秦系文字，或是較接近這個系統的文字，並不能包括一切的古文字。

2　小篆　《初學記》說：「始皇時李斯、趙高、胡母敬所作也」。如以此爲準，我們就得定《倉頡》、《爰歷》、《博學》三篇爲小篆，三篇已亡，就只好依據《說文》去推想了。傳世秦金石中較整齊畫一的，當然更是寶貴的標本。雖然跟《說文》不全相同，所謂「筆迹相承小異」，有些學者情願舍實證而取流傳，我們就不懂得了。

3　刻符　《初學記》說：「施於符傳也」。一般人據新郪、陽城兩虎符，以爲就是刻符，其實兩符都是錯金書，非刻文。也都是小篆，非别體。我們要懂得什麽是刻符，應該注意這一個刻字，現在所見到的六國晚年的符節，如上虞羅氏舊藏的辟大夫信節跟我所藏的將軍信節，以及馬符、熊符、鷹符等，還有楚國的王命傳，都是刻的，都是真正的刻符。秦兵器很多是刻銘的，也應屬於這一類。從秦朝同一文字以後，一般人都習小篆，或者變爲隸書，六國文字幾已失傳。焚詩書以後，竹帛上的異體更不敢寫了。六國末年的兵器，又都銷毁。一般人只在若干符傳上還看見鍥刻的文字，所以就叫做刻符。這種文字因是刀刻的，不能宛轉如意，所以跟篆書很不同。

4　蟲書　春秋戰國之際就有鳥蟲書，大都用在兵器，鳥形跟蟲形的圖案，往往錯見。一直到漢代的瓦當和印文中還常見。《說文序》又説「鳥蟲書所以書幡信也」。史傳所記漢時工鳥篆的人還是很多。

5　摹印　摹印是璽印文字，這是誰都能知道的。但是我們應注意它的「摹」字，蕭子良把刻符摹印合爲一體，雖爲徐鍇所譏，但我們也應該注意刻符摹印兩種確是相對的。在八體裏，大小篆一組，蟲書和隸書一組，刻符摹印是一組，署書殳書又是一組。刻符是刻的，所以王愔《文字志》中有刻小篆，摹印是摹的，《文字志》中也單有一種摹篆。《說文》：「摹，規也」。《漢書·高帝紀》：「規摹弘遠矣」，注引鄧展曰：「若畫工規摹物之摹」。韋昭曰：「正員之器曰規，摹者如畫工未施采事摹之矣」。我們由此可以知道摹印是就印的大小，文字的多少，筆畫的繁簡，位置的疏密，用規摹的方法畫出來的。大小篆是寫的，刻符是刻的，摹印是摹的。六國時的鉨雖被統治階級專用了去，私印是人人都要用的，所以摹印一道，相傳不廢，直至如今。

6　署書　徐鍇《說文繫傳》引蕭子良說：「署書，漢高六年蕭何所定，以題蒼龍、白虎二闕」。又引羊欣說：「蕭何覃思累月，然後題之」。蕭子良的話本不一定可信，如說倒薤書是務光所造，簡直是神話，署書如真是蕭何所定，怎麽能説是秦書呢？

段玉裁説：「木部曰：『檢者書署也』。凡一切封檢題字皆曰署，題榜亦曰署，册部曰：『扁者署也』。」這是很周到的一個解釋。《説文》：「檢，書署也」。又：「帖，帛書署也。」《釋名》：「檢，禁也，禁閉諸物使不得開露也。書文書檢曰署，署予也，題所予者官號也」。《急就篇》：「簡札檢署槧牘家」。顔師古注：「檢之言禁也，削木施於物上，所以禁閉之，所不得輒開露也。署謂題書其檢上也」。段玉裁在《説文》帖字下注：「木爲之謂之檢，帛爲之則謂之帖，皆謂幖題，今人所謂籤也」。檢署的制度，在近年發現的西陲木簡裏，還保存着，我們由此還可以看到一般署書的樣式。（後世把題名叫做押署，也是由此演化來的）。

至於門榜稱署書，《説文》：「扁，署也。從户、册，户册者署門户之文也。」漢朝在官署門上題的如「御史大夫寺」，所用的扁，實在是一塊方木（《説文》：「楄部方木也」），都是直書的，所以跟書函上的檢署，形質本完全相同。蕭子良所引蒼龍白虎二闕，雖不會是署書之始，但總是署書的一種。現存的太室、少室兩闕，上面一題「中嶽泰室陽城□□□」九字，一題「少室神道之闕」，可以作這種署書的樣式，那末，一切漢碑的碑額，都可以認爲署書了。《説文》：「關西謂榜曰篇」。所以漢末以後，往往稱臺殿樓觀門題爲榜，横列的榜，起源大概是很遲的。榜書字形既大，又是要掛起來的，所以自漢以來，專有能手。

7　殳書　蕭子良《古今篆隸文體》説：「殳書者伯氏之職，古者文既書笏，武亦書殳」。徐鍇《説文繫傳》：「殳體八觚，隨其勢而書之也」。但是《初學記》卻説：「殳書銘於戈戟也」。段玉裁也説：「言殳以包凡兵器題識，不必專謂殳，漢之剛卯，亦殳書之類」。所以近人都以兵器文字認爲殳書，這是錯誤的。

漢代的剛卯，明明指出是靈殳，我們可以看出它是殳書的遺制，這種文字是較方整的，隨着觚形而産生的，所以我認爲秦代的若干觚形的權上較方整的書法，像栒邑權，就是殳書。

8　隸書　隸書本和篆書差不多，詳後章。

八體裏面，大篆、小篆、蟲書、隸書，是四種文字，刻符、摹印、署書、殳書，是四種字體，是由用途而區别的。漢代篆書漸漸不通行，大篆當然更過時，只有蟲書和摹印還用得着，但是又發現了壁中古文經，揚雄之類又好奇字，在古文、小篆、隸書三種系統以外的奇字，所以王莽時代的六書，是⑴古文。⑵奇字。⑶篆書，即小篆。⑷佐書，即隸書。⑸繆篆，即摹印。⑹鳥蟲書，即蟲書。但是這時實際應用的文字，只有篆書、隸書，跟新興的草書了。

傳世的漢金文，是比較保守的，所以還有不少用篆書的。王愔《文字志》有尚方篆，就是屬於尚方的銅器工人的篆書。王莽時的權量貨幣的文字是很精的。至於石刻，除了碑額跟少室、開母兩闕外，就很少是篆書了。有名的篆書家有曹喜，蔡邕所謂「扶風曹喜，建初稱善」，衛恒説他：「少異於（李）斯」，江式説：「小異斯法而甚精巧，自是後學皆其法也」。懸針、垂露、倒薤等篆，據傳説都是由他創始的。後來又有崔瑗，李嗣真説「爰效李斯，點畫皆如鐵石」，徐浩《古迹記》説他篆呂望、張衡碑，張衡碑到元時還存在，吾邱衍説：

張平子碑，崔瑗篆，多用隸法，不合《説文》，卻可入印，全是漢篆法故也。

近年出袁安、袁敞兩碑很可能就是他寫的。衛恒説邯鄲淳師法曹喜，「略究其妙，韋誕師淳而不及也。……漢末又有蔡邕采斯喜之法，爲古今雜形，然精密簡理不如淳也」。羊欣説蔡邕「真定宜父碑文，猶傳於世，篆者師焉」。後世往往説蔡寫三體石經是錯的，衛恒《四體書勢》説「正始中立三體石經，轉失淳法」，可見是邯鄲淳一派書家寫的。同時在吴國有天璽紀功跟禪國山碑，現在都還可以見到。

晉以後，連碑額的篆書也寫不好了，一直到唐朝，纔有些人寫篆書，或仿古文，或寫垂針等體，而李陽冰中興篆籀，所謂：「斯翁之後，獨至小生」。到五代徐鉉、徐鍇、郭忠恕等以後，去古愈遠，就可以不論了。

篆書是寫的，可是許多雜體篆是畫的，《初學記》引摯虞《決疑要注》説：

尚書臺召人用虎爪書，告下用偃波書，蓋不可卒學，以防矯作。

這種奇怪的畫法愈演愈多，所以徐鍇《説文繫傳》疑義篇説：

> 鳥書、蟲書、刻符、殳書之類，隨事立制，同於圖畫，非文字之常也。——漢、魏以來，懸針、倒薤、偃波、垂露之類，皆字體之外飾，造者可述。而齊蕭子良、王融、韋仲、庾元威之徒，隨意增益，妄施小巧，以異爲博，以多爲貴。至於宋景之史，秋胡之妻，皆令撰書，厚誣前人，以成己學。是以王融作七國時書，皆成隸字，其爲虛誕，不言可明，是以一百二十文體，臣所不敢言也。

庾元威的一百二十體書見《法書要録》，其中五十種是用彩色的，還有胡書天竺書之類。又説「復於屏風上作雜體篆二十四種」，後來夢瑛有十八體篆書，全無古法。篆書到了雜體，真是窮途末路了。

二七　隸書・楷法・八分・飛白

有些中國文字自古到今，一脈相承，古文的「一」字，現在還是一字，「文」作文，「字」作字，没有很大的差別。但是一般説起來，古文字跟近代文字有很大的不同，古文字是「篆」，近代文字是「隸」跟「草」。李嗣真「後書品」説：「蟲篆者小學之所宗，草隸者士人之所尚」，士人所尚，只有隸草，篆書就成古文，只是小學家的典型了。

從篆到隸，本也不是突然改變的。《水經・穀水注》：

> 古隸之書，起於秦代，而篆字文繁，無會劇務，故用隸人之省，謂之隸書，或云：即程邈於雲陽增損者，是言隸者篆捷也。孫暢之嘗見青州刺史傅弘仁説：臨淄人發古冢得桐棺，前和外隱爲隸字，言：「齊太公六世孫胡公之棺也」。惟三字是古，餘同今書，證知隸自出古，非始於秦。

張懷瓘《書斷》駁此，説：

> 案胡公者齊哀公之弟靖，胡公也。五世六公，計一百餘年，當周穆王時也，又二百餘歲至宣王之朝，大篆出矣。

又五百餘載至始皇之世，小篆出焉，不應隸書而效小篆。然程邈所造，書籍共傳，酈道元之説，未可憑也。

考《史記·齊世家》，胡公當夷王時，張懷瓘説在穆王時是錯的。但是胡公是太公玄孫，不應説六世孫；《禮記》説：「太公封於營丘，比及五世，皆反葬於周」。即使胡公是葬在齊的，他的都城在薄姑，爲獻公所殺，也未必葬到臨淄去。所以《水經注》這個故事是很可疑的。但是酈道元所説，由於轉輾傳聞，本就容易錯誤，並且這「胡公」的胡字，可能就是三個古字中的一個，而且更可能是被誤認了的。我們知道後來陳氏篡齊，也有太公，如其是這個太公的六世孫，那就是戰國末年了。總之，如説西周已有較簡單的篆書，是可以的，真正的隸書，是不可能的。春秋以後就漸漸接近，像春秋末年的陳尚（即《論語》的陳恒）陶釜，就頗有隸書的風格了。

六國文字的日漸草率，正是隸書的先導。秦朝用小篆來統一文字，但是民間的簡率的心理是不能革除的，他們捨棄了固有的文字（六國各有的文字），而寫新朝的文字時，把很莊重的小篆，四平八穩的結構打破了。這種通俗的，變了面目的，草率的寫法，最初只通行於下層社會，統治階級因爲他們是賤民，所以並不認爲足以妨礙文字的統一，而只用看不起的態度，把它們叫做「隸書」，徒隸的書。班固《漢書·藝文志》在所謂秦篆下説：

是時始建隸書矣，起於官獄多事，苟趨省易，施之於徒隸也。

許叔重也説：

是時秦燒滅經書，滌除舊典，大發隸卒，興戍役，官獄職務繁，初有隸書，以趣約易，而古文由此絶矣。

衛恒《四體書勢》説：

秦既用篆，奏事繁多，篆字難成，即令隸人佐書曰隸字，漢因行之，獨符印璽幡信題署用篆。隸書者篆之捷也。

三家都説由於官獄多事，纔建隸書，這是倒果爲因，實際是民間已通行的書體，官獄事繁，就不得不採用罷了。（自宋以來，獄辭裏多有俗語俗字，可以爲證。）衛恒説「隸者篆之捷也」，倒是很恰當的。

隸書相傳是程邈作的，《説文》卻繫在篆書下，説：

三曰篆書，即小篆，秦始皇帝使下杜人程邈所作也。

所以衛恒《四體書勢》在「所謂小篆者」下，説：

或曰：下邽人程邈爲衙獄吏，得罪始皇，幽繫雲陽十年，從獄中作大篆，少者增益，多者損減，方者使圓，圓者使方，奏之始皇，始皇善之，出以爲御史，使定書。或曰：邈所定，乃隸字也。

這個相傳的故事，段玉裁、桂馥等都以爲《説文》傳本有誤，「秦始皇帝使下杜人程邈所作也」十三字應該繫在「佐書即秦隸書」下。考《書斷》引蔡邕《聖皇篇》説：「程邈删古立隸文」。江式也説：「隸書者始皇使下杜人程邈附於小篆所作也」。段、桂等所改或許是對的。不過即使這類的故事是有來歷的，我們也只能説程邈曾經創造過某一種字體，不能説是後世所有隸書是根據程邈所造而衍成的。

秦隸書，也稱爲古隸書，《顔氏家訓》：

開皇二年五月，長安民掘得秦時鐵稱權，旁有銅涂鐫銘二所，其書兼爲古隸。

可見秦權量詔版上的簡率一路，都是隸書。吾邱衍《字源七辨》也曾説：

秦隸書不爲體勢，即秦權漢量上刻字，人多不知，亦謂之篆。

現在所見西漢甘泉山元鳳間刻石，地節二年楊量買山記，五鳳二年刻石，河平三年麃孝禹刻石等，一直到東漢永平六年的褒斜刻石，永和二年的裴岑紀功碑等，都還跟篆書接近，是古隸的一派。漢哀帝時的陳遵，據説是一個善書的。

蔡邕《勸學篇》説：「上谷次仲，初變古形」。衛恒《四體書勢》説：「上谷王次仲，始爲楷法」。這又是隸書變革中的一個帶神話性的故事。蔡、衛都没有説出時代。《書斷》引王愔《文字志》説：

> 次仲始以古書方廣，少波勢，建初中以隸草作楷法，字方八分，言有模楷。

又引蕭子良説：

> 靈帝時王次仲飾隸爲八分。

張懷瓘以爲「二家俱言後漢而兩帝不同」。考《四體書勢》，靈帝時能書的人是師宜官，可見王次仲在靈帝前，蕭子良的説法是不足信的。王愔説是建初中，論時代倒可以仿佛，可惜没有確證。又《水經・㶟水注》説：

> 上郡人王次仲，少有異志，年及弱冠，變倉頡舊文爲今隸書。秦始皇時，官務煩多，以次仲所易文簡，便於事要，奇而召之，三徵而輒不至。次仲履真懷道，窮數術之美，始皇怒其不恭，令檻車送之。次仲首發於道，化爲大鳥，出在車外，翻飛而去，落二翮於斯山，故其峯巒有大翮、小翮之名矣。

這個神話在張懷瓘引的《序仙記》，《太平廣記》引的《仙傳拾遺》都記載過，張氏還引楊固《北都賦》説：

> 王次仲匿術於秦皇，落變翮而沖天。

由於這些民間傳説，我們知道王次仲在當時的聲名本不很大，後世只由書法而推崇他，要追考他的真正的史實，卻頗爲困難了。但在班固許慎時還没有關於他的傳説，可見不會太早的。

隸書在早期裏，只是簡捷的篆書，本没有法則的，到西漢末年逐漸整齊起來，並且有了波勢，像西陲所出五鳳元年簡（西元前五七），已經是精美的隸體了。石刻裏面，像元興元年的王稚子闕（西元一〇五），元初二年的子游殘碑（西元一一五），都可以表現這種新的書法。傳説中的王次仲，當建初時（西元七六——八三），始作楷法，可見是這種變古形的書法中的一位有名書家。楷法後來又叫做楷書（王僧虔説韋仲將善楷書）。

《晉書·衛恒傳》：

> 上谷王次仲始作楷法，至靈帝好書，時多能者，而師宜官爲最，大則一字徑丈，小則方寸千言，甚矜其能。或時不持錢詣酒家飲，因書其壁，顧觀者以酬酒，討錢足而滅之。每書輒削而焚其柎。梁鵠乃益爲版而飲之酒，候其醉而竊其柎。鵠卒以書至選部尚書。宜官後爲袁術將，今鉅鹿宋子有耿球碑，是術所立，其書甚工，云是宜官也。梁鵠奔劉表，魏武帝破荆州，募求鵠……署軍假司馬。在祕書，以勤書自效，是以今者多有鵠手迹。魏武帝懸着帳中，及以釘壁玩之，以爲勝宜官。今宫殿題署，多是鵠篆。鵠宜爲大字，邯鄲淳宜爲小字，鵠謂淳得次仲法，然鵠之用筆，盡其勢矣。鵠弟子毛弘教於祕書，今八分皆弘法也。漢末有左子邑，小與淳、鵠不同，然亦有名。

由此可見隸書楷法盛於靈帝（西元一六八——一八九）以後，衛恒卒於晉惠帝元康元年（西元二九一），叙述一百多年的歷史是很可以相信的。説：「今八分皆弘法也」。可見八分之名是漢末以後纔有的。

八分的名稱，異説最多，較古的有兩種：

一 《古今法書苑》引蔡文姬説：「臣父造八分，割程隸八分取二分，割李篆二分，取八分」。

二 張懷瓘引王愔説：「次仲始以古書方廣，少波勢，建初中以隸草作楷法，字方八分，言有模楷」。

前説是否真是蔡文姬説的，不可知。江式説：「詔於太學立石碑，刊載五經，題書楷法，多是邕書也」。張懷瓘引王隱、王愔並説：「飛白變楷制也」。飛白據説是蔡邕創作的，那末蔡邕寫的本就是楷書，後世把楷法一概叫做八分，又誤認蔡氏寫三體石經，徐浩《古迹記》説：「蔡邕、鴻都三體石經；八分：西岳、光和、殷華、馮敦等數碑」，李嗣真《後書品》説：「蔡公諸體，唯范巨卿碑風華豔麗，古今冠絶」。竇臮《述書賦》：「伯喈三體，八分二篆」。漢、魏石經，現在都看得見，西嶽華山碑、范巨卿碑，也有傳本，割程割李的説法，顯然是虚誣的。

張懷瓘説：

楷隸初制，大範幾同，故後人惑之，學者務之，蓋其歲深漸若八字分散，又名之爲八分。

李陽冰也以爲像八字，勢有偃波。後來郭忠恕以爲是「八體之後，又分此法」。黃庭堅等以爲用筆須八方分佈周密，劉熙載、康有爲等以爲八分不是定名，小篆取大篆八分，漢隸取小篆八分，今隸取漢隸八分。

這種後世的推測，大都是刻意求深。我以爲只有王愔的説法是對的。王愔《文字志》載古書三十六種有楷書而無八分，可見楷書就是八分。衛恒説師宜官：「大則一字徑丈，小則方寸千言」，而毛弘的教祕書郤只是八分，這很像近代所謂寸楷，一般要學書，非得從八分楷法入手不可。像漢石經之類，正是八分的樣式。所以名爲「八分」，實際本只是一個尺度，慢慢就演變成一種書體，反替代了楷法的舊名了。（例如五言詩可單稱爲五言。）羊欣采古來能書人名説：「王次仲作八分楷法」，用了後起的名稱，其實八分楷法，只是楷法中的一種罷了。

六朝以後，把東漢末年的楷書叫做八分。而把魏晉以後的正書，叫做隸書，唐人看慣了這種區别，所以認爲分先於隸，不知道實際應該是倒過來的。

隸書本是簡率的草書，但是到了有了楷法以後，學習也就不容易了。加以享名的書家，一天一天多起來，各出新意，因之也有許多雜體，如：飛白、散隸、龍爪書之類，而飛白學者很多，有些像古代的鳥蟲書。它的起原總在漢末，王隱、王愔所謂：「本是宫殿題署，勢既徑丈，字宜輕微不滿，名爲飛白」，羊欣特别舉出吴時張弘，所謂張烏衣特善飛白，而蕭子良説是始於蔡邕。唐時唐玄度的十體書有：

古文　大篆　八分　小篆　飛白　倒薤篆　散隸　懸針篆　鳥書　垂露書

而張懷瓘的十體是：

古文　大篆　籀文　小篆　八分　隸書　章草　行書　飛白　草書

都有飛白，可見是很通行的書體。在庾元威的一百二十體裏還分出飛白篆，飛白草。到唐時，李約得到蕭子雲飛白書蕭字，建爲蕭齋。現在還存在的昇仙太子碑，每筆都有鳥形，似乎攙入了鵠頭書。到宋時，飛白還很流行。

二八　草書·章草·草藁·今草·狂草

古代所謂草，都是草藁，秦書八體裏没有草書，《尉律》裏還只有八體，可見草一定起在隸之後。《說文》：「漢興有草書」，本没有確切的時代。趙壹《非草書》說：

> 夫草書之興也，其於近古乎？上非天象所垂，下非河洛所吐，中非聖人所造。蓋秦之末，刑峻網密，官書煩冗，戰攻並作，軍書交馳，羽檄紛飛，故爲隸草，趣急速耳。

梁武帝《草書狀》引蔡邕說略同，都是任意推測。張懷瓘說：「諸侯爭長之日，則小篆及楷隸未生，何但於草」。是很對的。我們現在所看見的有年號的木簡，早到西漢武帝時，那時只有較草率的隸書，所以庾肩吾《書品》所說「草勢起於漢時，解散隸法，用以赴急」，比較近理。到建武二十二年（西元前四六）的一簡，卻顯然已是草書了，所以草書的成熟，至晚也在西漢末，東漢初。它大概是逐漸演化成的，所以要找一個真正的創始時期，很不容易。

草書的傳說裏，一般是推源於杜操的，蕭子良說：「章草者漢齊相杜操始變藁法」。但是有些人更向前推到《急就章》，所以説是史游作，王愔、張懷瓘都作此説。其實《急就》本是教小孩的書，應該用通行的字體，所以目前發現的木簡，都是用隸書寫的。假使史游時還没有草書，他決不會造一種新字體來寫一本新字書的。到後來草書流行後，有人用草書來寫，倒是平常的事情了。所以只用常識來判斷，這一説是不可能的。

《後漢書·宗室傳》説東海敬王劉睦「善史書，當世以爲楷則，及寢病，帝驛馬令作草書尺牘十首」，這大概是明帝永平十七年（西元七四）的事情，我們看見建武廿二年跟永平十一年兩簡，就可以想像當時的草書了。所謂史書者，大概是指令史們寫的字，前人往往誤以爲《史籀篇》，錢大昕以爲是隸書，不過據《劉睦傳》跟《魏志·管寧傳》，都指尺牘而説，那就像近代的寫八行書了。這種字要時髦的，草書在東漢初正是時髦的書體。

從建武到建初，又隔了三幾十年，纔有杜操，蔡邕《勸學篇》所謂「齊相杜度，美守名篇」，衛恒《四體書勢》也説「至章帝時，齊相杜度，號善作篇」。趙壹《非草書》説：

> 余郡士有梁孔達、姜孟穎者，皆當世之彦哲也。然慕張生之草書，過於希顔、孔焉。孔達寫書以示孟穎，皆口誦其文，手指其篇，無怠倦焉。於是後學之徒，競慕二賢，守令作篇，人撰一卷，以爲秘玩。

可見草書初行，是要作篇的。《説文》：「篇書也」。《纂文》：「關西以書篇爲書籥」。《説文》又説：「籥，書僮竹笘也，笘，潁川名小兒所書寫爲笘」。那末，作篇是給學者臨寫的。杜度作篇跟王次仲作楷法是同樣的意義，還有扶風曹喜的篆書，三人都是建初時，漢代的書法從那時期起更加昌盛了。

衛恒説：

> 齊相杜度號善作篇，後有崔瑗、崔寔，亦皆稱工。杜氏殺字甚安而書體微瘦，崔氏甚得筆勢而結字小踈。弘農張伯英者，因而轉精甚巧。凡家之衣帛，必書而後練之。臨池學書，池水盡黑。下筆必爲楷則，號匆匆不暇草書。寸紙不見遺，至今世尤寶其書，韋仲將謂之草聖。伯英弟文舒者次伯英。又有姜孟穎、梁孔達、田彦和及韋仲將之徒，皆伯英弟子，有名於世，然殊不及文舒也。羅叔景、趙元嗣者與伯英並時，見稱於西州，而矜巧自與，衆頗惑之，故英自

稱上比崔、杜不足，下方羅、趙有餘。河間張超亦有名，然雖與崔氏同州，不如伯英之得其法也。

張芝卒於獻帝初平中（西元一九〇——一九三），和蔡邕同時，較鍾繇爲早。張芝既上比崔、杜，韋仲將又説張芝是草聖，後來索靖又出於韋誕，這都是北方的書家。南方的皇象，據説師於杜度，《抱朴》也稱爲書聖。

張懷瓘引歐陽詢《與楊駙馬書章草千文批後》云：

> 張芝草聖，皇象八絶，並是章草，西晉悉然。迨乎東晉，王逸少與從弟洽，變章草爲今草，韻媚宛轉，大行於世，章草幾將絶矣。

張懷瓘以爲今草起於張芝，所以説：

> 案右軍之前，能今草者不可勝數，諸君之説，一何孟浪。欲杜衆口，亦猶踰履滅迹，扣鐘銷音也。

張説是錯誤的。韋誕、衛恒，稱述張伯英的草聖，從來没有説他有新體。羊欣説衛瓘採張芝法，拿他父親衛覬法參合，「更爲草藁，草藁是相聞書也」。這是受了鍾繇的行押書的影響，行押書也是「相聞者也」，所以王愔説：「藁書者，若草非草，草行之際」。這是草書第一次的改新體。

王僧虔論書説：

> 亡曾祖領軍洽與右軍書云：「俱變古形，不爾，至今猶法鍾、張。」右軍云：「弟書遂不減吾」。

又説：

張芝、索靖、韋誕、鍾會、二衛，並得名前代，古今既異，無以辨其優劣，惟見筆力驚絶耳。

可見從張、索到二衛，是舊體，右軍跟王洽，變古形爲新體，歐陽詢還知道這歷史。張書本已寸紙不見遺，唐人常取二王書，僞託伯英，所以張懷瓘就誤認漢時就有今草了。

因爲把王氏弟兄的新體稱爲今草，所以把張、索舊體稱爲章草。章草的名稱，羊欣已這樣説了。前人對於章草多誤解，有人主張因漢章帝而叫章草，有人主張可以作章奏用，有人主張是史游寫《急就章》的草書。不知古人説「章」和「篇」的意思相同，都是教小孩的。《倉頡》等篇都要分章，《急就篇》又叫做《急就章》，所以説「請道其章」。《廣雅・釋器》，篇章兩字都訓爲程，所以鍾繇有章程書，「傳祕書，教小學者也」。那是楷隸，所以羊欣説王廙（右軍叔，書爲右軍法）能章楷，傳鍾法。章楷跟章草，意義完全相同。

草書到了唐以後，又出新體，那是張旭的狂草，寫出來别人多不能識，就完全變成藝術，失去草書的意義，而草書也就衰落了。

二九　行書・正書（真書）

行書的出現，是楷隸簡化的結果。衛恒《隸書勢》説：

魏初有鍾胡二家，爲行書法，俱學之於劉德昇，而鍾氏小異，然亦各有巧，今大行於世云。

就把行書附屬於隸書裏面。羊欣説：

劉德昇善爲行書，不詳何許人。潁川鍾繇，魏太尉，同郡胡昭，公車徵，二子俱學於德昇，而胡書肥，鍾書瘦。

又張懷瓘說：

劉德昇字君嗣，潁川人，桓、靈之時，以造行書擅名。雖以草創，亦豐妍美，風流婉約，獨步當時。胡昭、鍾繇並師其法，世謂鍾繇行押書是也。而胡書體肥，鍾書體瘦，亦各有君嗣之美。

胡昭字孔明，潁川人……甚能史書，真行又妙，衛恒云：「昭與鍾繇並師於劉德昇，俱善草行，而胡肥鍾瘦。書牘之迹也，動見模楷」。羊欣云：「胡昭得其骨，索靖得其肉，韋誕得其筋」。張華云：「胡昭善隸書」。茂先與荀勗共整理記籍，立書博士，置弟子教習，以鍾、胡爲法。嘉平二年公車徵，會卒，年八十九。

可見當建安末毛弘以梁鵠派的八分楷書來教祕書，隔了六十多年，晉初的書博士已以鍾、胡的新體，行書爲法了。張懷瓘又引王愔說：

晉世以來，工書者多以行書著名，昔鍾元常善行押書是也。

可見行書流行的盛了。

鍾氏本以學劉德昇的行書出名的，但後世卻不推重他的行書而推重他的正書。王羲之自比於鍾、張，李嗣真《後書品》裏前於羲之的，就是張芝草，鍾繇正。徐浩論書說：「鍾善真書，張稱草聖，右軍行法，小令破體」。張懷瓘說：

真書絶世，剛柔備焉。點畫之間，多有異趣……秦、漢以來，一人而已。……其行書則羲之、獻之之亞，草書則衛索之下，八分則有魏受禪碑，稱此爲最。

可見行書已爲羲、獻突過，只留下一個正書讓他第一了。

古只有楷書，並沒有正書的名稱，王僧虔自誇正書第一，纔有正書的名稱，正書原是章程書。羊欣說：

鍾書有三體：一曰銘石之書，最妙者也。二曰章程書，傳祕書，教小學者也。三曰行押書，相聞者也。（王僧虔作行書是也。）三法皆世人所善。

今所見鍾氏銘石之書，是受禪表，章程書是賀捷、力命、季直等表，而行押書是墓田丙舍帖。相傳僞託的王右軍題衛夫人筆陣圖後説：

八分古隸相雜，亦不得急，令墨不入紙，若急作，意思淺薄而筆即直過，惟有章草及章程行押等，不用此勢，但用擊石波而已。其擊石波者缺波也。

這一定是唐以前略懂書法的人僞作的，可以看見章程行押都和八分（應説楷書）的波法不同。

《漢書・高帝紀》：「張蒼定章程」，注：「法式也」。那末，章程書是傳祕書，教小學的法書。韋續《五十六體書》説：「八分書，魏鍾繇謂之章程書」。張懷瓘《書斷》説：「八分時人用寫篇章，或寫法令，亦謂之章程書」。前人以爲是錯的。其實八分楷法本是由形體大小來説的，章程書的字形大小差不多，也未嘗不可説是八分的新體。

漢世本只有隸書的楷法，跟草書的篇章，到漢末纔有劉德昇的行書。行書本是楷隸的簡別字，所以容易流行。到鍾繇，除了用行書來寫相聞書，用楷法來寫碑刻外，寫八分時，卻參入了行書的體勢，成爲一種新體，那就是章程書了。章程書居楷行之間，似楷非楷，跟草藁的似草非草，草行之際是一樣的。因爲字大八分，所以鍾、王都是小真書，而且右軍的小楷都是寫給子侄們的。

章程兩字的合音，是正字（平聲），後世把章程書讀快了，就變成正書，又變成真書。就字面上看，真與草可以對稱，例如真本和草藁，虞龢所謂「于時聖慮，未存草體，凡諸教令，必應真正」，所以這名詞就被通用，反把章程書的舊名忘了。這種新體，依然是由隸書演化下來的，所以一直到唐人都還稱爲隸，也稱爲楷，可是唐人卻誤把舊的楷隸叫做八分了。

鍾繇的章程書，實在也不脱隸意，我們所見晉人寫佛經很多，最早的年號是元康六年（西元二九六），距鍾繇的死（西元二三〇），纔六十多年，可以看見正書初起時樣式。

正書的書法，到王羲之兄弟也是變過的，所以説「俱變古形，不爾至今猶法鍾、張」，變鍾是指正書説的。梁虞龢説：

夫古質而今妍，數之常也，愛妍而薄質，人之情也。鍾、張方之二王，可謂古矣，豈得無妍質之殊。

可見二王在當時確是趁姿媚的俗書，而現在流傳的二王帖，都經唐人摹拓，又輾轉傳刊，更看不見一毫古意了。六朝以後，盛行二王，如羊欣、王僧虔、蕭子雲、阮研、陶弘景以至於智永、虞世南、褚遂良等，都是正書的系統。但銘石的文字，卻還是楷書的系統。楷書雖也把隸書的體勢，變成新體，究竟比真書古雅，所以從唐、宋、元、明，帖學由極盛而衰以後，清代書家又盛行提倡魏齊碑誌，阮元有北碑南帖之説，不知一種是楷書，一種是真書，本非同體。南朝的碑誌，同樣也是楷書。歐陽詢也還是楷書的系統，一直到虞、褚用真書，唐太宗用行書來寫石刻，這種界限纔打破。到了顔、柳以後，就連二王也成爲舊體了。

隸書古拙，草書詭譎，真行介在中間，容易學，容易寫，於是成爲近代文字裏最通行的文字。

三十　經生書・刻書體・簡俗字（手頭字）・簡體字・基本字

書體的嬗變，和工具是有關係的。周時用竹簡，孔子壁中書跟汲郡魏襄王家所發現，都是竹的，所以簡策等字都從竹。漢時盛行木柎札牒尺牘，從宋以來西陲發現的都是木的。簡牘之外，也用帛素，價值既高，不很通行。張芝家裏的衣帛，都要書而後練，可見帛不易得。師宜官在酒家書壁是在木柎上的。梁鵠的手迹，魏武帝懸着帳中，又以釘壁，當然也是木柎。杜度作篇，大概就是方木，《急就章》是寫在觚上的。總之漢人的工具總還不很方便。後漢和帝時蔡倫纔用樹皮、麻頭、破布來做紙，元興元年奏上（西元一〇五），到漢末一百多年，又有左伯的紙很有名。張懷瓘説：

初青龍中，洛陽、許、鄴，三都宫觀始成，詔令仲將大爲題署，以爲永制。給御筆墨，皆不任用。因曰：「蔡邕自矜能書，兼斯、喜之法，非流紈體素，不妄下筆。夫工欲善其事，必先利其器。若用張芝筆，左伯紙，及臣墨，兼此三具，又得臣手，然後可以建徑丈之勢，方寸千言」。

可見一般的紙還不能用，所以蔡邕非紈素不可。

但從西陲所出的寫經尺牘來看，紙在晉初已經盛行了。紙的發明，對於寫書是方便的，尤其多的是寫佛經道經，王僧虔說：

> 謝静、謝敷，並善寫經，亦入能境。

可見寫經已爲專門。從晉到五代，七百多年，字體雖數變，但經生字體，好像一脈相傳，没有間斷過。大概六朝都是古體，隋唐以後，都學鍾、王，也有虞、褚，晚唐以後，纔見顔字，除了惡劣不成字的以外，大體總是相近的。歐陽修跋《遺教經》説：

> 右《遺教經》相傳云羲之書，僞也。蓋唐世寫經手所書。唐時佛書今在者，大抵書體皆類此，第其精粗不同爾。近有得唐人所書經題，其一云薛稷，一云僧行敦書者，皆與二人他所書不類，而與此頗同，即知寫經手所書也。然其字亦可愛，故録之。蓋今士大夫筆畫能仿佛乎此者鮮矣。

清代很有人推重《靈飛經》，其實都是經生書。《宣和書譜》所載有張欽元，法鍾繇，不墮經生之學。楊庭爲時經生，作字得楷法之妙。以及吴彩鸞、詹鸞等所書《唐韻》，經生書是繼承章程書就是正書的嫡統的，以書法而論，往往可入能品，它們的毛病，只是寫得太多太熟，也太拘於成法。董逌《廣川書跋》有唐經生字一條：

> 書法要得自然，其於規矩權衡，各有成法，不可遁也。至於駿發陵厲，自取氣决，則縱釋法度，隨機制宜，不守一

定，若一切束於法者非書也。……後世論書法太嚴，尊逸少太過。如謂《黃庭》清濁字三點爲勢，上勁側，中偃，下潛挫而趯鋒。《樂毅論》燕字謂之聯飛，左揭右入。《告誓文》客字，一飛三動，上則左豎右揭。如此類者豈復有書耶？又謂一合用、二兼、三解㮣、四平分，如此論書，正可謂唐經生等所爲字，若盡求於此，雖逸少未必能合也。

其實只有這種寫本，還存古法，宋以後，刻板書盛行，除了趙子昂等一兩人以外，小楷也成了絶學了。

在寫本裏，簡俗字隨時可以發生。庾元威所謂：

晚途別法，貪省愛異，濃頭纖尾，斷腰頓足，一八相似，十小難分，屈等如勻，變前爲草。咸言祖述王、蕭，無妨日有訛謬。星不從生，籍不從耒。

顔之推説梁朝「大同之末，訛替滋生，蕭子雲改易字體，邵陵王頗行僞字，前上爲草，能旁作長之類是也」。有些字是只在寫本裏見到的，庾元威所謂「尒㝵由乎内典」，以及菩薩作卄等。唐時又有文子爲孛等俗字。

有了刻本以後，文字漸漸有定型，但在宋時的坊本，還很多簡俗字。《示兒編》引《字譜總論訛字説》：

久矣，俗書字體，分毫點畫訛失，後學相承，遂成即真，今考訂其訛謬，疏於後。

且如蟲之虫，虫音虺字； 須之湏，湏古頮字； 關之閞，閞音弁字，又扶萬反； 船之舡，舡音航； 商之啇，啇音的； 蠶之蚕，蚕音腆； 鹽之塩，塩音古； 美之羙，羙音羔； 體之体，体音坌； 本之夲，夲音滔； 匹之疋，疋音雅，又音所； 麥之麦，麦音陵； 凡此非爲訛失，是全不識字也。

又如顧之頋、霸之覇、喬之高、獻之献、國之国、廟之庙、辭之辞、殺之煞、趨之趍、虧之虧、錢之㦮、齊之齐、齋之斎、學之孝、臺之臺、寶之宝、驅之駈、棲之栖、甕之瓮、兔之兎、遲之遅、著之着、㮚之栗，繩之縄、飯之飰、備之偹、豬之猪、鄉之郷、若之若、肅之粛、襄之襄、繼之継、斷之断、嬭之妳、獼之猕、誇之誇、珍之珎、參之叅、泰之㤗、恭之㳟、醉之酔，凡此皆俗字也。

又有暴字之類者，上有日矣，旁又加日焉，類如莫之暮、基之堪、然之燃、岡之崗，凡此皆偏旁之贅者也。又有尊樽字只一字耳，而旁又加木焉。如昏之婚、女之汝、匊之掬、與之歟、回之迴、園之薗、果之菓、席之蓆，凡此皆偏旁又贅者。

如宜㝠富寇皆從宀，而俗書爲冝冥冨冦而從冖；沖況梁涼皆從水，而從冫，冫音冰字；廚廳皆從广而俗皆從厂；博協皆從十，俗皆從忄。

又有偏旁相錯者，如舀臽相似，取耴相亂，朿束不分，奕弈無辨，隹佳通用，月月同體，凡此皆俗書之誤也。近時以來，用字之的，當以監本省韻及《廣韻》、《玉篇》、《集韻》爲正，韻非不正也，其如鋟木匠士何。皆不可考訂。況《廣韻》雖分明注爲俗字，而《集韻》所載，則真俗相亂耳。學者可不審諸。

其實中國文字既以形體爲主，譌變是免不了的，由商、周古文字到小篆，由小篆到隸書，由隸書到正書，新文字總就是舊文字的簡俗字。明以後刻書，俗字漸少，但在詞曲小說裏還保存着，下層社會也還流行着，一直到現在。

俗字中有一部分是帶地方性的，范成大《桂海虞衡志》：

邊遠俗陋，牒訴券約，專用土俗書，桂林諸邑皆然。今姑記臨桂數字，雖甚鄙野而偏傍亦有依附。⿱不長（音矮）不長也。⿵門坐（音穩）坐於門中穩也。⿱大坐（亦音穩）大坐，亦穩也。仦（音嫋）小兒也。奀（音動）人瘦弱也。歪（音終）人亡絶也。⿱不子（音臘）不能舉足也。⿰女大（音大）女大及姊也。⿱石山（音勘）山石之巖窟也。閂（音櫼）門橫關也。他不能悉記。余閱訟牒二年習見之。

以及近來上海話裏的嫑、⿰女曾、喓等，北方話裏的甭，也都是合文。還有像浙江的嘦字，廣東的咁字、冇字，北方的逛字，陝西的炅字（火炒豆爲迸），吉字（土開口爲縫）之類。甩字北方人讀如摔，紹興人讀刮患切，有些南方人讀若滑；汆字北方人說是入水，讀如川（例如川里几片），南方人說是人在水上，讀如吞上聲（如油汆包子）。光緒時范寅作《越諺》，所用的方言字像咥趟之類有幾百個。他有《論雅俗字》一文：

……天地生人物，人物生名義，名義生字，無俗之非雅，無雅不自俗也。……頭顱造字從俗者，莫聰於倉頡，次史籀，次李斯，次漢章帝。厥後變質改形，由草而行，而楷，代有變更，即代有增益。……是故結繩不治，易以書契，書契不止，加以花押，花押不能，代以箕斗，所以決嫌疑，别同異，明是非者，於是乎在，人物名義，不可以假借混淆也，即俗字之所由起也。

今之士人，字分雅俗，意謂前用者雅，近體者俗，俗雖確切，棄之，雅縱浮泛，僭之。夫士人下筆，豈可苟哉，然雅俗之分，在吐屬不在文字耳。今之雅，古之俗也，今之俗，後之雅也，與其雅而不達事情，孰若俗而洞中肯綮乎？

且夫期期起於周昌，艾艾由乎鄧氏；九日不題餻，當時已誚劉郎；六經雖無茶，不能已於唐代；有慶㚔而㚔字興，有武曌而曌字作；衛俗聲也，入《爾雅》；咦[illegible]俗音也，載《説文》；嚄唉楚語也，存《史記》；凡此者皆由人由物，由名由義，不可僭以雅字而不達事情者也，何能避字之俗而不書。

竊謂古無此説，故無此字可也，今有此説，若書他字不可也。如桌椅之名見始唐宋，而《通雅》必引黄朝英言椅木名，棹與櫂通，但當用卓倚，然則卓亦與卓立混，倚亦與偏倚通矣。善哉《正字通》收入桌字，而《廣韻》注與卓同者漏矣。椅字則見陸龜蒙詩、《程子語録》、張子《理窟》、《朱子家禮》……必斥爲不雅，豈不侄歟？又如凳字惟《傳燈録》用之，論者必執《王獻之傳》、《晉陽秋》舊史作橙，《涪翁雜説》謂凳爲橙非。可知天地生人物，人物生名義，名義生字，不能因其俗造而抹殺也。

又如嘉慶廿五年，民間忽患痴痧症，爲古方所無，時醫遂造痴痧書，今皆通行。無怪字典之定自康熙時者亦無痴痧二字，雖甚愛雅憎俗，何能使世無此症，廢此字乎？如必生今反古，勢必字書數萬文義，盡從埽去，歸本於宓犧一畫，始快樸雅，而萬世宇宙事物，聖賢道理，憑何傳信乎？

我們承認他這個文字不應該分雅俗的説法，但如果盡量地替方言找新字，我們的文字不知要增加多少倍，而且事過境遷以後，有許多字一定不能認識，也不是文字進化所應有的現象。

范寅的書最後一條是「的了麼呢」：

越多業幕友，初學必先知此四字，蓋敘刑案口供，如曰：小的、你的、我的、打殺了、就是了等語口吻，動筆時照此聲敘無誤，謂之入調。

這種從宋以來的語體文，到清末漸漸流行起來，范寅作《越諺》是光緒四年(西元一八七八)，更隔三十多年後，就有陳獨秀胡適之先生等的語體文運動，「的了嗎呢」，成了一般人必學的了。

同時，甲午(西元一八九四)以後，掀起了漢字改革的運動，最先是字母運動，演化到注音漢字，後來又有國語羅馬字跟拉丁化新文字等拼音文字，但在這種運動同時，有些人又想起簡俗字。錢玄同在民國十一年(西元一九二二)國語統一籌備會裏曾經提出過減省現行漢字的筆畫案，主張簡體字。到二十三年(西元一九三四)有些人提倡大衆語運動，引起了手頭字運動。第二年教育部也曾頒行過一次簡體字，三百二十四個。

所以叫做手頭字，是因爲有些俗字(如果爲菓)是加了筆畫的，其實就是早已通行而不登於大雅之堂的簡俗字，現在重新找出來，鑄成鉛字，仿佛復活了宋、元坊刻，戲曲小説，雖也新奇好玩，甚至還有人主張用訛別字，等於主張廢去筷子，用手抓飯吃，總算不得一種改革。

至於簡體字，跟簡俗字不同，因爲這往往有經過改造的，它們的目的是在減省筆畫。這種字，如其數目不多，倒是可以推行的，雖然不見得能畫一。但如果要字字而簡之，一個一個地減省，改造，在原有的一大堆記號外，加上一大套新的記號，往往連創造者自己也會忘記了怎麽寫的，而要人家去記憶這些額外的記號，終究是行不通的。

有些人看出漢字的毛病，不在筆畫多而在字數多，所以又有一種基本漢字的運動。這和字的形體是無關的。但是中國文字很難制定它需用多少的範圍。雖則我們通用的字，不過五六千，但如我們省之又省，只剩一兩千，是無法應付的。如其不用媳字而説兒子的太太，確是不能適應這一個語言。我們認爲在漢字裏可以找出若干基本文字，也可以盡量地簡化它們的寫法，但總還需要音符文字來作幫助。

三一　新文字——注音字·拼音字·新形聲字·新漢字

從商朝以來，中國文字就已不是圖畫文字，可也不是純粹的聲符文字。它們總是一小部分的圖畫文字，後來逐漸簡化成爲若干符號，加上無限的形聲文字，而所謂形聲，在原始時是一種注音的文字。

每一個注音文字，依原則説，應該跟它所標的音符同音，但是有時這一個字本就不能貼切地代表這個語言，有時這個語言經過一個長的時期或方言等的影響，音素上起了變化，有時經過種種的偶然的錯誤，結果，中國文字的聲母，常常不能代表讀音。這種現象，時代愈久愈顯著，所以，到了近代，大家都覺得漢字不容易識，而主張要改革。

遠在明代，就有利瑪竇、金尼閣等所做的羅馬字拼音字母，這本是爲他們自己用的。隔了二百多年後，有些外國教士用羅馬字來拼方言，如蘇白、上海白、寧波白、厦門白等，用以翻譯《聖經》。一八六七年（同治六年）英人威德（T. F. Wade）用羅馬字母拼音著《語言自邇集》，就是現在常用的威式拼法。（威氏本有送氣符號，標四聲的數字，現在都略去，成爲不完備的威式。）

中國人自己創造字母，是在甲午以後了，有些人是用速記方式的，有些是屬於拼音字母的，後者有王照的官話字母跟勞乃宣的簡字。從清末到民國二年（一九一三），纔算由專家的研究創造，進而爲政府集議，爭論，採用，制定了一套ㄅㄆ等的字母，到民國七年（一九一八）由教育部公布。

這套字母最先叫做注音字母，後來定爲國音字母第一式，又後來索性改稱爲注音符號，民國二十四年以後纔提倡鑄造把注音符號釘死在漢字旁邊的鉛字，稱爲注音漢字。

有人批評注音字母是退步的，因爲勞乃宣的簡字是用作民衆教育的一種新文字，而注音字母只是漢字旁邊的附屬物，已經認識漢字的人就不肯學習，沒有認識漢字的人雖則可以學習，等到認識了一些漢字以後，就得魚忘筌，把這些字母都送給爪哇國去了。我們常看見許多小學生學會了這一套字母，到了中學時已完全忘卻。主要原因是這套字母並不是日常用的，在一般的書籍跟報紙上是不用的，只用作幫助識字的敲門磚，好像科舉時代小學生念三（字經）百（家姓）千（字文），等到考上秀才舉人以後，誰還注意這些開蒙的書呢？由注音字母改稱爲注音符號，名實是更相符了，但是顧名思義，就可以知道這不是一種文字，而只是一種工具，工具是可學可不學的（例如速記、打字，不是每人都需要的，四角號碼、五筆檢字，以至庋擷法，大多數人都没有學過），那就無怪推行了三四十年，没有很大的效果。

民國十一年以後，有些學者又提倡改革漢字，到民國十五年通過了一套國語羅馬字，十七年（一九二八）用國音字母第二式的名義來公布頒行。

從前的羅馬字拼音，是爲外國人用的，也有是爲在中國宣傳宗教用，現在却要來替代中國的文字。不過在表面上也還是一套符號，可是是很難學的符號，尤其是母音的變化，太複雜，在知識分子裏也不容易學會，何況平民。所以這種國語羅馬字儘管公布了多少年，一般人還是用舊式的拼音，就是外交部、交通部用譯音也没有依過這個標準。

民國二十三年跟着大衆語運動而來的拉丁化新文字，是一種簡單的粗糙的拼音文字，没有四聲，所以應用時很不方便（孔子可以讀成空子），他們雖然用來寫方言，却不能和任何一種方言符合，雖然曾經熱鬧過一陣，現在似乎已無人提起了。

國語羅馬字跟拉丁化新文字，都是拼音文字，雖然所用的字母，是很現成的洋玩意兒，可是只能用來寫一些通俗的小文件。在整個政治環境没有改變，整個中國文化教育還只用漢字，整個中國的語詞還不能整理彙集，成爲不刊之典，整個中國語言還不能適應這種新文字的時候，這種新文字是没有法子長成的。

注音漢字却是道地的，可是十分蠢笨的，舊調重彈的注音文字。由此，可見一般人的保守性。在我們覺得中國文字太難認的時候，就主張文字是應該改革的，可是到了實際要改革時，却畏葸了，退縮了。我們如其想一想中國文字的聲符，從來就不固定，如：

焣＝炒　廟＝庿　證＝証　據＝据　機＝机　燈＝灯　襖＝袄　灑＝洒　作＝做　糉＝粽

懼＝惧　橘＝桔　贓＝賍　繡＝綉　檳＝梹　藥＝葯　襪＝袜　勳＝勛　價＝价　掠＝⿰扌畧

我們爲什麼不在改革文字時，因利乘便，把舊的不容易認識的聲符換掉了呢？爲什麼不改革文字而只想統一讀音，不創造新文字而只做認識文字的一種工具，注音符號呢？

有幾位朋友想創造新形聲文字，把舊的聲符廢掉，換上另一個聲韻密合的漢字作聲符，例如涼字可以改爲浪，這種方法固然是最自然的，但是不容易實行。第一，有些字没有適當的同音字。第二，容易跟舊形聲字混淆，例如涼字改作浪，雖可以避免了讀成京聲，卻又會讀成原來浪字來宕切的聲音了。第三，由於方言的不同，這種新聲符的讀法，很容易發生歧異，就又和舊形聲字的弊病一樣了。

注音漢字所注的聲音，既然是拼音的，當然是正確的，我們如其覺得哪一個符號或字母有一些不正確，是隨時可以改正的。它幾乎具備了所有漢字的優點，除了太笨以外，可是漢字不容易認識的短處完全改革過來了。但是注音漢字至今没有人敢認爲是一種文字。它們依舊只有注音符號的功用，只用在教小學生，只能應少數人的需要，只能刊行些小型刊物。

因爲注音漢字，不是新漢字。因爲注音漢字太笨，一個字往往有了兩種聲符，舊的聲符，有些早已無用了，該廢而不敢廢，新的聲符，卻只當作符號，作旁注，在印刷時已是一個笨物，書寫，除了少數人外，簡直是不可能的。還有幾百個最簡單的文字，也是最通用的文字，本只是記號，不是形聲，也不大有讀錯的危險，如「一二三四」跟「之乎者也」之類，在注音漢字裏，卻非注上一個音不可，豈不是一個無用的累贅。

我在寫《古文字學導論》時，曾經提出過一個新形聲字的草案，主張保留漢字的形式，改革漢字的聲符，用拼音方式替代舊聲符，這十幾年來，曾看見過很多的類似的計畫。但我的計畫，後來修正了一部分，主要的是保留一部分意符字，作爲基本文字，都是最通用最容易認識的字，不必加上聲符。這樣，我們可以只改動形聲文字，把舊聲符改爲新的拼音的聲符。中國文字本來已都是形聲字，可作基本字的意符字不過幾百個，所以依舊是容易學習的。但是基本字的用途最廣，在普通書籍裏要占到百分之六七十，所以應用新字的地方不太多，即使不明白這一個新字，也可以從上下文推測而得。這樣，我們可以盡量地保存舊的，但是已經改革了我們所要改革的，不容易認識的文字。我現在把這種文字稱爲新漢字。

在黎錦熙先生計劃注音漢字時，我曾經跟他説笑話，您如肯把注音漢字中間用不着的聲符抽掉作廢，豈不就是我的新文字，他是贊成這個話的，不過希望注音漢字可作一個過渡的橋梁。但是錢玄同先生並不以爲然，他似乎是各走極端的主張，要是索性讓漢字糟下去，完全保守；要是完全不要漢字，徹底推翻，另起爐竈，因爲他是國語羅馬字的信徒。

現在，過了十幾年了，雖則和錢先生懷同樣信念的人還是很多，但是我總是覺得推翻漢字不如改革漢字。雖然，這事情是很艱難的，哪些字是基本字，哪些字是形聲字，以及字體的簡化，字形的選擇，以及跟這個計劃配合的新分類法，新的字典編輯法，在在需要縝密的研究。我們也明知道，合理的未必能行得通，通行的未必合理。但是，錢先生墓草久宿，黎先生也垂垂將老，這種屋上架屋，牀上疊牀的注音漢字，累贅不適於用的注音符號，我們能坐視它延長下去，永遠是過渡時期嗎？合理的改革，正是我們的責任。

整理說明

該書一九四九年三月由上海開明書店首次出版發行，繁體字豎排，舊式標點。版權頁記「著作者：唐蘭。發行者：上海福州路開明書店，代表人范洗人。印刷者：開明書店」。其後，該書在中國香港、臺灣曾多次重印再版，但在中國大陸因其部分内容與當時文字改革政策矛盾，没有再版。在唐先生送給鄧廣銘先生的一部書的封面上寫道：「此書於一九四九年開明書店出版。因對中國文字拉丁化有不同意見被逼作處理，後致國内成爲絶版書，此爲香港版重印。請廣銘同志教正。作者七八、六、廿二」。該書香港版《再版説明》云：「這是唐蘭教授在二十六年前的著作，其中的觀點，特别是關於中國文字的改革部分，已過時了，但從全書來看，至今還有參考價值，故予重印。一九七五年一月」。唐先生去世後，因需求量巨大，在中國大陸由上海古籍出版社多次大量重印和再版，先以一九四九年開明書店本爲底本，後又有簡體字横排新式標點排印本出版等。

此次整理，我們以一九四九年開明書店本爲底本，重作排録本，字體放大，保留繁體字豎排，改用新式標點。對個别排印錯誤稍加修改。

（劉　雨）